U0448878

中华成语故事集粹

刘凤云 编

商务印书馆 国际有限公司
中国·北京

图书在版编目(CIP)数据

中华成语故事集粹／刘凤云编. -- 北京：商务印书馆国际有限公司，2020.7(2024.12重印)

ISBN 978-7-5176-0734-2

Ⅰ.①中… Ⅱ.①刘… Ⅲ.①汉语-成语-故事 Ⅳ.①H136.31

中国版本图书馆 CIP 数据核字(2020)第 091623 号

ZHONGHUA CHENGYU GUSHI JICUI
中华成语故事集粹

编　者	刘凤云
出版发行	商务印书馆国际有限公司
地　址	北京市朝阳区吉庆里14号楼 佳汇国际中心A座12层
邮　编	100020
电　话	010-65592876(编校部) 010-65598498(市场营销部)
网　址	www.cpi1993.com
印　刷	三河市紫恒印装有限公司
开　本	880mm×1230mm　1/32
字　数	530千字
印　张	16.75
版　次	2024年12月第1版第4次印刷
书　号	ISBN 978-7-5176-0734-2
定　价	49.80元

版权所有·违者必究

如有印装质量问题，请与我公司联系调换。

目录

前言 …………………………………………………… 2
成语笔画索引 ………………………………………… 3—10
正文 …………………………………………………… 1—524

前言

　　成语是汉语言的瑰宝,是传承中华文明的重要纽带。许多成语源自古代典籍和史实,都有一个历史故事,这些成语故事蕴含深刻,内容广博,涉及政治、经济、文化、军事、科技、社会生活等众多领域。阅读这些成语故事,不仅可以学习成语,积累言简意赅、生动传神的语言素材,提高语文水平,而且可以从中了解历史,通达事理,获得人生启迪,提升思想素养。

　　为挖掘和保存中华成语故事的精粹,让广大读者更便捷和深入地了解这些成语故事,发扬中华民族的优良传统,我们精心编写了这本书。

　　本书的内容和体例如下:

　　一、精选成语故事955则,每则故事提供成语注音、生僻字和多音字注音、故事内容、出处、成语解释等内容。

　　二、成语逐字标注汉语拼音,文中的一些生僻字和多音字也标注汉语拼音。

　　三、成语故事的内容,用通俗简洁的现代文叙述。

　　四、文献出处,包括文献名称和成语所在的文献原句。所选文献不追求成语故事的最早出处。

　　五、成语释义,力求简洁明晰。一些生僻字和难以理解的字,也予以解释。

　　六、所收故事按成语的音序排列,正文前提供按成语笔画排列的索引,方便读者检阅。

　　由于水平有限,错误之处,在所难免。敬请广大读者指正。

编　者

成语笔画索引

一画

一无所取	462
一木难支	456
一日千里	459
一毛不拔	454
一丘之貉	458
一场春梦	450
一岁三迁	460
一网打尽	461
一衣带水	464
一字千金	466
一字之师	467
一步一鬼	449
一时之冠	460
一身是胆	459
一饭千金	451
一言九鼎	464
一国三公	453
一鸣惊人	455
一败涂地	448
一往情深	462
一钱不值	457
一浆十饼	454
一窍不通	458
一诺千金	456
一朝一夕	466
一鼓作气	452
一筹莫展	450
一意孤行	465
一箪一瓢	451
一箭双雕	453
一薰一莸	463
一曝十寒	457
一蟹不如一蟹	463

二画

二缶钟惑	103
二卵弃干城	103
二桃杀三士	104
十浆五馈	327
十鼠同穴	327
丁公凿井	90
七步成章	265
七擒七纵	265
卜昼卜夜	38
八斗之才	7
八仙过海,各显神通	7
人人自危	298
人心如面	299
人死留名	298
人自为战	300
人言可畏	299
人弃我取	297
人非圣贤,孰能无过	296
人面桃花	297
人琴俱亡	298
入木三分	305
入吾彀中	306
入室操戈	305
九牛一毛	188
九世之仇	189
九流宾客	188
力能扛鼎	221
乃心王室	243

三画

三人成虎	311
三户亡秦	309
三令五申	310
三年不窥园	311
三旨相公	313
三折其肱	313
三豕渡河	312
三顾茅庐	309
三衅三浴	312
干卿何事	132
土木形骸	378
下马冯妇	416
下车泣罪	415
下坂走丸	415
下里巴人	416
寸木岑楼	76
大义灭亲	82
大公无私	79
大旱望云霓	80
大放厥词	78
大逆无道	80
大笔如椽	77
大雅君子	81
大腹便便	78
大器晚成	81
与狐谋皮	491
上下其手	318
小巫见大巫	423
小时了了	423
口不二价	202
口中蚤虱	204
口若悬河	203
口尚乳臭	204
口蜜腹剑	203
山鸡舞镜	317
千人所指	275
千万买邻	276
千里送鹅毛	274

千里莼羹	274	无功受禄	404	不敢越雷池		毛遂自荐	234
千金买骨	273	无可奈何	405	一步	40	升堂入室	322
千变万化	272	无兄盗嫂	406	不堪回首	43	长安居大	
千钧一发	273	无出其右	403	不遗余力	50	不易	57
千虑一得	275	专横跋扈	514	不寒而栗	41	长林丰草	57
及瓜而代	168	木人石心	240	不舞之鹤	49	长袖善舞	58
亡羊补牢	386	木梗之患	239	不辨菽麦	39	什袭而藏	328
亡戟得矛	386	五十步笑		不磷不缁	45	片言折狱	260
门无杂宾	236	百步	409	犬牙交错	292	反水不收	108
门可罗雀	236	五世其昌	410	太公钓鱼，愿		从容不迫	74
义无反顾	476	五色无主	409	者上钩	353	从善如流	74
之乎者也	503	不入虎穴，焉		太丘道广	354	分一杯羹	118
尸居余气	326	得虎子	47	匹夫无罪，怀		分钗断带	116
子罕辞宝	517	不为五斗米		璧其罪	260	分香卖履	117
女中尧舜	252	折腰	49	车载斗量	60	分庭抗礼	117
女娲补天	251	不可一世	44	比肩继踵	23	分道扬镳	116
飞鸟依人	112	不可同日		切齿腐心	281	勿忘在莒	410
飞将数奇	112	而语	44	瓦器蚌盘	382	风马牛不	
马首是瞻	230	不可救药	43	止戈为武	504	相及	120
		不共戴天	41	止谈风月	504	风声鹤唳	120
四画		不因人热	51	日暮途穷	301	风流罪过	119
王猛扪虱	387	不自量力	52	中饱私囊	508	文君新寡	397
开门揖盗	198	不名一钱	45	中流击楫	508	方寸之地	109
开卷有益	197	不求甚解	46	水深火热	346	方面大耳	109
开诚布公	197	不识时务	48	水滴石穿	346	为虺弗摧，为	
天下无双	365	不知所云	51	见利忘义	175	蛇若何	391
天夺之魄	364	不学无术	50	见猎心喜	175	为渊驱鱼，为	
天衣无缝	366	不屈不挠	46	见弹求鸮	174	丛驱雀	394
天经地义	364	不甚了了	47	牛衣对泣	250	为善最乐	392
天涯海角	366	不食周粟	48	牛角挂书	250	斗粟尺布	95
天壤王郎	365	不胫而走	42	牛鼎烹鸡	248	引咎自责	480
夫人裙带	123	不觉技痒	42	牛骥共牢	249	巴蛇食象	8
无下箸处	405	不耻下问	40	手不释卷	338	以小人之心，度	
						君子之腹	474

以古非今	470	东施效颦	93	市道之交	335	老马识途	215
以身试法	473	东窗事发	90	玄圃积玉	432	老牛舐犊	215
以邻为壑	472	北门锁钥	21	兰摧玉折	211	老生常谈	216
以卵投石	472	目不知书	241	半部论语	15	老当益壮	214
以规为瑱	471	且食蛤蜊	281	宁为鸡口，无		老龟刳肠	214
以宽服民	471	叶公好龙	447	为牛后	248	老妪能解	217
以逸待劳	475	由窦尚书	485	礼不亲授	220	老蚌生珠	213
以貌取人	473	只许州官放火，		礼顺人情	220	老羆当道	216
予取予求	488	不许百姓		司马青衫	347	扫墓望丧	314
双管齐下	345	点灯	505	司马昭之心，路		扬扬得意	443
		史册丹心	333	人皆知	348	共挽鹿车	138
五画		叹为观止	360	司空见惯	347	芒刺在背	232
		四方之志	350	出尔反尔	68	朽木不可雕	431
玉关人老	492	四面楚歌	351	出豕败御	69	机变如神	166
玉汝于成	492	四海之内		出言不逊	70	过门不入	145
未能免俗	395	皆兄弟	351	出奇制胜	69	压倒元白	434
击碎唾壶	165	生公说法	323	出类拔萃	68	百尺竿头	12
打草惊蛇	77	生吞活剥	325	皮之不存，毛		百步穿杨	11
巧发奇中	280	生花妙笔	323	将焉附	259	百里之才	13
巧取豪夺	280	生离死别	324	皮里阳秋	259	百闻不如	
扑朔迷离	263	生聚教训	324	发奸摘伏	105	一见	13
甘心如荠	133	付诸洪乔	126	发指眦裂	108	百感交集	12
甘棠遗爱	133	白云亲舍	11	发棠之请	106	有志者事	
丙吉问牛	31	白头如新	10	发短心长	107	竟成	487
厉兵秣马	221	白衣苍狗	10	发蒙振落	105	有恃无恐	487
布衣疏食	53	白面书生	9	发踪指示	106	有脚阳春	486
布鼓雷门	52	尔汝之交	102	对牛弹琴	97	夸父逐日	206
龙行虎步	226	尔虞我诈	102	对症下药	97	死不旋踵	348
平易近民	261	乐不思蜀	217	台阁生风	353	死有余辜	350
灭此朝食	237	外宽内忌	382			死灰复燃	349
东山再起	92	外强中干	383	**六画**		划粥断齑	159
东门黄犬	91	处堂燕雀	71			毕恭毕敬	24
东床快婿	91	鸟尽弓藏	247	动中肯綮	94	师直为壮	326
东食西宿	93	饥附饱扬	165	扣槃扪烛	205		
		饥寒交迫	166				

当局者迷,旁观者清	84	舟中敌国	510	汗流浃背	148	扶老携幼	124
吐哺握发	379	杀一儆百	317	江左夷吾	177	批亢捣虚	258
曳尾涂中	447	杀鸡为黍	315	江郎才尽	177	走马观花	520
曲突徙薪	290	杀鸡焉用牛刀	316	兴丞相叹	427	投袂而起	375
曲高和寡	291	杀妻求将	316	守株待兔	338	投笔从戎	374
同仇敌忾	369	危如朝露	391	安如泰山	4	投鼠忌器	375
同甘共苦	371	负才使气	126	安步当车	3	投辖留宾	376
同恶相求	370	负荆请罪	127	安身之地	5	声色俱厉	325
同病相怜	369	负隅顽抗	127	安贫乐道	3	却金暮夜	293
同流合污	371	刎颈之交	400	讳疾忌医	163	苌弘碧血	58
因人成事	479	名高难副	238	尽忠报国	184	克己奉公	199
因势利导	480	名落孙山	238	异军突起	476	杜口裹足	96
因祸得福	479	各自为政	138	阮囊羞涩	306	巫山云雨	403
网开一面	387	多行不义必自毙	99	防民之口,甚于防川	110	杞人忧天	271
先声夺人	417	多多益善	99	防微杜渐	110	束之高阁	344
先声后实	418	多端寡要	98	如火如荼	301	束装盗金	344
先吾著鞭	419	冰山难恃	30	如坐针毡	304	束蕴乞火	343
休戚相关	429	庄周梦蝶	514	如鱼得水	303	吾膝如铁	406
臼头深目	191	庆父不死,鲁难未已	287	如胶似漆	302	两虎相斗	225
华而不实	158	齐人攫金	268	如释重负	303	两部鼓吹	224
华亭鹤唳	159	齐大非偶	268	妇人之仁	128	庞眉皓发	232
仰望终身	444	衣不蔽体	467	好好先生	150	坚壁清野	173
自郐以下	519	衣冠优孟	468	羽毛未丰	491	吴下阿蒙	408
自相矛盾	520	衣锦还乡	468	买椟还珠	230	吴牛喘月	407
自惭形秽	518	妄自尊大	388	约法三章	495	吴市吹箫	407
自毁长城	519	问牛知马	401	**七画**		呆若木鸡	82
向火乞儿	420	问诸水滨	401	麦穗两歧	231	吠非其主	115
向平之愿	421	问鼎中原	400	进退维谷	185	呕心沥血	253
后来之秀	155	羊续悬鱼	443	远走高飞	495	旷日持久	208
后来居上	155	汗马功劳	149	运斤成风	497	围魏救赵	392
行尸走肉	428			运筹帷幄	496	困兽犹斗	209
行将就木	428					听人穿鼻	368

别开生面	28	沐猴而冠	241	拔十失五	8	明目张胆	239
别无长物	28	沧海桑田	54	拔帜易帜	9	易子析骸	477
别有天地	29	沉瀣一气	149	抱瓮灌园	18	咄咄逼人	100
我见犹怜	402	沉鱼落雁	61	抱柱之信	19	败军之将	14
利令智昏	222	完璧归赵	384	抱残守缺	17	图穷匕见	376
每况愈下	235	穷兵黩武	288	抱痛西河	17	知情不举	503
兵不血刃	30	穷猿奔林	288	抱薪救火	18	牧豕听经	242
作舍道边	521	良金美玉	223	披荆斩棘	258	刮目相看	143
作法自毙	521	补天浴日	38	取而代之	292	秉笔直书	32
伯乐相马	33	初出茅庐	70	苛政猛于虎	198	使功不如	
伯道无儿	33	社稷为墟	320	苟延残喘	139	使过	333
佛头着粪	123	识时务者为		茕茕孑立	289	使羊将狼	334
近水楼台	185	俊杰	329	林下风气	225	依样画葫芦	469
余音绕梁	489	君仁臣直	196	杯弓蛇影	19	舍本逐末	319
余勇可贾	489	尾大不掉	393	杯酒解怨	20	舍我其谁	319
坐山观虎斗	522	改弦更张	132	杵臼之交	72	金屋藏娇	184
坐无车公	523	张敞画眉	501	丧家之犬	313	贪天之功	356
坐以待毙	523	阿谀顺旨	101	画龙点睛	161	贪生怕死	356
坐拥百城	524	妍皮不裹		画虎不成反		贪得无厌	355
肝脑涂地	134	痴骨	439	类狗	160	贫贱骄人	261
肠肥脑满	59	忍辱负重	300	画饼充饥	160	鱼釜尘甑	490
狂奴故态	208	鸡不及凤	167	画蛇添足	161	兔死狗烹	379
饮马投钱	483	鸡犬升天	168	卧冰求鲤	402	狎雉驯童	414
饮灰洗胃	482	鸡鸣狗盗	167	卖刀买犊	231	狐假虎威	156
饮恨而终	481	纸醉金迷	505	奇货可居	269	狐裘羔袖	156
饮鸩止渴	482	驴鸣狗吠	228	奋不顾身	119	狗尾续貂	140
饮醇自醉	481			斩草除根	500	狗猛酒酸	140
言人人殊	438	**八画**		非池中物	113	夜郎自大	448
言无不尽	438			非异人任	114	庚癸之呼	138
言归于好	437	奉公守法	122	非我族类	114	盲人摸象	233
言过其实	437	玩火自焚	385	歧路亡羊	269	盲人瞎马	233
弃如敝屣	272	青云之上	284	味如鸡肋	395	放浪形骸	111
忘形之交	388	青蝇吊客	284	昆山片玉	209	刻舟求剑	201

刻肌刻骨	200	挥戈返日	163	秋风过耳	289	染指于鼎	296
刻画无盐	200	甚嚣尘上	321	重蹈覆辙	67	洛阳纸贵	229
郑人买履	502	草木皆兵	55	修饰边幅	430	济河焚舟	171
单刀赴会	83	草菅人命	55	俭不中礼	174	举足轻重	194
单枪匹马	83	草船借箭	54	信口雌黄	426	举案齐眉	193
河东狮吼	151	胡服骑射	157	侯服玉食	154	举鼎绝膑	194
河伯为患	151	南山可移	244	剑履上殿	176	室如悬磬	337
河鱼腹疾	152	南柯一梦	244	食不兼肉	330	窃簪之臣	282
学富五车	433	南冠楚囚	243	食日万钱	331	神机妙算	320
宝刀不老	16	南辕北辙	245	食玉炊桂	332	神州陆沉	321
空前绝后	202	南鹞北鹰	245	食言而肥	331	退避三舍	380
空洞无物	201	药笼中物	445	食指大动	332	咫角骍驹	506
房谋杜断	111	标新立异	27	食前方丈	330	怒蛙可式	251
视死如归	336	枯鱼之肆	205	狡兔三窟	179	结草衔环	181
诟如不闻	141	栋折榱崩	95	急功近利	169	骇人听闻	147
居安思危	191	相见恨晚	419	弯弓饮羽	384		
孟母三迁	237	相敬如宾	420	哀毁骨立	1	**十画**	
孤注一掷	141	要言不烦	446	亲当矢石	283	泰山压卵	354
姗姗来迟	318	研桑心计	440	亲操井臼	282	秦庭之哭	283
始作俑者	334	斫轮老手	515	闻一知十	399	珠还合浦	510
终南捷径	509	鸥鹭忘机	253	闻鸡起舞	398	班门弄斧	15
		轻虑浅谋	285	闻雷失箸	398	班荆道故	14
九画		背水一战	22	差强人意	56	素面朝天	352
封豕长蛇	121	背城借一	21	养虎遗患	444	匪夷匪惠	115
项庄舞剑,意		背恩忘义	22	美轮美奂	235	捕风捉影	39
在沛公	421	是可忍,孰不		前车之鉴	276	起死回生	271
城下之盟	62	可忍	336	前事不忘,后		捉襟见肘	515
城北徐公	61	郢书燕说	483	事之师	278	挽弩自射	385
城狐社鼠	62	映月读书	484	前度刘郎	277	恶贯满盈	101
郝隆晒书	150	畏首畏尾	396	前倨后恭	277	桃李满天下	362
拾人牙慧	329	畏影恶迹	396	前徒倒戈	278	唇亡齿寒	73
指鹿为马	506	贻笑大方	469	首鼠两端	339	夏雨雨人	417
按图索骥	5	种玉之缘	509	洗耳恭听	413	破釜沉舟	262

破镜重圆	263	高山流水	135	萧规曹随	422	涸辙之鲋	152
逐臭之夫	512	高阳酒徒	136	辅车相依	125	梁上君子	223
逐鹿中原	512	高屋建瓴	136	雀屏中选	293	惜墨如金	412
顾左右而言他	142	病入膏肓	32	眼中钉	441	惊弓之鸟	186
顾曲周郎	142	疾风知劲草	169	悬河泻水	432	寄人篱下	171
党同伐异	85	羞与为伍	430	野人献曝	446	屠龙之技	378
铁杵成针	368	烟云供养	436	啮雪吞毡	247	屠肠决眼	377
造化小儿	499	烟波钓徒	436	累块积苏	218	弹冠相庆	358
乘人之危	63	酒色财气	190	唱筹量沙	59	弹铗求通	359
乘风破浪	63	酒池肉林	189	唯食忘忧	393	堕甑不顾	100
乘兴而来	64	酒囊饭袋	190	铜驼荆棘	372	续凫断鹤	431
笑比河清	424	害群之马	147	铜琶铁板	372	骑虎难下	270
笑面虎	425	家徒四壁	172	铢积寸累	511	骑鹤上扬州	270
笑骂从汝	424	家喻户晓	172	矫情自饰	180	绿衣使者	228
俸以养廉	122	宴安鸩毒	441	矫情镇物	180		
借箸代筹	183	宾至如归	29	笼街喝道	226	**十二画**	
倚门倚闾	475	请君入瓮	286	偶语弃市	254	揠苗助长	435
倾国倾城	285	谈何容易	357	徙宅忘妻	413	越俎代庖	496
倒行逆施	86	谈虎色变	357	得陇望蜀	88	趋炎附势	291
倒屣相迎	85	谈笑自若	358	得其所哉	88	超超玄著	60
釜中游鱼	124	难兄难弟	246	盘根错节	256	揽辔澄清	212
爱毛反裘	2	绨袍之义	363	欲盖弥彰	493	博士买驴	34
爱屋及乌	2	**十一画**		庸人自扰	484	博而不精	34
爱鹤失众	1			鹿死谁手	227	博物君子	35
胯下之辱	206	掩耳盗铃	440	望门投止	390	博物洽闻	36
脍炙人口	207	排山压卵	255	望尘而拜	389	博硕肥腯	35
胸有成竹	429	推心置腹	380	望梅止渴	390	揭竿而起	181
胶漆相投	178	掷果盈车	507	粗服乱头	75	煮粥焚须	513
鸱目虎吻	66	探骊得珠	360	断头将军	96	期期艾艾	266
狼子野心	213	探囊取物	361	敝帚千金	24	董狐之笔	94
卿卿我我	286	黄绢幼妇	162	添兵减灶	367	朝三暮四	502
浆酒霍肉	178	黄粱一梦	162	鸿鹄将至	154	朝不谋夕	501
		萍水相逢	262	渐入佳境	176	逼上梁山	23

棘刺母猴	170	蓝田生玉	211	塞翁失马	308	噬脐何及	337
紫气东来	518	蓬头历齿	257	**十四画**		黔驴技穷	279
凿壁偷光	498	蒹葭玉树	173			篱牢犬不入	219
景升豚犬	187	蒲扇价增	264	管中窥豹	145	篱壁间物	219
赔了夫人又		楚弓楚得	73	管宁割席	144	雕虫小技	89
折兵	257	楚材晋用	72	管鲍之交	144	燃荻夜读	295
程门立雪	64	楚楚可怜	73	瘦羊博士	339	燃糠自照	295
筐箧中物	207	感戴二天	135	竭泽而渔	182	避面尹邢	25
筑室反耕	513	睚眦必报	434	精卫填海	187	**十七画**	
筚路蓝缕	25	愚公移山	490	漆女忧鲁	266		
傅粉何郎	128	暗度陈仓	6	漆身吞炭	267	罄竹难书	287
傍人门户	16	暗送秋波	6	漱流枕石	345	鞠躬尽瘁	192
惩前毖后	65	蜂目豺声	121	**十五画**		螳螂捕蝉,黄	
惩羹吹齑	65	蜀贾卖药	341			雀在后	362
猢狲入布袋	157	蜀得其龙	341	蕤宾铁响	307	螳臂当车	361
痛心疾首	373	鼠技虎名	342	暴虎冯河	19	髀肉复生	26
痛饮黄龙	373	筲官屈宋	435	牖中窥日	488	糟糠之妻	498
道不拾遗	87	腰鼓兄弟	445	熟能生巧	340	濯缨濯足	516
道边苦李	86	腹心之疾	129	鹤立鸡群	153	孺子可教	304
道路以目	87	腹诽心谤	129	屦及剑及	195	鹬蚌相争	493
曾子杀彘	499	解衣推食	183	屦贱踊贵	195	**十八画以上**	
渴骥奔泉	199	解铃还须系		**十六画**			
渭阳之情	397	铃人	182			鞭长莫及	27
游刃有余	485	廉泉让水	222	燕雀安知鸿鹄		覆鹿寻蕉	130
滋蔓难图	516	新亭对泣	425	之志	442	覆巢之下,焉有	
割臂之盟	137	新鞋踩泥	426	燕颔虎颈	442	完卵	130
犀照牛渚	412	意气自如	477	薏苡明珠	478	攀辕扣马	255
强弩之末	279	数典忘祖	342	橘化为枳	192	簸扬糠秕	37
嫂溺叔援	315	滥竽充数	212	觍颜人世	367	魑魅魍魉	67
登坛拜将	89	塞井夷灶	308	噤若寒蝉	186	囊萤映雪	246
缘木求鱼	494						
十三画							
搏牛之虻	37						

A

āi huǐ gǔ lì
哀毁骨立

故事

王戎、和峤都是西晋名士,两人同时家遭大丧。服丧期间,王戎瘦得皮包骨头,几乎支撑不住自己的身体;和峤则哭踊(丧礼仪节,边哭边顿足)、饮食、居处每样都非常合乎丧仪。晋武帝对刘仲雄说:"我听说和峤因为亲丧而悲伤过度,这种情况真让人担心。"刘仲雄回答说:"和峤虽然极尽礼数,哀号哭踊,但精神元气并没有受到损伤;王戎虽然没有拘守礼法,却因为哀伤过度已经形销骨立了。所以,我认为和峤是尽孝道而不毁生,王戎却是以死去尽孝道。陛下,我认为您不必担心和峤,而应该担心王戎啊!"

出处

出自南朝宋·刘义庆《世说新语·德行》:"和峤虽备礼,神气不损;王戎虽不备礼,而哀毁骨立。"

解释

形容孝子在守孝期间非常悲哀。

ài hè shī zhòng
爱鹤失众

故事

卫懿(yì)公是春秋时期卫国的国君,他荒淫逸乐,骄奢侈靡,特别喜欢养鹤,专门为鹤开辟了苑囿。卫懿公按照品质、体姿给鹤封为不同官阶,享受相应的俸禄,还给鹤都配有专用的车子。卫懿公出游的时候,这些鹤也分班侍从,各依品第,乘坐在华丽的车中。卫懿公九年(前660)十二月,赤狄攻打卫国,卫懿公派士兵抵抗。分发武器甲胄时,国人都怨气冲天,说:"你那么宠爱鹤,让鹤去打仗吧!鹤都有俸禄官位,我们哪里能打仗?"大臣们也说:"国君喜爱养鹤,可以让鹤去迎击狄人。"卫懿公只好亲自迎敌。在荥泽之战中,卫军惨败,卫懿公被狄人所杀。据说他的肉被狄人分食,最后只剩下肝脏。

出处

出自《左传·闵公二年》:"狄人伐卫,卫懿公好鹤,鹤有乘轩者。将战,国人受甲者皆曰:'使鹤,鹤实有禄位。余焉能战?'"

解释

因喜爱鹤而失去人心。比喻分不清主次,因小失大。

ài máo fǎn qiú
爱毛反裘

故事

魏文侯是战国时期魏国开国君主。有一次,魏文侯出游,看见路上有个人反穿着裘衣,把毛朝里,皮朝外,背着一捆柴在行走。文侯非常好奇,问他:"你为什么要反穿皮裘背柴呢?"那人说:"因为我太爱惜皮裘上的毛了,怕它被磨掉了。"文侯说:"你难道不知道皮裘的里子要是被磨坏了,皮裘上的毛就会失去依托了吗?"第二年,魏国东阳地区上贡了平时十倍的钱粮,大臣们都向文侯祝贺。文侯却忧心忡忡,说:"这不是一件好事啊。就像那个反穿皮裘背柴的人,因为爱惜皮裘的毛而忘了皮裘的里子更重要。现在东阳的耕地没有增加,老百姓的人口也没有增多,可是钱粮却增加了十倍,这一定是当地官员盘剥得来的。我听了忐忑不安,担心国家不安定,你们怎么还向我祝贺呢?"

出处

出自汉·刘向《新序·杂事二》:"魏文侯出游,见路人反裘而负刍。文侯曰:'胡为反裘而负刍?'对曰:'臣爱其毛。'文侯曰:'若不知其里尽而毛无所恃邪?'"

解释

因为爱惜皮衣的毛而把皮衣反过来穿。比喻不重视根本,因小失大。

ài wū jí wū
爱屋及乌

故事

周武王灭商之后,同姜太公商议怎样处置商朝的遗民,如何使混乱的局面稳定下来。武王问:"该怎样对待这些人员呢?"太公答道:

"我听说,如果喜爱那个人,就连带喜爱他屋上的乌鸦;如果憎恨那个人,就连他的仆从家吏都要全部杀尽。"最终,武王把殷商遗民安置在了宋国。

出处

出自《尚书大传·大战》:"纣死,武王惶惶若天下之未定。召太公而问曰:'入殷奈何?'太公曰:'臣闻之也:爱人者,兼其屋上之乌;不爱人者,及其胥余。'"

解释

爱某人而连带爱他屋上停留的乌鸦。比喻爱一个人而兼爱与之有关的人或物。中国传统观念中,乌鸦往往被当作不祥之鸟,如果爱一个人连这个人屋顶上的乌鸦都能接受,说明这种爱的确是真爱。

ān bù dàng chē
安 步 当 车

故事

颜斶(chù)是战国时期著名的谋士,齐宣王用优厚的待遇招纳他,保证饮食有肉吃,出门有车乘,妻子儿女个个衣着华丽。颜斶婉言谢绝,向齐宣王申明自己的志向,说:"玉,原产于山中,一经匠人加工,就会受到破坏,虽然宝贵,但毕竟失去了本来的面貌。生在穷乡僻壤的人,如果得到大王您的重用,就会享有名位利禄,但却极大改变了他本来的风貌,无法保持本心的纯真。所以,我情愿大王让我回去,过着平淡从容的生活,每天晚一点吃饭,就会像吃肉那样香;安稳徐缓地走路,足以当作乘车;平安度日,清静无为,纯正自守,乐在其中。"

出处

出自《战国策·齐策四》:"晚食以当肉,安步以当车。"

解释

不慌不忙地步行,当作是乘车。

ān pín lè dào
安 贫 乐 道

故事

王欢,字君厚,晋朝乐陵人。王欢安于贫困,以坚守自己的信念为快乐,专心求学,为此放弃经营家业,以至于家里常常没有米下锅,妻子只得借粮度日,尽管这样王欢依然诵《诗》不辍。虽然家中无粮,但王欢内心依然满足而快乐。他的妻子见他只顾读书而不顾生计,深感忧心,有时候气得把他的书烧掉,并以改嫁威胁他。王欢则笑着对妻子说:"难道你没有听说过朱买臣妻子的故事吗?"朱买臣是西汉大臣,早年家境贫苦而读书不懈,其妻嫌其贫穷落魄,离开他而改嫁。后来朱买臣做了会稽太守,在路上遇见前妻和她的后夫,见两人穷困潦倒,便把他们接到官署居住,好吃好喝招待了一个月,前妻因惭愧悔恨而自缢。王欢举出这个例子说服了妻子。当时听到这话的人都嘲笑他自比于朱买臣。王欢却始终坚守自己的志向,最终成为一代博学大儒。

出处

出自《晋书·王欢传》:"王欢,字君厚,乐陵人也。安贫乐道,专精耽学,不营产业,常丐食诵《诗》,虽家无斗储,意怡如也。"

解释

安于贫穷,以奉行自己信仰的道德准则为乐。

安如泰山
ān rú tài shān

故事

枚乘是汉朝著名文学家。汉景帝时,他在吴王刘濞府中担任郎中。吴王企图暗中叛乱。枚乘发觉刘濞阴谋反叛的意图后,上书劝谏刘濞:"您要是能够听取忠臣的话,无论做什么都会得其所愿。如果一定要照自己所想的那样去做,那是比堆叠鸡蛋还要危险,比上天还要艰难的。不过,如果您能尽快改变原来的主意,这比翻一下手掌还容易,也能使您的地位比泰山还稳固。"但是,刘濞执迷不悟,一意孤行,私下联络楚、赵、胶西、胶东等诸侯王,以"清君侧、诛晁错"为名,起兵叛乱。史称"吴楚七国之乱"。最终,汉将周亚夫率领军队打败了吴楚叛军,吴王刘濞被杀。

出处

出自汉·枚乘《上书谏吴王》:"能听忠臣之言,百举必悦。必若所欲为,危于累卵,难于上天;变所欲为,易于反掌,安于泰山。"

解释

像泰山一样稳固。形容情势十分安定稳固,不可动摇或没有危险。

安身之地
ānshēnzhīdì

故事

东汉末年,刘备投奔荆州刘表,刘表派刘备驻守新野。刘备巧用火攻,在新野打败了曹将夏侯惇。刘备担心无力抵挡曹操的报复,于是咨询军师诸葛亮。诸葛亮建议说:"新野是个小地方,从长远来看,这里一定不能久居。最近听说刘表病重,我们可以乘此机会,夺取荆州作为安身之地,也许可以抵抗曹操。"刘备说:"军师的想法当然不错,但是我曾受过刘表的恩德,怎能忍心背叛他呢?"诸葛亮说:"你今天不取,以后必定会后悔!"刘备说:"我宁可一死,也不能做出这种忘恩负义的事情。"

出处

出自明·罗贯中《三国演义》第四十回:"近闻刘景升病在危笃,可乘此机会,取得荆州为安身之地。"

解释

指存身的地方。

按图索骥
àn tú suǒ jì

故事

相传春秋时期,秦国人孙阳善于相马,人们就借用天上掌管天马的星宿名,称他为"伯乐"。伯乐把自己相马的本领都写到《相马经》里。书中说:"千里马的主要特征是:高脑门,大眼睛,蹄子像摞起来的酒曲块。"伯乐的儿子便拿着书,出门去寻找千里马。走了没有多远,他看到一只癞蛤蟆,急忙捉回去告诉父亲说:"我找到千里马了!和你的《相马经》上说的差不多,高脑门,大眼睛,只是蹄子不像摞起来的酒曲块!"伯乐知道儿子蠢笨,看了看儿子手里的癞蛤蟆,又好笑又好气,说:"你捉的这匹马爱跳,是没有办法驾车的。"

出处

出自明·杨慎《艺林伐山》卷七:"其子执《马经》以求马,出见大蟾蜍,谓其父曰:'得一马,略与相同,但蹄不如累趜(qū)尔!'伯乐知其子之愚,但转怒为笑曰:'此马好跳,不堪御也。'所谓'按图索骏'也。"

解释

照着图像去寻找良马。比喻按教条办事,不知变通。也泛指依据一定的线索去寻找事物。

暗度陈仓

故事

秦末战争中,项羽违背"先入关中者王"的约定,自立为西楚霸王,把汉中和巴蜀一带封给先入关中的刘邦。章邯的封地与刘邦的封地汉中相邻,刘邦为了迷惑项羽、防止章邯入侵,把出入汉中的栈道烧毁了。后来,刘邦实力壮大,任命韩信为大将,准备出兵与项羽一决雌雄。为了迷惑项羽的军队,韩信派了一万多人马去修复烧毁的栈道,装作要从栈道出击进攻关中的样子。栈道修复工程艰巨,进展缓慢。章邯料定栈道修复绝非易事,所以一点戒备都没有,殊不知韩信的主力已抄小路向陈仓进军。韩信很快攻下咸阳,占领关中,揭开了楚汉争雄的序幕。

出处

出自元·无名氏《暗度陈仓》第二折:"着樊哙明修栈道,俺可暗度陈仓古道。"

解释

指用制造假象的手段来达到某种目的或暗中进行某项活动。常和"明修栈道"连用。

暗送秋波

故事

东汉末年,太师董卓"挟天子以令诸侯",司徒王允决意除掉董卓。可是董卓平时防备严密,只能智取。王允有一侍女,名貂蝉,美艳无比。王允故意让貂蝉与董卓的养子吕布相爱。酒宴上貂蝉对吕布"秋波送情",吕布魂不守舍。而后王允又把貂蝉送给董卓。这样吕布因为想要得到貂蝉与董卓结下仇怨,最后杀了董卓。

出处

出自明·罗贯中《三国演义》第八回:"(吕)布欣喜无限,频以目视貂蝉,貂蝉亦以秋波送情。"

解释

秋波:秋天的水波,比喻美女清澈明亮的眼睛或目光。指暗中眉目传情。也指暗中勾搭或献媚讨好。

B

bā dǒu zhī cái
八斗之才

故事

谢灵运是南朝时期著名的文学家。他博览群书,才华横溢,诗词歌赋无一不精,其诗歌开创了中国文学史上的山水诗派。他非常自负,曾经说:"如果说天下的才华总共有一石,那么曹植一个人占有八斗,而我占一斗,剩下的一斗为天下人共有。"这段话极力赞美曹植的文才,当然也表现了谢灵运对自己才学的自负。不过可悲的是,谢灵运也正是因为恃才傲物、轻慢朝纲,被宋文帝以"叛逆"的罪名杀害,时年仅四十九岁。

出处

出自《南史·谢灵运传》:"天下才共一石,曹子建独得八斗,我得一斗,自古及今共用一斗。"

解释

指极高的才华。

bā xiān guò hǎi, gè xiǎn shén tōng
八仙过海,各显神通

故事

"八仙"指的是民间传说中的汉钟离、张果老、铁拐李、韩湘子、曹国舅、吕洞宾、蓝采和、何仙姑这八位神仙。传说八位神仙各有道术,法力无边,在人间惩恶扬善,为百姓做了不少好事,深受百姓喜爱。相传有一年,王母娘娘邀请八仙参加蟠桃盛会。他们路过东海,只见东海浩渺无垠,波涛汹涌。吕洞宾提议说:"驾云乘舟,显不出我们仙家的本领。咱们不如拿出各自的法宝,踏浪过海,怎么样?"众仙都齐声说好,于是各自显出神通。汉钟离抛出芭蕉扇,何仙姑踏上荷花,铁拐李乘上酒葫芦……八仙纷纷渡海而去。

出处

出自明·无名氏《八仙过海》第二折："则俺这八仙过海神通大,方显这众圣归山道法强,端的万古名扬。"

解释

比喻各自施展本领或办法。

巴蛇食象 bā shé shí xiàng

故事

《山海经》记载,巴地有一种蛇,长有八百尺,头大口大,能够把大象吞下去,三年后才把骨头吐出来。人如果吃了巴蛇的肉,就不会患心痛或肚子痛之类的病。这种蛇的颜色是青、黄、红、黑混合间杂。另一种说法认为巴蛇是黑色身子、青色脑袋,在犀牛所在地的西面。神话中的蛇要吃大象也不是容易的事,那么普通的蛇更是难以做到了。

出处

出自《山海经·海内南经》："巴蛇食象,三岁而出其骨。君子服之,无心腹之疾。"

解释

比喻人心贪婪。

拔十失五 bá shí shī wǔ

故事

庞统是三国时期的名士,号称凤雏,与诸葛亮齐名。庞统有知人之明,善于评判人品,乐于培养人才,但是他称赞别人时,多有溢美之辞。时人觉得奇怪,问其缘故,庞统说:"当今天下大乱,善人少而恶人多。我选拔的人才,即使有一半不合格,也还有一半真才可以利用,这不是很好吗?"庞统在赤壁之战时避乱江东,被鲁肃推荐给周瑜,入曹营献"连环计",助周瑜火攻取胜。后庞统随刘备进蜀,设计杀杨怀、高沛,得涪水关。在攻雒(luò)城的时候,庞统冒进至落凤坡,中了张任的埋伏,被乱箭射死。

出处

出自《三国志·蜀书·庞统传》："今拔十失五,犹得其半,而可以崇迈世教,使有志者自励,不亦可乎?"

解释

选拔人才,即使一半不合格,尚可得一半真才。指人才难得,要广泛搜罗。

bá zhì yì zhì
拔帜易帜

故事

楚汉战争期间,韩信率军东下井陉(xíng),攻打赵国。赵王和主将陈馀在井陉口聚集了二十万大军阻挡。汉军行进到离井陉口三十里之处,韩信下令休息。夜半时分,他选出两千名轻骑兵,让他们每人拿着一面红色旗帜,从小道到山后隐蔽起来。天亮后,韩信指挥军队向井陉口进发,赵军立即打开营门迎击。交战不久,隐蔽在山后的两千汉兵趁赵营无人守卫,快速冲进赵营,拔掉赵军的旗帜,换上汉军的红旗。而在水边作战的赵兵,因遇到背水一战的汉兵的顽强抵抗,无法取胜,想返回营地,却见那里全是汉军的红旗。赵兵以为赵王已被汉兵抓住,顿时军心大乱,各自逃命。汉军趁机两面夹击赵军,赵军溃败。

出处

出自《史记·淮阴侯列传》:"赵见我走,必空壁逐我。若疾入赵壁,拔赵帜,立汉赤帜。"

解释

拔掉别人的旗帜,换上自己的旗帜。比喻推翻别人,取而代之。

bái miàn shū shēng
白面书生

故事

沈庆之,字弘先,南朝宋名将。沈庆之能征善战,多次立下战功,被封为"建威将军",负责防守边疆重地。元嘉二十七年(450),宋文帝准备发动北伐。沈庆之极力劝谏,认为此时北伐,时机未到,宋文帝便命徐湛之、江湛与他争论。沈庆之道:"治理国家就如同治理家庭一样,耕田的事要问耕田的人,织布的事要问织布的人。陛下如今要讨伐一个国家,却和一群白面书生商议,这仗怎么能打赢!"宋文帝听后大笑。

出处

出自《宋书·沈庆之传》:"陛下今欲伐国,而与白面书生辈谋之,事何由济!"

解释

指年轻没有经验的读书人。也指面孔白净的读书人。

bái tóu rú xīn
白 头 如 新

故事

邹阳是西汉著名文学家,在做梁孝王门客时遭人诬陷,被关进监牢,不久就要被处死。邹阳不想就这样含冤而死,于是在狱中给梁孝王写了一封信。信中说,荆轲付出性命为燕太子丹去行刺秦始皇,可是太子丹还一度怀疑他胆小畏惧;卞和将宝玉献给楚王,可是楚王却下令砍掉他的脚;李斯尽力辅助秦始皇,结果被秦二世处死。邹阳以谚语"白头如新,倾盖如故"劝谏梁孝王要知人善任,不要听信谗言。梁孝王读了邹阳的信后大为感动,不仅把他释放了,而且尊他为上宾。

出处

出自《史记·鲁仲连邹阳列传》:"谚曰:有白头如新,倾盖如故。"

解释

相交虽久,但互不知心,仍然像新朋友一样。指彼此交情不深。

bái yī cāng gǒu
白 衣 苍 狗

故事

唐朝诗人杜甫一生颠沛流离,个人命运与国家命运紧紧联系在一起。杜甫在后半生的漂泊生涯中曾得到多位朋友的帮助,这些经历加上国家政局的动荡,引发了诗人对命运的无限感慨。杜甫的一个朋友叫王季友,生活贫困,以卖草鞋为生,但安贫乐道,闲暇之余读书赋诗,自得其乐。但王季友的妻子不能忍受贫苦,离他而去。杜甫写了首诗安慰王季友,大意是:"天上的浮云就像白色的衣服,不一会儿就变成了黑狗。古往今来的事情都是这样变化无常的,人生中什么事情是遇不到的呢?"

出处

出自唐·杜甫《可叹》诗:"天上浮云如白衣,斯须改变如苍狗。"

解释

天上浮云的形状像白衣,一会儿又变得像黑狗。比喻世事变化无常。

白云亲舍

故事

狄仁杰是唐朝著名政治家,做过武周时期的宰相,以犯颜直谏、不畏权贵著称。狄仁杰年轻时曾做过并州法曹参军,当时他的父母远在河阳。狄仁杰一次外出登上了太行山,由于思乡情切,不由得向河阳方向远眺,只见一片白云在天上孤零零地飘浮。狄仁杰指着那片白云对随行的人员说:"我的双亲就住在那片云彩下面。"他对着白云的方向惆怅了好久,直到那片白云散去才离开。

出处

出自《新唐书·狄仁杰传》:"荐授并州法曹参军,亲在河阳。仁杰登太行山,反顾,见白云孤飞,谓左右曰:'吾亲舍其下。'瞻怅久之。云移,乃得去。"

解释

比喻客居他乡,思念父母。

百步穿杨

故事

养由基是楚国著名的射箭高手。当时楚国有一个名叫潘虎的勇士,也擅长射箭。两人约定要比试比试。比试射箭的靶子设在五十步外,潘虎一连三箭都正中红心,博得围观者一阵阵喝彩声。养由基环视一下四周,说:"射五十步外的红心,目标太近、太大,还是射百步外的杨柳叶更见功夫!"他让人在百步外的杨柳树上选一片叶子,涂上红色作为靶子。只听"嗖"的一声,箭正中柳叶中心,在场的人都惊呆了。潘虎不服气,又选了三片叶子并涂色编号,让养由基按编号次序再射,结果养由基三箭又全部射中。这样一来,围观的人连连喝彩,潘虎输得心服口服。

出处

出自《战国策·西周策》:"楚有养由基者,善射,去柳叶者百步而射之,百发百中。"

解释

在百步的距离外射中杨柳树叶。形容射箭或射击技术高超。

百尺竿头
bǎi chǐ gān tóu

故事

唐朝高僧招贤大师佛学造诣精深,时常到各地去讲经。有一天,招贤大师在法堂上讲经,前来听讲的僧人很多,大师讲得深入浅出,听的人都深受感染。招贤大师讲经完毕后,一名僧人向招贤大师行礼,请大师讲解有关佛教的最高境界——十方世界的问题。为了说明十方世界究竟是怎么回事,招贤大师出示了一份偈帖,指着上面的一段文字念唱道:"百尺竿头不动人,虽然得入未为真。百尺竿头须进步,十方世界是全身。"意为百尺的竹竿并不算高,还需要更进一步,十方世界才算是真正的高峰。

出处

出自宋·释道原《景德传灯录》卷十:"百尺竿头须进步,十方世界是全身。"

解释

佛教比喻道行达到极高的境界。也比喻学问、事业有很高的成就。

百感交集
bǎi gǎn jiāo jí

故事

卫玠(jiè)是晋朝名士、玄学家,中国古代四大美男之一,晋怀帝时任太子洗马。晋怀帝永嘉三年(309),匈奴军队两次长驱直入,一直打到西晋都城洛阳。面对动荡不安的时局,卫玠筹划把家迁往南方。永嘉四年,卫玠告别兄长,带着母亲和妻子一起南下。一路长途跋涉,餐风饮露,经受了千辛万苦,在将要横渡长江的时候,卫玠已经憔悴不堪。他对左右的人说:"见到这白茫茫的江水,心里不由得百感交集。只要是一个有感情的人,又有谁能排遣这万千的思绪和感慨呢!"卫玠辗转到达建康后,于永嘉六年病逝,年仅二十七岁。

出处

出自南朝宋·刘义庆《世说新语·言语》:"卫洗马初欲渡江,形神惨悴,语左右云:'见此芒芒,不觉百端交集。苟未免有情,亦复谁能遣此!'"

解释

各种感触交织在一起。形容感触很多,心情复杂。

百里之才 bǎi lǐ zhī cái

故事

蒋琬,字公琰,三国时期蜀汉宰相,与诸葛亮、董允、费祎(yī)合称"蜀汉四相"。刘备平定蜀地后,蒋琬被任命为广都县县令。一次,刘备与诸葛亮出巡至广都县,发现蒋琬不理政务、沉醉不醒。刘备勃然大怒,要将蒋琬处死。诸葛亮劝刘备说:"蒋琬是社稷之器,而非百里之才,为政以安民为本,不以修饰为先,望主公明察。"刘备素来敬重诸葛亮,于是免去蒋琬的死罪,仅削去他的官职。诸葛亮非常赏识蒋琬的才能,每次征伐,都委派蒋琬筹集粮食、组织运输、补充兵源。诸葛亮常说:"蒋公琰忠心耿耿,雅量宽和,应该与我一起复兴汉室。"诸葛亮密表刘禅说:"臣如果出了什么意外,军国大事可以全部交给蒋琬。"诸葛亮死后,蒋琬继其执政,总揽蜀汉军政。

出处

出自《三国志·蜀书·蒋琬传》:"蒋琬,社稷之器,非百里之才也。"

解释

百里:古代的一县约管辖方圆百里区域,后用作县的代称。指能治理一个县的人才。

百闻不如一见 bǎi wén bù rú yī jiàn

故事

赵充国是西汉名将。当时朝廷发兵征讨西羌,却被西羌打得大败。宣帝派人向老将军赵充国请教该派谁去征讨西羌,赵充国说他去最合适。宣帝又派人请教赵充国,让他估计一下西羌的实力,确定该派多少人马去征讨。赵充国说:"百闻不如一见。对方军事上的情况如何,在后方很难准确地估计,还是让我上前方了解之后再来制定策略吧。"赵充国此时已经年逾七十,仍带领不满万人的骑兵,迅速出师,渡过黄河,到达湟水岸边。羌人多次挑战,他就是坚守不出,只以威信招降,挫败了羌人各部落联合的计划。

出处

出自《汉书·赵充国传》:"百闻不如一见,兵难隃度,臣愿驰至金城,图上方略。"

解释

听到很多次,也不如亲自去看一次。表示凡事要调查研究才能下结论。

bài jūn zhī jiàng
败 军 之 将

故事

楚汉战争期间,汉将韩信东下井陉(xíng)准备攻打赵王歇。井陉口是一个狭窄的山口,战车不能并轨,骑兵不能并列,地势易守难攻。赵王的谋臣李左车献计用奇兵偷袭汉军的粮草辎重,但没有被采纳。韩信最后背水设阵,击败了赵军,俘虏了李左车。韩信对李左车礼遇有加,亲自为他解开绑缚,请他面向东坐下,自己面西而对,以徒弟对师父的礼节来对待他。韩信向李左车请教该不该继续攻打燕国和齐国,李左车谦虚地推辞说:"我听说败军之将,不可以自夸勇猛;已经亡国的大夫,不可以再苟活在世上。我是个被俘虏的败军之将,哪里有资格谈论大事呢?"韩信安慰他说:"请您不要客气,如果赵王接受您的建议,那么被俘虏的就是我,而不是您了。"

出处

出自《史记·淮阴侯列传》:"臣闻败军之将,不可以言勇;亡国之大夫,不可以图存。"

解释

打了败仗的将领。泛指遭到失败的人。

bān jīng dào gù
班 荆 道 故

故事

伍举是春秋时期楚国大夫,与蔡国大夫声子是好朋友。伍举在楚国受到岳父的牵连,为避罪而逃到了郑国,后来觉得郑国也不安全,准备继续逃往晋国。正巧声子出使晋国,经过郑国国都的郊外时遇到了伍举。两人见面非常高兴,当即在路边拔下荆条铺在地上,一起坐在上面,一边吃着东西,一边回忆着过去相互交往的种种情景。后来,声子特地去楚国为伍举洗清了谣言所加的罪名,伍举得以回到楚国。

出处

出自《左传·襄公二十六年》:"伍举奔郑,将遂奔晋。声子将如晋,遇之于郑郊,班荆相与食,而言复故。"

解释

班荆:铺开荆条。道故:叙旧。指老朋友重逢,不拘礼节,畅谈叙旧。

bān mén nòng fǔ
班 门 弄 斧

故事

鲁班是春秋战国时期鲁国的著名工匠,善于制作精巧器具,相传他制造的木鸢能够在天上飞三天三夜。如果有人敢在鲁班门前卖弄使用斧子的技术,也就是说,在大行家面前显示自己的本领,就叫作"鲁班门前弄大斧",简称"班门弄斧"。这和俗语所说的"关公面前耍大刀"的意思相同。其实,"班门弄斧"这句成语早在唐朝就有它的雏形了。文学家柳宗元在一篇文章中说:"操斧于班、郢之门,斯强颜耳。"就是说,在鲁班和匠石的门前表现用斧子的本事,脸皮也太厚了。

出处

出自唐·柳宗元《王氏伯仲唱和诗序》:"操斧于班、郢之门,斯强颜耳。"

解释

在鲁班的门前舞弄大斧。嘲讽别人不自量力,含贬义。也用作自谦之词,表示自己不敢在行家面前卖弄自己的小本领。

bàn bù lún yǔ
半 部 论 语

故事

赵普原本是赵匡胤(yìn)手下的推官。公元960年,赵匡胤率军北上,部队到达陈桥驿时,赵匡胤在赵普的谋划下,发动了陈桥兵变,黄袍加身,建立了宋朝,史称宋太祖,赵普做了宰相。宋太祖死后,其弟赵匡义继位,史称宋太宗,赵普仍然是宰相。有人认为赵普学识浅薄,所读的书只有一部《论语》,当宰相不合适。有一次,宋太宗问赵普:"有人说你只读过一部《论语》,这是真的吗?"赵普一点都不隐瞒,老老实实地回答说:"我所知道的,确实不超出《论语》。过去我用半部《论语》辅助太祖平定天下,现在我用半部《论语》辅助陛下,以图天下太平。"后来赵普病逝,家人打开他的书箱,里面果真只有《论语》二十篇。

出处

　　出自宋·罗大经《鹤林玉露》："人言普山东人,所读者止《论语》……太宗尝以此问普,普略不隐,对曰：'臣平生所知,诚不出此。昔以其半辅太祖定天下,今欲以其半辅陛下致太平。'"

解释

　　指儒家经典为治国之本。强调儒家经典的重要性。也作"半部论语治天下"。

bàng rén mén hù
傍 人 门 户

故事

　　古时候,每逢春节,人们都要在门边挂桃符(写着神名的桃木板)以驱邪,在门上贴门神以镇邪。端午节时,人们把艾人(艾草扎成的人偶)悬挂在大门上以避毒气。有一次,桃符仰面看着艾人,说："你这样的草芥也敢住在我的头上？"艾人俯身回答道："你已经半截子入土了(从元旦到端午,约半年),还有脸和我争上下吗？"桃符非常生气,于是和艾人吵了起来。门神劝解道："你俩不要吵了,我们这等不才之人,都依附着人家的门户过日子,哪里还有工夫争闲气呢？"

出处

　　出自宋·苏轼《东坡志林》卷十二："桃符怒,往复纷然不已。门神解之曰：吾辈不肖,方傍人门户,何暇争闲气耶？"

解释

　　比喻完全依赖别人,不能自主或自立。

bǎo dāo bù lǎo
宝 刀 不 老

故事

　　三国时期,魏将张郃(hé)攻打蜀国的汉中地区,蜀国守将告急。老将黄忠请缨出战,并让同是老将的严颜当副将。到了关口,两军对峙,张郃讥笑黄忠：你老迈年高还要亲自出征,难道蜀国没有人了吗？黄忠大怒道："小子,别看我年纪老迈,我手中的宝刀可不老！"黄忠多以勇猛老将的形象出现在各种文艺作品中,他的名字也成为老当益壮的代名词。

出处

　　出自明·罗贯中《三国演义》第七十回："张郃出马,见了黄忠,笑曰:'你许大年纪,犹不识羞,尚欲出阵耶?'忠怒曰:'竖子欺吾年老,吾手中宝刀却不老!'"

解释

指虽然年龄已大或脱离本行已久,但功夫、技术并没减退。

抱残守缺 bào cán shǒu quē

故事

刘歆(xīn)是西汉末期的著名学者,在儒学上有很深的造诣,是古文经学的开创者,在汉哀帝时任骑都尉、奉车光禄大夫。刘歆特别喜欢并且研究最深的是《左传》。他曾向汉哀帝建议将《左传》《毛诗》《古文尚书》等列于学官,可是这一主张遭到同僚的反对。刘歆指责他们因循守旧,抱残守缺,因此最后被同行联合排挤出京城,只好去做河内郡太守。后来王莽篡汉,刘歆图谋诛杀王莽,事发后自杀。

出处

出自汉·刘歆《移书让太常博士》:"犹欲保残守缺,挟恐见破之私意,而无从善服义之公心。"

解释

固守残缺、陈旧的东西不放。形容固执保守、不求改进。

抱痛西河 bào tòng xī hé

故事

卜商,字子夏,是孔子的学生,"七十二贤"之一。孔子死后,孔门弟子各自分散,子夏到魏国西河教学。子夏的儿子死后,子夏非常悲痛,眼睛都哭瞎了。曾子去探视他,两人相对而哭,子夏哭道:"天啊,我有什么罪过啊,这样来惩罚我?"曾子听了很生气,批评他说:"你怎么没有罪过呢?过去我们共同追随夫子,求学于洙泗,老了后又退居西河,可是西河人都知道你却不熟悉我们老师,这是你的第一个罪过;你的双亲去世,西河的人不知道,这是你的第二个罪过;现在你儿子死了,你却哭瞎了眼,弄得无人不知,这是你的第三个罪过。"子夏听了,马上丢掉手杖,深深拜谢:"我是有罪的!我是有罪的!"

出处

出自《史记·仲尼弟子列传》:"孔子既没,子夏居西河教授,为魏文侯师。其子死,哭之失明。"

解释

指因儿子死去而万分悲痛。

抱瓮灌园

故事

《庄子》记载的一则寓言故事说：孔子的学生子贡，在游楚返晋经过汉水时，看见一位老人正在菜园里整地开畦。老人打了一条坡道通到井边，一次又一次地抱着水瓮汲水灌地，用力多却效率低。于是子贡建议他用机械汲水。老人听后变了脸色，说："有了机械这样的东西，必定会出现机巧的事，进而就会出现机诈的心思。那么，纯洁的心灵就会受到污染，精神就不会专一安定，这样的人心中就不会有大道充盈。我并不是不知道你说的方法，只是不愿那样做罢了。"

出处

出自《庄子·天地》："见一丈人方将为圃畦，凿隧而入井，抱瓮而出灌。"

解释

抱着瓮浇灌园子。指安于不用智巧的淳朴生活。

抱薪救火

故事

战国末期，秦国连年攻打魏国，不断蚕食魏国的土地。魏国向韩、赵求救，仍然无济于事。魏将段干子向魏王提议把南阳割让给秦国以求和。苏秦的弟弟苏代听说魏国准备割地求和的事之后，对魏王说："秦国想并吞魏国，只割让土地是无法满足秦国的野心的。而且割让土地给秦国以求和，就像抱着木柴去救火，柴没烧完，火是不会灭的。"可是魏王不听苏代的劝阻，仍然坚持割地求和。秦国果然不满足，得到土地后继续攻打魏国。最后魏国就这样被秦国消灭了。

出处

出自《史记·魏世家》："且夫以地事秦，譬犹抱薪救火，薪不尽，火不灭。"

解释

抱着柴草去救火。比喻用错误的方法去消除灾祸，反而使灾祸扩大。

bào zhù zhī xìn
抱柱之信

故事

传说战国时期有个男子叫尾生,他与一个女子相爱。两人相约在桥下见面,尾生如期而至,但是等了很久,心上人却迟迟没有来。眼看着河水慢慢上涨,尾生待在原地不敢挪动,生怕姑娘来了找不到他。河水越涨越高,尾生抱着桥柱,寸步不移,直到河水把他淹没。女子后来来到河边,得知尾生为等自己宁肯淹死也不离开,悲痛欲绝,也跳入河中,为情殉身。

出处

出自《庄子·盗跖》:"尾生与女子期于梁下,女子不来,水至不去,抱梁柱而死。"

解释

指至死不变的信约。

bào hǔ píng hé
暴虎冯河

故事

仲由,字子路,孔门弟子之一。子路年轻时以勇力闻名,头戴雄鸡冠,佩带公猪皮装饰的剑,盛气凌人,屡次冒犯轻视孔子。后来子路被孔子的学问人品折服,做了孔子的学生。孔子曾说:"自从我有了子路后,再也没有人敢当面恶言恶语中伤我了。"一次,子路问老师:"您如果统帅三军,希望谁跟您在一起?"孔子说:"喜欢空手打虎、徒步过河,自以为勇敢不怕死的人,我不喜欢。我要遇事善于冷静思考、千方百计争取成功的人。"这是孔子对子路过于依恃勇力的批评。孔子曾为此多次痛责子路:"好勇过我,无所取材。""由也升堂矣,未入于室也。"

出处

出自《论语·述而》:"暴虎冯河,死而无悔者,吾不与也。"

解释

空手打虎,徒步过河。比喻有勇无谋,冒险蛮干。

bēi gōng shé yǐng
杯弓蛇影

故事

东汉时期,县令应郴(chēn)请主簿杜宣来饮酒。厅堂的北墙上悬挂着一张红色的弓。由于光线反射,酒杯中映入了弓的影子。杜宣看了,以为是一条蛇在酒杯中,觉得害怕。但县令赐他饮酒,又不敢不饮。回到家里,杜宣感到有蛇在肚中蠕动,觉得腹部疼痛异常。请来医生看了多次,病情还是不见好转。应郴得知后,弄不明白酒杯里怎么会有蛇。突然,北墙上那张红色的弓引起了他的注意。于是应郴命人用马车把杜宣接来,让他坐在原来的位置,在案几上摆上酒杯,叫他仔细观看酒杯里的影子,告诉他:"你说的杯中的蛇,不过是墙上那张弓的倒影罢了。"杜宣弄清了原委,疑虑顿消,病也很快痊愈了。

出处

出自汉·应劭《风俗通·怪神》:"时北壁上有悬赤弩,照于杯,形如蛇。宣畏恶之,然不敢不饮,其日便得胸腹痛切,妨损饮食。"

解释

把酒杯中弓的影子当作蛇。比喻疑神疑鬼,自相惊扰。

bēi jiǔ jiě yuàn
杯酒解怨

故事

张延赏是唐朝德宗时期宰相。贞元元年(785),唐德宗因宰相刘从一患病,意欲征拜张延赏为宰相。张延赏此前曾与凤翔节度使李晟(shèng)发生矛盾,在拜相任命上遭到李晟的阻挠,最终只被授为尚书左仆射(yè),未能成为宰相。贞元三年,唐德宗再次欲拜张延赏为宰相,便让浙西观察使韩滉(huàng)居中调解,试图化解李晟与张延赏之间的矛盾。韩滉宴请二人,尽欢而散,并让李晟表荐张延赏为相。唐德宗遂任命张延赏为同中书门下平章事。不久,李晟请求与张延赏联姻,却遭到张延赏拒绝。李晟愤恨不已,说道:"我们这些武人,即使有旧怨,在一起喝顿酒就和解了。那些读书人惹不起啊,别看表面上一团和气,内心里却怨气难消。延赏这次不许婚,说明他还在记仇啊!"

出处

出自《新唐书·张延赏传》:"吾武夫虽有旧恶,杯酒间可解。"

解释

形容性情直率,不记旧怨。

北门锁钥
běi mén suǒ yuè

故事

春秋时期,鲁僖(xī)公三十二年(前628),秦国大夫杞子派人给秦穆公送来消息,称自己已经取得了郑国人的信任,掌管着都城北门的钥匙,如果秦国此时发兵攻打郑国,里应外合,郑国必定唾手可得。秦穆公向蹇叔征求意见。蹇叔认为让军队偷袭远方的国家,士兵会疲惫不堪,远方的君主也会有防备,劝穆公放弃。秦穆公不听蹇叔的劝告,派大将孟明视等率军出征。大军行至滑国(今河南滑县)时,正好遇上了郑国商人弦高。弦高假装送礼迎接秦军,背后通风报信,使郑国早有准备。孟明视因此不敢再攻打郑国,回程中在殽(xiáo)山地带(今河南陕县)被埋伏的晋军打败。孟明视等三位将领被俘。

出处

出自《左传·僖公三十二年》:"杞子自郑使告于秦,曰:'郑人使我掌其北门之管,若潜师以来,国可得也。'"

解释

比喻军事要地或防御的重任。

背城借一
bèi chéng jiè yī

故事

春秋时期,晋国出兵支援遭到齐国侵犯的鲁、卫二国。晋国主将郤(xì)克统率三国联军,追击齐军直至齐国境内,并在鞌(ān)这个地方击败了齐军。齐顷公于是派出大臣国佐往晋军求和。晋军主帅郤克当年出使齐国时,曾经受到过齐顷公母亲的羞辱,便乘机向齐国提出诸多苛刻的条件。对这些屈辱的条件,国佐严词以对:"即晋国如果想和谈,齐国愿意献上宝物、财货,并归还侵夺的鲁、卫二国的土地。如果晋国以这些条件要挟齐国,那么齐国只能背靠城池,与晋军决一死战(背城借一)。"郤克最终依齐国的要求签订了和约。

出处

出自《左传·成公二年》:"请收合余烬,背城借一。"

解释

背靠城池与敌人决一死战。指与敌人决战。

背恩忘义
bèi ēn wàng yì

故事

张敞是西汉名臣,"张敞画眉"的故事在民间广为流传。张敞做京兆尹时,曾受朋友牵连而遭弹劾。汉宣帝爱惜人才,并没有罢免张敞。这时,张敞命令手下絮舜去执行任务,而絮舜却认为张敞很快就要被罢免了,不过是"五日京兆"而已,竟然跑回家睡大觉去了。张敞大怒,派人把絮舜抓了起来,昼夜不停地审讯,很快就定了絮舜的死罪。张敞因为此事被劾"贼杀不辜"而遭免职。后来张敞在给汉宣帝的奏章中解释此事说:"絮舜是我多年的手下,我对他不薄,而他竟以我就要被罢免的缘故,公然不执行命令,还讥笑我是五日京兆,这种背恩忘义、伤害教化、败坏风俗的人,臣不能容忍,就枉法杀了他。"

出处

出自《汉书·张敞传》:"(絮舜)以臣有章劾当免,受计考事,便归卧家,谓臣'五日京兆',背恩忘义,伤化薄俗。"

解释

指辜负别人对自己的恩德,做不道义的事情。

背水一战
bèi shuǐ yī zhàn

故事

楚汉战争时期,汉将韩信领兵一万两千人东下井陉(xíng)攻打赵国,赵王带领二十万大军迎击。为了打败赵军,韩信派主力驻扎在河边背水设阵。战斗打响后,韩信先派兵前去诱敌,然后佯装败走,赵军倾巢出动追击汉军。退到河边的汉军无路可走,个个拼死作战,赵军不能取胜,只好准备撤回营中。战后有人问韩信:"背水列阵乃兵家大忌,将军为何明知故犯?"韩信解释说:"兵法上说:'置之死地而后生。'背水设阵,就是这个意思啊。"

出处

出自《史记·淮阴侯列传》:"信乃使万人先行,出,背水陈。……军皆殊死战,不可败。"

解释

背靠河水作战。比喻面临绝境,为求出路而做最后一次努力。

逼上梁山
bī shàng liáng shān

故事

林冲原本是东京八十万禁军教头,武艺高强,为人正直。太尉高俅(qiú)之子高衙内为了霸占林冲的妻子,设计陷害他,诱使他带刀误入白虎堂。林冲因此被判发配沧州。高衙内在路上买通解差暗杀林冲,幸得鲁智深暗中保护,林冲才免于一死。在流配地草料场,林冲又遭到高俅的暗害。林冲忍无可忍,杀死了前来害他的陆谦等人,放火烧了草料场。得知妻子已死,在无路可走的情况下,林冲被迫上了梁山,成为反抗朝廷的一员。

出处

出自明·施耐庵《水浒传》第十一回:"林冲雪夜上梁山。"

解释

被逼而上梁山起义。借指被迫反抗或采取不得已的行动。

比肩继踵
bǐ jiān jì zhǒng

故事

晏子是春秋时期齐国的国相。一次,齐国派晏子出使楚国,楚灵王知道晏婴身材矮小,就想戏辱他。晏婴到了楚国郢都,楚王派人在大门旁边开了一扇小门,请他从小门进城。晏婴说:"这是狗洞,出使狗国从这儿进;我出使楚国,不能从这里进。"楚灵王只得命人打开城门,迎晏婴进城。楚灵王见到晏子,第一句话就问:"难道齐国没有人了吗?派你当使臣。"晏婴回答说:"我国临淄城有居民三百间,人们举起衣袖就能形成一片阴凉,每人挥一把汗就像下了一阵雨,路上的行人肩挨着肩,脚接着脚,怎么能说没有人呢?"楚灵王又问:"既然有人,为什么叫你出使我国呢?"晏婴对答道:"我们齐国的规矩是,贤能的使臣出使有贤君的国家,像我这样无用的人,只好来见你了。"

出处

出自《晏子春秋·杂下六》:"齐之临淄三百闾,张袂成阴,挥汗成雨,比肩继踵而在。"

解释

肩并着肩,脚尖靠着脚跟。形容人多拥挤或连续不断。

bì gōng bì jìng
毕 恭 毕 敬

故事

西周末年,周幽王废掉太子宜臼,改立宠妃褒姒之子伯服为太子。宜臼被废黜之后,住在外祖父申侯家里。他对自己的命运和国家的前途满怀忧愁,于是写诗抒发自己的心情。诗中说:"我看见桑树和梓树,一定要毕恭毕敬,因为它们使我想起了家中的父母。我尊敬的是自己的父亲,我依恋的是自己的母亲。谁人不是父母的骨肉,谁人不是父母所生?上天生了我,可我的好日子到何处找寻?"由于幽王无道,诸侯纷纷叛离。周幽王十一年(前771),宜臼的外祖父申侯联合犬戎的军队进攻镐京。幽王下令点燃烽烟,但是诸侯受过骗,都不派救兵。犬戎的军队攻下镐京,杀了幽王,掳走了褒姒。宜臼在申侯、鲁侯等人的拥立下即王位,是为周平王。

出处

出自《诗经·小雅·小弁》:"维桑与梓,必恭敬止。靡瞻匪父,靡依匪母。"

解释

形容十分恭敬的样子。

bì zhǒu qiān jīn
敝 帚 千 金

故事

东汉建立初期,各地还有许多豪强割据一方。其中,公孙述依仗蜀地天险,自立为帝,国号"成家"。光武帝刘秀数次遣使前去劝公孙述归顺东汉,都遭到公孙述的拒绝。建武十二年(36),刘秀命大司马吴汉前去讨伐公孙述,公孙述兵败而死。汉军副将刘禹率兵进入城内,将公孙述的妻子家人尽数杀死,并割下公孙述的头颅。同时,他还纵兵劫掠,四处烧杀。这一消息传到京城,光武帝大为震怒,特别下诏谴责刘禹:"这座城池已经投降了,满城老妇、孩子上万人,却被你一个早上烧杀殆尽,谁听了都会心酸。俗话说:'即使家里有一把破扫帚,也会十分珍惜。'可你却这样残暴,竟忍心做出如此的行为!"随即,刘秀下诏撤了刘禹的职务。

出处

出自汉•刘珍等《东观汉记•光武帝纪》:"城降,婴儿老母,口以万数,一旦放兵纵火,闻之可为酸鼻。家有敝帚,享之千金。禹宗室子孙,故尝更职,何忍行此!"

解释

比喻对自己的东西很珍惜。

筚路蓝缕
bì lù lán lǚ

故事

春秋时期,楚国发兵攻打郑国,一举攻破了郑国都城,郑伯亲自肉袒牵羊向楚王求和。这时,晋国的救兵已经在路上,中途得知郑国已向楚国投降,便暂驻在敖、鄗(hào)二山之间。郑国派人到晋军营中说:"楚军轻而易举地取得了胜利,因此骄傲了,部队因为疲惫也放松了戒备。你们如果趁此追击,加上我们从旁助战,定可把楚军打得大败。"下军副将栾书说:"不行,楚国经常告诫全国军民,要发扬他们祖先'筚路蓝缕,以启山林'的精神,勤俭建国,艰苦奋斗。有什么理由说他们骄傲了,放松戒备了?"

出处

出自《左传•宣公十二年》:"筚路蓝缕,以启山林。"

解释

筚路:柴车。蓝缕:破衣服。坐着柴车、穿着破衣服去开辟山路。形容创业的艰苦。

避面尹邢
bì miàn yǐn xíng

故事

西汉武帝有两个宠幸的妃子:尹夫人和邢夫人。为了避免她们之间互相嫉妒,武帝下诏让她们不得见面。后来尹夫人请求汉武帝让她见一见邢夫人,武帝同意了她的请求,却让另外一个夫人打扮得漂漂亮亮,假冒邢夫人,前呼后拥带着一群随从前来与尹夫人相见。尹夫人上前仔细端详后说:"这不是邢夫人本人呀。"武帝问道:"为什么这么说呢?"尹夫人道:"看她的身量相貌,实在不配得到帝王的宠爱。"于是武帝命令邢夫人穿着以前的衣服,独自一人前来。两人相见后,尹夫人低下了头,深深自叹不如邢夫人。所以当时有句谚语:"美女入室,恶女之仇。"尹邢之争就是这种情况。

出处

出自《史记·外戚世家》:"尹夫人与邢夫人同时并幸,有诏不得相见。尹夫人自请武帝,愿望见邢夫人,帝许之……尹夫人望见之,曰:'此真是也。'于是乃低头俯而泣,自痛其不如也。"

解释

指因嫉妒而避不见面。

髀肉复生
bì ròu fù shēng

故事

东汉末年,曹操击败袁绍之后,亲自领兵攻打刘备。刘备转而投奔刘表。刘表对刘备倍加礼遇,为他补充军队,让他驻扎在新野。但是自从刘备来到之后,荆州的豪杰争相归附刘备,这让刘表心生疑忌,对刘备也暗中提防起来。一天,刘表请刘备饮酒。期间刘备起身上厕所,发现大腿上的肉又长起来了,不禁掉下泪来,回到座上的时候,脸上还留着泪痕。刘表见了很奇怪,问他因何悲伤。刘备说:"我以前一直南征北战,长期身子不离马鞍,大腿上的肉精壮结实。到这里来后,一晃就是五年,闲居安逸,用不着骑马,大腿上的肉复长,又肥又松。一想起时光过得这么快,人都快老了,复兴汉室的功业一点也没有建成,心里感到难受。"

出处

出自《三国志·蜀书·先主传》裴松之注引《九州春秋》:"吾常身不离鞍,髀肉皆消。今不复骑,髀里肉生。日月若驰,老将至矣,而功业不建,是以悲耳。"

解释

因为长时间不骑马,大腿上的肉又长起来。形容长久处于安逸环境中,虚度光阴,无所作为。

鞭长莫及 biān cháng mò jí

故事

春秋时期,楚国发兵进攻宋国,将宋国都城围困数月之久。第二年春天,宋国派大夫乐婴齐向晋国求援。晋景公准备出兵为宋国解围,大夫伯宗劝谏说:"不可以同楚国交恶。古人有言:'虽鞭之长,不及马腹。'楚国如今正得天命,国势如日中天,晋国虽强,能违抗天命吗?"晋景公于是便没有发兵救宋。

出处

出自《左传·宣公十五年》:"虽鞭之长,不及马腹。"

解释

原意是说即使鞭子够长也不能打马肚子,因为马肚子不是鞭打的地方。后借指力量达不到。

标新立异 biāo xīn lì yì

故事

支道林是东晋著名学者,对佛教及《庄子》都很有研究。支道林与王羲之、谢安等名士经常在一起谈论玄理,研究《庄子》。《庄子》首篇《逍遥游》是这本书中最深奥难懂的一篇,许多学者都曾深入研究这篇文章,但都不能超出郭象和向秀的见解。支道林曾经在白马寺和冯太常一起聊天,谈到《逍遥游》时,他在郭象和向秀的见解之外,提出了一种全新的看法,阐释了新颖的义理。后来,人们在解释《逍遥游》时也就借鉴了支道林的这些观点。

出处

出自南朝宋·刘义庆《世说新语·文学》:"支道林在白马寺中,将冯太常共语,因及《逍遥》。支卓然标新理于二家之表,立异义于众贤之外。"

解释

原意是阐明新的义理,提出不同的见解。后指提出新奇的见解或主张,以显示自己与众不同。

别开生面
bié kāi shēng miàn

故事

曹霸是唐朝著名画家,画艺高超,擅长画人物和马,一度得到唐玄宗的赏识。长安城中有一座凌烟阁,阁内有大唐二十四位开国功臣的画像,原为初唐著名画家阎立本所绘。由于年深日久,画像色彩剥落,不复光彩。唐玄宗召来曹霸,要他修葺画像。在曹霸的丹青妙手之下,二十四功臣像重放光华,曹霸也被封为左武卫将军。后来曹霸流落到成都,靠在街头替人画像过活,晚年非常凄凉。杜甫来到成都后,对曹霸的际遇非常同情和感慨,写了一首诗赠给他:"凌烟功臣少颜色,将军下笔开生面。"意思是凌烟阁中的功臣画像已失去了往日鲜艳夺目的色泽,亏得你左武卫将军下笔使它们重放光彩。杜甫以此诗称赞曹霸画艺高超,使失去光彩的画像重放光彩。

出处

出自唐·杜甫《丹青引赠曹将军霸》诗:"凌烟功臣少颜色,将军下笔开生面。"

解释

指另外开辟一种新局面或创造一种新的风格式样。

别无长物
bié wú cháng wù

故事

王恭是东晋名臣,年轻时有美誉,志向远大,与同族王忱齐名,时人多有称誉。有一年,王恭随父亲从会稽来到都城建康,王忱去看望他,两人相谈甚欢。王忱觉得身下的席子非常光滑,坐着很舒服。他觉得王恭从盛产竹子的会稽来,一定带了不少这样的竹席,希望王恭能送他一张。王恭当时没有说什么,等王忱回去后,随即让人把自己用的那张席子给王忱送了过去。其实,王恭只有这一张竹席,送人后,他就改用了草席。王忱知道这情况后,觉得过意不去,就去找王恭表示歉意。王恭笑着说:"您不太了解我,我平生没有多余的物品。"

出处

出自南朝宋·刘义庆《世说新语·德行》:"丈人不悉恭,恭作人无长物。"

解释

没有另外多余的物品。形容因贫困而一无所有或因节俭而东西极少。

别有天地
bié yǒu tiān dì

故事

唐朝诗人李白四十一岁时受到唐玄宗的召见,在京中名动一时。当时的唐玄宗是个一心追求享乐的"太平天子",希望李白做一个歌功颂德的御用文人。但李白性情孤傲,遭到高力士等人的诽谤,逐渐失去了唐玄宗的喜爱。离开长安之后,李白开始了十年的漫游生活。由于在现实生活中屡遭挫折,他产生了求仙访道的想法,希望摆脱丑恶的现实追求美好生活。这种思想多以汪洋恣肆、想象奇特的手法表现在诗作中,《山中问答》就是这样的一首诗。诗中说道:有人问我为什么栖宿在碧山,我微笑着没有回答,心中自在悠闲。且看那桃花随着流水自由自在地漂向远方,这里另有一种境界,不同于黑暗、污浊的人间。

出处

出自唐·李白《山中问答》诗:"问余何意栖碧山,笑而不答心自闲。桃花流水窅(yǎo)然去,别有天地非人间。"

解释

另有一种境界。形容风景优美,引人入胜。

宾至如归
bīn zhì rú guī

故事

春秋时期,郑国大夫子产陪同郑简公访问晋国。当时,正遇上鲁襄公逝世,晋平公借口为鲁国国丧致哀,故意怠慢郑国的使团,不接见他们。子产就命令手下把馆驿的围墙拆掉,用来放置车马物资。晋国大夫士匄(gài)责备说:"我国为使者修建馆舍,以避寇盗,为什么您要毁坏馆舍的墙垣?"子产回答说:"贵国君主没有闲暇接见我们,我们不能让这些礼物暴露在外风吹雨淋,所以只好拆毁墙壁,搬到馆舍里来。昔日晋文公做盟主的时候,自己住的宫室是矮小的,接待诸侯的宾馆却造得又高又大。宾客到达的时候,样样事情有人照应,能很快献上礼品。别人不懂的,他给予教导,别人有困难,他给予帮助。宾客来到这里就像回到自己家里一样。"士匄回去汇报了子产的这番话,晋平公只好道歉,并以高规格接待了郑简公。

出处

出自《左传·襄公三十一年》:"宾至如归,无宁灾患,不畏寇盗,而亦不患燥湿。"

解释

客人来到这里如同回到家里一样。形容招待周到,使来客感到满意。

冰山难恃 bīng shān nán shì

故事

唐朝时期,唐玄宗独宠杨玉环,杨家因此势焰熏天。杨贵妃的堂兄杨国忠做了宰相,大权在握,朝廷选任官吏都由他决定。当时,陕西有一个叫张彖(tuàn)的进士,迟迟没有机会做官。朋友都劝他去拜见杨国忠,以求封官,可他坚决不去巴结杨家,并对朋友说:"你们都把杨国忠看得像泰山一样稳固,可是我以为他不过是一座冰山罢了。将来天下有了动乱,他就会垮掉,好比冰山遇到太阳就会融化一样,到那时候你们不就失掉靠山了?"不久,安禄山起兵叛乱,攻下长安,杨国忠随同唐玄宗逃往四川。在马嵬(wéi)驿,将士们发动兵谏,要求处死祸国殃民的杨家人。结果杨国忠被士兵杀死,杨贵妃也被缢死,杨家这座靠山果然倒了。

出处

出自《资治通鉴·唐玄宗天宝十一载》:"君辈倚杨右相如泰山,吾以为冰山耳。若皎日既出,君辈得无失所恃乎?"

解释

比喻不能长久的权势难以依靠。

兵不血刃 bīng bù xuè rèn

故事

郭默是东晋的屯骑校尉,作战勇猛,多次与后赵政权的创立者石勒交战,威震敌人。但郭默一贯骄横跋扈,竟然因私忿杀死平南将军刘胤(yìn),并且诬蔑刘胤谋反。朝廷对郭默无力惩戒,又怕他谋反,不但不治他的罪,反而提了郭默的官。陶侃向朝廷上书,尖锐地指出:"郭默杀了州官就封他为州官,难道他杀了宰相就封他做宰相吗?"朝廷受到震动,派陶侃讨伐郭默。郭默想固守城池,但又怕城破后难逃性命;想开城门投降,又怕朝廷杀他的头,真是左右为难。他手下的一名将领见大势已去,将他逮捕后开城门投降。陶侃最终不战而取得胜利,平定了这次叛乱。

出处

出自《晋书·陶侃传》:"(郭)默在中原,数与石勒等战,贼畏其勇,闻侃讨之,兵不血刃而擒也,益畏侃。"

解释

兵刃上没有沾染血迹。指未经交锋就取得了胜利。

丙吉问牛

故事

丙吉是汉宣帝时期的丞相,他十分关心百姓的疾苦,经常外出考察民情。一次外出,看到路上一群人在斗殴,死伤者躺满了道路,但是丙吉毫不理会。丙吉继续赶路,看到一头牛在吃力地拉车,牛累得吐着舌头大口喘气。丙吉停下来叫人去询问:"赶着牛走了几里地了?"下属认为丞相重畜不重人,丙吉解释说:"路人打架斗殴,这是长安令、京兆尹的职责范围,派吏缉拿就是了,这种小事丞相不能事事亲顾。而牛的事就不一样了,现在是春天,天气并不应该太热,如果那头牛是因为天热而喘息,那就说明节气失调,势必会影响农事,所以我才问问清楚啊!"

出处

出自《汉书·丙吉传》:"(丙)吉前行,逢人逐牛,牛喘吐舌。吉止驻,使骑吏问:'逐牛行几里矣?'"

解释

指官员关心百姓疾苦。

秉笔直书

故事

春秋时期,齐庄公与崔杼之妻通奸,并拿着崔杼的冠送人,以此取乐。崔杼大怒,伺机谋害庄公。这天,崔杼称病不朝,庄公借口探病,前去私会崔杼之妻。贾举趁机将庄公关在了崔家,事先埋伏的手下一拥而出,杀死庄公。弑君事件发生后,齐太史秉笔直书:"崔杼弑庄公。"崔杼杀死了太史。太史的弟弟又如实记载,也被崔杼杀死。接着第二个弟弟仍然如实记载,也被杀掉。这时太史的小弟弟毅然挺身而出,继续书写。崔杼不敢再杀,只得罢手。南史氏听说齐国的太史都被杀光了,带着竹简往都城赶来,准备执行史官的职责,在中途听闻弑君之事已经记录在册,这才返回去。

出处

出自《左传·襄公二十五年》:"太史书曰:'崔杼弑其君。'崔子杀之。其弟嗣书而死者二人,其弟又书,乃舍之。南史氏闻太史尽死,执简以往,闻既书矣,乃还。"

解释

本指史官写史不隐讳、夸诞。泛指按照事情的本来面目记录事件,不歪曲隐瞒。

病入膏肓

故事

春秋时期,晋景公得了重病,听说秦国有一个医术很高明的医生,便专程派人去请。医生还没到,晋景公做了个梦,梦见疾病变成了两个小孩,一个说:"那个高明的医生马上就要来了,恐怕会伤害到我们,我们要躲到什么地方去呢?"另一个小孩说:"我们躲到肓的上面,膏的下面,无论他怎样用药,都奈何我们不得。"秦国的名医到了,诊断后对晋景公说:"这病已经没办法治了。疾病在肓之上、膏之下,用灸法攻治不了,吃汤药,其效力也达不到。这病是实在没法子治啦。"晋景公一听,跟自己梦见的两个小孩的对话毫无二致,便点了点头说:"果然是名医啊!"说毕,叫人送了一份厚礼给医生,让他回秦国去了。

出处

出自《左传·成公十年》:"医至,曰:'疾不可为也。在肓之上、膏之下,攻之不可,达之不及,药不至焉,不可为也。'"

解释

膏肓:我国古代医学将心尖脂肪叫膏,将心脏与膈膜之间叫肓,认为这是药力达不到的地方。指病情严重到无法治疗的程度。比喻事态严重。

伯道无儿

故事

邓攸,字伯道,两晋名臣。邓攸七岁丧父,而后又接连失去母亲、祖母,前后服丧九年,当时即以孝道著称于世。邓攸为官清廉,爱惜百姓,灾年曾擅自开仓赈济灾民,朝廷感其爱民之诚,并未追究。邓攸带着妻儿与侄子渡江南逃时,在危难关头,舍弃自己的儿子,保全了侄儿。他对妻子说:"我弟弟早逝,只有一个儿子,不能让他绝嗣。如果我们能够幸存,以后还会再生儿子的。"但后来邓攸终身也没有再生孩子。当时很多人为之感动,对此深感遗憾:"天道无知,使邓伯道无儿。"

出处

出自《晋书·邓攸传》:"天道无知,使邓伯道无儿。"

解释

指人没有儿子。

伯乐相马

故事

相传春秋时期秦国有个人叫孙阳,善于相马,人们就把孙阳称作伯乐。一次,伯乐受楚王的委托,购买能日行千里的骏马。伯乐跑了好多地方,仔细寻访,都没发现中意的良马。在返回的路上,伯乐看到一匹马拉着盐车,正吃力地爬坡。伯乐走到跟前,想要细细打量。这匹马见伯乐走近,突然昂起头来瞪大眼睛,大声嘶鸣,好像要对伯乐倾诉什么。伯乐立即从声音中判断出,这是一匹难得的骏马。伯乐当即买下了这匹马,直奔楚国。伯乐牵马来到王宫,楚王一见伯乐牵的马又脏又瘦,认为伯乐愚弄他,很不高兴。但是经过精心喂养,不到半个月,马儿便恢复了体力,变得精壮神骏。楚王驾马扬鞭,喘息之间,已跑到百里之外。楚王这才明白伯乐找到了真正的千里马。

出处

出自汉·韩婴《韩诗外传》卷七:"使骥不得伯乐,安得千里之足。"

解释

比喻善于发现和选拔人才。

bó ér bù jīng
博而不精

故事

郑众是东汉著名经学家,又称先郑、郑司农。其父郑兴以研究《左氏春秋》著称于世,郑众十二岁就跟父亲学习这部经学著作。郑众学识渊博,著有《春秋左氏传条例》,流传当世,和另一位经学家贾逵所注的《左氏春秋》齐名,都受到学者们的好评。当时,著名的经学家马融注过《周易》《尚书》《毛诗》《三礼》《论语》《孝经》,使古文经学达到成熟的境地。马融本来也准备为《左传》作注,但在仔细阅读了贾逵和郑众的注本后,发现贾逵的注本精深而不广博,郑众的注本广博而不精深。马融觉得,这两个注本各有各的长处,合起来就弥补了各自的不足之处,便决定不再给《左氏春秋》作注了。

出处

出自《后汉书·马融传》:"贾君精而不博,郑君博而不精,既精既博,吾何加焉!"

解释

学识丰富但不精深。

bó shì mǎi lú
博 士 买 驴

故事

古代有个博士,熟读经典,满腹经纶,只是非常迂腐呆板,做什么事都要咬文嚼字、引经据典,动不动就长篇大论、侃侃而谈。有一天,博士到市场上去买驴。双方讲好价后,博士要卖驴的写一份凭据。卖驴的表示自己不识字,博士自告奋勇可以代写。只见他洋洋洒洒足足写了三张纸。卖驴的请博士念给他听,只听博士满口子曰诗云、之乎者也、圣王之世、尧舜禹汤。卖驴的听得一头雾水,不解地问:"先生写了满满三张纸,怎么连个驴字也没有呀?你只要写上某月某日我卖给你一头驴子,收了你多少钱,不就得了?"旁边的人听了,都哄笑起来。这件事传开后,有人编了几句讽刺性的谚语:"博士买驴,书券三纸,未有驴字。"

出处

出自北齐·颜之推《颜氏家训·勉学》:"问一言辄酬数百,责其指归,或无要会。邺下谚云:'博士买驴,书券三纸,未有驴字。'"

解释

比喻写文章长篇累牍而说不到点子上。

bó shuò féi tú
博 硕 肥 腯

故事

春秋时期,楚武王发兵攻打随国,随国的少师极力鼓动随侯追击楚军。随国大夫季梁坚决反对,说:"我听说所谓的道,就是对民要讲忠义,对神要讲信用。如今人民冻馁,国君却为所欲为,祝史祭祀时糊弄鬼神。这种情况下又凭什么去跟楚国打仗呢?"随侯辩解说:"我祭神的牺牲(古代为祭祀宰杀的牲畜)都又大又肥,粮食又多又齐备,怎么能说没有信用呢?"季梁说:"人民才是祭祀鬼神的主人,所以圣王先尽力保有人民,然后才致力于鬼神。祭祀时奉上牺牲,祷告说'又大又肥'表明民力充盈;奉上粮食祷告说'絜(jié)粢(zī)丰盛'表明风调雨顺,五谷丰登。如今百姓各有异心,鬼神无主,您自己即使物资再丰足又有什么用呢?不如内修国政,外结友邦,这样才有希望免于祸患啊!"

出处

出自《左传·桓公六年》:"故奉牲以告曰:'博硕肥腯。'谓民力之普存也,谓其畜之硕大蕃滋也。"

解释

形容牲畜又多又肥大。

bó wù jūn zǐ
博 物 君 子

故事

春秋时期,晋平公病重,郑伯派子产出使晋国。晋国大夫叔向问子产:"我们国君病得很重,卜人占卜后说:'是实沈、台骀在作怪。'这两人连太史也没听说过,敢问这是什么神灵呢?"子产说:"从前高辛氏有两个儿子,老大叫阏(yān)伯,老二叫实沈,兄弟俩互不相容。帝尧就把阏伯迁到商丘,主辰星;把实沈迁到大夏,主参星。实沈就是参星之神。台骀是金天氏的后代,疏通了汾水和洮水,颛(zhuān)顼(xū)帝嘉奖他,封他在汾川,台骀就是汾水之神。但是这两个神灵跟国君的病却没有一点儿关系。国君之所以得病,是因为劳逸、饮食、哀乐无度。我听说,娶妻不能娶同姓,因为会影响子孙昌盛。现在国君有四个姬姓的侍妾,恐怕得病就是因为这个缘故吧!"晋平公得知子产的话,慨然道:"子产真是知识渊博的君子啊!"

出处

出自《左传·昭公元年》:"晋侯闻子产之言,曰:'博物君子也!'重贿之。"

解释

指知识和见闻广博的人。

博物洽闻
bó wù qià wén

故事

司马迁是西汉史学家、文学家。早年受学于大儒孔安国、董仲舒,二十岁开始游历全国各地,遍访故旧耆(qí)老,搜罗旧闻,了解风俗民情、地理物产,足迹遍及九州。汉武帝元封三年(前108),司马迁任太史令。司马迁继承父志,立志作史,"究天人之际,通古今之变,成一家之言"。期间遭遇李陵之祸,司马迁为李陵说了几句公道话,触怒武帝,被施以宫刑。然而司马迁为了完成未竟的事业,含垢忍辱,终于写出了中国第一部纪传体通史《史记》。对这部建立在实地调查和文献资料基础上的巨著,《汉书》的作者班固也不得不赞叹司马迁见识广博。

出处

出自《汉书·司马迁传》:"以迁之博物洽闻,而不能以知自全,既陷极刑,幽而发愤,书亦信矣。"

解释

通晓很多事物。指人知识渊博,见多识广。

搏牛之虻
bó niú zhī méng

故事

秦末战争期间,楚王令上将军宋义率军支援被秦军围困的赵国。行至安阳,宋义停止进发,一连四十六天不见开动的迹象。项羽进言道:"我听说秦军把赵王围困在巨鹿,如果我们疾速渡河,与赵军内外夹击,必能击溃秦军。"宋义不以为然,说:"拍打牛身上的虻虫,是不能除去牛身上的虮虱的。现在秦军围攻赵国,如果胜了也会兵困马乏,我们正好乘机击溃他们;如果秦军不胜,那么我们就一鼓作气攻下秦国。说起上阵杀敌,我不如你;运筹帷幄,你就不如我了。"宋义下令:不服从命令的一概斩首。之后,宋义果然按兵不动,坐观秦、赵相斗。

出处

出自《史记·项羽本纪》:"夫搏牛之虻,不可以破虮虱。"

解释

只击打牛身上的虻虫是不能除去牛身上的虮虱的。比喻志向在大不在小。

簸扬糠秕
bǒ yáng kāng bǐ

故事

王坦之(字文度)、范启(字荣期)俱为东晋名臣。一次,简文帝司马昱(yù)邀请两人前去议事。范启年龄大而官位小,王坦之年龄小而官位大,他们两人互相谦让,让对方走前头,让来让去,结果王坦之走在了范启后面。王坦之对范启开玩笑说:"簸啊扬啊,糠秕在前。"范启说:"淘啊汰啊,沙砾在后。"

出处

出自南朝宋·刘义庆《世说新语·排调》:"王文度、范荣期俱为简文所要。范年大而位小,王年小而位大。将前,更相推在前,既移久,王遂在范后。王因谓曰:'簸之扬之,糠秕在前。'范曰:'洮之汰之,沙砾在后。'"

解释

本为调侃之语,谓位卑而居前列。后也用于自谦,谓自己不如别人,无才而居前列。

卜昼卜夜

故事

　　陈完是春秋时期陈国公族,陈厉公之子,又称敬仲、公子完。因为受到陈国权力斗争的牵连,陈完逃到齐国避祸,齐桓公给他以很高的礼遇。桓公给陈完以卿的待遇,陈完表示身为羁旅之臣,不敢当此重位,于是桓公封他为工正,负责管理工匠。有一天,齐桓公到陈完家里去,陈完用酒来招待他。桓公喝得很高兴,直到天快黑了,还叫人点上灯烛,准备继续饮酒。陈完婉言劝止说:"我只准备白天陪您玩,却没有打算继续到夜晚,恕我不敢久留您。"

出处

　　出自《左传·庄公二十二年》:"饮桓公酒,乐。公曰:'以火继之。'辞曰:'臣卜其昼,未卜其夜,不敢。'"

解释

　　指游宴无度,不计时间。也指不分昼夜劳作。

补天浴日

故事

　　上古时代,水神共工怒触不周山。天柱一断,天塌地陷,山林燃起大火,洪水横流。女娲熔炼五彩的石子,然后去修补天上的漏洞;杀了一只大龟,斩下它的四脚,作为四根天柱;用大火后遗留的芦草灰,堵住了洪水。一场大难始告平息。太阳女神羲和有十个儿子,也就是十个太阳。东方海外的旸(yáng)谷有一棵大树,名叫"扶桑",十个太阳就住在扶桑树上。他们每天一个,轮流在天上值班。每天早上,值班的太阳离开扶桑、登上龙车之前,都要在咸池里洗个澡。羲和还常常带着儿子们在东南海外的甘渊一块洗澡,羲和把儿子们一个个都洗得干干净净、明明亮亮。

出处

　　出自《淮南子·览冥训》:"于是女娲炼五色石以补苍天。"《山海经·大荒南经》:"有女子名曰羲和,方日浴于甘渊。"

解释

比喻挽救危局,功劳极大。

bǔ fēng zhuō yǐng
捕风捉影

故事

谷永在汉成帝时期做过光禄大夫、大司农。当时汉成帝沉迷于求仙问道,热衷于祭祀鬼神,重金招纳方士。人们纷纷投其所好,上书大谈神仙方术,以求高官厚禄。谷永对此深感忧虑,向汉成帝上书进谏说:"我听说对于明了天地本性的人,不可能用神怪去迷惑他;懂得世上万物之理的人,不可能受行为不正的人蒙蔽。现在很多人大谈神仙鬼怪,还说世上有仙人服不死药,寿高得像南山一样。听他们所说,好像马上就能遇见神仙一样。可要去寻找它,却虚无缥缈,就如同要缚住风、捉住影子一样不可能办到。所以古代贤明的君王不听这些话,圣人绝对不说这种话。"成帝认为谷永的意见很中肯,就停止了这种"舍人事而用鬼神"的行为。

出处

出自《汉书·郊祀志下》:"求之,荡荡如系风捕景,终不可得。"

解释

原比喻事物像风和影子一样难以捉摸。后比喻说话做事以似是而非的迹象作为根据。

bù biàn shū mài
不辨菽麦

故事

春秋时期,晋国的栾书、中行偃杀死了国君晋厉公,迎立十四岁的孙周为国君,是为晋悼公。晋悼公是惠伯谈次子,本应立其兄为君,但是其兄智力低下,连豆子、麦子都分不清,不能立为国君。晋悼公就职宣言语出惊人,说:"我能为君本非我欲,难道不是天意吗?国君之贵,在于令出必行。如果属下阳奉阴违,不如无君。卿等若愿意遵从寡人之命,今日便可表态;如其不然,卿等便另选他人为君。我不能坐拥空名,为州蒲(晋厉公名)第二!"诸卿大夫俯首再拜:"唯君是从!"随即晋悼公出台一系列新政,惩乱任贤,整顿内政,八年之中,九合诸侯,将晋国霸业推至巅峰。

出处

出自《左传·成公十八年》:"周子有兄而无慧,不能辨菽麦,故不可立。"

解释

分不清豆子和麦子。形容缺乏常识。

不耻下问 bù chǐ xià wèn

故事

春秋时期,卫国有个大夫叫孔圉(yǔ),虚心好学,为人正直。孔圉死后,赐给他的谥号为"文",所以又称他为孔文子。"文"在谥法中属于美谥,是文采焕然、知识渊博的意思。孔子的学生子贡很不服气,就去问孔子:"孔文子凭什么可以被称为'文'呢?"孔子回答:"孔圉聪敏又勤学,不以向职位比自己低、学问比自己差的人请教学问为耻辱,所以可以用'文'字作为他的谥号。"

出处

出自《论语·公冶长》:"敏而好学,不耻下问。"

解释

形容虚心求教。

不敢越雷池一步 bù gǎn yuè léi chí yī bù

故事

雷池,在今安徽雷池。东晋时期,历阳守将苏峻起兵叛乱,进犯国都建康。江州刺史温峤(qiáo)打算领兵东下支援建康。中书令庾亮担心荆州刺史陶侃乘虚而入,就写信给温峤,叫他切勿越过雷池一步,因为雷池一旦失守,历阳也就保不住了。后人认为庾亮要温峤"无过雷池"在战略上是错误的,所以造成了之后的被动局面。建康失陷后,庾亮投奔了温峤,两人厉兵秣马,最终以寡敌众,击败了苏峻,平定了叛乱。这次事件淹没在浩瀚的历史长河中,但是"不敢越雷池一步"这句话却流传了下来。

出处

出自晋·庾亮《报温峤书》:"吾忧西陲,过于历阳,足下无过雷池一步也。"

解释

原意是原地防守,不越过雷池地界。后指做事胆小,不敢超越一定的界限、范围。

bù gòng dài tiān
不 共 戴 天

故事

宋高宗绍兴七年(1137),金人废掉伪齐皇帝刘豫,引诱南宋投降。宋高宗苟且偷安,不顾民意,派卖国贼秦桧主持和议。次年,金朝以"诏喻江南"为名,派使臣到南宋,并且无礼地要求宋高宗拜接"国书"。一时朝野震骇,群情激愤。在这种情况下,大臣胡铨上书进谏并要求杀秦桧等卖国贼以振奋士气。最终胡铨因为这篇奏疏被流放边疆二十余年,直到宋孝宗即位,才被重新起用。

出处

出自宋·胡铨《戊午上高宗封事》:"义不与桧等共戴天。"

解释

不能跟仇敌在同一个天底下共存。形容仇恨极深。

bù hán ér lì
不 寒 而 栗

故事

义纵是西汉有名的酷吏。义纵执法严峻,但也存在肆意滥杀的问题,因此被司马迁归入酷吏一类。当时,定襄地区治安混乱,盗贼横行。汉武帝派义纵任定襄太守,期望能扭转这种局面。义纵一到定襄,就将监狱中二百多个重罪轻判的犯人判处死刑,同时将私自来监狱探望这些犯人的家属抓了起来,也一起判处死刑。那天,一下就杀了四百多人。尽管那天天气并不冷,但是人们听到这个消息后都瑟瑟发抖。

出处

出自《史记·酷吏列传》:"是日皆报杀四百余人,其后郡中不寒而栗。"

解释

不寒冷而身体发抖。形容恐惧到了极点。

不胫而走
bù jìng ér zǒu

故事

孔融是东汉末年文学家,孔子第十九世孙,"建安七子"之一。盛孝章是汉末名士,因为孙策平吴之后对当时的名士深为忌恨,盛孝章曾外出避祸,晚年孤身一人,十分困苦。孔融给曹操写了一封信,介绍了盛孝章的情况,劝曹操招纳盛孝章。孔融在信中写道:"如果要光复汉室,就先得招士求贤;而要得到贤人,就要尊重贤人。珠玉珍宝没有腿却能来到人们手里,是因为人们喜好它啊,何况有腿有脚的贤能之士呢!"孔融还在信中强调:"只要尊重贤才,贤才就会跑来。"

出处

出自汉·孔融《论盛孝章书》:"珠玉无胫而自至者,以人好之也,况贤者之有足乎!"

解释

没有腿而能够跑。比喻事情还没推行就传开了。

不觉技痒
bù jué jì yǎng

故事

高渐离是战国时期燕国人,与荆轲是好友,擅长击筑(中国古代的击弦乐器)。荆轲刺秦失败后,秦王下令追捕太子丹和高渐离。高渐离逃到偏远的地方隐姓埋名,给别人当佣人,日子久了就觉得很苦闷。有一次,主人家请客,席间有人击筑,高渐离忍不住评论起来,哪里弹奏得好,哪里需要改进。主人听了他的谈论,就让他表演击筑。高渐离觉得总这样隐姓埋名下去不是长久之计,于是从箱箧中拿出筑,换上正装,再次上前。众宾客都大惊,奉他为上宾。秦始皇知道后将其召至宫中,有人认出了高渐离。秦始皇爱惜高渐离的才能,赦免了他,但是弄瞎了他的眼睛,让他为自己击筑。高渐离在筑中灌了铅,在一次演奏中找准机会用筑去击打秦始皇,没有击中,事败被杀。

出处

出自汉·应劭《风俗通·声音·筑》:"渐离变名易姓,为人庸保,匿作于宋子,久之,作苦,闻其家堂上客击筑,伎痒,不能毋出言,曰:'彼有善不善。'"

解释

指具有某种技能的人,一遇机会便情不自禁地想表现一下。

不堪回首 bù kān huí shǒu

故事

李煜(yù)是南唐最后一位国君,史称南唐后主、李后主。李煜精通书法、绘画、音律,尤以词的成就最高。李煜的词上承晚唐,感情真挚,风格鲜明,亡国后的作品更加沉郁深刻。宋太祖开宝八年(975),李煜降宋,被封为违命侯。降宋后的痛苦生活以及受到的屈辱,使李煜抑郁悲痛。在这种情绪中,李煜作了一首名为《虞美人》的词。词有"小楼昨夜又东风,故国不堪回首月明中"句,意思是,过去美好的一切只能使人感到更痛苦,不能再回顾。这首词传到宋太宗那里,太宗对他依然恋念故国而非常忌恨,于是派人将他毒死。

出处

出自南唐•李煜《虞美人》词:"春花秋月何时了,往事知多少!小楼昨夜又东风,故国不堪回首月明中。"

解释

不能忍受回顾的痛苦。指因过去不好或不愉快的事而痛苦,因而不忍心回顾。

不可救药 bù kě jiù yào

故事

周厉王是西周时期一位昏庸残暴的君主,他贪图享受,滥用民力,引起人民的不满。为了防止人们议论与批评,周厉王从卫国召来巫师,以监视议论朝政的人们,一旦发现就杀掉。人民在高压之下,噤口不敢言。大臣凡伯对此深感忧虑,写了一首长诗向厉王进谏,劝说周厉王和那些权臣千万别把忧患当作儿戏,应趁它还没有到来的时候尽力防止它。若是忧患越积越多,就像病重一样无法治愈了。然而周厉王依然我行我素,暴虐如常。最终人民不堪压迫,爆发了史上著名的"国人暴动"。周厉王被迫出逃,西周从此衰落。

出处

出自《诗经·大雅·板》:"多将熇(hè)熇,不可救药。"

解释

不能救治。比喻人或事坏到了无法挽救的地步。

不可同日而语 bù kě tóng rì ér yǔ

故事

苏秦是战国时期有名的纵横家,提出了"合纵"战略。苏秦在游说赵肃侯时,分析了赵国的实力和面临的形势,说:"山东境内所建立的国家,没有一个比赵国强大的。秦国最忌恨赵国,却又不敢来攻打赵国,是因为害怕韩、魏两国在后边暗算它。秦国要是攻打韩、魏,它们必然会向秦国屈服。一旦秦国解除了韩、魏暗算的顾虑,战祸必然会降临赵国。这也是我替大王忧虑的原因。"接着苏秦提出:"如果六国结成一个整体,同心协力向西攻打秦国,就一定能打败它。如今反而向西侍奉秦国,向秦国称臣。打败别人和被别人打败,让别人向自己称臣和自己向别人称臣,怎么可以放在同一时间里来谈论呢?"这番话打动了赵肃侯,赵肃侯当即重用并厚赏苏秦。

出处

出自《战国策·赵策二》:"夫破人之与破于人也,臣人之与臣于人也,岂可同日而言之哉?"

解释

指事物之间差异很大,不能相提并论。

不可一世 bù kě yī shì

故事

王安石,字介甫,北宋著名政治家、文学家。宋神宗时期,王安石任宰相,主持变法。在文学上,王安石也有突出成就,名列"唐宋八大家"。王安石年轻时恃才傲物,对世间的读书人轻易不称赞,唯独折服于濂溪先生周敦颐。周敦颐是宋朝儒家理学思想的开山鼻祖,对《老子》的"无极"、《易传》的"太极"、《中庸》的"诚"以及五行阴阳学说进行熔铸改造,把儒学推进了一步。王安石年轻时曾经三次持拜帖登门拜访周敦颐,都吃了闭门羹。

出处

出自宋·罗大经《鹤林玉露·荆公见濂溪》:"荆公少年,不可一世士,独怀刺候濂溪,三及门而三辞焉。"

解释

可:赞许。世:世士。原指世上没有一个人能让他看得上。后形容目空一切。

不磷不缁 bù lín bù zī

故事

春秋时期,孔子因不满鲁国季氏专权,遭到排挤,遂带领弟子们周游列国,推行自己的政治主张。这次游历并没有达到孔子的期望,孔子先后在卫国、宋国碰壁,在陈国、蔡国还遇到过断粮、被围困等险情。但是孔子并没有气馁,即使遭到隐士们的讥笑和指责,也不改变自己的志向,孔子说:"君子之仕也,行其义也。"孔子"知其不可而为之",对改造这个"礼坏乐崩"的社会依然充满热情。在赴晋的途中,子路劝他不要去投奔赵鞅,但孔子相信自己是君子,会"磨而不磷""涅而不缁",不会玷污自己的名声。

出处

出自《论语·阳货》:"不曰坚乎,磨而不磷。不曰白乎,涅而不缁。"

解释

磨不薄,染不黑。形容坚贞高洁的品质不因外界影响而有所改变。

不名一钱 bù míng yī qián

故事

汉文帝有一次做梦,梦中他想升天,却怎么也上不去。一个戴黄帽、衣带在背后打结的人推了他一下,才使他上了天。第二天,文帝看到有个头戴黄帽、衣带在背后打结的御船水手,名叫邓通。文帝因为梦境的缘故非常宠爱邓通。一次,有人给邓通相面,说:"邓通将来要贫饿而死。"汉文帝说:"我怎么会叫他受穷挨饿呢?"文帝下令把一座铜山赐给邓通,允许他自己铸钱。文帝死后,景帝免去了邓通的官职,抄没了邓通的家产。景帝的姐姐长公主赐给邓通一些钱财，官吏马上把这些钱财用来抵债，连一根簪子都不让他留下。长公主知道后，就让手下人借给他些衣食。邓通最终两手空空，一个钱也没有，只能寄食在别人家里直到死去。

出处

出自《史记·佞幸列传》："长公主赐邓通，吏辄随没入之，一簪不得著身。于是长公主乃令假衣食。竟不得名一钱，寄死人家。"

解释

一文钱也没有。形容极其贫穷。

不求甚解 bù qiú shèn jiě

故事

陶渊明，名潜，东晋著名诗人。曾任彭泽县令，因不愿巴结权贵、苟合取容，"为五斗米折腰"，在任仅八十余天就弃职而去，从此归隐田园，写下大量田园诗，是中国第一位田园诗人。陶渊明喜欢读书，对所读的书不执着于字句的解释，每当对书中的意义有一些体会的时候，便高兴得忘了吃饭。他生性爱喝酒，可是因为家里贫穷，不能常得到酒喝。亲戚朋友知道这个情况，时常备了酒邀他去喝，陶渊明每次总是把他们备的酒喝光。

出处

出自晋·陶潜《五柳先生传》："好读书，不求甚解，每有会意，便欣然忘食。"

解释

原指读书不在字句上下功夫，只领会要旨。后多指学习、办事不认真，不求深入了解。

不屈不挠 bù qū bù náo

故事

王商，字子威，汉成帝时丞相。王商为人耿直，作风正派。汉成帝时，王商经常受大将军王凤的排挤，对此王商据理力争，毫不妥协。王凤与人勾结，弹劾王商，王商积极应对。起初汉成帝对这些指控不以为意。但是有一天发生了日食,王凤等人趁机将之归罪于王商,称丞相无德,朝廷失政,要求罢免丞相。汉成帝迫于压力,罢免了王商的丞相职务。王商被免官三天后就大口吐血,愤恨而死。《汉书》作者班固在撰写王商的传记时对王商的评价是:为人诚实公正,不屈不挠。

出处

出自《汉书·叙传下》:"乐昌笃实,不桡不诎。"

解释

指不畏强暴和困难,决不屈服。

不入虎穴,焉得虎子

故事

班超是东汉著名的军事家、外交家。班超等人奉命出使西域,先来到鄯善国(今新疆罗布泊西南)。国王开始对他们很尊敬,但几天后忽然冷淡起来。班超判断,这必定是北方匈奴的使者来了,所以国王态度摇摆不定。班超询问属下的意见,属下都表示:"现在处于危急关头,不管死活都听从您的命令。"班超说:"不入虎穴,不得虎子。只有把匈奴的人消灭,我们才有出路。"当天夜里正刮大风,班超带领勇士们袭击了匈奴使者的驻地,匈奴使者和随从三十多人被杀死,一百多人被烧死。从此班超威震西域,为平定西域各国、进行有效管理奠定了基础。

出处

出自《后汉书·班超传》:"超曰:'不入虎穴,不得虎子。当今之计,独有因夜以火攻房,使彼不知我多少,必大震怖,可殄尽也。'"

解释

不进老虎洞,怎能捉到小老虎。比喻不担风险就不可能取得成功。

不甚了了

故事

南宋时期,黄州麻城县泰陂(pí)山有一位黄姓山民,他家地里种植的百果粟豆总是被偷吃。他于是暗中观察,发现有一个浑身长满毛发的、像人一样的怪物到地里偷吃。山民在田垄中设置绳索网罗,把这个怪物捉住。刚开始不清楚这是个什么怪物,带回家养了几天,怪物开口说话了,这才知道原来是个人。这个浑身是毛的人自称姓陈,已经四十多岁了,全家在"靖康之难"中都死于兵燹(xiǎn),只有他一人逃脱,窜伏于深山之中,不敢露面,饿了就吃果实树叶,渴了就喝山涧泉水,时间一长就习惯了这种野人生活,浑身也长满了毛,从来不生病,攀岩爬树,像猿猴一样灵活。山民用饭菜喂养他,又强迫他在屋子里居处,时间久了,这个人浑身的毛发都脱落了,也不再像以前那样轻盈灵活。

出处

出自宋·洪迈《夷坚丁志·黄州野人》:"初不甚了了,养之数日,始能言,乃实人也。"

解释

不十分明白事理。也指对事情不很明白,不大清楚。

bù shí shí wù
不 识 时 务

故事

张霸是东汉时期的官员,以才德著称。张霸任会稽太守期间,励精图治,平定盗寇,推行教化,一时声名远播。此时张霸却急流勇退,辞官回乡。后来朝廷把他征召到宫廷,在皇帝身边服务。这时,朝中重臣邓骘(zhì)听闻张霸的名声和品行,很想与其结交。邓骘是汉和帝皇后的哥哥,属于外戚家族,权倾朝野。朝中官员都争相巴结攀附于他,可是张霸却对此非常冷淡,根本不愿意搭理邓骘。大家都笑张霸不识时务,竟然放弃这样一个结交权贵的机会。

出处

出自《后汉书·张霸传》:"(邓骘)当朝贵盛,闻霸名行,欲与为交,霸逡巡不答。众人笑其不识时务。"

解释

不能清楚地认识时代的潮流或当前的形势。

bù shí zhōu sù
不 食 周 粟

故事

商朝末年,孤竹国国君有两个儿子,老大叫伯夷,老二叫叔齐。兄弟二人互相推让国君之位,最后决定都不去做国君,而是投靠了西伯(后来的周文王)。文王死后,武王继位,准备讨伐商纣王。武王领兵走到孟津时,伯夷、叔齐上前扣马而谏,试图劝阻武王伐商。武王伐商成功,天下归服于周,伯夷、叔齐认为武王伐纣属于臣弑君,是不道义的事情,决心不食周粟。二人逃往首阳山隐居下来,每日采集薇菜充饥。一位妇人看到后对他们说:"你们虽然不吃周朝的粮食,可是这些薇菜也是周朝土地上生长的啊!"兄弟二人于是绝食而死。

出处

出自《史记·伯夷列传》:"武王已平殷乱,天下宗周,而伯夷、叔齐耻之,义不食周粟,隐于首阳山,采薇而食之。"

解释

不吃周朝的粮食。指清白守节,不背叛先主。

不为五斗米折腰
bù wèi wǔ dǒu mǐ zhé yāo

故事

陶渊明是东晋著名诗人,二十岁开始仕宦生涯,曾任祭酒、参军、县令等职,最后一次出仕是任彭泽县令,结果只做了八十余天就辞职而去。安帝义熙元年(405)冬天,郡太守派出一名督邮到彭泽县来督察。督邮一到彭泽的馆驿,就差县吏去叫县令来见他。陶渊明平时蔑视权贵,不肯趋炎附势,对这种假借上司名义发号施令的人很是鄙视,但又不得不见,只好动身。不料县吏拦住陶渊明,说:"大人,参见督邮要穿官服,并且束上大带,不然有失体统。督邮如果乘机大做文章,会对您不利的。"陶渊明长叹一声道:"我不能为五斗米向乡里小人折腰!"随即封印辞官,回到家乡,正式开始了他的归隐生活。

出处

出自《晋书·陶潜传》:"吾不能为五斗米折腰,拳拳事乡里小人邪!"

解释

形容为人清高,有骨气。

不舞之鹤
bù wǔ zhī hè

故事

羊祜(hù),字叔子,西晋著名政治家、文学家。羊祜家里养了一只鹤,鹤的翩翩舞姿令人喜爱。羊祜曾向客人夸奖自己的鹤是如何有灵性,舞姿如何曼妙。客人请他把鹤赶来,要亲眼观赏鹤舞。然而这只鹤因为有生人在场,怎么也不起舞,让客人大失所望。当时有个读书人叫刘遵祖,年轻时即为中军将军殷浩所赏识。殷浩向庾亮推荐他,庾亮就聘他来做僚属。见面后,庾亮让刘遵祖坐在独榻上和自己交谈。刘遵祖那天的表现和他的名望特别不相称,庾亮有些失望,于是把他称为"羊公鹤"。

出处

出自南朝宋·刘义庆《世说新语·排调》:"昔羊叔子有鹤善舞,尝向客称之。客试使驱来,毦(tóng)氋(méng)而不肯舞。"

解释

比喻名不副实的人。也用作自谦之辞。

bù xué wú shù
不 学 无 术

故事

霍光是霍去病的异母弟,西汉重臣,历经武帝、昭帝、宣帝三朝,官至大司马、大将军,掌握朝政大权四十多年,期间辅佐昭帝、宣帝,主持废立昌邑王。汉宣帝刘询继承皇位以后,立许妃为皇后。霍光的妻子想让自己的小女儿成君做皇后,便买通女医下毒害死了许后。后来毒计败露,女医下狱。霍光念及夫妻之情,便将此事隐瞒下来。霍光死后,有人向宣帝告发此案,宣帝派兵将霍家包围,满门抄斩。东汉史学家班固在《汉书·霍光传》中评论霍光的功过,说他"不学亡术,暗于大理",意思是霍光不读书,没学识,因而不明关乎大局的道理。

出处

出自《汉书·霍光传赞》:"然光不学亡(通"无")术,暗于大理。"

解释

没有学问和本领。

bù yí yú lì
不 遗 余 力

故事

战国时期,秦国在长平大破赵军,趁机要求赵国割让六城,作为讲和的条件。赵王举棋未定,请教刚刚从秦国回来的楼缓。楼缓建议应该割城予秦。赵王又与虞卿商议,虞卿说:"秦国进攻赵国,是因为打累了才撤回呢?还是本来有余力进攻,只是因为怜惜您才停止进攻呢?"赵王说:"秦国打我们是不遗余力的,他们一定是打得疲倦了才撤兵的。"虞卿说:"秦国本来一无所得,疲倦了才不得不撤兵,大王却想把秦国用兵都得不到的城邑送给他们,这简直就是帮助敌人来攻打自己啊!如果明年秦国还来攻打赵国,您再用什么给他们呢?"后来赵王听从了虞卿的建议,拒绝割城,联合齐国共同抗秦。

出处

出自《战国策·赵策三》:"秦之攻我也,不遗余力矣。"

解释

用出全部力量,一点也不保留。

bù yīn rén rè
不 因 人 热

故事

梁鸿是东汉名士,家贫而崇尚节操。在太学读书时,梁鸿利用业余时间替人家放猪,以补贴用度。为此,太学里一些有钱人家的子弟瞧不起他。梁鸿孤傲狷(juān)介,独来独往,不把他们放在眼里,就是一日三餐也和他们分开,自己烧饭。一天,一个同窗生火做饭后,见梁鸿还没有生火,便让梁鸿用他的热灶煮饭。但梁鸿不领他的情,高傲地说:"我梁鸿从来不接着用别人的热灶煮饭。"梁鸿说罢,在自己的冷灶上生起火来煮饭。梁鸿从太学毕业后,回到家乡,娶了个又黑又胖但有贤德的姑娘,在霸陵山隐居起来。

出处

出自汉·刘珍等《东观汉记·梁鸿传》:"(鸿)常独坐止,不与人同食。比舍先炊已,呼鸿及热釜炊。鸿曰:'童子鸿,不因人热者也。'灭灶更燃火。"

解释

不用别人的热灶煮饭。形容为人孤僻高傲,不依赖别人。

bù zhī suǒ yún
不 知 所 云

故事

公元 223 年,刘备去世,刘禅继位,时年十七岁。刘禅继位初期,根据刘备遗诏,由丞相诸葛亮辅政,事无巨细,皆取决于诸葛亮。后主建兴五年(227),诸葛亮平定了南方,解除了后顾之忧,便决定出师伐魏。临行前,他给刘禅写了一份《出师表》,指出东汉后期汉桓帝、灵帝任人唯亲而致倾颓的历史教训,规劝刘禅要"亲贤臣,远小人",严明赏罚,虚心纳谏。诸葛亮写道:"今当远离,临表涕零,不知所云。"这篇上表言辞恳切,写出了诸葛亮的一片忠心。一切都安排妥当之后,诸葛亮便亲率大军,北上伐魏。

出处

出自三国蜀·诸葛亮《前出师表》:"临表涕零,不知所云。"

解释

不知道说的是什么。原指感情激动,语无伦次。后指说话颠三倒四,不清不楚。

不自量力 bù zì liàng lì

故事

春秋时期,息国是郑国旁边的一个小国,国力远逊于郑国。鲁隐公十一年(前712),息国与郑国发生矛盾,息侯发兵攻打郑国,结果遭到惨败。事后,一些有见识的人认为息国快要灭亡了,根据是:息国一不考虑自己的德行如何,二不估量自己的力量是否能取胜,三不同亲近的国家维护好关系,四不把自己向郑国进攻的道理讲清楚,五不明辨失败的罪过和责任。犯了这五条错误,还要出师征伐别国,结果遭到失败,这不是非常自然的吗?果然,不久息国被楚国攻破。

出处

出自《左传·隐公十一年》:"不度德,不量力。"

解释

不能正确估计自己的力量。指过高估计自己的实力。

布鼓雷门 bù gǔ léi mén

故事

王尊,字子赣,西汉末年名臣。汉元帝时,东平王刘宇不奉法度,其傅、相皆因连坐而被罢免。汉元帝知道王尊忠直敢言,不为威势所屈,便任命他为东平王相。一次,王尊谒见东平王,正逢太傅在前讲说《相鼠》之诗。王尊直言道:"不要持布鼓过雷门了。"东平王大怒,拂袖而去,王尊也径直回到自己的居所。东平王之母宠爱儿子,眼看王尊这般管束其子,大为不悦,于是上书朝廷,以死相逼,参劾王尊倨傲不臣。元帝不得不将王尊去职。

出处

　　出自《汉书·王尊传》:"太傅在前说《相鼠》之诗。尊曰:'毋持布鼓过雷门。'"

解释

　　雷门是古代会稽城门名,门前有大鼓,据传击此鼓,声闻洛阳。在雷门前击布鼓。比喻在能手面前卖弄自己并不高明的本领。

布 衣 疏 食
bù yī shū shí

故事

　　王吉是西汉名臣,为官清廉,官至博士谏大夫。王吉年轻时在长安求学,邻居家有大枣树,枝条垂蕤(ruí),伸入到王吉家院内。王吉的妻子随手摘了几颗枣子给王吉吃,事后王吉得知枣子是妻子偷摘邻居的,就把妻子赶走了。邻居知道后,非常不安,执意要把枣树砍掉,里中乡亲一起制止了他,然后又共同去劝说王吉,王吉这才把妻子接回来。因此民间便有了"东家有树,王吉妇去;东家枣完,去妇复还"这样的歌谣。王吉辞官回乡后,穿着饮食都同寻常百姓一样。汉元帝即位后征召王吉入朝做官,王吉于赴长安途中去世。

出处

　　出自《汉书·王吉传》:"去位家居,亦布衣疏食。"

解释

　　穿布衣,吃粗食。形容生活俭朴。

cāng hǎi sāng tián
沧 海 桑 田

故事

相传汉桓帝时,仙人王远与麻姑相约到蔡经家中。王远先到,麻姑后至。只见麻姑看上去如十八九岁的姑娘,头顶盘着发髻,秀发垂至腰际,身上的衣服光彩夺目。坐下后,大家举杯欢宴,麻姑带来的食物都是琼浆玉液、仙果异实,还有麒麟肉脯,都用金盘玉杯所盛。麻姑说:"我自从得到天命以来,已经三次见到东海变为桑田。这次去仙山蓬莱,见海水比以前浅了许多,大概又快要变成陆地丘陵了吧!"王远笑着说:"难怪圣人说海中行路都会扬起尘土。"

出处

出自晋·葛洪《神仙传·王远》:"麻姑自说云:'接待以来,已见东海三为桑田。'"

解释

大海变成桑田,桑田又变成大海。形容世事变化很大。也作"桑田沧海"。

cǎo chuán jiè jiàn
草 船 借 箭

故事

三国时期,曹操率大军征伐东吴,孙权、刘备联合抗曹。周瑜令诸葛亮在十天内负责赶造十万支箭,诸葛亮却说只要三天。诸葛亮请鲁肃帮忙准备船只、军士,船用青布幔子遮起来,还将草把插在船两边。到第三天四更时候,诸葛亮吩咐军士把船用绳索连起来向对岸开去。那天江上大雾迷漫,对面都看不见人。当船靠近曹军水寨时,诸葛亮命船一字摆开,叫士兵擂鼓呐喊。曹操以为对方来进攻,又因雾大怕中埋伏,就派六千名弓箭手朝江中放箭,雨点般的箭纷纷射在草把子上。过了一会儿,诸葛亮又命船掉过头来,让另一面受箭。太阳出来后,雾要散了,诸葛亮令船赶紧往回开。这时船两边的草把子上密密麻麻地插满了箭,每只船上至少五六千支,总共超过了十万支。

出处

出自明·罗贯中《三国演义》第四十六回:"待至日高雾散,孔明令收船急回。二十只船两边束草上,排满箭支。孔明令各船上军士齐声叫曰:'谢丞相箭!'"

解释

指运用智谋,凭借他人的人力或财力来达到自己的目的。

cǎo jiān rén mìng
草 菅 人 命

故事

贾谊是西汉初年著名文学家,其文风深受《庄子》影响,代表作有《过秦论》《论积贮疏》《鵩(fú)鸟赋》《吊屈原赋》等。汉文帝命他担任梁王刘揖的太傅。梁王是汉文帝最宠爱的儿子,文帝指望他将来能继承皇位。贾谊说:"辅导皇子,教他读书固然重要,但更重要的,是教他怎样做一个正直的人。秦朝末年赵高教导秦二世胡亥,传授给胡亥的是严刑酷法,胡亥一当上皇帝,就乱杀人,看待杀人,就好像看待割茅草一样,不当一回事。他之所以这样,是教导他的人没有引导他走上正道,这才是根本原因所在。"后来梁王不慎骑马摔死,贾谊自伤没有尽到太傅的责任,终日郁郁不乐,常常哭泣,一年多后就死了,死时才三十三岁。

出处

出自《汉书·贾谊传》:"其视杀人,若艾草菅然。"

解释

把人命看作野草一样。指随意残害人命。

cǎo mù jiē bīng
草 木 皆 兵

故事

东晋孝武帝太元八年(383),前秦皇帝苻坚率领九十万兵马,南下攻伐东晋。东晋任命谢石为大将,谢玄为先锋,率领八万精兵迎战。谢石出奇兵偷袭秦营,大获全胜。晋兵乘胜向寿阳进军。苻坚得知洛涧兵败,晋兵正向寿阳而来,大惊失色,马上和苻融登上寿阳城头,亲自观察淝水对岸晋军动静。远远望去,对岸桅杆林立,战船密布,晋兵持刀执戟,阵容甚为齐整。苻坚又向北望去,只见八公山上草木晃动,就像无数士兵在运动。苻坚顿时面露惧色,回头对苻融说:"晋兵是一支劲旅,怎么能说是弱兵呢?"之后在淝水之战中,苻坚命令军队稍向后退,让晋兵渡过淝水决战。结果秦兵在后退时自相践踏,溃不成军,大败北归。

出处

出自《晋书·苻坚载记》:"坚与苻融登城而望王师,见部阵齐整,将士精锐;又北望八公山上草木皆类人形,顾谓融曰:'此亦勍(qíng)敌也,何谓少乎?'怃然有惧色。"

解释

把草木都当成了士兵。形容人惊恐时疑神疑鬼。一作"八公草木"。

chā qiáng rén yì
差 强 人 意

故事

吴汉是东汉名将,为人朴实忠厚,英勇有智谋,受到刘秀的重用,被拜为大将军。吴汉对刘秀十分忠心,每次出外作战,总是紧紧跟着刘秀,而且只要刘秀没睡,他就恭敬地站在一旁,不肯先睡。有一次,刘秀因为打了败仗而郁闷,手下的将士也士气低落。刘秀派人去看吴汉在做什么,手下回来报告说,吴汉正在修理、置备军械。刘秀感叹道:"总算还有吴将军叫人满意,他能顶一个国啊。"吴汉出征在外时,他的家人在后方购置了田产,吴汉回来后责备说:"现在就连出征作战的兵源都不足,家里买这么多田宅有什么用呢?"于是就把田产全部分给了自己的兄弟和岳父家。

出处

出自《后汉书·吴汉传》:"帝时遣人观大司马何为,还言方修战攻之具,乃叹曰:'吴公差强人意,隐若一敌国矣。'"

解释

还算能振奋人的意志。指大体上还能使人满意。

长安居大不易
cháng ān jū dà bù yì

故事

白居易,字乐天,唐朝著名诗人。他的诗题材广泛,通俗易懂,代表作有《长恨歌》《琵琶行》等。白居易不到二十岁时来到长安,带着自己的诗文去拜访大诗人顾况。顾况开始对白居易不以为意,还拿他的名字开玩笑说:"长安的各种东西都很贵,在这里居住可不容易哦。"顾况一边说一边翻看白居易的诗集,看到开头第一篇:"离离原上草,一岁一枯荣。野火烧不尽,春风吹又生……"刚看完前四句,顾况就不禁连声赞叹:"好诗,好诗!"又想到自己刚刚还挖苦白居易,便说道:"能写出这样的好诗,凭你的才能,不要说长安城,就算是整个天下,也可以居易了。"

出处

出自五代•王定保《唐摭言•知己》:"白乐天初举,名未振,以诗歌谒顾况,况谑之曰:'长安百物贵,居大不易。'"

解释

原是顾况拿诗人白居易的名字开玩笑。后来指城市物价高昂,不易安居。

长林丰草
cháng lín fēng cǎo

故事

嵇康是魏晋名士、著名文学家,官至中散大夫,世称嵇中散。嵇康崇尚老庄思想,向往隐士生活,屡次拒绝出仕。了解他的朋友感叹说:"嵇康志趣不同寻常,却总是怀才不遇,这是命啊!"同为"竹林七贤"的山涛向朝廷推荐嵇康出来做官,嵇康作《与山巨源绝交书》,说明自己有"七不堪""二不可",来表明自己的心志。他说:"就像那麋鹿,从没有被驯服过,如果让它出来见人,时间长了它就会显露出桀骜的本性来,挣脱缰绳,到处狂奔,干出赴汤蹈火的事来。虽然它身上披着金镳(biāo)玉辔,享受着美味佳肴,可是却常常思念那茂密的森林,向往那丰茂的野草。"后来嵇康因得罪钟会,受其构陷,被司马昭处死,年仅三十九岁。

出处

出自三国魏•嵇康《与山巨源绝交书》:"虽饰以金镳,飨(xiǎng)以嘉肴,逾思长林而志在丰草也。"

解释

禽兽栖止的山林草野。指隐居之地。

长袖善舞
cháng xiù shàn wǔ

故事

战国时期,魏国人范雎(jū)能言善辩,曾随魏国中大夫须贾出使齐国,因为私自接受齐襄王的礼物,遭到须贾的猜忌。后来范雎设法逃到秦国,化名张禄,向秦昭王献"远交近攻"的外交政策,取得了秦昭王的信任与重用,被拜为客卿,后来为相国,封应侯,一时权倾朝野。蔡泽是燕国人,曾游说赵、韩、魏各国,都不见用,到秦国后,得到昭王的赏识,也由客卿而为相国。从秦昭王起,经孝文王、庄襄王到始皇帝,蔡泽一直受到尊重,号为纲成君。这两个人,都是所谓"辩士",因能言善论而取得秦王的信任。司马迁在《史记·范雎蔡泽列传》中感叹:"韩非子说:'衣袖长有利于舞蹈,钱多就容易做买卖。'"这话的确不虚啊!

出处

出自《韩非子·五蠹》:"鄙谚曰:'长袖善舞,多钱善贾。'此言多资之易为工也。"

解释

衣袖长,跳舞就容易跳得好看。原比喻客观条件优越,事情就容易成功。后形容会耍手腕的人善于钻营。

苌弘碧血
cháng hóng bì xuè

故事

苌弘是春秋时期周王室大夫,他学识渊博,精通天象、历法、占卜,在周王室效力数十年。传说孔子曾经特意拜访苌弘,向他请教乐理。当时周王室式微,苌弘为辅佐王室,做了不少贡献。然而,苌弘的学识与忠诚却为他招致了灾祸。周敬王二十八年(前492),晋国发生叛乱,苌弘为辅助王室、削弱晋国实力,从中出谋划策。内乱平定后,晋卿赵鞅以此为借口向王室发难。周敬王迫于晋国的压力,为息事宁人,只好让苌弘做了替罪羊,杀死了他。传说苌弘在蜀地被杀时,血流不止,蜀人收集他的血藏在家里,三年后全都化为碧玉。

出处

出自《庄子·外物》:"苌弘死于蜀,藏其血,三年而化为碧。"

解释

指含冤而死的人其神灵永存。

cháng féi nǎo mǎn
肠肥脑满

故事

南北朝时期,北齐武成帝高湛的三儿子高俨极得帝后宠爱。武成帝死后,后主高纬即位,封高俨为琅玡王,逐渐削弱其权势。琅玡王与亲信密谋,企图夺取帝位,被后主高纬调兵捉拿。斛律光替高俨开脱说:"琅玡王年轻不懂事,因为生活优裕,养得肥头大腹,无所用心,所以做事不知道轻重,等长大后自然就不会这样了。"后主释放了高俨,然而不久后还是设计杀死了他。

出处

出自《北齐书·琅玡王俨传》:"琅玡王年少,肠肥脑满,轻为举措。"

解释

脑袋肥,肚子大。形容人不劳而食,无所用心,养得体貌肥胖。

chàng chóu liáng shā
唱筹量沙

故事

檀道济是南朝宋名将。南朝宋文帝元嘉七年(430),檀道济随刘义隆北伐,一路孤军深入,粮草难继。北魏军得到情报称宋军无粮,就派出大军追赶宋军。宋军一时军心动摇,檀道济却命令扎营休息。晚上,檀道济亲自带领士兵查点粮食,一些士兵拿着竹筹唱数,一些士兵用斗量米。北魏的探子看到这一景象,向主帅报告说宋军粮食充裕,并没有缺粮。然而这只是檀道济迷惑北魏间谍的一个计策,那些"米"其实都是沙土,只是在最上面覆盖了一层米而已。宋军最终靠着"唱筹量沙"之计顺利退兵。

出处

出自《南史·檀道济传》:"道济夜唱筹量沙,以所余少米散其上。"

解释

把沙当作米,量时高呼数字。指制造假象来迷惑敌人。

chāo chāo xuán zhù
超超玄著

故事

王衍,字夷甫,西晋重臣,清谈名士。王衍外貌俊秀,风姿文雅,喜好老庄之学,经常持一把玉拂尘,神态从容,侃侃而谈。王衍幼年时,曾去拜访"竹林七贤"之一的山涛,等他离开后,山涛感叹道:"不知道哪位妇人竟然生出这样的儿子!然而误尽天下百姓的,未必不是这个人。"一天,诸位名士同去洛水游玩,回来后,乐广问王衍:"今天玩得尽兴吗?"王衍说道:"裴仆射(yè)擅长谈论名理,滔滔不绝;张华论说《史记》《汉书》,娓娓动听;我和王戎谈论延陵、子房,也超尘拔俗,玄妙明切。"后来王衍死于石勒之手,后人指其清谈误国。

出处

出自南朝宋·刘义庆《世说新语·言语》:"诸名士共至洛水戏,还,乐令问王夷甫曰:'今日戏,乐乎?'王曰:'裴仆射善谈名理……我与王安丰说延陵、子房,亦超超玄著。'"

解释

形容谈话义理高妙。

chē zài dǒu liáng
车 载 斗 量

故事

赵咨,字德度,三国时期吴国大臣。赵咨博闻多识,善于辩论。刘备出兵伐吴,吴主孙权派赵咨出使魏国,向魏文帝曹丕求援。曹丕接见赵咨时,讥嘲说:"吴王也有点学问吧?"赵咨对答道:"吴王有战舰万艘,甲士百万,任用贤能之士,怀有经略天下之志。一有余闲,便博览经传史书,从中采集非凡奇异的见闻,不像俗儒那样专注寻章摘句。"曹丕又问:"吴国可以征讨吗?"赵咨回答:"大国有征伐之兵,小国有备御之固。"曹丕继续问:"吴国怕魏国吗?"赵咨答:"吴国有甲士百万,还有长江、汉水为天险,有什么可怕的呢?"曹丕叹服于赵咨的口才,又问:"吴国像你这样的人有多少啊?"赵咨对道:"吴国特别聪明卓异的人有八九十个,像我这样的,那就是车载斗量,数都数不过来了。"

出处

出自《三国志·吴书·吴主传》裴松之注引《吴书》："如臣之比,车载斗量,不可胜数。"

解释

用车装,用斗量。形容数量很多。

沉鱼落雁
chén yú luò yàn

故事

春秋时期,越国有一个叫西施的美女。她每天都会到溪边去浣纱,溪中的鱼看到西施,觉得自己不如西施美,都羞愧得不敢浮上水面,全沉到水底去。汉朝的时候,宫中有一个美女叫王昭君。当昭君和亲出塞的时候,天空飞过的大雁看到王昭君长得那么漂亮,都惊讶得忘记该怎么飞了,全坠落到树林里面。

出处

出自《庄子·齐物论》："鱼见之深入,鸟见之高飞。"

解释

使鱼下沉,使雁降落。形容女子的容貌极美。

城北徐公
chéng běi xú gōng

故事

邹忌是战国时期齐国人。一天早上,邹忌问妻子:"我跟城北徐公相比,谁更美?"妻子说:"当然是您美了,徐公哪里比得上您呢?"城北徐公是齐国有名的美男子,邹忌没有自信能比得上他,于是又问自己的妾,妾说道:"徐公哪里能比得上您啊!"邹忌又问拜访的客人,客人也说邹忌更美。第二天,恰巧徐公登门拜访,邹忌仔细看他,觉得自己相差甚远。他分析这件事,认为妻子说自己漂亮,是因为偏爱自己,妾是因为怕自己,客人则是因为有求于自己。第二天,邹忌对齐威王说起这件事,并进谏道:"齐国地广人众,国力强大,宫中的人没有不偏爱您的,朝中大臣没有不怕您的,国内人民没有不有求于您的,这样看来,您被蒙蔽得很深了。"齐威王深以为然,下令鼓励臣民进谏,以指正自己的过失。

出处

出自《战国策·齐策一》:"城北徐公,齐国之美丽者也。"

解释

指长相姣好的男子。

chéng hú shè shǔ
城 狐 社 鼠

故事

谢鲲是晋朝名士,通达简傲,爱好《老子》《易经》,精通乐理,经常抚琴高歌。左将军王敦非常赏识谢鲲,提拔他做长史,对他待若上宾。王敦有谋反之心,一天,王敦对谢鲲说:"刘隗(wěi)这个人,奸邪作恶,危害国家,我想把这个恶人从君王身边除掉,以此来报效朝廷。"谢鲲说:"刘隗的确是个坏人,但他就像城墙中的狐狸、土地庙里的老鼠。要挖掘狐狸,恐怕把城墙弄坏;要用火熏老鼠,或用水灌老鼠,又怕毁坏了神社庙宇。如今刘隗是君王左右的近臣,势力相当大,又有君王作为靠山,恐怕不容易除掉他。"王敦听后大怒,但对于谢鲲的讽谏也无可奈何。

出处

出自《晋书·谢鲲传》:"隗诚始祸,然城狐社鼠也。"

解释

城墙上的狐狸,土地庙中的老鼠。比喻仗势作恶的小人。

chéng xià zhī méng
城 下 之 盟

故事

绞国是周朝的一个小国。鲁桓公十二年(前700),楚国攻打绞国,军队驻扎在绞国国都的南门。楚国莫敖屈瑕说:"绞国地小而人轻浮,轻浮就会缺少谋略。我们可以撤去对砍柴役夫的保卫,以此来迷惑绞人。"楚王同意了屈瑕的计策。绞人果然中计,很轻易地俘获了楚军三十名在山上砍柴的役夫,由此认为楚军防备松懈,有利可图。第二天,绞军争着出城,满山追逐楚军的役夫。这时,楚军堵住都城的北门,断绝了绞军的后路,同时在山下设伏,大败绞军,强迫绞国订立城下之盟,然后才撤军。

出处

出自《左传·桓公十二年》:"楚伐绞……大败之,为城下之盟而还。"

解释

指因强敌兵临城下而被迫签订的屈辱性和约。后泛指被迫签订的屈辱性条约。

chéng fēng pò làng
乘风破浪

故事

宗悫(què),字元幹,是南朝宋的将领。宗悫从小就很有抱负,有一天,他的叔父宗炳问他有什么志向,宗悫回答道:"我一定要突破一切障碍,勇往直前,干一番事业。"宗悫的哥哥结婚时,有强盗来打劫,宗悫虽然只有十四岁,却打得十几个强盗四散逃奔,连房门都没能进。宗悫经过勤学苦练,努力奋斗,终于成为一位能征善战、威名远播的大将,在平定竟陵王叛乱时建立了功勋。

出处

出自《宋书·宗悫传》:"悫年少时,炳问其志,悫曰:'愿乘长风破万里浪。'"

解释

船趁着风势,破浪前进。形容船行进速度很快。也形容不怕困难,奋勇前进。也作"乘长风破万里浪""长风破浪"。

chéng rén zhī wēi
乘人之危

故事

盖勋是东汉人,做过汉阳长史。当时武威太守倚仗权势,恣意横行,贪暴无德。从事(汉代职官名)苏正和不畏强权,坚持查办太守的罪行。武威太守倚仗的那些高官贵戚为了包庇他,不断向苏正和的上司凉州刺史梁鹄施压。梁鹄承受不住压力,打算杀掉苏正和,于是去找盖勋商议。盖勋与苏正和素有旧怨,这时便有人建议盖勋乘机报仇,支持刺史梁鹄除掉苏正和。盖勋听后断然拒绝说:"不可以这样做。为个人的私事杀害良臣,是不忠的表现;趁别人危难的时候去害人家,是不仁的行为。"于是向梁鹄进言:"喂养鹰鸢,把它训练得很凶猛,为的是用它来捕猎。如今已经训练得很凶猛了,却要把它杀掉,既然如此养它有什么用呢?"梁鹄听从了他的建议。

出处

出自《后汉书·盖勋传》:"谋事杀良,非忠也;乘人之危,非仁也。"

解释

趁别人有困难时,去要挟、侵害对方。

chéng xìng ér lái
乘 兴 而 来

故事

王徽之,字子猷(yóu),东晋名士、书法家,王羲之的第五子。王徽之才华出众,崇尚名士习气,随性自然,不修边幅。王徽之在山阴县(今浙江绍兴)时,有一年冬天,下了一夜的雪,他一觉醒来,推开窗户,见到大地一片洁白,便取来酒菜,在庭院里喝酒吟诗。忽然,他想起了那个会弹琴作画的朋友——戴逵(字安道)。当时戴逵住在剡(shàn)县,王徽之立即乘船连夜到戴家去。小船整整行驶了一夜,到了戴家门口,王徽之却没有进门就原路返回。别人问他为什么这样,他说:"我本来是趁着一时的兴致来的。如今兴致没有了,当然应该回去,何必一定要见着安道呢?"

出处

出自《晋书·王徽之传》:"人问其故,徽之曰:'本乘兴而行,兴尽而返,何必见安道邪?'"

解释

趁着一时的兴致而来。

chéng mén lì xuě
程 门 立 雪

故事

程颢、程颐兄弟是北宋著名理学家,曾在熙宁、元丰年间讲授孔孟学说。当时有个叫杨时的南剑州人,放弃高官厚禄,跑到河南颍昌拜程颢为师,虚心求教,师生相处得很好。当杨时回家的时候,程颢目送他说:"我的学说传到南方了。"程颢死后,杨时又到洛阳去拜程颢的弟弟程颐为师。一次,杨时和朋友游酢一起到程家去拜见程颐,但是正遇上程颐闭目养神,坐着假睡。这时候,外面开始下雪。这两人恭恭敬敬地侍立一旁,不言不动,如此等了大半天。程颐慢慢睁开眼睛,见杨时、游酢站在面前,这时门外的雪已经积了一尺多厚了,而杨时和游酢并没有一丝疲倦和不耐烦的神情。

出处

出自《宋史·杨时传》:"一日见颐,颐偶瞑坐,时与游酢侍立不去。颐既觉,则门外雪深一尺矣。"

解释

本指学生恭敬求学。后指尊师重道。

惩羹吹齑 (chéng gēng chuī jī)

故事

屈原是战国时期楚国人,著名政治家、诗人。屈原早年受到楚怀王的信任,任左徒、三闾大夫等职。屈原主张对内任用贤能,对外联齐抗秦。后来屈原遭到楚国贵族的排挤,失去了楚王的信任,先后被流放到汉北和沅湘流域。《惜诵》是屈原劝楚怀王联齐抗秦而被谗去职时写的,"惜诵"即"不愿随便歌颂"的意思。诗的大意说:"我曾在梦里企图登天,无奈既没有路也找不到船。请大神帮帮忙吧。可是理想虽好实行困难!难道我的理想将永远被认为危险而无法实现?大神说:对于君王,你可以怀念却不必寄托希望。他身边那群人的嘴连金属都销熔得了,你当初一片天真当然要遭殃。上过当的人总该特别小心了,为什么不能改一改你的直心肠?你想登天偏又放弃了往上爬的梯子,看来你从前的老脾气,还是照样!"

出处

出自战国楚·屈原《九章·惜诵》:"惩于羹者而吹齑(jī)兮,何不变此志也?"

解释

吃热羹被烫到过的人,见了冷菜也要吹一下。比喻受到过教训,遇事过分小心。

惩前毖后 (chéng qián bì hòu)

故事

武王灭商后,封商纣王的儿子武庚为商侯,命其带领商的遗民继续留在商都;又分封三个弟弟管叔、蔡叔、霍叔于管国、蔡国、霍国,以对商朝遗民进行监视,称作"三监"。周武王逝世后,十三岁的周成王即位。因为周成王年幼,不能独立处理政事,又加上周朝初定,百废待兴,于是由周公旦摄政。管叔、蔡叔等人到处散布谣言,称周公旦阴谋篡位。周公对姜太公和召公说:"武王早逝,嗣君年幼,我是为了完成王室稳定的大业,才这样做的啊!"管叔、蔡叔、武庚等人发动叛乱,周成王请周公率军讨伐。周公奉命东征,平定了管蔡之乱,杀死了管叔、武庚,流放了蔡叔。周成王长大成人后,周公便还政于成王。在祭祀仪式上,周成王说:"我一定要从以前所受的惩戒中汲取教训,小心谨慎地做事,以免再遭祸患。"

出处

出自《诗经·周颂·小毖》:"予其惩而毖后患。"

解释

吸取过去失败的教训,避免重犯错误。

chī mù hǔ wěn
鸱 目 虎 吻

故事

王莽是西汉孝元皇后的侄子,他身居高位,却礼贤下士、清净自守、生活简朴、事母甚孝。王莽经常把自己的俸禄分给门客和百姓,甚至卖掉车马接济穷人。王莽的品行得到了朝野的一致赞誉。汉哀帝死后,王莽出任大司马,拥立九岁的汉平帝,由自己摄政。几年后汉平帝去世,王莽又立年仅两岁的孺子婴为帝,代行天子政务,称"摄皇帝",改年号为居摄。初始元年(8),王莽派人逼迫太后交出传国玉玺,称帝并改国号为"新"。后人认为王莽假行仁义,换取清誉,表面一套,背后一套,大权在握后便排除异己,朝令夕改。班固在《汉书·王莽传》中形容王莽眼睛像老鹰,嘴像老虎,声音像豺狼。

出处

出自《汉书·王莽传中》:"莽所谓鸱目虎吻豺狼之声者也,故能食人,亦当为人所食。"

解释

鹰一样的眼睛,虎一样的嘴唇。形容人相貌凶狠。

魑魅魍魉 chī mèi wǎng liǎng

故事

楚庄王是春秋五霸之一,其时楚国国力强盛,楚庄王也不可一世。鲁宣公三年(前606),楚庄王率军征讨陆浑之戎,路过洛阳城旁的洛水时,公然在周王室边境陈兵示威。周定王派大夫王孙满去慰劳楚庄王,楚庄王无礼地问周王室九鼎的大小轻重。王孙满针锋相对,表示鼎是国家的象征,禹铸九鼎,夏衰传商,商衰传周,魑魅魍魉的形象刻在鼎上,人民熟悉之后,进入山林川泽就能避开这些鬼怪,不为所害。王孙满警告说,要想得到天下,靠的是德而不是鼎,现在天命未改,鼎的大小轻重还不是楚国应当问的。

出处

出自《左传·宣公三年》:"螭魅罔两,莫能逢之。"

解释

山精和水怪。泛指各种传说中的鬼怪。比喻各种各样的坏人。

重蹈覆辙 chóng dǎo fù zhé

故事

窦武是东汉外戚,其女窦妙为汉桓帝皇后。窦武年轻时以精儒学、有德行著称,任职期间则廉洁奉公。当时桓帝宠幸宦官,宦官互相勾结,垄断朝政,陷害忠良。当朝士大夫李膺等人对宦官乱政不满,联合起来与宦官进行"党争"。宦官们在桓帝面前诬告李膺等人造反,桓帝听信谗言,下令把李膺等人关进大牢,人数多达几百人,这就是历史上有名的"党锢之祸"。窦武看到宦官的胡作非为,十分愤慨,上书对桓帝说:"如果再让宦官这样胡作非为下去,将会像秦朝二世一样,因为给宠臣太多的权力,导致宠臣造反作乱,最终失去江山。陛下可要吸取教训,千万别重蹈覆辙呀!"桓帝接受了窦武的建议,放了李膺等人,结束了"党锢之祸"。

出处

出自《后汉书·窦武传》:"今不虑前事之失,复循覆车之轨。"

解释

再次走上翻过车的老路。比喻不吸取失败的教训,重犯过去的错误。

出尔反尔

故事

战国时期,邹国与鲁国在边境发生了冲突,邹国死了不少人。邹穆公问孟子:"这次冲突,我的手下死了三十三人,而百姓却眼睁睁看着,没有一个人愿意为他们的长官牺牲。杀了他们呢,又杀不了那么多;不杀呢,又实在恨他们。怎么办呢?"孟子说:"国家闹饥荒的年景,百姓要么弃尸山沟,要么四处逃荒,灾民有上千人之多,而官府粮仓充盈,府库装满财宝,官吏们却隐瞒灾情,从来不向您报告老百姓的情况,这是他们不关心并且残害百姓的表现啊!曾子说过:'要警惕呀!你怎样对待别人,别人也怎样对待你。'如今百姓有了一个报复的机会,就要用同样的手段来对待那些长官了。所以,大王不要去责怪您的百姓了。如果实行仁政,您的百姓就会爱护他们的长官,并且愿意为他们献出生命了。"

出处

出自《孟子·梁惠王下》:"出乎尔者,反乎尔者也。"

解释

原意为你怎样对待别人,别人就会怎样对待你。后指言行前后自相矛盾,反复无常。

出类拔萃

故事

孟子的学生公孙丑问孟子:"伯夷、伊尹同孔子差不多吧?"孟子说:"不一样。自有人类以来,没有孔子这样的人。孔子的学生有若曾这样说过:'凡是同类的都可以相比较,如麒麟同其他走兽比,凤凰同其他飞鸟比,泰山同其他丘陵比,河海同水洼细流比,而前者都远远超过了后者。圣人和其他人也是同类,但圣人已远远超出、高过其他人了。自有人类以来,没有人比孔子更伟大了。'"

出处

出自《孟子·公孙丑上》:"圣人之于民,亦类也;出于其类,拔乎其萃。"

解释

形容人的品德、才能超出同类之上。

出奇制胜
chū qí zhì shèng

故事

田单是战国时期齐国人。当时,燕国以乐毅为大将,联合韩、赵、魏、楚四国合攻齐国,一举攻克齐都临淄,整个齐国只有莒(jǔ,今山东莒县)和即墨(今山东淄博)没有被攻克。即墨城的守城大将田单想出了一个新的计谋,叫"火牛阵"。他先叫城内的商人拿着金银珠宝送给燕军将领,让燕军放松警戒。然后,田单从城里收集来一千多头牛,给牛都披上五彩龙纹衣,双角上绑着尖刀,尾巴上绑着浸了油的草。一天夜里,田单一声令下,士兵点燃牛尾巴上的草,牛被火烧到,拼命往前跑。燕军从睡梦中惊醒,看到这一大群五彩怪兽带着火横冲直撞,吓得惊慌失措,四处乱逃,被牛撞死的、踩死的不计其数。田单又乘胜追击,最后收复了被燕军占领的七十多座城邑。

出处

出自《孙子·势》:"凡战者,以正合,以奇胜。故善出奇者,无穷如天地,不竭如江河。"

解释

作战时运用奇兵或奇计取得胜利。也指用新奇的、出人意料的办法获胜。

出彘败御
chū shǐ bài yù

故事

王子於期是战国时期著名的驾车高手,一次为赵简子驾车时,沟里突然冲出一头野猪,马受到了惊吓,马车翻倒了。韩非子以出彘(zhì)比喻国中那些突然冒出来的干扰正常秩序的邪恶势力。比如宋国大夫子罕给国君提建议:"封官赏赐是人民喜欢的,这些事情就由国君您亲自负责;刑罚杀戮是人民所厌恶的,这些不讨好的活儿就交给我来办好了。"宋国国君觉得很有道理,就把生杀大权交给了子罕。于是臣民因为畏惧,纷纷归附子罕。过了一年,羽翼已丰的子罕就杀掉了宋国国君,夺取了政权。这样看来,子罕就是"出彘"。

出处

出自《韩非子·外储说右下》:"王子於期齐辔策而进之,彘突出于沟中,马惊驾败。"

解释

比喻意外事故发生导致失败。

chū yán bù xùn
出 言 不 逊

故事

三国时期,张郃原是袁绍手下的一员战将。官渡之战时,曹操带兵攻打袁绍屯粮重地乌巢。张郃建议袁绍重兵支援乌巢,说:"曹操率领的都是精兵锐卒,必定会攻破乌巢,这样我们就会全线溃败,应该赶紧发兵支援乌巢。"袁绍的谋士郭图说:"我看应该先袭击曹操的大本营,这样曹操必定回兵自救,这叫作围魏救赵之计。"张郃说:"曹操兵营易守难攻,不可能很快攻下。如果我们断了粮草,就输定了。"袁绍采纳了郭图的意见,只派出轻骑支援乌巢,而发大军进攻曹操的大本营。结果曹营未能攻克,而乌巢却被曹操攻破,袁军大败。郭图恶人先告状,向袁绍诬告张郃说:"张郃对吃了败仗竟然幸灾乐祸,说话也很傲慢无礼。"张郃知道后,生怕袁绍迁怒于他,就投奔了曹操。

出处

出自《三国志·魏书·张郃传》:"图惭,又更谮郃曰:'郃快军败,出言不逊。'郃惧,乃归太祖。"

解释

说话不客气,没有礼貌。形容态度傲慢。也作"出口不逊"。

chū chū máo lú
初 出 茅 庐

故事

三国时期,刘备闻知诸葛亮才能出众,于是三顾茅庐请出诸葛亮,拜其为军师。关羽、张飞对刘备给予诸葛亮这么高的礼遇感到愤愤不平。不久,曹操派大将夏侯惇领十万大军攻打新野。刘备请诸葛亮排兵布阵,诸葛亮拿着刘备印剑,集众点将:命关羽带一千人马埋伏在豫山,放过敌人先头部队,看到起火,迅速出击;命张飞带一千人马埋伏在山谷里,待起火后,杀向博望城;命关平、刘封带五百人马,在博望坡后面分两路等候,敌军一到,立刻放火;又把赵云从樊城调来当先锋,只许败不许胜;请刘备带一千人马做后援。诸将按诸葛亮吩咐行事,杀得曹兵丢盔弃甲。诸葛亮初次用兵,大获全胜,关羽、张飞等人佩服得五体投地。

出处

出自明·罗贯中《三国演义》第三十九回:"直须惊破曹公胆,初出茅庐第一功。"

解释

指刚进入社会或刚到工作岗位。

chǔ táng yàn què
处 堂 燕 雀

故事

战国后期,秦国攻打赵国,赵国的近邻魏国见死不救,认为形势对魏国有利。针对这种错误观点,魏国相国子顺认为秦国势力强大,侵略成性,如果灭亡了赵国,下一个倒霉的就是魏国了。子顺打比方说:"有一家人的堂屋里有个燕巢,一群燕子大大小小聚居在一起,叽叽喳喳,快乐逍遥,它们认为住在这里最安全。有一天,主人家灶上的烟囱坏了,火焰直往上冒,屋梁很快就烧着了,燕子却神色安定,不慌不忙,一点儿也没有意识到祸患就要临头了。"子顺严肃地表示,魏国不能像堂上的燕雀一样,面对危险却无动于衷,错判形势。

出处

出自《孔丛子·论势》:"燕雀处屋,子母相哺,煦(xǔ)煦焉其相乐也,自以为安矣。灶突炎上,栋宇将焚,燕雀颜色不变,不知祸之将及己也。"

解释

在正屋上筑巢的燕雀。比喻因生活安定而失去警惕性的人。也比喻大祸临头而自己不知道的人。

杵臼之交 chǔ jiù zhī jiāo

故事

吴祐是东汉时期名臣,曾任胶东侯相、齐相、长史等职。吴祐为政仁爱简易,有知人之明。当时,有个胶东书生叫公沙穆,来到太学求学,因为缺乏资粮,便换上粗衣到吴祐家中做工,负责舂米。一天,吴祐与公沙穆交谈,一谈之下,吴祐大惊,发现眼前这个舂米的佣人非同凡响,当即在舂米的杵臼之间与他结交,并资助公沙穆继续求学。

出处

出自《后汉书·吴祐传》:"祐与语,大惊,遂共定交于杵臼之间。"

解释

指不计较贫富和身份而结成的友谊。

楚材晋用 chǔ cái jìn yòng

故事

春秋时期,晋文公任人唯贤,吸引了各国人才。楚国大夫伍举受到岳父的牵连,为避罪而逃到了郑国。后来伍举觉得郑国也不安全,准备继续逃往晋国。正巧遇到好朋友蔡国大夫声子,伍举向他诉说了自己的遭遇,声子答应帮他重回楚国。声子特地去楚国面见令尹子木,就楚晋两国人才问题进行探讨。子木问:"楚国和晋国的大夫相比哪个更贤能呢?"声子说:"晋国的卿比不上楚国,但是晋国的大夫却很贤能,都是做卿的人才。比如杞木、梓木、皮革,本来产自楚国,但却都流失到了晋国。虽然楚国有人才,但是都是晋国在使用他们。"声子又分析其中的原委,说:"楚国内政腐败,不善用人,再加上滥用刑罚,所以人才都跑到晋国去了。"子木被声子的话打动,重新思考楚国内政问题。这样,伍举得以回到楚国。

出处

出自《左传·襄公二十六年》:"虽楚有材,晋实用之。"

解释

楚国的人才被晋国使用。比喻本国的人才被他国使用。

楚楚可怜

故事

孙绰是东晋诗人、书法家,曾参加过王羲之的兰亭集会。孙绰曾隐居会稽十几年,纵情山水,作《遂初赋》以明志。孙绰的居所前有株松树,他常常亲自培土浇水,细心守护。邻居高士远对他说:"这棵小树虽然很可爱,但是恐怕永远不会成为栋梁之材。"孙绰说:"枫树、柳树倒是能长得合抱那么粗,但是又有什么用呢?"

出处

出自南朝宋·刘义庆《世说新语·言语》:"松树子非不楚楚可怜,但永无栋梁用耳。"

解释

形容体态姿容娇柔秀美,十分可爱。也形容纤弱凄楚,令人怜爱。

楚弓楚得

故事

春秋时期,楚共王喜欢打猎。一次打猎结束,楚共王在返回的路上发现自己的弓丢了,手下人要回去寻找。楚共王说:"不要去找了。楚国人丢了弓,楚国人捡到它,又何必再去寻找呢?"孔子听说了这件事说:"楚共王胸怀也算广大了,但是还不够,应该这样说:'一个人丢了弓,另一个人捡到了。'为什么非得是楚国人呢?"老子听说后评论道:"去其人可矣。"意思是只要说"失之,得之"即可。

出处

出自汉·刘向《说苑·至公》:"楚共王出猎而遗其弓,左右请求之。共王曰:'止。楚人遗弓,楚人得之,又何求焉?'"

解释

楚人丢了弓,又被楚人得到。比喻失掉的利益并没有外流。

唇亡齿寒

故事

春秋时期,晋国要攻打虢(guó)国,向虞国提出借道。虞国大夫宫之奇劝阻虞公说:"虢国是虞国的屏障,虢国一旦灭亡,虞国必定跟着亡国。对晋国不可启发他的野心，对敌人不可漫不经心。俗话说得好，'辅车相依，唇亡齿寒'，虢国和虞国的关系就是这样的。"虞公不听，答应了晋国的要求。宫之奇随即带着自己的家族离开了虞国，说："虞国过不了今年年底了。晋国就这一次借道，不必再出兵了。"这年冬天，晋国军队借道虞国，消灭了虢国，回程时住在虞国的馆舍，乘其不备袭击了虞国。虞国灭亡。

出处

出自《左传·僖公五年》："谚所谓'辅车相依，唇亡齿寒'者，其虞、虢之谓也。"

解释

嘴唇没有了，牙齿会觉得冷。比喻彼此关系密切，相互依存，利害相关。

cóng róng bù pò
从 容 不 迫

故事

惠施是战国时期名家学派的代表人物，与庄子是好友，两人经常一起辩论。有一天，庄子和惠子一同在濠水岸边观鱼。庄子说："你看这条鱼在水中游得从容自在，它是多么快乐。"惠子说："你又不是鱼，怎么知道它们现在很快乐呢？"庄子说："你又不是我，怎么知道我不知道它们现在很快乐呢？"惠子说："我不是你，当然不知道你内心的想法，但你不是鱼，你不知道鱼的快乐却是肯定的。"庄子说："我们从头说起：你刚才问我怎么知道鱼是快乐的，这说明你知道我了解鱼的快乐才会问我的。我现在告诉你，我是从自己的感受中体会的。我与你在濠水同游观鱼，悠闲自在，自得其乐。"

出处

出自《庄子·秋水》："鲦鱼出游从容，是鱼之乐也。"

解释

形容临事不慌不忙，镇定沉着。

cóng shàn rú liú
从 善 如 流

故事

栾书是春秋时期晋国名将，曾数次率兵与楚国交战。公元前585年，楚国攻打郑国，晋国派栾书率兵救援，迫使楚国退兵。栾书继续攻打蔡国,蔡国急忙向其盟国楚国求救,楚国派兵支援蔡国。晋国大将赵同、赵括请战,而知庄子、范文子、韩献子则反对出击楚国,建议收兵回国。栾书采纳了知庄子等三人的建议。其他人对此持有异议,认为主战的有七人,主张退兵只有三人,应该听从多数人的意见。栾书说:"正确的意见才能代表多数,知庄子他们是贤明的人,他们的意见就是多数人的意见。"两年后,栾书又率兵攻打蔡国,之后又要攻打楚国,这时知庄子等人仍然劝阻了栾书的行动,建议不要攻打楚国而是改攻沈国。栾书再一次采纳了他们的意见。《左传》称赞栾书的举动是"从善如流"。

出处

出自《左传·成公八年》:"从善如流,宜哉!"

解释

听从高明、正确的意见和建议,就像水从高处流下来一样顺畅。形容乐于接受别人提出的正确意见。

粗 服 乱 头
cū fú luàn tóu

故事

裴楷,字叔则,三国、西晋时期大臣、名士,曾任中书令。裴楷容貌俊美,仪表出众,即使脱下礼帽,穿着粗陋的衣服,头发蓬乱,也都很美,当时人们称之为玉人。见到他的人说:"看见裴叔则,就像在玉山上行走,感到光彩照人。"有一次裴楷生了病,非常不舒服。晋惠帝派王衍去看望他。这时裴楷正向着墙躺着,听说王衍奉命来探视,就勉强回过头来看看他。王衍告辞出来后,对人说:"叔则双目闪闪,好像山岩下的闪电;可是精神分散,看来身体确实有点不舒服。"

出处

出自南朝宋·刘义庆《世说新语·容止》:"裴令公有俊容仪,脱冠冕,粗服乱头皆好。时人以为玉人。"

解释

粗劣的衣着,蓬乱的头发。形容不修仪容服饰。

寸木岑楼 (cùn mù cén lóu)

故事

有人问孟子的学生屋庐子:"礼与食、色哪个重要?"屋庐子答道:"礼重要。"这人说道:"要是依礼而求食,恐怕就要挨饿,甚至饿死;如果不受礼的约束,就可能会有吃的。假如按照礼俗去娶妻,就得不到妻子;而如果不遵礼俗,就能得到妻子。难道还要按着礼节去行事吗?"屋庐子无言以对。第二天,屋庐子向孟子转告了这个问题。孟子听后,说道:"如果不揣度基地的高低是否一致,那么一寸长的小木头也可能比顶端的高楼还要高。你去这样回答他:'扭折了自己哥哥的胳膊而夺取了他的食物,自己便有了吃的;而不扭折,便得不到吃的。那么他会去扭折吗?越过东邻的墙去搂抱人家的女子,便得到了妻子。而不去搂抱,便得不到妻子。那么他会去搂抱吗?'"

出处

出自《孟子·告子下》:"不揣其本而齐其末,方寸之木,可使高于岑楼。"

解释

原意是起点不同就比不出高低。指如果类比不当,就会得出错误的结论。

D

打草惊蛇
dǎ cǎo jīng shé

故事

南唐时期,当涂县令叫王鲁,此人是个见钱眼开之徒,上任后一心捞钱,贪赃受贿,见利忘义。有什么样的长官就有什么样的下属,王鲁的手下个个都是捞钱的好手。尤其是本县的主簿,敲诈勒索,搜刮民财,无恶不作。百姓忍无可忍,就联名状告主簿贪污受贿。状子交到王鲁手上,王鲁一看,状纸上所写的各种罪状,和他自己平日的违法行为一模一样。王鲁愈看愈害怕,总觉得这是在控诉自己,不由自主地在状纸上写下了八个大字:"汝虽打草,吾已蛇惊。"意思就是说你们状告主簿就如同打草,但我就是躲在草里面的蛇,可是被吓了一跳!

出处

出自宋·郑文宝《南唐近事》:"王鲁为当涂宰,颇以资产为务,会部民连状诉主簿贪贿于县尹,鲁乃判曰:'汝虽打草,吾已蛇惊。'"

解释

比喻因行动不严密而惊动对方,使对方有所戒备。

大笔如椽
dà bǐ rú chuán

故事

王珣(xún),东晋名臣、书法家,出身琅玡王氏。王珣才思敏捷,散文和诗赋都写得很好,受到大司马桓温的赏识,被聘为主簿。一次,桓温想试试王珣的才学,在幕僚议事的时候,派人偷偷取走了王珣准备发言的文稿。王珣发言时,口若悬河,侃侃而谈。桓温拿出他的文稿对照,发现他说的内容与文稿上的相同,但文字没有一句相同,对他更加钦佩。一天晚上,王珣做了一个梦,梦中有人将一支像椽子那样的大笔送给他。醒来后,他对家里人说:"看来有大手笔的事情要我做了。"不久,晋孝武帝去世,由于王珣文笔出众,朝廷准备发出的哀册、讣告和孝武帝的谥议等,全交给他起草,这种殊荣是历史上少见的。

出处

出自《晋书·王珣传》:"珣梦人以大笔如椽与之,既觉,语人曰:'此当有大手笔事。'"

解释

像椽子那样大的笔。形容文笔有力或文章有气势。

大放厥词 (dà fàng jué cí)

故事

柳宗元,字子厚,唐朝著名的文学家,唐宋八大家之一。柳宗元自幼即有才名,二十一岁考取进士。二十六岁担任集贤殿书院正字,替唐王朝编辑、整理图书。柳宗元主张改革朝政,曾积极参加王叔文革新集团的活动。革新失败后,被贬为永州司马,后再贬为柳州刺史。公元819年,柳宗元病死在柳州,年四十七岁。柳宗元的散文丰富多彩,短篇寓言简练犀利、意味含蓄,山水游记形象生动、色彩鲜明,论说文缜密谨严、条理井然,诗歌清朗疏淡、用功精细。柳宗元死后的第二年,韩愈作《祭柳子厚文》,其中赞扬柳宗元的文采才华:"玉佩琼琚(jū),大放厥词。"意思是说文笔秀美,尽力铺陈辞藻,美如晶莹净洁的玉石。

出处

出自唐·韩愈《祭柳子厚文》:"玉佩琼琚,大放厥辞。"

解释

厥:其。原指极力铺陈辞藻。现含贬义,指人夸夸其谈,大发议论,而且言不中肯。有时也指胡说八道。

大腹便便 (dà fù pián pián)

故事

东汉桓帝时,有个读书人,名叫边韶,字孝先。他反应敏捷,口才好,以文学知名当世。边韶早年曾教书为生,有弟子数百人。边韶上课时爱打瞌睡,因为他人胖,肚子大,打起瞌睡来,学生都笑他。一天课上,边韶又在打瞌睡,学生们就私下编顺口溜嘲笑他:"边孝先,腹便便;懒读书,但欲眠。"说边孝先是个大肚皮,懒得读书,只想睡觉。边韶暗中听到了这个顺口溜,随即编了几句顺口溜作答:"边为姓,孝为字。腹便便,五经笥(sì)。但欲眠,思经事。寐与周公通梦,静与孔子同意。师而可嘲,出何典记?"意思是:边是我的姓,孝是我的字。大肚皮,是装着五经的竹箱子。只想睡觉,去思考五经的事。睡梦中可以会见周公旦,安静时可以与孔子有相同的心意。老师可以嘲笑,这规矩出自哪家经典?

出处

出自《后汉书•边韶传》:"边孝先,腹便便;懒读书,但欲眠。"

解释

形容肚子肥胖突出的样子。

dà gōng wú sī
大 公 无 私

故事

祁奚,字黄羊,春秋时晋国大夫,以公正无私闻名。祁奚向晋悼公请求退休,晋悼公问谁可以接替他的位置,祁奚推荐了解狐。晋悼公很吃惊:"可解狐是你的杀父仇人啊!"祁奚说:"您问的是谁可以接替这个职位,而不是问谁是我的仇人。"解狐还没等上任就死了,晋悼公又让祁奚推荐代替者,祁奚推荐了自己的儿子祁午。晋悼公说:"可祁午是你的儿子啊!"祁奚说:"您问的是谁可以担任这个职位,而不是问谁是我的儿子。"孔子听说后,十分称赞祁黄羊。孔子说:"祁黄羊说得太好了!他推荐人,完全是拿才能作标准。不因为他是自己的仇人,便不推荐他;也不因为他是自己的儿子,怕人议论,便不推荐。像祁黄羊这样的人,才够得上说'大公无私'。"

出处

出自《吕氏春秋•去私》:"孔子闻之,曰:'善哉,祁黄羊之论也!外举不避仇,内举不避子,祁黄羊可谓公矣。'"

解释

处理事情公正,不偏袒任何一方。也指一心为公,没有私心。

大旱望云霓

故事

战国时期,齐国攻打燕国,取得胜利后久留燕境不撤军,其他诸侯商议要联合出兵援燕。齐宣王向孟子请教:"诸侯都谋划着要讨伐我,怎样对付他们呢?"孟子说:"当年商汤率仁义之师讨伐夏桀,百姓盼望商汤就像大旱时盼望云雨一样迫切。汤征讨之处,诛杀暴君,慰问平民,人民安居乐业。而如今燕王暴虐,您派兵征讨,燕民以为大王您要拯救他们于水火之中,所以拿出食物和水来迎接您的军队。如果这时您杀戮燕人、掳掠财宝、烧其宗庙,那怎么可以呢?现在诸侯担心您将来会像对待燕国那样去对待他们,大王您应该速速撤兵,停止掳掠燕国的重器,与燕人协商,安置好燕王,这样诸侯就不会合谋讨伐您了。"

出处

出自《孟子·梁惠王下》:"民望之,若大旱之望云霓也。"

解释

大旱的时候盼望云雨。形容盼望殷切。

大逆无道

故事

秦朝灭亡以后,楚汉相持日久。这天,项羽、刘邦在阵前对话,刘邦历数项羽的十大罪状,说:"你我约定先定关中者为王,但是我先定关中后你却让我到巴蜀去当汉王,这是你第一条罪状。你在去救援赵军的途中,杀死上将军宋义,自称上将军,这是你第二条罪状。你违抗怀王命令,擅自劫持各诸侯的兵马人员,这是你的第三条罪状。"接着,刘邦又揭露项羽烧毁秦宫、掘开秦皇坟墓、搜刮财物、杀死投降的秦王子婴、活埋二十万秦国百姓、杀害义帝等罪状。在讲到第十条罪状时,刘邦说:"你作为臣子却杀死君王,又杀害已经投降的人,为政不平,对订立的约定不讲信义,为天下所不容,属于重大的叛逆。你犯下十条大罪,我兴仁义之兵来讨你这个逆贼,你还有什么面目向我挑战!"

出处

出自《史记·高祖本纪》:"今项羽放杀义帝于江南,大逆无道。"

解释

旧指犯上作乱等极端叛逆行为。后也泛指违背道德标准。

dà qì wǎn chéng
大器晚成

故事

《韩非子》里讲,楚庄王是春秋五霸之一,但是在他即位三年之内,没有发过一道政令,没有一项政绩。伍举以寓言讽谏楚庄王说:"山上停着一只鸟,三年不展翅,不飞也不叫,沉默无声,这是什么鸟呢?"楚庄王答道:"三年不展翅,是为了长出羽翼;不飞不叫,是为了观察民众的态度。虽然没有飞,一飞必将冲天;虽然没有鸣,一鸣必将惊人。"经过半年,楚庄王大力整治朝政,黜免奸臣,提拔贤能,出兵接连战胜齐国和晋国,会聚诸侯,称霸天下。楚庄王不因小事加害忠良,所以有好名声;没有事先展示,所以能有大的功绩。所以说:"大器晚成,大音希声。"

出处

出自《韩非子·喻老》:"庄王不为小害善,故有大名;不蚤见示,故有大功。故曰:'大器晚成,大音希声。'"

解释

大的器物需要很长时间才能加工完成。指能干大事的人成就较晚。

dà yǎ jūn zǐ
大雅君子

故事

郭子仪是唐朝政治家、军事家。天宝十四载(755),安史之乱爆发,郭子仪在平叛战争中收复河北、河东、长安、洛阳。唐肃宗慰劳郭子仪称:"国家再造,是你的功劳。"后来郭子仪在相州与史思明交战失利,遭到宦官鱼朝恩的谮(zèn)毁。唐肃宗听信谗言,解除了郭子仪的兵权。郭子仪处于闲职,仍以大局为重,之后又两起两落。每次被朝廷起用,郭子仪都尽职尽责,先后平定绛州叛乱、击退吐蕃入侵。大历十四年(779),郭子仪被尊为"尚父",两年后去世。史官称赞郭子仪,说:"再造王室,勋高一代。及国威复振,群小肆谗,位重恳辞,失宠无怨……晏然效忠,有死无二。诚大雅君子,社稷纯臣。自秦汉已还,勋力之盛,无与伦比。"

出处

出自《旧唐书·郭子仪传论》:"晏然效忠,有死无二。诚大雅君子,社稷纯臣。自秦汉已还,勋力之盛,无与伦比。"

解释

指有才德、有见识的高尚文雅之人。

大义灭亲 dà yì miè qīn

故事

春秋时期,卫庄公喜爱宠妾所生的儿子州吁。州吁好武,卫庄公却不加制止。石碏(què)的儿子石厚与州吁交好,石碏也无力阻止。第二年,州吁杀死即位不久的卫桓公,自立为国君。州吁无法安定民心,就让石厚去问他的父亲石碏。石碏说可以请陈桓公帮忙以得到周天子的认可。于是,州吁和石厚备了许多礼物去陈国。石碏派人告诉陈国:"来的两个人正是杀害我们国君的凶手,请设法处置他们。"陈国扣留了州吁和石厚,卫国派人杀死了州吁。卫国的大臣们认为石厚是石碏的儿子,应该从宽处置。石碏就派自己的家臣到陈国去,把石厚杀了。后人评论说:"石碏真是一位纯粹正直的人。他痛恨州吁,把自己的儿子也一起杀了。所谓大义灭亲,指的就是这种事吧!"

出处

出自《左传·隐公四年》:"石碏,纯臣也。恶州吁而厚与焉。大义灭亲,其是之谓乎!"

解释

为了维护正义,对犯了罪的亲属不包庇,使之受到应得的惩处。

呆若木鸡 dāi ruò mù jī

故事

战国时期,齐王喜欢斗鸡,一个叫纪渻(shěng)子的训鸡高手专门为齐王训练斗鸡。过了十天,齐王派人来问纪渻子:"鸡已经训练好了吗?"纪渻子回答说:"还没有。这只鸡浮躁骄傲,表面看起来气势汹汹的,其实没有底气。"又过了十天,齐王再次询问,纪渻子说:"还不行,别的鸡一啼叫或接近它,它就有反应。"又过了十天,齐王再问,纪渻子说:"还不行,这只鸡还有些目光炯炯,气势未消。"这样再过了十天,纪渻子说:"差不多了。现在即使其他鸡啼叫,它也没有反应了,看上去好像木雕的鸡一样,精神全部收敛,已经进入完美的境界了。别的鸡没有敢应战的,都转身逃跑了。"

出处

出自《庄子·达生》:"鸡虽有鸣者,已无变矣,望之似木鸡矣,其德全矣。异鸡无敢应者,反走矣。"

解释

形容呆笨或因惊恐而发愣的样子。

dān dāo fù huì
单 刀 赴 会

故事

东汉末年,刘备攻取益州后拒绝归还荆州于吴,孙权派吕蒙率军攻取长沙、零陵、桂阳三郡。刘备随即赶到公安(今湖北公安),派关羽争夺三郡。孙权也进驻陆口,派鲁肃屯兵益阳,抵挡关羽。双方剑拔弩张,孙、刘联盟面临破裂。鲁肃为了维护孙、刘联盟,不给曹操可乘之机,邀请关羽商谈,提出双方各自将兵马安置在百步以外,只有将军们带刀赴会。单刀会上,鲁肃指责关羽,说:"当初你们战败,由远方来到这里,主公诚心诚意把荆州借给你们,作为立足之地。现在你们已经有了益州,为什么没有归还荆州的意思呢?"双方僵持不下。当时曹操进攻汉中,刘备害怕益州失守,派人跟孙权讲和。双方议定,以湘水为界,平分荆州,罢兵休战。孙、刘联盟得以继续维持。

出处

出自《三国志·吴书·鲁肃传》:"肃邀羽相见,各驻兵马百步上,但请将军单刀俱会。"

解释

泛指只身或仅带少数人去参加有危险的约会。

dān qiāng pǐ mǎ
单 枪 匹 马

故事

秦王朝灭亡后,项羽自立为西楚霸王。由于项羽刚愎自用,在与汉军的战争中,屡遭败绩。公元前202年,项羽在垓(gāi)下被汉军包围。半夜项羽突围,逃到东城时,只剩下二十八个士兵。项羽说:"我起兵八年,打过七十多场仗,从来没有输过。今天这是老天要亡我!"逃到乌江边时,乌江亭长摇船来渡,项羽说:"当初八千子弟随我渡江,今天只有我一个人回来,我有什么脸面见江东父老!"于是拔剑自刎于乌江边。唐朝诗人汪遵写道:"兵散弓残挫虎威,单枪匹马突重围。英雄去尽羞容在,看却江东不得归。"意思是在兵败弓折、威风扫地后,项羽单枪匹马杀出重围,江东已经可以看见了,可是却不能回去,英雄虽然不在了,可是他羞愧的面容犹在。

出处

出自唐·汪遵《乌江》诗:"兵散弓残挫虎威,单枪匹马突重围。"

解释

原指作战时单身上阵,冒险直进。后泛指单独行动或孤身一人。

当局者迷,旁观者清

dāng jú zhě mí páng guān zhě qīng

故事

元行冲是唐朝学者。当时有大臣上书唐玄宗,要求把唐初魏征整理修订过的《类礼》列为经书。玄宗当即表示同意,并命元行冲召集学者编写《义疏》。左丞相张说反对说:"现在的《礼记》,是西汉戴圣编纂的本子,东汉的郑玄也已加了注解,没有必要改用魏征的本子。"玄宗便改变了主意。元行冲因此辞去官职,写了《释疑》一文,用主客对话的形式表明了自己的观点。客人问:"《礼记》这部经典著作,戴圣编纂、郑玄加注的本子与魏征修订的本子相比,究竟哪个好?"主人答:"戴圣编纂的本子互相矛盾之处很多,魏征正是考虑到这些因素而重新整理。谁会想到那些墨守成规的人会反对!"客人说:"是啊,就像下棋一样,下的人糊涂,旁观者却看得很清楚。"

出处

出自《旧唐书·元行冲传》:"当局称迷,傍观见审。"

解释

下棋的人迷惑,旁观的人却看得清楚。比喻当事人往往主观片面,旁观者反而看得很清楚。

党同伐异
dǎng tóng fá yì

故事

汉武帝采纳董仲舒"罢黜百家,独尊儒术"的主张,设置专门传授儒家学说的五经博士,讲授《诗》《书》《礼》《易》《春秋》五部儒家经典。学子每年考试一次,学通一经的就可以做官。汉宣帝时,儒家思想已经成为正统思想,但由于当时儒生对五经有不同的理解,所以宣帝决定进行一次讨论。公元前51年,在皇家藏书楼兼讲经处的石渠阁,进行了一次大规模的讨论。在讨论过程中,儒生们把和自己观点一样的人作为同党,互相纠合起来;而对观点不一样的人则进行攻击。班固在《后汉书》中称这一现象为"党同伐异",即纠合同党攻击异己。

出处

出自《后汉书·党锢传序》:"自武帝以后,崇尚儒学,怀经协术,所在雾会。至有石渠分争之论,党同伐异之说,守文之徒,盛于时矣。"

解释

偏袒跟自己意见一致的人,攻击跟自己意见不一致的人。

倒屣相迎
dào xǐ xiāng yíng

故事

蔡邕(yōng)是东汉时期著名文学家,在朝廷位尊权重,他家经常车马盈门,宾客满座。王粲是"建安七子"之一,少年时即有才名。蔡邕见到王粲后,认为他非同常人。一次门人报告王粲来访,蔡邕赶紧出去迎接,匆忙之中把鞋子都穿倒了。王粲进来之后,众人一见来者年纪又小,身材又矮,感到十分奇怪。蔡邕介绍说:"这位是司空王畅的孙子王粲,是个奇才,我自愧不如。我家里收藏的书籍文章,应该全部送给他。"

出处

出自《三国志·魏书·王粲传》:"(蔡邕)闻粲在门,倒屣迎之。"

解释

急于迎接客人而将鞋穿倒。形容热情欢迎宾客。

倒行逆施 dào xíng nì shī

故事

伍员(yún)，字子胥，春秋时期楚国人，其父伍奢是楚国太子的老师。太子遭到费无忌的陷害，也牵连到了伍奢。楚平王杀害了伍奢和伍奢的长子伍尚。伍子胥则费尽艰险，逃到了吴国，辅助公子光，即吴王阖闾。公元前506年，吴国大举进攻楚国，攻占了楚国国都郢。那时，楚平王已经死了。伍子胥挖出楚平王的尸体，狠狠地鞭打了三百下，总算解了心中之恨。伍子胥的好友申包胥派人对他说："您报仇的手段太过分了！您曾是楚平王的臣子，今天竟然侮辱死人，这难道不是违背天理到极点了吗？"伍子胥对来人说："我已经老了，急于报仇，只好做这样违背常理的事。"申包胥于是长途跋涉到秦国求救，立于秦庭哭号七日七夜，终于感动秦哀公，哀公发兵攻吴救楚。

出处

出自《史记•伍子胥列传》："吾日莫途远，吾故倒行而逆施之。"

解释

指行为违反社会道德准则或背离正确的方向。

道边苦李 dào biān kǔ lǐ

故事

王戎是西晋名士，"竹林七贤"之一。王戎自幼聪慧，神采秀美，能直视太阳而不目眩。王戎小时候在宣武场看驯兽。猛兽在栅槛中咆哮，众人都吓得跑掉了，而王戎却站立不动，神色自若，被誉为奇童。王戎七岁时，曾经与同伴在路边玩耍，看到路旁有许多李子树上长满了李子，枝头压得很低。其他孩子都跑去摘李子，只有王戎不动。别人问他为什么不去摘，王戎说："李子树长在路边还能有这么多李子，说明这些李子是苦的，否则早被摘光了。"尝了之后，果然是苦的。

出处

出自南朝宋•刘义庆《世说新语•雅量》："王戎七岁，尝与诸小儿游，看道旁李树多子折枝，诸儿竞走取之，唯戎不动。人问之，答曰：'树在道旁而多子，此必苦李。'取之，信然。"

解释

比喻无用之才。

道不拾遗 (dào bù shí yí)

故事

秦孝公时期，任用商鞅进行变法。商鞅制定了一系列新法，奖励军功，鼓励耕织。商鞅认为：贵族世袭的制度应该废除，应当按军功的大小给予不同的爵位等级；执法应该严明，不讲私情，以法为准。商鞅的变法遭到了贵族势力的反对，但在秦孝公的支持下，变法很快就推行开来。变法一年以后，老百姓的生产积极性提高了，军队纪律严明，民风也变得淳朴起来，人们不随意拿取，夜里不用关门，道路上有遗落的东西也没有人拾取。秦国的军力一天天强大起来，别的诸侯都对秦国心存畏惧。

出处

出自《战国策·秦策一》："期年之后，道不拾遗，民不妄取，兵革大强，诸侯畏惧。"

解释

在路上看见别人遗失的物品也不捡来据为己有。形容社会风气很好。也作"路不拾遗"。

道路以目 (dào lù yǐ mù)

故事

周厉王是西周第十位君主。在位期间，厉王任用荣夷公实行"专利"，以国家名义垄断山林川泽，把平民赖以谋生的许多行业改归王室所有。一时间民生困苦，民怨沸腾。厉王派人去卫国请了很多巫师，在首都镐（hào）京的大街小巷巡回监视百姓，偷听人们的谈话。凡经他们指认为反叛或诽谤的人，即行处决。不久，镐京听不到批评厉王的声音，亲戚朋友在路上见了面也只敢用眼睛示意，来表示对厉王的不满。周厉王很高兴制止了人民的议论，召（一作"邵"）公劝谏他要疏导百姓言论，周厉王不听。周厉王的暴行最终导致了人民的反抗，这就是中国历史上著名的"国人暴动"。在这次暴动中，周厉王逃出了国都，最终死在了外地。

出处

出自《国语·周语上》:"厉王虐,国人谤王,邵公告曰:'民不堪命矣。'王怒,得卫巫,使监谤者,以告,则杀之。国人莫敢言,道路以目。"

解释

在道路上见了面只用眼睛示意。形容百姓在暴政下敢怒不敢言的情形。

得陇望蜀 dé lǒng wàng shǔ

故事

东汉初年,隗嚣割据陇右,公孙述割据蜀地,二人相互支援,对抗朝廷。光武帝刘秀多次招抚隗嚣,而隗嚣始终三心二意,不肯真心归附。建武八年(32),光武帝刘秀与大将岑彭率军攻破天水,岑彭又与偏将吴汉把隗嚣包围在西城。公孙述派兵来援救隗嚣,驻扎在上邽(guī)。光武派盖延、耿弇(yǎn)包围上邽,自己回兵东归。刘秀给岑彭去信说:"两城如果都攻下,便可带兵向南击破蜀虏。人心苦于不知足,才平定陇右,又想收复蜀地。每次发兵,我的头发都为之变白。"后来隗嚣在汉军围困中处境每况愈下,贫病交加,只能以大豆掺米熬粥吃,最终愤恨而死。

出处

出自《后汉书·岑彭传》:"人苦不知足,既平陇,复望蜀,每一发兵,头鬓为白。"

解释

得到了陇地,又想得到蜀地。比喻得寸进尺,贪心不知满足。

得其所哉 dé qí suǒ zāi

故事

子产,名侨,姬姓,公孙氏,是春秋时期郑国有名的贤相。子产治理郑国二十六年,推行了一系列的政治经济改革:整顿田制,对私田按地亩课税;作丘赋,依照土地人口数量交纳军赋;铸刑书,公布成文法;不毁乡校,开放言路。子产去世时,家中没有积蓄为他办丧事,家人只好用筐背土到山上安葬他。子产为政期间小故事很多。有一次,有人送给他一条活鱼,子产命小吏把鱼养在池子里。而小吏却把鱼煮着吃掉了,回来报告说:"我刚把鱼放进池子里的时候,鱼还奄奄一息;一会儿的工夫,鱼就摇头摆尾游了起来,眨眼就不见了。"子产听了,说:"鱼儿到好去处了!鱼儿到好去处了!"小吏出来后对人说:"谁说子产聪明啊?我把鱼煮着吃掉了,他还说'鱼儿到好去处了!'"

出处

出自《孟子·万章上》:"昔者有馈生鱼于郑子产,子产使校人畜之池。校人烹之,反命曰:'始舍之,圉(yǔ)圉焉;少则洋洋焉,攸然而逝。'子产曰:'得其所哉!得其所哉!'"

解释

找到了适合它的好地方。也指因某事而称心快意。

登坛拜将 dēng tán bài jiàng

故事

韩信是秦末淮阴人,满腹韬略,胸怀大志。项梁起兵反秦后,韩信前去投军。项梁兵败后,韩信又隶属项羽,多次向项羽献策,都没有得到重视。韩信感到在项羽手下不会有前途,便投靠了刘邦。在刘邦军中,仍然得不到重用,韩信深感怀才不遇,萌生去意。萧何深知韩信是个难得的奇才,向刘邦力荐韩信。刘邦被萧何打动,下令召见韩信,准备拜韩信为大将。萧何一见刘邦如此轻率,劝谏道:"大王素来不注重礼节,现在拜大将就像招呼小孩子一样,这正是韩信出走的原因啊!既然要拜将,就应该挑选良辰吉日,沐浴斋戒,表现出诚意,然后召集群臣,举行隆重的仪式,您亲自登台授印。"刘邦听从了萧何的建议,登坛拜将。韩信从此有了施展才能的机会,最终辅佐刘邦夺取了天下。

出处

出自《史记·淮阴侯列传》:"王必欲拜之,择良日,斋戒,设坛场,具礼,乃可耳。"

解释

指被任命为将帅或被委以重任。

雕虫小技 diāo chóng xiǎo jì

故事

扬雄是西汉著名的学者,好学多才,为人平易,因为口吃而不能多言,喜欢静默沉思。扬雄生性淡泊,胸怀博大,不追求富贵,不担忧贫贱,家中没有多少余粮,却仍能安然处之。扬雄精通辞赋,是继司马相如之后西汉有名的辞赋家。他在《法言》中设计了一段对话。有人问扬雄:"您年少时期喜欢写辞赋吗?"扬雄答道:"是的,不过是小孩子写写画画的小技巧罢了。"停了一会儿又说:"大丈夫是不玩那些小玩意儿的!"

出处

出自汉·扬雄《法言·吾子》:"或问:'吾子少而好赋?'曰:'然。童子雕虫篆刻。'俄而,曰:'壮夫不为也。'"

解释

虫:虫书,秦八种书体之一。雕刻虫书的小技巧。比喻微不足道的技能。

dīng gōng záo jǐng
丁公凿井

故事

春秋时期,宋国有个丁公,家里没有水井,需要专门安排一个人天天出去汲水。后来丁公在自家院子里凿了一口水井,从而节省下一个劳动力。他事后对别人说:"吾穿井得一人。"结果一传十,十传百,传来传去,大家都以为他从井中挖出来一个人。

出处

出自《论衡·书虚》:"俗传言曰,丁公凿井,得一人于井中。夫人生于人,非生于土也。"

解释

比喻事实辗转相传而失真。

dōng chuāng shì fā
东窗事发

故事

南宋时期,宰相秦桧蓄谋陷害岳飞,同妻子王氏在东窗下商议。王氏说:"抓住老虎容易,放走之后再想抓就难了。"于是秦桧下定决心要杀掉岳飞。后来秦桧在西湖游玩,在船中睡着了,梦到一个人披头散发向他大声斥责:"你祸国殃民,我已经告诉上天,上天马上就要派人来捉你了!"秦桧回到家中,没过多久就死了。又过了不久,秦桧的儿子秦熺(xī)也死了。王氏摆设神案,请来道士做法驱魔。道士呈表给上天,迷迷蒙蒙中看到秦熺戴着枷锁,就问他:"太师在哪里?"秦熺答道:"在鬼城酆都。"道士来到酆都,看到秦桧戴着铁枷,受着各种酷刑。秦桧对道士说:"拜托你告诉我的夫人,东窗密谋杀害岳飞的事情暴露了。"

出处

出自明·田汝成《西湖游览志余》:"秦桧欲杀岳飞,于东窗下谋……桧曰:'可烦传语夫人,东窗事发矣。'"

解释

指阴谋败露或秘密被发觉。

dōng chuáng kuài xù
东 床 快 婿

故事

王羲之是东晋著名书法家,出身士族。当时的太傅郗鉴听说琅琊王氏的子弟都是青年才俊,便派门生持信前去丞相王导家中,表示想在王家选一个女婿。王导对信使说:"你去东厢房挑选吧,随便挑中哪一个都可以。"郗鉴的门生回来向郗鉴报告说:"王家的年轻公子个个都是才俊。听说前来选婿,都修饰打扮了一下,正襟危坐,使自己显得很庄重;只有一个年轻人,袒露着肚皮躺在东床上,好像什么都没听到一样。"郗鉴一听,说道:"这个正是我要的好女婿!"一打听,才知道这个年轻人就是王羲之,随后就把女儿嫁给了他。

出处

出自南朝宋·刘义庆《世说新语·雅量》:"王家诸郎亦皆可嘉。闻来觅婿,咸自矜持;唯有一郎在东床上坦腹卧,如不闻。"

解释

指称心如意的女婿。后成为女婿的美称。

dōng mén huáng quǎn
东 门 黄 犬

故事

李斯是战国末期楚国人,秦朝著名政治家、文学家和书法家。秦朝建立后,李斯参与制定礼仪制度,被任命为丞相。李斯主张郡县制,还参与统一车轨、文字和度量衡的工作,奠定了中国两千多年政治制度的基本格局。秦始皇死后,李斯与宦官赵高合谋,伪造遗诏,迫使公子扶苏自杀,拥立少子胡亥登基。此时,赵高权倾朝野,李斯遭到赵高的忌恨,被诬告谋反。秦二世令赵高把李斯、李斯的儿子李由及宗族宾客全部逮捕治罪。赵高用酷刑审讯李斯,李斯受刑不过,只得屈招。最终,李斯被判腰斩。这一天,李斯与儿子一起被押赴刑场。李斯回想起自己的人生历程,回头对儿子感慨道:"我打算跟你一起牵着黄狗出上蔡县东门去猎兔,还能办得到吗?"

出处

出自《史记·李斯列传》:"吾欲与若复牵黄犬俱出上蔡东门逐狡兔,岂可得乎?"

解释

指官吏遭祸时悔恨自己没有及时引退,与家人一起过自由自在的日子。

东 山 再 起
dōng shān zài qǐ

故事

谢安,字安石,东晋著名政治家。谢安出身士族,年轻时以清谈知名,与王羲之、支道林等好友在会(kuài)稽东山游览山水,吟诗谈文。朝廷多次征辟,谢安都拒绝出仕。扬州刺史仰慕谢安的名望,再三坚请,谢安不得已出山任职,但是只干了一个多月,就辞职回到了会稽。当时在士大夫中间流传着一句话:"谢安不出来做官,叫百姓怎么办?"后来谢氏一族势力遭到削弱,四十多岁的谢安才重新出来做官。升平四年(360),谢安应桓温之邀任其司马。出发前,御史中丞跟他开玩笑说:"您以前屡次拒绝朝廷的任用,高卧东山,众人都议论说,谢安不肯出山做官,将怎样面对江东百姓。如今江东百姓将怎样面对出山做官的谢安石呢?"谢安听后面有愧色。

出处

出自南朝宋·刘义庆《世说新语·排调》:"谢公在东山,朝命屡降而不动。后出为桓宣武司马。"

解释

指隐退后再度任职或失势后又重新兴起。

东 施 效 颦
dōng shī xiào pín

故事

西施是春秋时期越国人,中国历史上"四大美人"之一。传说西施在溪边浣纱,水里的鱼儿见到她的美貌自惭形秽,都沉入水底。西施有心口痛的毛病,有一次在回家的路上,因为胸口疼痛,就用手扶住心口,皱着眉头。见到的村民们都说病西施比平时更美丽。村东有位丑姑娘,看到村里的人都夸赞西施用手扶心口的样子很美丽,于是也学着西施的样子扶住心口,皱着眉头,在人们面前走动,以为这样就有人称赞她,其实她这副样子比以前更丑了。村里人看到她,赶紧关上大门;有人则是急忙拉妻儿躲得远远的。

出处

出自《庄子·天运》:"故西施病心而矉(pín)其里,其里之丑人见而美之,归亦捧心而矉其里。其里之富人见之,坚闭门而不出;贫人见之,挈妻子而去之走。"

解释

东施效仿西施皱着眉。比喻盲目照搬照抄,结果适得其反。

东 食 西 宿
dōng shí xī sù

故事

有个寓言故事说,一个齐国人有个女儿,有两家人来求婚。东家的男子长得丑但是很有钱,西家的男子长得俊美但是很穷。父母犹豫不决,便向女儿征询意见,要她自己决定嫁给谁。母亲对她说:"你要是觉得害羞,不便明说,就伸出一只胳膊。喜欢东家就伸出左胳膊,喜欢西家就伸出右胳膊。"女儿想了一下,随即把两只胳膊都伸了出来。父母感到奇怪,问她这是什么意思。女儿说:"想在东家吃饭,在西家住宿。"

出处

出自汉·应劭《风俗通·阴教》:"齐人有女,二人求之。东家子丑而富,西家子好而贫。父母疑不能决,问其女……云:'欲东家食,西家宿。'"

解释

在东家吃饭,在西家住宿。比喻贪得无厌。

董狐之笔 dǒng hú zhī bǐ

故事

董狐是春秋时期晋国太史,又称史狐。晋灵公荒淫骄奢,相国赵盾屡次规劝,晋灵公不但不听,还对赵盾怀恨在心,设计要除掉赵盾。赵盾摆脱了追杀,逃往外地避难,逃到边境时,听说赵穿已经带兵杀死了晋灵公,便返回了国都。史官董狐在史简中写道:"赵盾弑其君。"赵盾向董狐解释自己并无杀君之罪。董狐坚持说:"你身为正卿,逃亡时并未走出国境,君臣之义就没有断绝。国君被杀后,你回到国都也没有讨伐凶手,杀君罪名国相不负,当属何人?"后来,孔子听到了这件事,评论道:董狐秉笔直书,记录史实有原则,不为当权者隐恶,应受到称赞。从此,"董狐之笔"便成为史家秉笔直书的典范。

出处

出自《左传·宣公二年》:"董狐,古之良史也,书法不隐。"

解释

指公正不偏,秉笔直书。

动中肯綮 dòng zhòng kěn qìng

故事

《庄子》中有一个"庖丁解牛"的故事:庖丁为梁惠王解牛,分解牛体时的声音,像美妙的音乐。梁惠王问庖丁:"如此高妙的技术你是怎样达到的?"庖丁回答道:"我只用心神去接触,而不必用眼睛去观察。依照牛的生理结构,劈开肌肉骨骼间大的缝隙,把刀导向那些骨节间大的空处,顺着牛的天然结构去解剖。从来不会碰触经络聚结的部位和骨肉紧密连接的地方,何况那些大骨头呢!优秀的厨子一年换一把刀,因为他们是用刀割肉;普通的厨子一个月就要换一把刀,因为他们是用刀砍骨头。如今我使用的刀已经十九年了,刀刃锋利得就像刚刚从磨刀石上磨过一样。"梁惠王听后说:"妙啊,听了你的话,我悟到了养生的道理了。"

出处

出自《庄子·养生主》:"技经肯綮之未尝,而况大軱(gū)乎!"

解释

动:常常。肯:附着在骨头上的肉。綮:筋骨切合之处。抓住关键,切中要害。

栋折榱崩 dòng zhé cuī bēng

故事

子产是春秋时期郑国著名政治家。郑国上卿子皮想让自己的家臣尹何治理采邑。子产说:"尹何年轻,不知道能不能胜任。"子皮说:"这个人忠厚谨慎,我很喜爱他。让他去锻炼一下,也好积累一些从政的经验。"子产说:"一个人如果真正喜爱别人,就应该让他得到好处。现在您喜爱一个人,就想让他管理政事,这就如同让一个不会拿刀的人去割肉一样,多半会割伤自己。您所谓的喜爱他,不过是让他受到伤害罢了,以后还有谁敢求得您的喜爱呢?您对于郑国就如同房屋的栋梁,栋梁折了,椽子自然也会崩塌,我也会被压在屋子底下,因此怎敢不把想法全说出来呢?"子皮说:"说得太好了!衣服穿在我身上,我知道爱惜;可是官邑这些关系身家性命的东西我却忽视它。"子皮认为子产非常正直,就把郑国的政事委托给他。

出处

出自《左传·襄公三十一年》:"栋折榱崩,侨将厌焉。"

解释

正梁和椽子都毁坏了。指大厦倒塌。比喻重要人物倒台或死去。

斗粟尺布 dǒu sù chǐ bù

故事

汉高祖刘邦的第六子刘长少年丧母,被吕后收养,封为淮南王。刘长依仗自己皇子的地位,异常骄横。汉文帝即位以后,对刘长十分放纵,刘长更是有恃无恐,经常违法乱纪。刘长在淮南为所欲为,乱杀无辜,买卖爵位,还僭(jiàn)用皇帝的礼仪,把自己的车马装饰得跟皇帝的一样。后来,刘长暗中南约闽越,北结匈奴,准备起兵谋反。谋反的事败露以后,刘长被带到了长安。这次汉文帝依然免了他的死罪,仅废除了他的王号,将他流放蜀地。在遣送途中,刘长绝食自杀。当时,民间百姓以为孝文帝逼死了自己的亲弟弟,便编了一首歌谣说:"一尺布,尚可缝;一斗粟,尚可舂;兄弟二人不兼容。"

出 处

出自《史记·淮南衡山列传》:"一尺布,尚可缝;一斗粟,尚可舂;兄弟二人不兼容。"

解 释

比喻兄弟间因利害冲突而不和。

dù kǒu guǒ zú
杜口裹足

故事

范雎(jū)是战国时期魏国人。秦昭王在位时,秦国国政把持在宣太后以及穰(ráng)侯、华阳君等人手中。范雎进宫后,故意乱走,内侍们吆喝道:"王来了!"范雎说:"秦国只有穰侯和太后,哪有什么王?"昭王听到了,知道范雎必有指教。昭王恭敬地对范雎说:"先生有什么见教?"范雎说:"唯唯。"昭王连问三次,范雎三次都只说:"唯唯。"昭王追问道:"先生终究不肯赐教吗?"范雎这才开口说:"现在我寄居秦国,和您的关系还很生疏,而我所要说的,却是关于君臣之间和骨肉至亲之间的事。今天说了,明天就可能有杀身之祸。死固然没有什么可怕,我所顾虑的是,天下有才能的人,看见我为秦国尽忠反而被杀,从此就要'杜口裹足',不肯到秦国来了。"范雎的话深深打动了秦昭王,因而取得了昭王的信任。

出 处

出自《战国策·秦策三》:"臣之所恐者,独恐臣死之后,天下见臣尽忠而身蹶也,是以杜口裹足,莫肯即秦耳。"

解 释

闭上嘴,缠住脚。形容有顾虑而不敢说话、不敢接近。

duàn tóu jiāng jūn
断头将军

故事

东汉末年,刘备取得荆州后,听从诸葛亮的建议,进军益州。刘备先入益州,张飞与诸葛亮等人溯江而上,平定了沿江各郡县。张飞在江州攻破巴郡,活捉巴郡太守严颜。张飞对严颜呵斥道:"我的大军到了,你为什么不投降,还敢抵抗?"严颜说:"你们没有道义,夺我州郡,我州只有断头将军,没有投降将军。"张飞大怒,令推出砍头。严颜面不改色,边往外走边说:"砍头便砍头,也用不着发怒!"张飞认为严颜有骨气,就把他放了。

出处

出自《三国志·蜀书·张飞传》:"卿等无状,侵夺我州,我州但有断头将军,无有降将军也。"

解释

指坚决抵抗、宁死不屈的将领。

对牛弹琴 duì niú tán qín

故事

古时候有一个叫公明仪的琴师,他弹的曲子优美动听。有一天,公明仪来到郊外,一头黄牛正在草地上低头吃草。公明仪摆上琴,拨动琴弦,给这头牛弹了一曲雅乐《清角》。然而老黄牛无动于衷,仍然一个劲地低头吃草,就好像什么都没听见一样。公明仪于是变换曲调,弹奏出一群蚊虻嗡嗡的声音,又弹出一只离开了母亲的孤独小牛犊的哞哞叫声。老黄牛听了,马上竖起耳朵,摇动尾巴,不安地来回走动起来。

出处

出自汉·牟融《理惑论》:"公明仪为牛弹清角之操,伏食如故。非牛不闻,不合其耳矣。"

解释

比喻说话时不看对象,跟不讲道理的人讲道理或对外行人说内行话。

对症下药 duì zhèng xià yào

故事

华佗是东汉末期著名的医学家。他医术高明,精通内科、妇科、儿科,尤其擅长外科,能够使用麻药做外科手术,这在当时是了不起的成就。华佗晚年因受到曹操怀疑而入狱,遭拷问致死。华佗给病人诊疗时,能够根据不同的情况,开出不同的处方。有一次,州官倪寻和李延一同去找华佗看病,两人诉说的病症相同:头痛发热。华佗分别给两人诊了脉后,给倪寻开了泻药,给李延开了发汗的药。有人感到奇怪,问:"两人的症状相同,为什么吃的药却不一样呢?"华佗解释说:"他们两个相同的只是病症的表象,倪寻的病是由内部伤食引起的,而李延的病却是由外感风寒引起的。两人的病因不同,我当然得对症下药,用不同的药治疗了。"倪寻和李延服药后,没过多久,病就全好了。

出处

出自《三国志·魏书·华佗传》:"府吏倪寻、李延共止,俱头痛身热,所苦正同。佗曰:'寻当下之,延当发汗。'或难其异,佗曰:'寻外实,延内实,故疗之宜殊。'即各与药,明旦并起。"

解释

根据病情用药。比喻针对具体情况采取有效措施。

duō duān guǎ yào
多 端 寡 要

故事

郭嘉,字奉孝,东汉末年曹操帐下谋士。郭嘉原为袁绍部下,后转投曹操,官至军师祭酒,封洧(wěi)阳亭侯。郭嘉在曹操征伐乌丸时病逝,年仅三十八岁。史书上称他"才策谋略,世之奇士"。曹操称赞他见识过人,是自己的"奇佐"。郭嘉少年时即预见汉末天下将会大乱,于二十岁后便隐居,秘密结交英杰,不与世俗交往。二十一岁时,郭嘉北行去见袁绍,接触之后,对袁绍感到失望,评论道:"明智的人能审慎周到地衡量他的主人,所以凡有举措都很周全,从而可以立功扬名。袁公只想要仿效周公的礼贤下士,却不知道使用人才的道理。想法很多却缺乏要领,喜欢谋划而没有决断,想和他共同拯救国家危难、建立称王称霸的大业,实在很难啊!"于是离开了袁绍。

出处

出自《三国志·魏书·郭嘉传》:"袁公徒欲效周公之下士,而未知用人之机。多端寡要,好谋无决。"

解释

思虑多端而缺乏要领。

多多益善 duō duō yì shàn

故事

刘邦称帝后,封韩信为楚王。不久,刘邦接到密报称韩信接纳了项羽的旧部钟离昧,准备谋反。于是,刘邦设计逮捕韩信,押回洛阳。回到洛阳后,刘邦把韩信贬为淮阴侯。有一天,刘邦把韩信召进宫中闲谈,刘邦问他:"依你看来,我能统领多少人马?"韩信回答说:"陛下能带的兵马不超过十万。"刘邦又问:"那你呢?"韩信说:"对我来说,当然越多越好。"刘邦笑着说:"你带兵多多益善,怎么会被我逮住呢?"韩信说:"陛下虽然不能带兵,但擅长带将,这正是我被您所擒的原因。况且陛下的能力属于上天所授,不是人力可比的。"刘邦见韩信降为淮阴侯后仍如此自视甚高,心中越发疑忌。最终,吕后设计杀死了韩信,刘邦得知后又高兴又惋惜。

出处

出自《史记·淮阴侯列传》:"上问曰:'如我,能将几何?'信曰:'陛下不过能将十万。'上曰:'于君何如?'曰:'臣多多而益善耳。'"

解释

原指带兵越多越能成事。后泛指越多越好,不厌其多。

多行不义必自毙 duō xíng bù yì bì zì bì

故事

春秋时期,郑国君王郑武公的妻子武姜生了两个儿子,一个是后来的郑庄公,一个是共叔段。武姜偏爱小儿子共叔段,屡次要求立共叔段为太子,都被武公拒绝。郑武公死后,郑庄公继位。共叔段在母亲的支持下,竭力扩充自己的封地,积极进行夺取王位的准备。郑庄公的大臣祭仲知道后,力劝庄公,说:"您要及早安排啊。共叔段的势力已经很强了,再这样下去,您的王位会被他篡取的!"庄公说:"一个人若不仁义的事情做多了,必定会自取灭亡。你就等着吧。"共叔段的势力在不断扩大。他让母亲姜氏里应外合,准备袭击郑都。庄公早有防备,等到共叔段反叛的罪名坐实之后,马上发兵讨伐。共叔段兵败,逃亡他处。

出处

出自《左传·隐公元年》:"多行不义必自毙。子姑待之。"

解释

坏事情干多了,必然会自取灭亡。

咄咄逼人 duō duō bī rén

故事

王羲之,字逸少,东晋著名书法家,官至右军将军,人称"王右军"。王羲之幼时不善言辞,看不出有什么超出常人之处。十三岁时,王羲之拜访名士周顗(yǐ)。周顗仔细打量之后,认为王羲之非同寻常。当时,酒席上以烤牛心为贵重之物,客人们还没有品尝,周顗先割下一块给王羲之。从此,王羲之开始显名于世。王羲之自幼跟随卫夫人学习书法,后来在父亲那里见到前代名家书迹,于是博采众长,书法造诣达到前所未有的高度。其代表作《兰亭集序》被称为天下第一行书,后人评价其笔势"飘若浮云,矫若惊龙"。王羲之的启蒙老师卫夫人在给友人的信中说:"我有一个弟子,叫王逸少,学习我的真书学得很好,才气咄咄逼人。"

出处

出自晋·卫铄《与释某书》:"卫有一弟子王逸少,甚能学卫真书,咄咄逼人。"

解释

形容气势汹汹,盛气凌人。也形容本领超越前人,令人惊异。

堕甑不顾 duò zèng bù gù

故事

孟敏是东汉时人,曾经客居太原。有一天,孟敏挑着甑赶路,一不小心把甑掉在地上摔碎了,却头也不回就走了。当时的名士郭林宗正好看见,就问他为什么连看都不看就走。孟敏回答道:"甑都破了,看有什么用呢?"郭林宗因此认为此人非同寻常,于是劝他出外游学。十年之后,孟敏以才学知名当世,三公都征召他做官,而他并不屈从。

出处

出自《后汉书·郭泰传》:"客居太原,荷甑堕地,不顾而去。林宗见而问其意,对曰:'甑以(已)破矣,视之何益。'"

解释

甑掉在地上却不看。比喻心胸豁达,不计较已经过去的事。

E

ē yú shùn zhǐ
阿谀顺旨

故事

郭衍，字彦文，北周、隋朝时期将领、官员。隋朝建立后，郭衍深得隋文帝信任，担任行军总管，驻军平凉，使突厥不敢前来侵犯。他主管开凿广通渠工程，使关东粮食得以西运，缓解关中粮荒。任朔州总管时，他实行屯田制度，不仅做到粮食自给，而且每年富余一万多石粮食。隋炀帝继位后，郭衍历任左武卫大将军、光禄大夫等，曾跟随隋炀帝西征吐谷浑，招纳降民二万多户。郭衍善于揣摸隋炀帝意图，阿谀奉承，顺从旨意，深得隋炀帝宠信。隋炀帝常对人说："只有郭衍与我同心。"郭衍因此获封真定侯。

出处

出自《隋书·郭衍传》："衍能揣上意，阿谀顺旨，帝每谓人曰：'唯有郭衍心与朕同。'"

解释

顺从、逢迎帝王的旨意。泛指用言语恭维别人，逢迎谄媚。

è guàn mǎn yíng
恶贯满盈

故事

商朝末年，商纣王暴虐无道，激起了人民的极大愤慨。西伯侯姬昌（即周文王）明德慎罚，勤于政事，礼贤下士，广罗人才，拜姜尚为军师，问以军国大计，使"天下三分，其二归周"，为武王灭商奠定了基础。周武王即位后，联合诸侯起兵讨伐商纣。大军渡过黄河，向商都进发，在牧野击溃纣王的军队。纣王自焚而死，商朝灭亡。牧野之战前，武王召开誓师大会,做战前动员,向全军发表誓言,列举了商纣的种种罪行,他说:"商纣王作恶多端,就像串钱的绳子一样,其罪恶已串到头了,老天爷已命令我杀死他。"号召大家同仇敌忾,为民除害。

出处

出自《尚书·泰誓》:"商罪贯盈,天命诛之。"

解释

罪恶多得像穿钱的绳子已经穿满了一样。指作恶极多,已达极点。

ěr rǔ zhī jiāo
尔汝之交

故事

祢(mí)衡是汉末建安时人,性格刚直高傲,喜欢指摘时事、臧否人物。祢衡和鲁国的孔融交好,孔融也非常看重他。当时祢衡不到二十岁,孔融已经五十岁,但两人最终成为亲密的朋友,不拘形迹。孔融多次向曹操称赞祢衡,曹操也想见他。但祢衡一向看不起曹操,不肯前往,而且对曹操多有狂言。曹操很生气,便罚他做鼓吏。正遇八月中大会宾客的时候要检验鼓的音节,祢衡挥动鼓槌奏《渔阳掺挝》曲。鼓声深沉,有金石之音,满座的人都为之动容。此曲借用东汉时彭宠据渔阳反汉的故事,祢衡击此鼓曲,有讽刺曹操反汉的意思。孔融说:"祢衡的罪和那个胥靡相同,只是不能像商王武丁那样引发魏王的梦。"曹操听了很惭愧,就赦免了祢衡。

出处

出自南朝宋·刘义庆《世说新语·言语》刘孝标注引《文士传》:"少与孔融作尔汝之交,时衡未满二十,融已五十。"

解释

以尔、汝相称的朋友。指关系亲密、不拘礼俗的交往。

ěr yú wǒ zhà
尔虞我诈

故事

春秋时期,楚庄王发兵攻打宋国。然而,楚庄王这年秋出兵,一直围攻到次年夏天,还是没有把宋国的都城打下来。楚军锐气大挫,决定退兵回国。这时,为庄王驾车的申叔时献计道:"可以让士兵在这里盖房、种田,装作要长期留下。这样,宋国就会因害怕而投降。"庄王采纳了申叔时的计策,宋人果然害怕。宋大夫华元悄悄地混进楚军营地,劫持了楚军主帅子反,要求订立和约。第二天,庄王下令楚军退兵三十里。华元到楚营中去订立盟约,并作为人质到楚国去。盟约上写着:"我不欺骗你,你也不欺骗我。"

出 处

出自《左传·宣公十五年》:"宋及楚平,华元为质。盟曰:'我无尔诈,尔无我虞。'"

解 释

你欺骗我,我欺骗你,互相猜疑、欺骗。

èr fǒu zhōng huò
二 缶 钟 惑

故 事

《庄子》中讲:最迷惑的人一辈子也不会醒悟,最愚蠢的人一辈子也不会明白。三个人共同做一件事,如果其中有一个人感到迷惑,他们所想要做的事还是可以达成的;如果其中有两个人感到迷惑,那么即使辛苦劳作,他们所想要做的事也是无法达成的,这是因为被迷惑的人占到优势的缘故。高雅的音乐不能够进入俗人的耳中,但当他们听见《折杨》《皇荂(fū)》这样的俗乐时,就会开心大笑。高妙的言论不被众人所接受,是因为世俗的言论占据优势的缘故。这样,人们就无法区别高雅的思想和庸俗的观念,就好像无法辨识缶、钟的容量一样。

出 处

出自《庄子·天地》:"以二缶钟惑,而所适不得矣。"

解 释

弄不清缶与钟的容量。指弄不清普通的道理。

èr luǎn qì gān chéng
二 卵 弃 干 城

故 事

苟变是战国时期卫国名将。起初,苟变在地方上做小吏时,曾吃过人家两个鸡蛋,卫侯因此不愿意重用苟变。子思对卫侯说:"圣人选拔任用官员,如同匠人挑选木材,取其所长,弃其所短。因此连抱之粗的杞梓之木,即使有几尺的腐朽之处,好的匠人也不会丢弃不用。如今处于战国之世,各国都竭力招纳勇猛的将士,而大王您却因为两个鸡蛋就弃用可以守卫城池的大将,这种自毁长城的事可千万不能被邻国知道啊。"卫侯听取了子思的意见,重用了苟变,苟变最终成为卫国名将。

出处

出自《孔丛子·居卫》:"今君处战国之世,选爪牙之士,而以二卵焉弃干城之将,此不可使闻于邻国者也。"

解释

因为两个鸡蛋而放弃可以守卫城池的大将。比喻因人有小的过失而忽略他的才干。

èr táo shā sān shì
二桃杀三士

故事

春秋时期,齐国有三个勇士:田开疆、公孙接、古冶子。这三人勇武异常,可徒手搏虎,深受齐景公的宠爱。但他们却恃功自傲,目空一切。有一天,晏子从他们身旁经过时,小步快走以示敬意,但这三个人却不起身答礼。晏子劝景公说:"此三人都是国家潜在的危害,不如早早除去。"景公说:"这三人武艺高强,恐怕不好对付啊。"晏子请景公派人赏赐他们两个桃子,让三个人按功劳大小分吃两个桃子。公孙接、田开疆都认为以自己的功劳可以单吃一个桃子,于是各拿了一个桃子。古冶子叙述了自己的功绩,提出自己也应该单独吃一个桃子。公孙接、田开疆听后说:"我们勇敢赶不上您,功劳也不及您,拿桃子也不谦让,这就是贪婪啊!"二人交出了桃子,刎颈自杀。古冶子深感羞惭,放下桃子,也刎颈自杀。

出处

出自《晏子春秋·谏下二》:"因请公使人少馈之二桃,曰:'三子何不计功而食桃?'"于是三士论功争桃,最后"皆反其桃,挈领而死"。

解释

用两只桃子杀死三个勇士。比喻用计谋杀人。

F

发奸擿伏
fā jiān tī fú

故事

赵广汉,字子都,西汉名臣,中国古代十大清官之一。赵广汉经常能把藏匿的坏人坏事揭露出来,就连一些隐藏得很深的情况也能了解得很清楚。有一次,赵广汉召湖都亭长问事。湖都亭长经过界上时,界上亭长与他戏言:"到了府中,替我多多向赵君问好。"湖都亭长来到后,赵广汉与他谈完事情,对他说:"界上亭长让你代为致意,为什么你提都不提呢?"赵广汉在担任京兆尹时,执法不避权贵。赵广汉查到霍光儿子博陆侯霍禹家有非法酿酒、非法屠宰的嫌疑,便亲自带人前往霍家进行搜查。霍光的女儿是皇后,不肯善罢甘休。赵广汉由此逐渐失去汉宣帝的信任,最终被罗织罪名,遭到弹劾,落得被腰斩的结局。

出处

出自《汉书·赵广汉传》:"其发奸擿伏如神。"

解释

揭发隐秘的坏人坏事。形容吏治精明。

发蒙振落
fā méng zhèn luò

故事

汲黯,字长孺,西汉名臣。汲黯为人耿直,好直谏廷诤,注重志气节操。汉武帝对他很是敬重,称其为"社稷之臣"。大将军卫青入宫,汉武帝曾踞坐在床侧接见他;丞相公孙弘有事求见,汉武帝有时连帽子也不戴;汲黯进见,汉武帝不戴冠就不敢见他。一次,汉武帝坐在帐中,汲黯前来启奏公事。汉武帝没戴冠,望见汲黯就连忙躲避到帐内,让近侍代为批准他的奏议。淮南王刘安阴谋反叛,他对公孙弘并不在意,怕的倒是汲黯,还特地告诫手下人千万不要在汲黯那里露了马脚。他说:"汲黯此人爱好直言进谏,能为节义而死,很难迷惑他。至于丞相公孙弘,对付他就像揭开蒙盖在眼睛上的障碍,振落树上的枯叶那样容易。"

出处

出自《史记·汲郑列传》:"好直谏,守节死义,难惑以非。至如说丞相弘,如发蒙振落耳。"

解释

揭开覆盖物,振落枯叶。比喻不废力气,轻而易举。

fā táng zhī qǐng
发 棠 之 请

故事

战国时期,孟子来到齐国,推行自己的政治主张。齐宣王一心想以武力称霸,不接受孟子的仁政思想。当时齐国遭到饥荒,弟子陈臻对孟子说:"人们都以为老师会再次劝齐王打开棠地的粮仓赈济灾民,大概不可以再这样做了吧?"孟子说:"再这样做就成了冯妇了。晋国有个人叫冯妇,善于打虎,后来成了善士,不再打虎了。有次他到野外去,看到有很多人正在追逐一只老虎。那老虎背靠着山势险阻的地方,没有人敢迫近它。大家远远望见冯妇来了,连忙跑过去迎接他。冯妇挽袖伸臂地走下车来,众人都很高兴,可士人们却讥笑他。"此时孟子知道齐王已不愿意再用他,自己的话不再起作用,而自己也准备离开齐国了,所以才有这种说法。

出处

出自《孟子·尽心下》:"齐饥,陈臻曰:'国人皆以夫子将复为发棠。'"

解释

原指孟轲劝请齐王发放棠邑粮食赈济饥民。后指请示赈济。

fā zōng zhǐ shì
发 踪 指 示

故事

西汉初年,刘邦论功行赏。由于群臣争功,一年多都没有定下来。

高祖认为萧何的功劳最显赫,因此封他为酂(zàn)侯,食邑最多。功臣们都说:"我们亲身参加战斗,攻占城池、夺取地盘,而萧何没有这样的汗马功劳,只是舞文弄墨,封赏倒反在我们之上,这是为什么呢?"高祖说:"诸位懂得打猎吗?"群臣回答说:"当然懂。"高祖又问:"知道猎狗吗?"群臣说:"知道。"高祖说:"打猎时,追咬野兽的是猎狗,但发现野兽踪迹、指出野兽所在地方的是猎人。而今大家仅能捉到野兽而已,功劳不过如猎狗。至于萧何,他能发现野兽踪迹,指明猎取目标,功劳如同猎人。"群臣听后都不敢再争了。

出处

出自《史记·萧相国世家》:"夫猎,追杀兽兔者,狗也,而发踪指示兽处者,人也。"

解释

指示方向,放出猎狗,令其追捕野兽。泛指出谋划策、指挥调度。

发短心长
fà duǎn xīn cháng

故事

春秋时期,齐国宰相庆封专揽朝政,他的家臣卢蒲嫳(piè)也气焰嚣张。宫中每天为齐景公供应两只鸡。一次,厨师偷偷把鸡换成了两只鸭子,送餐的人又把鸭肉吃光,只给齐景公送去了鸭汤。大夫高子尾和栾子雅发现此事后大怒,要找庆封讨说法。庆封告诉了卢蒲嫳,卢蒲嫳嚣张地说:"对付他们两个就像对付禽兽一样,吃他们的肉,铺他们的皮!"后来庆氏家族被推翻,卢蒲嫳被流放至边境。一次,齐景公在莒地打猎,卢蒲嫳进见,哭着请求说:"我已经老迈如此,头发都没有多少了,还能做什么坏事呢?"齐景公将此事告诉了子尾和子雅。子尾想要让卢蒲嫳官复原位,子雅不同意,说:"他的头发短,心计长,真要让他回来,他也许真的要睡在我的皮上了。"最终,子雅把卢蒲嫳放逐到了北燕。

出处

出自《左传·昭公三年》:"彼其发短而心甚长,其或寝处我矣。"

解释

头发短,心计多。指年老但思虑深远。

发指眦裂

故事

樊哙(kuài)是西汉开国元勋,曾在鸿门宴上营救过汉高祖刘邦。当时,项羽在鸿门设宴,刘邦率张良、樊哙等人赴鸿门谢罪。酒酣之时,亚父范增授意项庄舞剑,想趁机刺杀沛公。此时,席间只有刘邦和张良在座,张良在帐外把行刺之事告诉了樊哙。樊哙持剑盾闯入项羽营帐,面向西站立,凝视项羽,瞪大双眼,眼角好像要裂开,头发因愤怒都竖了起来。樊哙面斥项羽道:"沛公先入咸阳,驻军霸上,以待大王。大王却听信小人之言,怀疑沛公。恐怕天下对大王有看法啊!"项羽沉默不语。刘邦借故去厕所,把樊哙召了去。出了营帐,刘邦独骑一匹马,樊哙等四人步行护驾,从山下小路偷偷回到了霸上营中。

出处

出自《史记·项羽本纪》:"瞋目视项王,头发上指,目眦尽裂。"

解释

头发竖起,眼眶裂开。形容极度愤怒。

反水不收

故事

新莽末年,海内分崩,天下大乱,身为汉室宗亲的刘秀在家乡乘势起兵。刘秀平定河北后,实力大增,诸将于是商议拥立刘秀称帝。马武首先进言:"如今天下无主,此时如果有圣明之主乘势而起,那么即使以仲尼为相,以孙子为将,恐怕也无力阻止了。泼出去的水收不回来,当大局已定,后悔也来不及了。大王虽然谦逊退让,但请以宗庙社稷为重,返回蓟州称帝,然后再谋划征伐之事。"刘秀闻言大惊,责怪道:"将军为何口出此言?说这种话是要杀头的!"之后,诸将又两次力劝。刘秀见形势已成,便顺水推舟,于河北鄗(hào)南千秋亭登基称帝。为表刘氏重兴之意,仍以"汉"为国号,史称"东汉"。

出处

出自《后汉书·光武帝纪上》:"天下无主,如有圣人承敝而起,虽仲尼为相,孙子为将,犹恐无能为益。反水不收,后悔无及。"

解释

倒在地上的水收不回来。比喻已成定局,无法挽回。也作"覆水难收"。

方寸之地 fāng cùn zhī dì

故事

战国时期有位名医叫文挚。有个叫龙叔的人找文挚治病。文挚说:"先说一下您的病症。"龙叔说:"全乡人赞誉我,我不以为光荣;全国人毁谤我,我不以为耻辱;得到了并不欢喜,丧失了并不忧愁;看活着像是死亡,看富贵像是贫穷;住在自己家中,像是住在旅馆;看自己的家乡,像是西戎、南蛮之国。爵位赏赐不能劝慰,严刑惩罚不能威胁,盛衰利害不能改变,悲哀快乐不能动摇。这是什么病呢?"文挚让龙叔背着光线站好,从暗处向明处仔细观察他。过了一会儿,文挚说:"我看到你的心了,你的心里已经空虚了,几乎是圣人了。你的心已有六个孔打通了,只有一个孔还没有通达。您把圣明智慧当作疾病,可能就是因为这一窍还不通的缘故吧。这个病不是我浅陋的医术所能治好的。"

出处

出自《列子·仲尼》:"吾见子之心矣,方寸之地虚矣。"

解释

一寸见方的地方。指心。也指很小的一块地方。

方面大耳 fāng miàn dà ěr

故事

宋太祖赵匡胤(yìn)天性孝谨友爱,生活节俭,任其自然。即位之初,太祖经常微服出行。大臣劝谏他不要随意外出,他说:"帝王的兴起,自有天命,周世宗见到方面大耳的将领们就全都杀掉,我一天到晚侍候在他身边,也没有遇害。"之后微服出行就更频繁了。有一次,赵匡胤乘驾出宫,经过大溪桥时,突然飞来一支冷箭,射中黄龙旗。禁卫军都大惊失色,赵匡胤却拍着胸膛说:"谢谢他教我箭法。"赵匡胤不准禁卫去搜捕射箭者,以后果然也就没事了。

出处

出自《宋史·太祖本纪》:"周世宗见诸将方面大耳者皆杀之,我终日侍侧,不能害也。"

解释

旧指面相富贵。

防民之口,甚于防川

故事

西周时期,周厉王实行"专利"政策,将山林湖泽改由周王直接控制,不准国人进入谋生。周都镐(hào)京的人不满周厉王的政策,怨声载道。周厉王又命令卫巫监谤,禁止国人谈论国事,违者杀戮。在周厉王的高压政策下,国人不敢在公开场合议论朝政。周厉王对召公说:"我已经制止了人们的非议,他们再也不敢议论了。"召公劝谏道:"这样堵住人们的嘴,就像堵住了一条河。河一旦决口,要造成灭顶之灾;人们的嘴被堵住了,带来的危害远甚于河水。治水要采用疏导的办法,治民要让天下人畅所欲言。"周厉王对此却置若罔闻。公元前841年,忍无可忍的镐京民众发动了暴动,周厉王逃到了彘(zhì)这个地方,后来病死在此地。

出处

出自《国语·周语上》:"防民之口,甚于防川。川壅而溃,伤人必多,民亦如之。是故为川者,决之使导;为民者,宣之使言。"

解释

堵住人民的嘴比堵塞河流还严重。指限制人民的言论危害极大。

防微杜渐

故事

东汉时期,有个叫丁鸿的大臣。丁鸿博览群书,能言善辩,而且敢于仗义执言,深得人们的敬重。当时,窦太后把持朝政,外戚专权,搞得朝廷内外乌烟瘴气。丁鸿在汉和帝面前列数外戚集团的种种罪状,痛陈道:"任何事物在刚开始发生变化时就加以禁止,还比较容易,到后来就难了。如果人在处事上不注意细微的变化,任其发展下去,就很难收拾了。"他还向汉和帝建议,应该亲自料理朝政,把坏事杜绝在最初的萌芽状态,这样就可以消灾降福。和帝很快采纳了丁鸿的意见,除掉外戚集团,亲理朝政。

出处

出自《后汉书·丁鸿传》:"若敕政责躬,杜渐防萌,则凶妖销灭,害除福凑矣。"

解释

在事故或灾害刚露出苗头时就加以防范和制止。一作"杜渐防萌"。

fáng móu dù duàn
房 谋 杜 断

故事

房玄龄、杜如晦都是唐初名相。唐太宗李世民登基后,任命房玄龄为尚书左仆射(yè),杜如晦为右仆射。房玄龄通晓政事,又有文才,运用律法宽厚公平。他与杜如晦一起选拔士人,不遗余力,尚书省的制度架构也是二人商量决定的。太宗每次与房玄龄议事,总是说:"一定要杜如晦决定。"等到杜如晦来了,最后还是采用房玄龄的主张。这都是因为房玄龄善于谋划,杜如晦善于决断的缘故。两人配合默契,同心辅佐太宗。后世论唐朝良相,首推房玄龄、杜如晦。

出处

出自《旧唐书·杜淹传论》:"世传太宗尝与文昭图事,则曰:'非如晦莫能筹之。'及如晦至焉,竟从玄龄之策也。盖房知杜之能断大事,杜知房之善建嘉谋。"

解释

指多谋略而善决断。

fàng làng xíng hái
放 浪 形 骸

故事

姚崇,字元之,与房玄龄、杜如晦、宋璟并称唐朝"四大贤相"。姚崇年轻时生性洒脱,注重气节,勤习武艺,以打猎自娱;二十岁后发奋读书,进入仕途。姚崇辅佐唐玄宗开创开元盛世,被称为"救时宰相"。姚崇临终前立遗嘱说:"我久在中书,官位越高越谨慎,恩宠越隆越畏惧。人生一世,能够无拘无束,不拘形迹,优游于山水之间,已经足够快乐了。每见达官的后裔多半贫困,甚至为铢尺小利争夺,无论是对是错,都要受人讥笑与谴责。田宅水碾既是共有,因相互推诿不管而荒废。那些厚葬之家是流于习俗,认为奢靡营葬是孝,以致后来死者遭戮尸暴骨,岂不令人哀痛?死者无知觉,如同粪土,难道会求厚葬?我死了,用日常穿着来装殓,四季衣服各一套。"

出处

出自《旧唐书·姚崇传》:"优游园沼,放浪形骸,人生一代,斯亦足矣。"

解释

指行为放纵,不受礼法约束。

飞将数奇 fēi jiàng shù jī

故事

李广是西汉名将,被称为"飞将军"。当初,李广与堂弟李蔡同时出仕,李蔡的才干在下等之中,声名比李广差得很远,可是却被封为列侯,官至三公。李广的属下也有封侯的。然而李广却始终得不到封爵和封地,官位没超过九卿。元狩四年(前119),李广跟随大将军卫青出击匈奴。卫青曾暗中受到汉武帝的警告,武帝认为李广年老,命运不好,让卫青不要派李广与单于对敌。后李广部迷失道路,大将军派长史责令李广幕府的人员前去受审对质。到了大将军幕府,李广对部下说:"我从少年起与匈奴打过多仗,如今有幸跟随大将军出征,偏又迷失道路,难道不是天意吗?况且我已六十多岁了,不能再受那些刀笔吏的侮辱。"于是拔刀自刎。

出处

出自《史记·李将军列传》:"大将军青亦阴受上诫,以为李广老,数奇,毋令当单于,恐不得所欲。"

解释

指有才能但遭遇不佳。

飞鸟依人 fēi niǎo yī rén

故事

褚遂良,字登善,唐朝政治家、书法家。褚遂良博学多才,精通文史,工书法,与欧阳询、虞世南、薛稷并称"初唐四大家"。褚遂良对朝廷极其忠诚,唐太宗也甚为倚重他。贞观十八年(644),唐太宗在与群臣谈话时,对当时的重臣一一进行了评论,最后评论褚遂良说:"褚遂良在学问方面见长,性格也坚正,其忠诚发自内心,亲附于我,譬如飞鸟依人,令人不由怜爱。"贞观二十三年,唐太宗在弥留之际,将太子托付给长孙无忌与褚遂良,并对太子李治说:"有长孙无忌和褚遂良在,国家之事,我就放心了。"

出处

出自《旧唐书·长孙无忌》:"褚遂良学问稍长,性亦坚正,既写忠诚,甚亲附于朕,譬如飞鸟依人,自加怜爱。"

解释

飞鸟依偎在人的身边。比喻依附权贵。也比喻小孩、少女娇小柔顺、可亲可爱的情态。

非池中物

故事

三国时期,孙权任命周瑜为偏将军,兼任南郡太守,屯据江陵。刘备以左将军身份兼任荆州牧,治所设在公安。刘备前往京口拜谒孙权时,周瑜建议孙权说:"刘备乃一代枭雄,且有关羽、张飞这等熊虎般的猛将,他一定不会长久为他人所用。依我愚见,现在最好的计策是把刘备迁置到吴郡,为他修建最豪华的宫室,多给他美女玩好,以此满足他的耳目享受。再把关羽、张飞二人分开,各安置在不同的地方,再派遣像我这样的人挟制他们,让他们与我们一道作战,大事即可成功。如今割让土地来资助他,让这三个人聚在一起,又都安放在边界疆场,恐怕是蛟龙得到云雨,终非池中所容纳得了的。"孙权考虑到曹操在北方,又担心不能一时制服刘备,于是没有采纳周瑜的建议。

出处

出自《三国志·吴书·周瑜传》:"刘备以枭雄之姿,而有关羽、张飞熊虎之将,必非久屈为人用者……恐蛟龙得云雨,终非池中物也。"

解释

比喻胸怀大志的杰出人物。

非我族类

故事

春秋时期,鲁成公到晋国聘问。晋景公会见成公时,礼数有失恭敬。鲁成公回到鲁国后,想起在晋国受到的羞辱,不禁又羞又恼,就打算叛晋而与楚国讲和。季文子劝谏说:"不可这样做。晋国虽然无道,尚不能背叛。晋国国家广大,群臣和睦,而且靠近我国,诸侯都听从晋国的命令,我们不能有二心。史佚的《志》有这样的话:'不是我们同族,他的心思必然不同。'楚国虽然是大国,却不是我们同族,难道肯爱我们吗?"成公就打消了这个念头。

出处

出自《左传·成公四年》:"史佚之志有之曰:'非我族类,其心必异。'楚虽大,非吾族也,其肯字我乎?"

解释

不是我们同族的人。也指与我们不是同类(门第、等级、思想等)的人。

非异人任

故事

郑成公十年(前575),郑国背弃与晋国的盟约,转而与楚国结盟。晋厉公大怒,发兵讨伐郑国,楚共王亲自率军救郑。晋楚两军在鄢(yān)陵展开大战,史称"鄢陵之战"。在此次战役中,楚军战败,楚共王被射中眼睛。郑成公十四年夏,郑成公生了病,子驷请求与晋国讲和。郑成公说:"楚国国君为了救郑国,眼睛被箭射中。这不是别人的责任,是我的责任啊。如果背弃他,这是丢弃了人家的功劳和自己的誓言,还有谁愿意来亲近我?使我免于过错,就看你们几位的了!"七月,郑成公去世,此时由子罕掌政,由子驷处理政务,子国出任司马。晋军再次攻打郑国,郑大夫都主张服从晋国。子驷说:"国君的命令没有改变。"到了冬天,晋人在虎牢筑城以逼迫郑国,郑国这才与晋讲和。

出处

出自《左传·襄公二年》:"楚君以郑故,亲集矢于其目,非异人任,寡人也。若背之,是弃力与言,其谁昵我?免寡人,唯二三子!"

解释

不是别人的责任。表示责任应由自己承担。

匪夷匪惠
fěi yí fěi huì

故事

司空图，字表圣，晚唐诗人。唐朝末年，藩镇割据，军阀混战。唐昭宗天复四年(904)，把持朝政的大军阀朱温胁迫唐昭宗以及长安的官僚、居民迁都洛阳。其同党柳璨让皇帝下诏，征调司空图入朝任礼部尚书。司空图被迫来到洛阳。在朝堂上，司空图故意夸大自己的年老多病，装出一副糊涂的样子。柳璨见此情形，知道司空图不会迎合他们的意愿，就挖苦司空图说："你根本没有伯夷、柳下惠那样的才德，这朝堂之上也不是你能站立的地方。好好反省思考一下，还是回去隐居吧。"就这样，司空图被放还家乡。数年后，朱温夺唐建立后梁，司空图绝食，呕血而卒。

出处

出自《旧唐书·司空图传》："匪夷匪惠，难居公正之朝；载省载思，当徇栖衡之志。可放还山。"

解释

没有伯夷的高洁，也没有柳下惠的正直。指没有高尚的品格。

吠非其主
fèi fēi qí zhǔ

故事

在帮助刘邦打下天下之后，韩信逐渐失去了刘邦的信任。谋士蒯(kuǎi)通几次劝韩信起兵反汉，韩信都犹豫不决。后来韩信因罪被贬为淮阴侯，又因谋反而被处死。韩信临死的时候叹息着说："我真后悔不听蒯通的话，以至于死在女人的手中！"刘邦于是下诏把蒯通召来。蒯通来到朝廷，刘邦要将他处以烹刑，说："你为什么教唆韩信反叛？"蒯通说："狗总是要对自己主人以外的人狂吠。那时候，我只知道有齐王韩信，并不知道有您。况且秦朝丧失帝位，天下之人共同去抢，有才能的人首先得到。天下纷乱，人们都争先恐后地要去做您所做的事，只是能力不够，您能把他们都杀尽吗？"刘邦于是赦免了他。

出处

出自《史记·淮阴侯列传》:"跖之狗吠尧,尧非不仁,狗因吠非其主。"

解释

狗向不是它主人的人叫。比喻人各为其主人效力。

fēn chāi duàn dài
分 钗 断 带

故事

黄允,字子艾,东汉名士。当时的名士郭林宗见到他后,对他说:"你有超人的才干,足以成大器。然而一旦年过四十,名声已显,就应当自守节操,不然将会失去名誉。"黄允笑道:"只恐才力不够支持到四十岁啊。如果真如您所预言,必定会谨言慎行。"后来黄允拜见司徒袁隗,袁隗很欣赏黄允,想把女儿嫁给他。黄允听说后当即休掉妻子,准备迎娶袁隗的女儿。当时黄允的妻子夏侯氏已经为他生了三个孩子。夏侯氏对婆婆说:"妇人被休,应当分钗断带,请让我还给你们。"于是便分钗相还。黄允作为主人聚集宾客二十余人,夏侯氏在座中揭露黄允隐秘的丑行共计十五件,说完后径直离去。黄允的丑事全部曝光,由此被当世所厌弃。

出处

出自晋·袁宏《后汉纪·灵帝纪》:"妇人见去,当分钗断带。"

解释

把两股钗分开,把衣带割断。指夫妻离异。也指夫妻生离死别。

fēn dào yáng biāo
分 道 扬 镳

故事

元志,字猛略,北魏大臣,河间公拓跋齐之孙,少年时干练有辩才,颇通诗书。曾任洛阳令,以不避权贵扬名。有一次,元志乘车外出,与御史中尉李彪的马车迎面相遇。两人争路,互不相让,只得找孝文帝评理。李彪称:"我是御史中尉,一个洛阳令怎么可以跟我争道?"元志说:"普天之下,谁不是编户之民?我是洛阳的地方官,你在我眼中,不过是洛阳的一个住户。哪里有地方官给住户让路的道理呢?"孝文帝听了他们的争论,觉得二人各有各的道理,便笑着说:"洛阳是帝王之乡,处处都应该有规矩,行车自应分路行驶。自今以后你们各走各的。"两人从宫中出来,当即拿出尺子量路,各走一半。

出处

出自《魏书•河间公齐传》:"洛阳我之丰沛,自应分路扬镳。自今以后,可分路而行。"

解释

镳:马嚼子。分道而行。比喻因志趣、目标不同而各走各的路。

fēn tíng kàng lǐ
分 庭 抗 礼

故事

《庄子》的一则寓言故事讲道:一天,孔子在杏坛之上鼓琴。一位白发渔夫听后说:"恐怕是危忘真性,偏行仁爱呀。"子贡把渔夫的话报告孔子,孔子马上追至河边,向渔夫请教。渔夫说:"所谓真,就是精诚所至,不精不诚,就不能动人。真在内而神动于外,所以真是非常可贵的。"孔子谦卑地对渔夫说:"我愿意做您的学生,请告诉我您的住处好吗?"渔夫并不理会,撑船离去。子路问道:"我为您驾车已经很久了,还没见过您如此对待别人呢。就是天子和诸侯见到您,也是相对行礼,平等相待,您还有点倨傲呢。"孔子道:"遇到年长者不敬是失礼,遇到贤人不尊是不仁,不仁不爱是造祸的根本。这位渔夫是懂得道理的贤人,我怎么能不敬他呢?"

出处

出自《庄子•渔父》:"万乘之主,千乘之君,见夫子未尝不分庭伉礼。"

解释

主人与客人分立庭中两侧,以平等礼节相见。指双方地位或势力相当,平起平坐或相互抗衡。

fēn xiāng mài lǚ
分 香 卖 履

故事

曹操,字孟德,东汉末年政治家、军事家、文学家,曹魏政权的奠基人。曹操在世时,担任东汉丞相,去世后谥号为武王。后追尊为武皇帝,庙号太祖。曹操精通兵法,善长诗赋。其诗歌抒发政治抱负,反映人民的苦难,气魄雄伟,慷慨悲凉;散文亦清峻整洁,开启并繁荣了建安文学。曹操临终前留下《遗令》,对婢妾和歌伎都作了安排。《遗令》中说:"我的婢妾和歌舞艺人都很辛苦,让他们住在铜雀台,好好安置他们。在铜雀台正堂上放六尺床,挂上灵帐,早晚上食物供祭,每月初一、十五两天,从早至午,要向帐中歌舞奏乐。你们要时时登上铜雀台,看望我西陵的墓地。余下的香可分给诸夫人,不用它祭祀。各房的人无事做,可以学着制作带子、鞋子卖。"

出处

出自汉·曹操《遗令》:"余香可分与诸夫人,不命祭。诸舍中无所为,可学作组履卖也。"

解释

指临死安排妻妾的后事。

fēn yī bēi gēng
分一杯羹

故事

楚汉战争时期,项羽军隔广武涧与汉军对峙,两军相持数月。此时,彭越经常游动出兵,攻击楚军,在梁地断绝他们的后援粮草。项羽担心长期对峙下去对他不利,于是抓了刘邦的父亲,把刘太公押在瞭望车的高台上,扬言刘邦不投降就把他的父亲处以烹刑。刘邦放出话说:"我与项羽两人同受楚怀王之命,订立盟约,结为兄弟,我的父亲也是你的父亲,如果一定要烹你的父亲,还请赏脸分一杯羹给我。"项羽大怒,准备杀了太公。项伯劝道:"天下的事情往往不可预料,而且争夺天下的人是不顾念家庭的。你虽杀了刘邦的父亲,不会有一点好处,只能加深祸害而已。"项羽听从了项伯的话,没有杀太公。

出处

出自《史记·项羽本纪》:"告汉王曰:'今不急下,吾烹太公。'汉王曰:'吾与项羽俱北面受命怀王,曰"约为兄弟",吾翁即若翁,必欲烹而翁,则幸分我一杯羹。'"

解释

指分享利益或分担痛苦。

奋不顾身
fèn bù gù shēn

故事

李陵,字少卿,西汉名将。天汉二年(前99),李陵奉汉武帝之命出征匈奴,率五千步兵与八万匈奴兵战于浚稽山,最后因寡不敌众而兵败投降。听到李陵投降的消息时,汉武帝大为恼怒。满朝大臣纷纷指责李陵,夸大其罪过,只有太史令司马迁不这样认为。他说:"我和李陵一向没什么交情,但我见他为人讲义循礼,孝顺母亲,友爱兵士,颇有国士之风,常常怀有奋不顾身解救国家危难的志向。所以,我认为李陵这次在领兵不到五千的情况下,与数万名敌兵对阵,最后才被迫投降,是情有可原的。而且我还认为,他这次投降,并非贪生,而是想等待以后有利的时机再来报答国家。"司马迁因为这番话触怒了汉武帝,结果被施以宫刑。

出处

出自汉·司马迁《报任安书》:"常思奋不顾身,以徇国家之急。"

解释

勇往直前,不顾个人安危。

风流罪过
fēng liú zuì guò

故事

郎基是南北朝时期北齐大臣,擅长处理政务。颍川郡因西界与北周接境,两国士民私相贸易,不能禁绝。当时法律打击走私非常严厉,人民获罪者很多。郎基就任颍川郡守后,革除旧政,酌情处理走私案件,除去死刑者,其余一概免罪释放。积压数年的案件,几日之间全部判决完毕。郎基性情清雅谨慎,对于物质享受一无所求,曾经对人说:"做官的地方,就连木枕都没有必要做,何况比木枕更贵重的呢?"他只有一个嗜好,就是雇人抄书。潘子义曾经给他写信说:"在官任上抄书,也算是风流罪过啊。"郎基回信说:"考察一个人所犯的错误,就可以知道他的为人,这样也足够了。"

出处

出自《北齐书·郎基传》:"在官写书,亦是风流罪过。"

解释

原指因为风雅而导致的过错。也指因男女关系而犯下的罪过。

风马牛不相及 fēng mǎ niú bù xiāng jí

故事

春秋时期,齐桓公率领诸侯的军队攻打蔡国取胜后,接着进攻楚国。楚成王派遣使者来到诸侯军中,说:"君王住在北方,我住在南方,哪怕是我们两国走失的牛马,也不会到达对方的境内。没有想到君王竟来到我国的土地上,这是什么缘故?"管仲回答说:"以前召康公赐给我们先君征伐的范围,东边到大海,西边到黄河,南边到穆陵,北边到无棣。你不进贡王室包茅,使天子的祭祀缺乏应有的物资,不能漉酒请神,我为此而来问罪。昭王南征到楚国而没有回去,我为此而来责问。"使者回答说:"贡品没有送来,这确是我君的罪过,今后岂敢不供给?至于昭王没有回去,君王还是问水边上的人吧!"

出处

出自《左传·僖公四年》:"君处北海,寡人处南海,唯是风马牛不相及也。不虞君之涉吾地也,何故?"

解释

比喻事物彼此毫不相干。

风声鹤唳 fēng shēng hè lì

故事

南北朝时期,前秦政权统一了北方,决定进攻东晋。太元八年(383),前秦苻(fú)坚率大军与晋军对峙淝水。晋军派人向苻坚建议后退决战,苻坚同意。当秦军后移时,晋军趁机渡水突击,加上有人在秦军阵后大叫"秦军败了!"秦军阵脚大乱。随后晋军全力出击,大败秦军。秦军在溃退途中,丢弃了兵器和盔甲,一片混乱,自相践踏而死的不计其数。那些侥幸逃脱晋军追击的士兵,一路上听到呼呼的风声和鹤的鸣叫声,都以为是晋军追来了,于是不顾白天黑夜,拼命地奔逃。

出处

出自《晋书·谢玄传》:"余众甲宵遁,闻风声鹤唳,皆以为王师已至。"

解释

听到风声和鹤鸣声,就以为是追兵来了。形容惊慌失措,自相惊扰。

fēng shǐ cháng shé
封 豕 长 蛇

故事

春秋时期,吴军攻破楚都,楚昭王逃往随国避难。楚大夫申包胥到秦国去请救兵,对秦王说:"吴国就是贪婪残暴的大猪、长蛇,一再吞食中原国家,楚国最先受害。寡君失守国家,逃亡于杂草丛林之中,使下臣报告急难,说:'夷人的本性是贪得无厌,如果吴国成为君王的邻国,这是边境的祸患。趁着吴国没有安定下来,君王可以平分楚国。如果楚国就此灭亡,那就是君王的土地了。如果仰仗君王的威福派兵镇抚楚国,楚国将世世代代侍奉君王。'"秦哀公说:"您姑且到宾馆休息,我们要商量一下。"申包胥回答说:"寡君现在还在逃亡,下臣哪敢去休息呢?"申包胥靠着院墙嚎啕大哭,日夜哭声不断,一直哭了七天七夜,水浆不进。秦哀公深受感动,于是出兵救楚。

出处

出自《左传·定公四年》:"吴为封豕长蛇,以荐食上国。"

解释

大猪大蛇。比喻贪婪凶残的势力。

fēng mù chái shēng
蜂 目 豺 声

故事

春秋时期,楚成王打算立商臣为太子。子上说:"君王的年纪还不算大,而且内宠又多,立了商臣再加以废黜,就会有祸乱。而且商臣这个人,眼睛像胡蜂,声音像豺狼,是一个残忍的人,不能立为太子。"楚成王没有听从。立了商臣以后,成王又想废掉太子商臣而立王子职。商臣听到了风声但还不能确定。商臣的老师潘崇说:"你的姑姑江芈(mǐ)是知道实情的。你设宴招待她,同时故意激怒她,听她怎么说就知道了。"商臣如计而行,江芈果然发怒说:"哼、贱东西!难怪君王要杀掉你而立职为太子。"十月,商臣率领宫中的警卫军包围楚成王,逼成王自杀。成王请求吃了熊掌以后去死,商臣不答应。十八日,楚成王上吊而死。太子商臣即位,是为楚穆王。

出处

出自《左传·文公元年》:"蜂目而豺声,忍人也。"

解释

像蜂一样的眼睛,像豺狼一样的声音。形容恶人相貌凶恶,声音可怕。

奉公守法
fèng gōng shǒu fǎ

故事

赵奢是战国时期赵国名将。起初,赵奢是赵国的田部吏,负责征收田赋。一次,他到赵相平原君家收租税,平原君的家人不肯缴税,赵奢根据律法处治了他们。平原君大怒,要杀赵奢。赵奢对他说道:"您在赵国是贵公子,却纵容您的家臣不奉行公事,这样法律就会削弱。法律削弱,国家就会衰弱。国家一旦衰弱,诸侯就会攻打赵国,那样一来,赵国就不存在了,您哪里还能享有这样的富足呢?以您这样尊贵的地位,如果能够带头遵守法令,国家就会太平,国家太平就会强大。"平原君认为赵奢是一个贤能的人,把他推荐给了赵王。赵王让赵奢管理国家的赋税,没有多长时间,赵国百姓就富裕起来,国家府库也大为充实。

出处

出自《史记·廉颇蔺相如列传》:"以君之贵,奉公如法则上下平,上下平则国强。"

解释

奉行公事,遵守国家的法令制度。

俸以养廉
fèng yǐ yǎng lián

故事

伯德特离补,原为辽国御院通进。金太宗天会初年,特离补与父亲挞(tà)不也一起归服金朝,授世袭谋克,后以京兆尹致仕还乡。特离补为人孝谨,为政简静不积余财,经常说:"俸禄已足以养廉,除去衣食之外,哪里用得着积蓄财产呢?"特离补每次调动官职,赴任时所携只有行李一车,随行婢仆数人而已。

出处

出自《金史·伯德特离补传》:"俸禄已足养廉,衣食之外,何用蓄积?"

解释

有足够的俸禄维持生活,就能够养成廉洁奉公的作风。

佛头着粪
fó tóu zhuó fèn

故事

唐穆宗时期,有个叫崔群的人到湖南东寺游览。他见鸟雀在佛像的头上拉屎,便问住持:"这些鸟雀有没有佛性?"住持答道:"有。"他接着问:"既有佛性,为何竟向佛头上拉屎?"住持反问道:"这样说来,那它们为何不到老鹰头上拉屎,而偏偏到佛的头上拉呢?"住持的言外之意是,老鹰凶恶,鸟雀远远避开唯恐不及,哪敢到它头上拉屎?佛性慈善,容忍众生,对外物从不计较,因此容得下鸟雀的嬉耍。而鸟雀因这一点就到他头上拉屎,岂不是深明佛理,很有佛性?

出处

出自宋·释道原《景德传灯录》卷七:"崔相公入寺,见鸟雀于佛头上放粪,问如会:'鸟雀还有佛性否?'曰:'有。'曰:'为什么向佛头放粪?'会曰:'是。伊为什么不向鹞子头上放?'"

解释

佛头上落了鸟粪。原指我佛慈悲。后比喻美好的事物被玷污。

夫人裙带
fū rén qún dài

故事

蔡卞,字元度,北宋宰相、书法家,蔡京之弟,王安石之婿。蔡卞的妻子七夫人,精通诗书,能作诗词。蔡卞每有国事,往往先跟夫人商议,然后才在朝堂之上宣布。当时执政官员们互相打趣说:"我们每日奉行的这些政令,都是人家夫人说剩下的。"蔡卞升迁为右相的时候,家中设宴唱戏庆贺,伶人借机在戏台上说:"右相今日得到提拔,都是因为夫人的裙带关系啊。"朝廷内外一时传为笑谈。而蔡卞的岳父王安石却为女婿正名,说:"元度乃是千载一见的杰出人物,才能卓越,具备做宰相的能力,并不是凭借我嫁女于他才得以拜相的。"

出处

出自宋•周煇《清波杂志•七夫人》:"蔡拜右相,家宴张乐。伶人扬言曰:'右丞今日大拜,都是夫人裙带。'"

解释

指凭借妻子方面的关系而得到官职或好处。

扶老携幼 fú lǎo xié yòu

故事

孟尝君田文是"战国四公子"之一,齐国贵族,门下有食客几千人。一天,田文征求可以替他至封邑薛城收债的人,门客冯谖(xuān)自荐前往。临行前,冯谖问田文:"收完债后,要买些什么东西回来呢?"田文回答:"看我家缺少什么就买什么吧。"冯谖到了薛,矫造田文的命令,把债券全部烧毁。人民高呼万岁。冯谖赶回去,田文问:"您买了什么回来呢?"冯谖答道:"我为您买了'义'回来。"田文问:"什么是买'义'呢?"冯谖回答:"您不爱护人民,以高利盘剥,人民苦不堪言。我伪造了您的命令,烧毁了所有的借据,民众都欢呼万岁,这就是买'义'。"田文很不高兴。一年后,齐湣王罢免了田文的职位。田文回到封邑,薛民扶老携幼,在大道上迎接他。田文这才明白冯谖买义的用意。

出处

出自《战国策•齐策四》:"未至百里,民扶老携幼,迎君道中。"

解释

形容男女老少成群结队而行。

釜中游鱼 fǔ zhōng yóu yú

故事

张纲是东汉名臣,汉顺帝时任侍御史。当时,广陵的张婴率众反叛,杀了刺史、太守,在扬州、徐州一带作乱已经有十多年,朝廷一直不能征服他们。张纲担任广陵太守后,率领差吏兵卒十多人,径直造访张婴营垒,安抚慰问,询问疾苦,表明国家的恩惠。张婴被张纲的诚意打动,哭泣着说:"我们只是因为生活所迫才相聚起事的,就好像在锅里游的鱼儿,很快就会死亡的。"第二天,张婴率领部下万人和妻子儿女,双手反绑,投降归顺。张纲在郡守位上去世,百姓老幼相扶到府邸吊唁,人多得无法计数。张婴等五百多人穿着丧服为他操办丧事,背负泥土为他垒筑坟墓。

出处

出自《后汉书·张纲传》:"若鱼游釜中,喘息须臾间耳。"

解释

在锅底游动的鱼。比喻处在绝境中的人。也比喻即将灭亡的事物。

fǔ chē xiāng yī 辅车相依

故事

春秋时期,晋国发兵讨伐虢(guó)国,行军要经过虞国。晋国大夫荀息向晋献公建议:"我们用名马与美玉作为礼物送给虞公,要求借道让我军通过,估计那个贪恋财宝的虞公会同意我们借道。"晋献公说:"这名马、美玉是我们晋国的宝物,如果他收了礼物却不答应借道怎么办?"荀息道:"不会这样的。如果他不借道,必然不敢收我们的礼物;如果他收下礼物而借道给我们,那么宝物只不过是暂时送给虞公,还不是等于放在自己家里一样吗?"晋献公明白这是荀息的计策,便派他带着名马和美玉去见虞公。虞国大夫宫之奇看穿了晋国的意图,便劝谏虞公说:"虢、虞两国,一表一里,唇亡齿寒,辅车相依。如果虢国灭亡,虞国也就要保不住了!"虞公贪于宝物,不听宫之奇的忠告,答应了晋国借道。晋军灭掉了虢国后,返回时对虞国发动了突然袭击。虞公被俘,虞国灭亡。屈地产的名马和垂棘出的美玉,又回到了晋献公的手里,晋献公很是高兴:"璧还是那个璧,只是马的牙齿稍微见长了。"

出处

出自《左传·僖公五年》:"谚所谓'辅车相依,唇亡齿寒'者,其虞、虢之谓也。"

解释

辅:颊骨。车:牙床。颊骨和牙床互相依附。比喻关系密切、相互依存。

付诸洪乔

故事

殷羡,字洪乔,东晋官员,曾任豫章太守、光禄勋,性格孤傲特立。在离开南京赴豫章太守任的时候,很多人都托他捎带书信,有一百多封。行至石头渚,殷羡就将信全部扔进了水里,并祝祷道:"沉者自沉,浮者自浮,我殷洪乔不做送信的邮差。"晋元帝的幼子司马昱出生后,元帝很高兴,大赏群臣。殷羡推辞说:"皇子降生,普天同庆,而我无功受赐,实在惭愧。"晋元帝笑着说:"这种事怎么能让你有功劳呢?"

出处

出自南朝宋·刘义庆《世说新语·任诞》:"殷洪乔作豫章郡,临去,都下人因附百许函书。既至石头,悉掷水中,因祝曰:'沉者自沉,浮者自浮,殷洪乔不能作致书邮。'"

解释

指书信遗失。

负才使气

故事

薛憕(chéng),字景猷(yóu),南北朝时期学者、文学家。薛憕早年丧父,家道中落,亲自耕作以奉养祖母。当时江南为萧梁统治时期,选官注重家世出身,多取世家大族的子弟。薛憕祖上没有出过大官,所以一直得不到重用。但他非常有骨气,曾说:"岂能以五十岁儒生,老死于校尉之职,低头顿首、卑躬屈膝地侍奉人呢?"薛憕自恃才高,意气用事,不愿奔走求告于权贵之门。左中郎将韦潜度劝他:"您的门第并非下品,人品又好,为什么不打破樊篱去求个官职呢?"薛憕答道:"'世胄蹑高位,英俊沉下僚',古来如此,我也无法改变这种局面啊!"韦潜度感慨地对人说:"这个年轻人极有志气,只是生不逢时啊!"

出处

出自《北史·薛憕传》:"常郁郁不得志,每在人间,辄陵架胜达,负才使气,未尝趋世禄之门。"

解释

依仗才能，意气用事。

负荆请罪 fù jīng qǐng zuì

故事

廉颇是战国时期赵国名将，被拜为上卿。蔺相如也被拜为上卿，且位在廉颇之上。廉颇很不服气，公开说，等见了蔺相如，一定要羞辱他。蔺相如知道后，设法避免与廉颇会面。蔺相如的门客责怪他怯懦怕事，相如解释说："我哪里会怕廉将军？秦国之所以不敢侵略赵国，是因为有廉将军和我两个人在。如果我跟他互相攻击，就会被秦国钻了空子。我之所以避开廉将军，是以国事为重，把私人的恩怨丢一边儿了。"廉颇得知后，便袒露上身，背负荆杖，来到蔺相如家请罪。从此两个人和好，结为生死之交。

出处

出自《史记•廉颇蔺相如列传》："廉颇闻之，肉袒负荆，因宾客至蔺相如门谢罪。曰：'鄙贱之人，不知将军宽之至此也。'"

解释

背着荆条请罪。指主动向对方认错赔罪，请求责罚。

负隅顽抗 fù yú wán kàng

故事

战国时期，晋国有个人叫冯妇，善于打虎。后来冯妇成了善士，不再打虎了。有次他到野外去，看到有很多人正在追逐一只老虎。那老虎背靠着山势险要的地方，没有人敢迫近它。众人正一筹莫展的时候，远远望见冯妇来了，连忙跑过去迎接他。冯妇挽袖伸臂地走下车来，众人都很高兴。

出处

出自《孟子•尽心下》："有众逐虎，虎负嵎，莫之敢撄。"

解释

依靠险要地势或某种条件顽固抵抗。含贬义。

妇人之仁

故事

楚汉战争时,韩信起初投奔项羽,因得不到重用,便改投刘邦。刘邦拜韩信为大将。拜将仪式结束后,刘邦问韩信:"将军用什么计策指教我呢?"韩信问:"大王与项王相比,谁强?"汉王说:"不如项王。"韩信说:"我曾在项王手下做过事,知道他的本事,也知道他的弱点。项王勇猛,却不能接受别人的意见,他的勇不过是匹夫之勇罢了。项王待人,又恭敬又有爱人之心,说话温和;看见别人病了,他会掉眼泪,把自己的吃的、喝的分给病人;可是人家立了功,应当封爵位的,他不封,就是封了,他还拿着封爵位的印,左摩右摩,把印的四个角都磨光了,还舍不得交给人家。他的好心眼只不过是婆婆妈妈的好心眼罢了。"

出处

出自《史记·淮阴侯列传》:"项王见人恭敬慈爱,言语呕呕;人有疾病,涕泣分食饮;至使人有功当封爵者,印刓敝,忍不能予。此所谓妇人之仁也。"

解释

妇人家的仁慈。指处事姑息优柔,不识大体。

傅粉何郎

故事

何晏,字平叔,三国时期曹魏大臣、玄学家,东汉大将军何进之孙。其父早逝,曹操纳其母尹氏为妾,何晏因而被收养,为曹操所宠爱。少年时以才秀知名,喜好老、庄之言,娶曹操女金乡公主。魏文帝曹丕在位时,何晏未被授官。明帝曹叡(ruì)认为他虚浮不实,也只授予他冗官之职。曹爽秉政时,何晏党附曹爽,官至侍中、吏部尚书,封列侯。高平陵之变后,何晏与曹爽同为司马懿所杀,灭三族。何晏容貌俊美,而且喜欢修饰打扮,面容细腻洁白,无与伦比,魏明帝疑心他脸上搽了白粉,就想检验一下。盛夏的一天,魏明帝故意赐何晏吃热汤面。何晏吃得大汗淋漓,一边吃一边擦汗,擦完汗后,脸色显得更白了。明帝这才相信他没有搽粉。

出处

出自南朝宋·刘义庆《世说新语·容止》:"何平叔美姿仪,面至白,魏明帝疑其傅粉。"

解释

原指何晏面白,如同搽了粉一般。后泛指美男子。

腹诽心谤 fù fěi xīn bàng

故事

汉景帝时,魏其侯窦婴与大将灌夫互相援引借重,是莫逆之交。汉武帝元光三年(前132),灌夫因在酒席中对王太后之弟武安侯田蚡出言不逊,被判处死刑。窦婴倾全力搭救灌夫,在朝会上就此事与田蚡辩论。田蚡说:"我所喜欢的不过是歌伎、艺人、巧匠这一些人,不像魏其侯和灌夫那样,召集天下的豪杰壮士,不分白天黑夜地商量讨论,腹诽心谤,深怀对朝廷的不满。不是抬头观天象,就是低头在地上画,窥测于东、西两宫之间,希望天下发生变故,好让他们立功成事。我倒不明白魏其侯他们到底要做些什么?"由于王太后的压力,灌夫被判族诛,窦婴则以"伪造诏书罪"被斩首示众。

出处

出自《史记·魏其武安侯列传》:"魏其、灌夫日夜招聚天下豪杰壮士与论议,腹诽而心谤。"

解释

指心怀不满,暗中发泄。

腹心之疾 fù xīn zhī jí

故事

春秋末年,楚国有云彩好像一群红色的鸟一样,夹在太阳两边飞翔了三天。楚昭王派人询问成周的太史,太史说:"恐怕要应在君王的身上吧!如果禳(ráng)祭,可以移到令尹、司马身上。"楚昭王说:"把腹心的疾病去掉,而放在大腿胳臂上,有什么益处?我没有重大的过错,上天能让我夭折吗?如果有罪而受到上天的处罚,又能移到哪里去呢?"于是不去禳祭。

出处

出自《左传·哀公六年》:"除腹心之疾,而寘(zhì)诸股肱,何益?"

解释

腹心上的疾病。比喻致命的祸患。

覆巢之下,焉有完卵
fù cháo zhī xià yān yǒu wán luǎn

故事

孔融,字文举,东汉末年文学家,"建安七子"之一。孔融曾多次触犯曹操,曹操便罗织"招合徒众""欲图不轨""谤讪朝廷""不遵超仪"等罪名,将孔融处死,并株连全家。孔融有两个儿子,都聪慧异常。孔融被捕的时候,大儿九岁,小儿八岁,两个孩子依旧在玩琢钉戏,一点也没有恐惧的样子。孔融对官差说:"希望惩罚只限于我自己,两个孩子能不能保全性命呢?"这时,儿子从容上前说:"父亲难道见过打翻的鸟巢下面,还有完整的蛋吗?"随即,来拘捕两个儿子的差使也到了。

出处

出自南朝宋·刘义庆《世说新语·言语》:"孔融被收,中外惶怖。时融儿大者九岁,小者八岁,二儿故琢钉戏,了无遽容。融谓使者曰:'冀罪止于身,二儿可得全不?'儿徐进曰:'大人岂见覆巢之下,复有完卵乎?'寻亦收至。"

解释

打翻的鸟巢下没有完好的蛋。比喻整体覆灭,个体不得幸免。

覆鹿寻蕉
fù lù xún qiáo

故事

从前,郑国有个人在砍柴时打死一只鹿。他把鹿藏在干涸的河道里,并用砍下的柴覆盖好。过了一会儿,这人忘了藏鹿的地方,以为刚才是做了个梦,一路上念叨这件事。路旁有个人听到了,便按照他说的去寻找,找到后就把鹿带回家,告诉妻子说:"刚才有个砍柴人梦见得到了鹿却不知道在什么地方,我现在找到了那只鹿,他做的梦简直和真的一样。"妻子说:"是不是你梦见砍柴人得到了鹿呢?"丈夫说:"我得到了鹿就够了,不用搞清楚是他做梦还是我做梦。"砍柴人回去后,夜里梦到了得到鹿的人。天一亮,他就找到了取鹿的人的家里。两人为这只鹿告到了法官那里。法官说:"你最初真的得到了鹿,却胡说是梦;明明是在梦中得到了鹿,又胡说是真实的。他是真的取走了你的鹿,你要和他争这只鹿。他妻子又说他是在梦中认为鹿是别人的,并没有什么人得到过这只鹿。现在只有这只鹿,请你们平分了吧!"这事被郑国国君知道了,国君说:"唉!这法官打算再做一次梦让他们分鹿吗?"宰相说:"是梦不是梦,我也无法分辨,只有黄帝和孔丘才行吧!姑且听信法官的裁决算了。"

出处

出自《列子·周穆王》:"郑人有薪于野者,遇骇鹿,御而击之,毙之。恐人见之也,遽而藏诸隍中,覆之以蕉。"

解释

蕉:同"樵"。比喻把真实的事情看作梦幻而一再失误。也比喻得失无常。

gǎi xián gēng zhāng
改 弦 更 张

故事

　　董仲舒,西汉思想家、政治家、教育家。汉武帝元光元年(前134),武帝下诏征求治国方略。董仲舒上《举贤良对策》,系统地提出了"天人感应""大一统"学说以及"诸不在六艺之科、孔子之术者,皆绝其道,勿使并进""罢黜百家,独尊儒术"等主张。董仲舒说:"汉朝继秦而立,秦朝的旧制度都不适用了。好比琴上的弦已经陈旧不堪,没法使音调和谐了,必须把它解下来,更换新弦,然后才可弹奏。政策制度也是如此。行不通了,就要改革,然后才能把事情办好。应当更换琴弦而不换,就是第一流的音乐家也弹不出优美的音调来;应当改革而不改,就是最贤明的政治家也不能创造令人满意的政绩。"

出处

　　出自《汉书·董仲舒传》:"窃譬之琴瑟不调,甚者必解而更张之,乃可鼓也。"

解释

　　换掉琴上的弦,安上新的。比喻变更方针、计划、办法或态度。

gān qīng hé shì
干 卿 何 事

故事

　　李璟是五代十国时期南唐第二位皇帝,史称南唐中主。因为冯延巳多才艺,先主李昪(biàn)任命他为秘书郎,让他与太子李璟(jǐng)交游。后来李璟为元帅,冯延巳在元帅府掌书记。李璟登基的第二年,任命冯延巳为翰林学士承旨。李璟好读书,多才艺,特别看重词人,常与韩熙载、冯延巳等饮宴赋诗。李璟的词,感情真挚,风格清新,语言不事雕琢,他的《摊破浣溪沙》中有"细雨梦回鸡塞远,小楼吹彻玉笙寒",是千古名句。冯延巳的《谒金门》词中有"风乍起,吹皱一池春水"的名句,李璟就此句取笑他:"吹皱一池春水,干卿何事?"冯延巳答道:"不及陛下'小楼吹彻玉笙寒'啊!"

出处

出自《南唐书·冯延巳传》:"吹皱一池春水,干卿何事?"

解释

意思是关你什么事。常用于讥笑人爱管闲事。

gān táng yí ài
甘棠遗爱

故事

召公,名奭(shì),周文王之子。武王即位后,召公与姜尚、周公旦等一起辅助武王完成了伐纣大业。成王年幼即位,周公旦代行政事,召公为太保,治理自陕以西的广大区域。召公治理他的采邑召地,使得人民和谐安乐,深受人民的爱戴。召公经常到乡间巡视,探察民间疾苦,解决百姓纠纷。召公常在一棵甘棠树下办公,决断案件,处理政事,自侯伯以至庶民,件件都处理得公正合理,人人满意,从来没有失职。召公死后,人民感念他的恩德,将那棵甘棠树保护起来,不许砍伐,并赋《甘棠》诗一首以纪念他,其诗为:"蔽芾甘棠,勿剪勿伐,召伯所茇。蔽芾甘棠,勿剪勿败,召公所憩。蔽芾甘棠,勿剪勿拜,召伯所说。"

出处

出自《史记·燕召公世家》:"召公之治西方,甚得兆民和。召公巡行乡邑,有棠树,决狱政事其下,自侯伯至庶人各得其所,无失职者。召公卒,而民人思召公之政,怀棠树不敢伐,歌咏之,作《甘棠》之诗。"《左传·昭公二十年》:"及子产卒,仲尼闻之,出涕曰:'古之遗爱也。'"

解释

指仁爱遗留于后世。用于称颂官吏的仁政。

gān xīn rú jì
甘心如荠

故事

范云,字彦龙,南朝文学家,当时文坛领袖之一。范云在少年时便机智锐敏，对人对事都有自己的见解。父亲范抗为郢府参军时，范云跟着父亲在府里。不久沈攸之反叛，发兵围攻郢城。范抗进城担任防务，家属都留在城外。范云被沈攸之的士卒捉到，沈攸之召来范云同他谈话，声色俱厉，范云却毫不畏惧，从容答对。沈攸之笑道："你一定是一个让人可心的孩子，先回家去吧。"第二天，又召来范云命他去城里送信。城里的守军有人要杀死范云，范云说："我母亲年老而弟弟幼小，他们的性命都悬在沈氏手里。假如我违抗他的命令不来送信，我的亲人就必定要受害。今天我为了送信丧命，心甘情愿。"长史柳世隆平素和范云友好，于是便免了范云的死刑。

出处

出自《南史·范云传》："城内或欲诛云，云曰：'老母弱弟，悬命沈氏。若其违命，祸必及亲。今日就戮，甘心如荠。'"

解释

如同吃了荠菜一样先苦后甜。指做事虽吃了苦头，但心甘情愿。

gān nǎo tú dì
肝 脑 涂 地

故事

汉高祖五年（前202），齐国人娄敬请求晋见刘邦。娄敬问刘邦："陛下想建都洛阳，难道是想和周朝较量兴隆的盛况吗？"刘邦说："不错。"娄敬说："陛下获取天下和周朝不同。周武王的祖先积德行善几十年，没有经过多少杀戮，便取得了天下。陛下从丰邑沛县起事，统兵三千，经历无数战斗而席卷蜀汉地区。就拿成皋孤城之争来说，经历大战七十、小战四十，让天下无辜百姓肝脑涂地，尸横遍野，哭泣之声不绝于耳。那些受创伤的人还没有复原，你就想和西周较量兴隆盛世，我私下以为陛下不能这样做啊！陛下进入函谷关把都城建在那里，山东地区即使有祸乱，秦国原有的地方是可以保全并占有的。"汉高祖最终采纳娄敬的建议，打消了建都洛阳的念头，并赐娄敬为刘姓，封为郎中，号奉春君。

出处

出自《史记·刘敬叔孙通列传》："大战七十，小战四十，使天下之民肝脑涂地，父子暴骨中野。"

解释

形容惨死的情景。也表示竭尽忠诚，任何牺牲都在所不惜。

感戴二天
gǎn dài èr tiān

故事

苏章,字孺文,东汉官员。汉顺帝时,苏章任冀州刺史。苏章有个老朋友恰巧在其属下任清河太守,苏章巡察到清河郡,查证老友的腐败问题。这天,苏章设下酒宴,宴请清河郡太守。席间,苏章和他叙述往日的情谊,气氛欢娱。太守渐渐地将紧张的心情放下了,以为苏章念及友情不会查办他,兴奋地说:"人人头上都只有一个青天,而我却有两个。"意思是苏章就是他的保护伞。苏章说:"今天喝酒,全是私交;明天办案,却是公事。这是不能混为一谈的。"第二天在公堂上,苏章在历数了清河郡守的罪行后,依法将其治罪。冀州人都知道苏章不徇私情,于是境内肃穆,莫敢为非。

出处

出自《后汉书·苏章传》:"故人为清河太守,章行部案其奸臧。乃请太守,为设酒肴,陈平生之好甚欢。太守喜曰:'人皆有一天,我独有二天。'章曰:'今夕苏孺文与故人饮者,私恩也;明日冀州刺史案事者,公法也。'遂举正其罪。"

解释

对他人的帮助感激不尽。

高山流水
gāo shān liú shuǐ

故事

战国时期,有个音乐家叫伯牙。伯牙琴技高超,相传他鼓琴的时候,就连正在吃草的马儿都停止进食,仰头聆听。然而,世上却很少有人能够真正听懂伯牙琴音中的含义。一次,伯牙正在抚琴,旁边有个樵夫钟子期静静聆听。伯牙演奏了一首高山之曲,钟子期赞叹道:"好啊,巍峨如同泰山。"伯牙又弹了一首流水之曲,子期则说:"好啊,浩荡如同江河。"伯牙大喜,认为终于遇到了懂得自己琴音的人,遂与子期结为莫逆之交。钟子期死后,伯牙在他坟前将琴摔碎,终身不再鼓琴。

出处

出自《列子·汤问》:"伯牙鼓琴,志在高山。钟子期曰:'善哉,峨峨兮若泰山。'志在流水。钟子期曰：'善哉,洋洋兮若江河。'"

解释

指知音难得。也指乐曲高妙。

gāo wū jiàn líng
高屋建瓴

故事

楚汉战争时期,汉将韩信屡立战功。平定齐地后,韩信要求把自己封为"假齐王"。刘邦得知后,非常恼怒,但无可奈何,只好封其为齐王。后来刘邦担心韩信位高权重,就收了他的兵权,夺了齐地,改封他为楚王。刘邦称帝后,韩信因把项羽的大将钟离眜藏在家里而遭到刘邦的猜忌,刘邦准备杀掉他。大夫田肯知道后委婉地为韩信求情,对刘邦说:"有几件事,值得向陛下祝贺。一是韩信的束手就擒；二是陛下牢牢地控制着三秦(关中),陛下利用这雄险的地势,来控制、驾驭诸侯,就如同从高高的屋脊上把水从瓶子里倒下去。齐地两千多里,七十余城,非常重要,控制着这里,便能以一当十。如此重要的地方,非亲子弟是不能封他做齐王的。"刘邦听出了田肯的意思,最终赦免了韩信,将他降为淮阴侯。

出处

出自《史记·高祖本纪》:"地势便利,其以下兵于诸侯,譬犹居高屋之上建瓴水也。"

解释

建:倾倒。瓴:水瓶。在房顶上用瓶子往下倒水。形容居高临下、不可阻遏的形势。也比喻能把握全局,轻松驾驭。

gāo yáng jiǔ tú
高 阳 酒 徒

故事

郦(lì)食(yì)其(jī)是汉高祖刘邦的谋士,陈留县高阳乡人。郦食其年轻时即有雄才壮志,喜读书,纵酒使气,疏阔狂放,被县中人称为狂生。秦末战争时,沛公带兵经过陈留,郦食其到军门递上名帖,要与沛公谈论天下大事。使者进去禀告时,沛公正在洗脚。沛公问使者来的是什么样的人,使者说是个儒生。沛公说自己正为天下大事奔忙,没时间见儒生。郦食其得到回复后，怒目圆睁，手按宝剑，呵斥使者说："快点！再进去告诉沛公，我是高阳的一个酒徒，不是儒生。"使者惊恐得连名帖都掉了，再次进去禀报，复述了郦食其的话。沛公赶忙赤着脚、手拄长矛说道："请客人进来！"见面之后，刘邦接受了郦食其的建议，决定先攻占陈地，并派遣郦食其为内应。刘邦攻下陈留城后，补充了大量粮食和兵员，为入关中破秦提供了重要的物质条件。刘邦封郦食其为广野君，并且重用其弟郦商为将。

出处

出自《史记·郦生陆贾列传》："走！复入言沛公，吾高阳酒徒也，非儒人也。"

解释

借指嗜酒而放荡不羁的人。

割臂之盟 (gē bì zhī méng)

故事

春秋时期，鲁庄公在宫中建造高台，在台上可以看到党家。一天，庄公在台上望见党氏的女儿孟任美貌有风致，不由得神魂颠倒，就一路跟着她走。孟任回到家中关上了门，庄公在门外说尽了甜言蜜语，最后许诺立她为夫人。孟任这才答应庄公的追求，割破手臂和庄公盟誓，后来就生了子般。庄公三十二年（前 662），一次正当雩(yú)祭，事先在梁家演习。庄公的女公子也来观看演习，负责养马的圉(yǔ)人荦(luò)从墙外用言语调戏她。子般大怒，让人鞭打荦。庄公说："不如杀掉他，这个人不能鞭打。他很有力气，能举起车盖扔过稷门。"八月初五日，鲁庄公病死，子般即位，住在党氏家里。十月初二日，庄公之弟共仲派圉人荦在党家刺死了子般，立闵公为国君。

出处

出自《左传·庄公三十二年》："公筑台临党氏，见孟任，从之。閟，而以夫人言许之。割臂盟公，生子般焉。"

解释

指男女相爱，私订婚约。

· 各自为政 | 庚癸之呼 | 共挽鹿车 ·

各自为政
gè zì wéi zhèng

故事

春秋时期,郑国攻打宋国。宋军主帅华元在战前杀羊犒劳将士。将领们都分到了羊羹,只有华元的御者羊斟没有分到,羊斟因此怀恨在心。交战的时候,羊斟对华元说:"之前分发羊肉是你说了算,今天驾驭战车的事,可就得我说了算了。"说完,就驱驰战车,向郑军直冲过去。结果,华元被郑军俘虏,宋军大败。

出处

出自《左传·宣公二年》:"畴昔之羊,子为政;今日之事,我为政。"

解释

各人按自己的主张独立行事。也指各搞一套互不相干。

庚癸之呼
gēng guǐ zhī hū

故事

春秋时期,吴王夫差(chāi)亲自带领大军北上,与诸侯盟会于黄池。吴国大夫申叔仪向鲁国大夫公孙有山氏借军粮。因为军中不得出粮,双方只能用隐语交流。申叔仪说:"佩玉垂缨多么漂亮啊,可惜不是属于我的。甜酒一杯啊,别人痛饮,我和粗衣老卒只能在旁边看着。"以此表明自己军中缺粮。公孙有山回答说:"细粮已经没有了,粗粮还有一些。到时登山高呼:'庚癸乎!'我们就知道了。"

出处

出自《左传·哀公十三年》:"吴申叔仪乞粮于公孙有山氏,曰:'佩玉蕊兮,余无所系之。旨酒一盛兮,余与褐之父睨之。'对曰:'梁则无矣,粗则有之。若登首山以呼曰:"庚癸乎!"则诺。'"

解释

庚:西方,主谷。癸:北方,主水。原是军中乞粮的隐语。后指向人借钱。

共挽鹿车
gòng wǎn lù chē

故事

鲍宣,字子都,西汉官员。鲍宣的妻子是桓家的姑娘,名叫少君,品德高洁。鲍宣曾经就学于少君的父亲,少君的父亲赞赏鲍宣虽贫苦而为人清白,就把女儿嫁给他。陪嫁的礼物很丰盛,而鲍宣却并不感到高兴,对妻子说:"你生长在富裕的环境中,习惯了美丽的装饰,而我则处境贫穷,不敢承受这样的厚礼。"妻子回答说:"我父亲因为先生注重品德修养,保持俭朴的生活,而让我来服侍你。既然我乐意嫁给你,你的意见我都接受。"鲍宣高兴地笑着说:"这才是我想看到的。"于是少君把华丽的服装和饰物都收起来,改穿短布衣裳,和鲍宣一起拉着小推车回到家乡。拜见婆母后,就提着水瓮去汲水,奉行做媳妇的礼节,鲍宣家乡的人都称赞她。

出处

出自《后汉书·鲍宣妻传》:"妻乃悉归侍御服饰,更著短布裳,与宣共挽鹿车,归乡里。"

解释

共同拉着小车。旧时用以称赞夫妻同甘共苦。

苟延残喘
gǒu yán cán chuǎn

故事

这是一则寓言故事。春秋时期,晋国的赵简子在中山狩猎时,射中了一只狼。狼带箭拼命奔逃,赵简子驱车追赶。这时,狼遇见了东郭先生,就说:"您让我躲在书袋里,勉强维持这一线生命吧。您今天救我一命,我日后一定会报答您。"东郭先生只好把狼装在书袋里,骗走了追上来的赵简子一行人,然后把狼放了出来。不料,狼嗥叫着对东郭先生说:"先生既然做好事救了我的命,现在我饿极了,你就再做一次好事,让我吃掉你吧。"说着,狼就张牙舞爪地扑向东郭先生。正在这时,一位农民扛着锄头路过。东郭先生请他评理,可是狼却一口否定东郭先生救过它的命。老农说:"你们的话,我都不相信,这只口袋这么小,怎么可能装下一只大狼呢?请再装一下,让我亲眼看一看。"狼同意了,东郭先生重新把它装进了口袋里。老农立即把口袋扎紧,对东郭先生说:"这种伤害人的野兽是不会改变本性的,你对狼讲仁慈,简直太糊涂了。"说罢,抡起锄头,把狼打死了。

出处

出自明·马中锡《中山狼传》:"今日之事,何不使我得早处囊中,以苟延残喘乎?"

解释

勉强维持一口气。比喻勉强维持生存。

狗猛酒酸

故事

战国时期，宋国有个卖酒的人，每次卖酒都量得很公平，对客人殷勤周到，酿的酒又香又醇，店外酒旗挂得很高很显眼，然而却没有人来买酒，时间一长，酒都变酸了。卖酒者感到迷惑不解，于是请教住在同一条巷子里的长者杨倩。杨倩问："你养的狗很凶吧？"卖酒者说："狗凶，为什么酒就卖不出去呢？"杨倩回答："人们怕狗啊。大人让孩子揣着钱提着壶来买酒，而你的狗却扑上去咬人，这就是酒变酸了都卖不出去的原因啊。"同样的道理，国家也有恶狗。身怀治国之术的贤人想让统治万人的大国君主了解他们的高技良策，而奸邪的大臣却像恶狗一样扑上去咬他们，这就是君王被蒙蔽挟持，而有治国之术的贤人不被任用的原因。

出处

出自《韩非子·外储说右上》："宋人有酤酒者，升概甚平，遇客甚谨，为酒甚美，县帜甚高，著然不售，酒酸。怪其故，问其所知闾长者杨倩。倩曰：'汝狗猛耶？'曰：'狗猛则酒何故而不售？'曰：'人畏焉。或令孺子怀钱挈壶瓮而往酤，而狗迓而龁之，此酒所以酸而不售也。'"

解释

指因狗凶猛致使酒酸无人买。比喻权臣当道，阻塞贤路。

狗尾续貂

故事

晋武帝司马炎死后，其子司马衷继位，即晋惠帝。晋惠帝呆傻蠢笨，对朝政一窍不通。起初由太傅杨骏辅政，后来皇后贾南风杀害杨骏，掌握大权。贾后生性凶狠狡诈，赵王司马伦以此为借口杀死贾后，自封为相国。司马伦为了笼络朝臣，扩大自己的势力范围，大封文武百官，甚至连奴仆厮役都封了爵位。后来在"八王之乱"中，司马伦废掉晋惠帝，自称皇帝。当时规定，王侯大臣的官帽上，有蝉形图案的金铛为装饰，并插上貂尾，称为"貂蝉冠"。由于司马伦大肆封官赐爵，所以一时貂尾不够用,只好用狗尾来代替。民谣唱道:"貂不足,狗尾续。"以此讽刺朝廷这种乱象。

出处

出自《晋书·赵王伦传》:"奴卒厮役亦加以爵位,每朝会,貂蝉盈坐,时人为之谚曰:'貂不足,狗尾续。'"

解释

原讽刺封官太滥。后比喻文艺作品续作不佳。

诟如不闻

故事

富弼,字彦国,北宋名相,谥号文忠。富弼生性孝谨,恭敬勤俭,与人说话一定毕恭毕敬,即使下级官员和平民求见,都一样隆礼相待。富弼经常说:"君子和小人相处,一定不能得胜。君子不能得胜,就洁身而退,乐于正道,没有怨恨。小人不能得胜,就互相勾结挑拨、散布谣言,千方百计,一定要获胜才罢休。等到小人得志,就放肆毒害善良之人,那样就会天下大乱。"富弼终身依此而行。富弼少年时,器量很大,遇到有人辱骂他,他好像没有听见一样。旁人告诉他:"有人在骂你。"他毫不在意,说:"恐怕不是骂我吧。"旁人又说:"那人指名道姓地骂你。"他还是毫不在意,说:"怎么知道天下没有同名同姓的人呢?"

出处

出自宋·陈长方《步里客谈》卷上:"富文忠公少日,有诟之者,如不闻。或问之,曰:'恐骂他人。'曰:'斥公名曰富某。'曰:'天下安知无同姓名者?'"

解释

被人辱骂却好像没有听见一样。形容大度有涵养。

孤注一掷

故事

北宋真宗时期,契丹大举入侵,包围瀛州,兵锋直逼贝州、魏州。参知政事王钦若等人主张放弃东京,请皇帝避难。寇准则极力主张御驾亲征,抵抗外侮。宋真宗景德元年(1004)十二月,宋真宗率军亲征,在澶州击退辽军,订立澶渊之盟。此后真宗对寇准更为重用。王钦若对此深感嫉妒,于是进言:"陛下敬重寇准,是因为他对社稷有功劳吗?

澶渊之役,陛下不以为耻,却认为寇准有社稷之功,恐怕不合适吧。"真宗问道:"为什么这么说?"王钦若说:"城下之盟,《春秋》认为是耻辱。澶渊的举动,也是城下之盟。万乘之国却被迫签订城下之盟,还有什么比这更耻辱的?"真宗脸色大变。王钦若说:"赌博的人钱快输光了,就倾其所有赌最后一把,叫作孤注。陛下是寇准孤注的赌物,也很危险啊。"从此真宗便开始冷落寇准。

出处

出自《宋史·寇准传》:"钦若曰:'陛下闻博乎?博者输钱欲尽,乃罄所有出之,谓之孤注。陛下,寇准之孤注也,斯亦危矣。'由是帝顾准浸衰。"

解释

倾其所有赌最后一把。比喻在危急时用尽所有力量做最后一次冒险。

顾曲周郎 gù qǔ zhōu láng

故事

周瑜,字公瑾,东吴名将。他出身士族,年轻时与孙策友善,后辅佐孙策在江东创立孙吴政权。孙策死后,周瑜与张昭共同辅佐孙权,任前部大都督。建安十三年(208),曹操率军南下。周瑜和鲁肃坚决主战,并亲率吴军大破曹兵于赤壁。周瑜不但有卓越的政治军事才能,而且精于音乐,有很高的音乐欣赏能力。相传,周瑜听人演奏的时候,即使喝了酒,有几分醉意,也能听出哪怕是很细微的差错。每当发现了错误,他就回头看一下演奏者,示意演奏错了。因此,当时有句歌谣说:"曲有误,周郎顾。"

出处

出自《三国志·吴书·周瑜传》:"瑜少精意于音乐,虽三爵之后,其有阙误,瑜必知之,知之必顾,故时人谣曰:'曲有误,周郎顾。'"

解释

泛指精通或爱好音乐的人。

顾左右而言他 gù zuǒ yòu ér yán tā

故事

孟子是战国时期思想家,儒家思想代表人物。孟子到齐国向齐宣王推行仁政，而齐宣王崇尚武力争霸，一心效仿齐桓、晋文等霸主，因此孟子的主张没有用武之地。有一次，孟子对齐宣王说："有一个要去楚国的人，把老婆孩子托付给他的朋友照顾。等到他回来的时候，才知道老婆孩子一直在受冻挨饿，那位朋友根本没有尽到照顾的责任，你说这该怎么办？"齐宣王答道："和他绝交。"孟子又说："有一个执行法纪、掌管刑罚的长官，却连他自己的部下都管不了，你说这该怎么办？"齐宣王说："撤他的职。"孟子接着问："全国之内，政事败乱，人民不能安居乐业，你说这又该怎么办？"这时齐宣王望着两旁站立的随从，把话故意扯到别处去了。

出处

　　出自《孟子·梁惠王下》："孟子谓齐宣王曰：'王之臣，有托其妻子于其友而之楚游者。比其反也，则冻馁其妻子，则如之何？'王曰：'弃之。'曰：'士师不能治士，则如之何？'王曰：'已之。'曰：'四境之内不治，则如之何？'王顾左右而言他。"

解释

　　岔开话题，回避难以答复的问题。形容无言应答、支吾其词的样子。

刮目相看
guā mù xiāng kàn

故事

　　东吴名将吕蒙小时候家里很穷，靠姐夫接济，没有机会读书。后来吕蒙做了东吴的偏将军，任浔阳县令。有一次，孙权劝告吕蒙："你现在是国家的栋梁，应该多读书，提升一下自己。"吕蒙说："我现在整天打仗，哪里有时间读书啊。"孙权说道："难道要你读书做博士吗？不过是读史明智，知悉往事罢了。你忙还能忙得过我吗？我现在还抽空读书，很有好处啊。"于是吕蒙发奋读书，学识进步很快。一次，鲁肃经过浔阳，和吕蒙一起谈论时大惊："你现在的才略，再也不是以前吴下的那个阿蒙了。"吕蒙说："士别三日，当刮目相看。大哥怎么能用老眼光看我呢。"

出处

　　出自《三国志·吴书·吕蒙传》裴松之注引《江表传》："士别三日，即更刮目相待。"

解释

抛弃旧看法,用新眼光看待。

管鲍之交 guǎn bào zhī jiāo

故事

管仲是春秋时期齐国政治家,年轻时与鲍叔牙是好朋友。起初,两人合伙做买卖。管仲家里穷,出的本钱没鲍叔牙多,可是到分红的时候,他却要多拿。鲍叔牙向别人解释说:"他并不是贪这几个钱,是因为他家生活困难。"管仲有几次帮鲍叔牙出主意,却把事情办砸了,鲍叔牙不生气,还安慰管仲说:"事情办不成,不是因为你的主意不好,而是因为时机不利。"管仲曾经做了三次官,但每次都被罢免,鲍叔牙认为不是管仲没有才能,而是因为没有遇到赏识他的人。管仲曾经带兵打仗,进攻的时候他躲在后面,退却的时候他却跑在最前面。鲍叔牙却说:"管仲家里有老母亲,他保护自己是为了侍奉母亲,并不是怕死。"后来,齐襄公乱政,鲍叔牙随公子小白出奔至莒国,管仲则随公子纠出奔鲁国。齐襄公被杀后,纠和小白争夺君位,小白得胜即位,即齐桓公。管仲曾截杀公子小白,射中小白衣钩,鲍叔牙力劝桓公不念旧恶,任用管仲为相,而自己则甘居于管仲之下。管仲叹道:"生我的是父母,了解我的是鲍叔牙。"

出处

出自《史记·管晏列传》:"少时常与鲍叔牙游,鲍叔知其贤。管仲贫苦,常欺鲍叔,鲍叔终善遇之,不以为言……管仲曰:'生我者父母,知我者鲍子也。'"

解释

指深厚的友情。

管宁割席 guǎn níng gē xí

故事

管宁,字幼安,东汉末年至三国时期名士。管宁处世高洁,一生不好名利,时人赞其"清俭足以激浊,贞正足以矫时"。管宁的妻子去世后,故友劝他再娶,管宁说:"每次阅读曾子、王骏的话,心里常常表示赞许,哪能自己遇到了这种事而违反本意呢?"管宁与平原华歆(xīn)、同县邴(bǐng)原号称"一龙",华歆为龙头,邴原为龙腹,管宁为龙尾。一次,管宁和华歆一同在菜园里刨地种菜,看见地上有一小片金子。管宁不理会,举锄锄去,跟锄掉瓦块石头一样,华歆却把金子捡起来再扔出去。还有一次,两人同坐在一张席上读书,有达官贵人坐车从门口经过,管宁照旧读书,华歆却放下书本跑出去看。管宁就割开席子,分开座位,说道:"你不是我的朋友!"

出处

出自南朝宋・刘义庆《世说新语・德行》:"有乘轩冕过门者,宁读如故,歆废书出看。宁割席分坐,曰:'子非吾友也!'"

解释

指与志趣不同的朋友断绝交情。

guǎn zhōng kuī bào
管 中 窥 豹

故事

王献之,东晋著名书法家、诗人、画家,为书圣王羲之第七子、晋简文帝司马昱(yù)之婿,官至中书令。王献之只有几岁大的时候,有一次观看父亲的门生们玩樗(chū)蒲,看出了双方的胜负,就说:"南边的要输。"大家见他是个小孩,都轻视他,说:"这个小孩就像从管子里看豹,只看见豹身上的一块花斑,看不到全豹。"王献之闻言说道:"远惭荀奉倩,近愧刘真长。"就拂袖而去。王献之的意思是,我对古时的荀奉倩、近时的刘真长这两位名士感到惭愧,言外之意是不该跟你们这些俗人接近。

出处

出自南朝宋・刘义庆《世说新语・方正》:"此郎亦管中窥豹,时见一斑。"

解释

从竹管的小孔里看豹子。比喻认识片面,看不到事物的全貌。

guò mén bù rù
过 门 不 入

故事

上古时代,舜当政期间,天下洪水泛滥,长达二十多年,土地荒芜,

· 过门不入 ·

禽兽繁殖,人民流离失所。舜帝派禹去治水。禹吸取了其父治水的教训,采用疏通的方法,依地形规划水道,引洪水入河、入海,终于制服了洪水。禹在外治水十三年,曾三次经过自己的家门,而因忙于公务,一次也没进去过。

出 处

　　出自《孟子·离娄下》:"禹、稷当平世,三过其门而不入。"

解 释

　　经过家门而不进去。形容恪尽职守,公而忘私。

H

hài rén tīng wén
骇人听闻

故事

王劭(shào)是隋朝官员,历史学家。隋文帝杨坚建立政权后,王劭被任命为著作佐郎。不久,王劭因母亲去世而离职,在家编写《齐书》。后有人告发王劭私撰国史,隋文帝大怒,派人没收了他的著作。然而文帝览后却大为高兴,于是起任王劭为员外散骑侍郎,负责撰修起居注。此后,王劭竭力取媚隋文帝,称皇帝有龙颜戴干之表。隋文帝大悦,任命他为著作郎。在任期间,王劭多次上表,编造故事,屡言符命,论证隋朝统治的必然性和合法性,隋文帝因此对他宠赐日隆。而王劭编造散布的那些离奇故事有的文辞鄙陋,有的荒诞无稽,读之闻之都令人惊骇,大为当时有识之士所鄙夷。

出处

出自《隋书·王劭传》:"或文词鄙野,或不轨不物,骇人视听,大为有识所嗤鄙。"

解释

指使人听了非常吃惊。

hài qún zhī mǎ
害群之马

故事

《庄子》中的一则寓言故事称:一次,黄帝要去具茨山拜见大隗,却在襄城迷了路。这时,来了一位放马的男孩,黄帝便问他:"你知道具茨山在什么地方吗?"男孩回答说:"知道。"黄帝又问:"你知道大隗的住处吗?"男孩说:"知道。"黄帝听后心里很高兴,说:"那你知道如何治理天下吗?"男孩回答说:"前几年,我在外游历,当时还生着病,有位长辈对我说:'你在外游历的时候,要注意日出而游,日入而息。'我现在身体好多了,打算去更多的地方。所谓治理天下,也不过如此罢了。"黄帝再次要男孩回答究竟如何治理天下。男孩只得说:"治理天下,与放马有什么两样?也就是要将危害马群的坏马驱逐出去而已。"黄帝很满意男孩的回答,称他为"天师",并恭恭敬敬地对他拜了几拜,然后才离开。

出处

出自《庄子·徐无鬼》:"夫为天下者,亦奚以异乎牧马者哉?亦去其害马者而已矣。"

解释

危害马群的坏马。比喻危害集体的人。

hàn liú jiā bèi
汗流浃背

故事

杨敞,字子明,西汉中期宰相,为人谨慎。汉昭帝元平元年(前74),昭帝驾崩,大将军霍光与众臣商议,决定让昌邑王刘贺做继承人。刘贺继位后,经常宴饮歌舞,荒废朝政。霍光与车骑将军张安世、大司农田延年秘密商议,打算废掉刘贺。计议商定后,霍光派田延年告诉杨敞,以便共同行事。杨敞一听,惊恐万分,话都说不出来,汗流浃背,只顾"唯唯"而已。杨敞的妻子是太史令司马迁的女儿,颇有胆识。她见丈夫犹豫不决的样子,暗暗着急,趁隙劝丈夫说:"国家大事,岂能犹豫不决。大将军已有成议,你也应该当即决断,否则必然大难临头。"第二天,杨敞与群臣谒见皇太后,陈述昌邑王不堪继承皇位的原因。太后下诏废去刘贺,另立汉武帝的曾孙刘询为君,史称汉宣帝。

出处

出自《汉书·杨敞传》:"敞惊惧,不知所言,汗出浃背,徒唯唯而已。"

解释

汗水湿透了背部的衣服。形容因惊恐、惭愧、炎热、劳累等而满身大汗。

汗马功劳 hàn mǎ gōng láo

故事

春秋时期,晋国发生骊(lí)姬之乱,公子重耳被迫流亡国外达十九年之久。后来重耳回国做了国君,是为晋文公。文公修明政务,对百姓布施恩惠,赏赐随从逃亡的人员和有功之臣。随从文公逃亡的壶叔是个无能之辈,见三次行赏都没有他的份儿,便对晋文公说:"您三次赏赐功臣都没有轮到我,特向您请罪。"文公说:"用仁义教导我,用道德、恩惠规劝我,应受上等赏赐;用行动辅佐我,使我获得成功,应受到第二等赏赐;为我冲锋陷阵,立下汗马功劳,应受到第三等赏赐;假如只是靠着出把子力气侍奉我,而不能对我有所补益,应受到再次等的赏赐。三次赏赐完了,就会轮到你。"

出处

出自《史记·晋世家》:"夫导我以仁义,防我以德惠,此受上赏;辅我以行,卒以成立,此受次赏;矢石之难,汗马之劳,此复受次赏;若以力事我而无补我缺者,此复受次赏。三赏之后,故且及子。"

解释

古时作战用马,战况越激烈,出汗越多,所以形容有战功,就叫"汗马"。指将士立下的战功。后泛指巨大的贡献。

沆瀣一气 hàng xiè yī qì

故事

唐僖(xī)宗乾符二年(875),长安城举行科举考试,主考官为中书侍郎兼工部尚书崔沆。考生中有个人名叫崔瀣(xiè),科考得中,榜上有名。按当时规矩,科举考试及第的人,都算是主考官的"门生"。正巧主考官叫崔沆,门生叫崔瀣,有人便就此打趣道:"座主门生,沆瀣一气。"这"沆瀣"二字,本意是夜间的水汽、雾露,这句话意思是,他们师生两人像是夜间的水汽、雾露连在一起。本来是一句玩笑话,后来变成了一个含贬义的成语。

出处

出自宋·钱易《南部新书》:"乾符二年,崔沆放崔瀣。谈者称'座主门生,沆瀣一气'。"

解释

泛指气味相投的人结合在一起。现含贬义。

好好先生 hǎo hǎo xiān shēng

故事

司马徽,字德操,东汉末年名士,人称"水镜先生"。司马徽为人清雅,学识广博,有知人之明,向刘备推荐了诸葛亮、庞统等贤才。司马徽从不说别人的短处,与人说话时,无论好事坏事,一概说好。有人问候他:"近来身体如何?"他回答:"好。"有人向他诉说自己最近刚刚死了儿子,他回答:"很好。"他的妻子责备他说:"别人认为你是忠厚长者,才把难言的伤心事告诉你。可你为什么听说别人死了儿子,反倒说好?"司马徽听了妻子的话,说:"你的话也很好。"

出处

出自南朝宋·刘义庆《世说新语·言语》注引《蒙求集注》卷一:"口不谈人之短。与人语,莫问好恶,皆言好。"

解释

指没有原则、谁也不愿得罪的人。

郝隆晒书 hǎo lóng shài shū

故事

郝隆,字佐治,东晋名士,生性诙谐。年轻时无书不读,有博学之名。后投奔桓温,官至南蛮府参军。一年三月三日,桓温举行宴会,大家饮酒赋诗。作不出诗的,罚酒三杯。开始,郝隆被罚三杯酒,喝完酒,郝隆拿起笔来写了一句"娵(jū)隅跃清池"。桓温问:"娵隅是什么东西?"郝隆说:"蛮人把鱼叫娵隅。"桓温问:"为什么要用蛮语?"郝隆说:"我从几千里外跑来投奔你,才得了个南蛮参军,怎么能不说蛮语呢?"桓温大笑。后来,郝隆辞职回故乡隐居。每年的七月七日当地有晒衣服的风俗,这一天,郝隆解开衣扣,袒胸露腹地躺在太阳底下,人们问他在干什么,他答道:"我在晒书。"

出处

出自南朝宋·刘义庆《世说新语·排调》:"郝隆七月七日日中仰卧,

人问其故,答曰:'我晒书。'"

解释

指人满腹诗书,很有学问。

河伯为患
hé bó wéi huàn

故事

战国时期,西门豹任邺(yè)县县令。邺县民间流传"假如不给河伯娶媳妇,就会大水泛滥,把老百姓都淹死"的说法,邺县的地方官趁机与巫师勾结,每年都借此向老百姓征收赋税。为河伯娶媳妇时,女巫挨家巡查,看到小户人家的漂亮女子,便让这个女子坐在席子上面,沉入河中。到了为河伯娶媳妇的日子,西门豹来到河边。女巫已经七十岁,带着十几个女弟子。西门豹说:"叫河伯的媳妇过来,我看看漂亮不漂亮。"西门豹看了看这个女子,对三老、巫祝说:"这个女子不漂亮,麻烦大巫婆去禀报河伯,说需要重新挑选新娘。"差役们抱起大巫婆,把她抛到河中。过了一会儿,西门豹说:"怎么去这么久?叫她弟子去催催!"又把她的一个弟子抛到河中。总共抛了三个弟子。西门豹说:"巫婆、弟子不能把事情禀报清楚,请三老替我去说明情况。"又把三老抛到河中。西门豹说:"看样子河伯留客要留很久,你们都散了吧。"从此以后,本地再不敢提起为河伯娶媳妇的事了。

出处

出自《史记·滑稽列传》:"魏文侯时,西门豹为邺令。豹往到邺,会长老,问之民所疾苦。长老曰:'苦为河伯娶妇,以故贫。'……民人俗语曰'即不为河伯娶妇,水来漂没,溺其人民'云。"

解释

指邪恶的风气。

河东狮吼
hé dōng shī hǒu

故事

陈慥(zào),字季常,北宋眉州人,信佛,喜禅学,自称龙丘先生。陈慥与苏东坡是好友,喜好宾客,蓄纳声伎。陈慥的妻子柳氏非常凶悍,又爱嫉妒。有时陈慥与宾客谈天谈得起劲,柳氏却摔锅打灶地骂将起来,弄得陈慥和宾客十分难堪。陈慥很怕老婆,不能拿老婆怎么样。于是苏轼赋诗嘲笑他:"龙丘居士亦可怜,谈空说有夜不眠。忽闻河东狮子吼,拄杖落手心茫然。"大意是:有谁能像龙丘居士那么有才能呢?谈起佛学、佛法,往往整夜都不睡觉,但是一听到妻子的怒骂声,就吓得连拐杖都离了手,茫茫然不知所措。因为柳氏是河东人,所以苏东坡称她为河东狮子。

出处

出自宋·苏轼《寄吴德仁兼简陈季常》诗:"龙丘居士亦可怜,谈空说有夜不眠。忽闻河东狮子吼,拄杖落手心茫然。"

解释

比喻悍妇发怒。

河鱼腹疾
hé yú fù jí

故事

春秋时期,鲁宣公十二年(前597)冬天,楚国攻打萧国。楚国大夫申叔展和萧国大夫还无社是好朋友,还无社想让申叔展救他,便在战场上呼喊申叔展。申叔展见还无社在喊他,可是两军对垒,不便谈话。申叔展便用隐语说:"喂,有麦曲吗?"还无社说:"没有。"申叔展又说:"有山鞠䓖吗?"答:"没有。"申叔展于是再说:"河鱼腹疾,怎么办?"还无社说:"那么请从枯井里救人吧。"申叔展说:"井上盖些茅草,听到井外有哭声就是记号。"麦曲和山鞠䓖都是御湿的药物,申叔展暗示还无社在城破时可藏于水中。第二天,萧邑城破,申叔展找到一口上有茅草为标记的枯井,于是号哭一声"还无社",还无社果然答应着从枯井里爬了出来。

出处

出自《左传·宣公十二年》:"河鱼腹疾,奈何?"

解释

比喻腹泻。

涸辙之鲋
hé zhé zhī fù

故事

庄子,名周,战国时期宋国蒙人,道家学派代表人。庄周家境贫寒,于是去向监河侯借粮。监河侯说:"好啊,等我收了封邑的税金,就借给你三百金,可以吗?"庄周听了脸色骤变,忿忿地说:"我昨天来的时候,听到有声音在半道上呼唤我。我回头一看,路上车轮碾过的小坑洼里,有条鲫鱼在那里挣扎。我问它:'鲫鱼,你干什么呢?'鲫鱼回答:'我是东海水族中的一员。你能否用斗升之水使我活下来呢?'我对它说:'行啊,我将到南方去游说吴王和越王,引西江之水来迎候你,可以吗?'鲫鱼变了脸色,生气地说:'我失去了惯常的生活环境,没有安身之处。眼下我只要得到斗升那样多的水就能活下来,而你竟说出这样的话,还不如早点到干鱼店里找我!'"

出处

出自《庄子·外物》:"周顾视车辙中,有鲋鱼焉。周问之曰:'鲋鱼来,子何为者耶?'对曰:'我东海之波臣也。君岂有斗升之水而活我哉?'"

解释

干涸的车辙里的鱼。比喻处于困境中急待救助的人。

鹤立鸡群
hè lì jī qún

故事

嵇绍,字延祖,西晋文学家。其父是"竹林七贤"之一嵇康。嵇绍十岁时,嵇康被司马氏集团杀害。嵇康临死之前,把自己的一双儿女托付给了山涛,对嵇绍说:"山公尚在,汝不孤矣。"嵇绍聪明英俊,在同伴中非常突出。嵇绍刚到洛阳时,有人告诉王戎:"昨日在人群中曾见到嵇绍,看他气宇轩昂,恰如野鹤立在鸡群中。"王戎说:"你还未见过他父亲呢!"嵇绍素来豁达洒脱,不拘小节,但开朗而有约束,通达而不杂乱。他与侄子嵇含等五人同居,对他们的抚养体恤如亲生子。嵇绍死后,门生及老部下感念他的仁爱,住在墓旁守丧,守满三年者有三十多人。

出处

出自南朝宋·刘义庆《世说新语·容止》:"有人语王戎曰:'嵇延祖卓卓如野鹤之在鸡群。'"

解释

比喻仪表或才能出众。

鸿鹄将至

故事

战国时期,孟子周游列国,推行自己的仁政主张,然而却处处碰壁。孟子对此分析说:"对于君王的不聪明,不必奇怪。即使是天下最容易生长的东西,如果晒它一天,冻它十天,也没有能成活的。我见君王的次数很少,我一离开他,那些给他泼冷水的人马上又围上去了,这样,他刚有的那点善心的萌芽又被碾碎了,我又能怎么样呢?好比下棋,下棋虽是小技艺,然而不专心致志就学不到手。弈秋是全国最擅长下棋的。如果让弈秋教两个人下棋,其中一人专心致志,一心只听弈秋讲解。另外一人虽然也在听讲,却一心想着天鹅要飞来了,要拿弓箭去射它,虽然他也一同在学,却不如人家学得好。是因为他的智力不如别人吗?当然不是这样。"

出处

出自《孟子·告子上》:"使弈秋诲二人弈,其一人专心致志,惟弈秋之为听。一人虽听之,一心以为有鸿鹄将至,思援弓缴而射之,虽与之俱学,弗若之矣。"

解释

指思想不集中,喜爱不专一。

侯服玉食

故事

夏侯湛,字孝若,西晋文学家,东汉征西将军夏侯渊曾孙。夏侯湛年幼时很有才华,文章宏富,善作新词,又容貌美丽。夏侯湛与潘岳友善,时常行走同车,歇止接席,京都的人称他们为"双璧"。夏侯湛的家族是望族,生性很喜欢豪华奢侈,穿侯服,餐美食,极力享用珍馐美味。夏侯湛临死前留下遗言,要求用小棺材节俭殓葬,不必堆土为坟、植树为饰。时人认为,夏侯湛虽然活着的时候没有磨砺名节,但死时能要求节约善终,是懂得生死存亡道理的。

出处

出自《晋书·夏侯湛传》:"湛族为盛门,性颇豪侈,侯服玉食,穷滋极珍。"

解释

穿王侯的衣服,吃珍贵的食物。形容生活豪华奢侈。

后来居上 hòu lái jū shàng

故事

汲黯,字长孺,是西汉武帝时名臣。他为人耿直,好直谏廷诤,汉武帝称他为"社稷之臣"。有一次,汉武帝说要实行儒家的仁政,汲黯说:"陛下内心里那么贪婪多欲,表面上却要装得实行仁政,这是何苦呢?"汉武帝脸色大变,宣布罢朝。武帝回到宫里以后,对身边的人说,汲黯这个人也未免太粗太直了。自此以后,汲黯的官职再也没有提升。汲黯当主爵都尉的时候,公孙弘、张汤都还是小官,后来,公孙弘当上了丞相,张汤做了御史大夫,只有汲黯没有得到升迁。有一天,汲黯对武帝发牢骚说:"陛下使用群臣,跟码垛木柴一样,是后来者居上啊。"汉武帝对臣下说:"人真是不能不学习啊。你们听汲黯说话,越来越离谱了。"

出处

出自《史记·汲郑列传》:"陛下用群臣如积薪耳,后来者居上。"

解释

后起的胜过先前的。

后来之秀 hòu lái zhī xiù

故事

王忱,字元达,东晋大臣,中书令王坦之第四子,尚书右仆射(yè)王国宝之弟。王忱弱冠知名,自恃才气。一次王忱去见舅舅范宁,在范宁家遇见素不相识的张玄,范宁要王忱与张玄交谈。张玄整理好衣服,等着王忱开口,而王忱竟一语不发,张玄最终失望离去。范宁对王忱说:"张玄是南方的优秀人物,你为什么不和他说话?"王忱答:"他若真想结识我,大可直接来我家见我。"范宁称赞说:"你才智出众,真是后来之秀。"王忱又回应:"没有你这个舅舅,哪有我这个外甥?"之后范宁告诉张玄,张玄就去拜访王忱,两人行宾主之礼,毫不因在范宁家的事而尴尬。苻(fú)朗曾经评价王忱和王国宝兄弟二人:一个是狗面人心,一个是人面狗心,指王忱貌丑而有才,王国宝貌美而心狠。

出处

出自南朝宋·刘义庆《世说新语·赏誉》:"范豫章谓王荆州:'卿风流俊望,真后来之秀。'"

解释

后成长起来的或后出现的优秀人物。

hú jiǎ hǔ wēi
狐 假 虎 威

故事

战国时期,楚宣王问群臣说:"我听说中原地区的诸侯都惧怕楚国的昭奚恤,果真是这样吗?"群臣没有人回答。江乙进前说:"山中有一只老虎,在觅食的时候,捉到了一只狐狸。正要吃掉狐狸时,狐狸对老虎说:'你不该吃我,上天派我做百兽的首领,如果你吃掉我,就违背了上天的命令。你如果不相信我的话,我在前面走,你跟在我的后面,看看群兽见了我,有哪一个敢不逃跑的。'老虎信以为真,于是就跟在狐狸后面。群兽见了老虎,纷纷逃跑。老虎不知道群兽是害怕自己才逃跑的,以为是害怕狐狸。现在大王的国土方圆五千里,大军百万,却由昭奚恤独揽大权。所以,北方诸侯害怕昭奚恤,其实是害怕大王的军队,这就像群兽害怕老虎一样啊。"

出处

出自《战国策·楚策一》:"虎求百兽而食之,得狐。……虎以为然,故遂与之行。兽见之皆走,虎不知兽畏己而走也,以为畏狐也。"

解释

狐狸借老虎的威势吓走百兽。比喻倚仗别人的权势来欺压、恐吓人。

hú qiú gāo xiù
狐 裘 羔 袖

故事

春秋时期,卫献公交代大夫孙文子、宁惠子不吃早饭,前去待命。到日上三竿时,卫献公仍不召见,却到园林里去猎大雁。两人找到园林,卫献公不脱皮冠就跟他们说话,十分失礼。两人发怒,孙文子于是赶跑了卫献公,拥立公子秋为国君,是为卫殇(shāng)公。卫献公逃奔到齐国,齐国人把郲(lái)地让给卫献公寄住。卫献公在外逃亡十二年后,终于回到卫国复位。有个大夫叫右宰穀(gǔ),起初跟从卫献公逃亡,后来又逃回了卫国。卫国人要杀掉他,他辩解说:"过去的事情我是不乐意干的。我如同是狐皮裘衣而用羊皮袖子,善多而恶少。"于是卫国人就赦免了他。

出处

出自《左传·襄公十四年》:"右宰穀从而逃归,卫人将杀之。辞曰:'余不说初矣,余狐裘而羔袖。'乃赦之。"

解释

狐皮衣服,羔皮袖子。比喻大体尚好,略有缺点。

hú fú qí shè
胡 服 骑 射

故事

赵武灵王,名雍,赵肃侯之子,战国中后期赵国君主。战国时期的赵国,北方大多是胡人部落。胡人身穿短衣长裤,擅长骑射,行动自如,迅速敏捷;而赵国军队多为步兵和兵车混合编制,官兵甲胄(zhòu)笨重,骑马很不方便,战斗力低下。鉴于这种情况,赵武灵王就想向胡人学习骑马射箭。首先必须改革服装,改穿胡人的短衣长裤。他的做法首先遭到以他叔叔公子成为首的一些人的反对。武灵王力排众议,在大臣肥义等人的支持下,下令在全国改穿胡人的服装。胡服改革成功后,武灵王继续进行骑马射箭的改革。骑兵作战改变了原来的军事装备和作战方式,大批出身低贱和有戎狄背景的人得到重用,赵国也逐渐强大起来,成为当时的"七雄"之一。

出处

出自《战国策·赵策二》:"今吾将胡服骑射以教百姓。"

解释

学习采用胡人的短打服饰和骑马、射箭等武艺。

hú sūn rù bù dài
猢 狲 入 布 袋

故事

梅尧臣,字圣俞,世称宛陵先生,北宋著名诗人。仁宗嘉祐元年

(1056),欧阳修等人上疏举荐梅尧臣。次年,梅尧臣被任命为屯田员外郎,充任《唐书》编修官及国子监直讲。接到编修《唐书》的诏命时,梅尧臣对妻子说:"我这一去,真可说是'猢狲入布袋'了。"意思是受到约束而不得自由了。他妻子答道:"你做官又跟鲇鱼爬竹竿有什么不同呢?"意思是你的官职就像鲇鱼爬竹竿一样一直升不上去。人们都认为,猢狲入布袋和鲇鱼上竹竿是一副绝好的对子。梅尧臣以诗知名三十年,始终没能入馆阁供职,晚年得以参与修撰《唐书》,然而书成未及上奏便身故了,士大夫无不为之叹息。

出处

出自宋·欧阳修《归田录》:"其初受敕修《唐书》,语其妻刁氏曰:'吾之修书,可谓猢狲入布袋矣。'刁氏对曰:'君于仕宦,亦何异鲇鱼上竹竿耶?'"

解释

猴子进到布袋里。比喻行动受到约束。

华而不实
huá ér bù shí

故事

春秋时期,晋国大夫阳处父到卫国聘问,回国时路过甯(níng)地,有个叫甯嬴的人愿意跟随他。然而甯嬴跟着阳处父刚走到温地就回家了。他的妻子问他怎么回事,甯嬴说:"这个人太刚强了。《商书》说:'深沉的人要用刚强来克服,爽朗的人要用柔弱来克服。'那个人只具备其中之一,恐怕不得善终吧。上天纯阳,属于刚强的德行,尚且不触犯寒暑四时运行的次序,何况人呢?而且华而不实,就会聚集怨恨。触犯别人而聚集怨恨,不能够安定自身。我是害怕不能得到利益反而遭到祸害,因此才离开他。"后来,晋襄公打算让狐射姑为将军,阳处父谏道:"民众不喜欢射姑,不可让他做将军。"射姑得知后大怒,在朝堂之上将阳处父当场刺死。

出处

出自《左传·文公五年》:"且华而不实,怨之所聚也。"

解释

只开花,不结果。比喻外表好看而内里空虚,有名无实。

华亭鹤唳
huá tíng hè lì

故事

陆机,字士衡,西晋著名文学家、书法家。当时,宦官孟玖及其弟孟超得到司马颖的宠幸。孟超任小都督,放纵士兵掳掠,陆机逮捕了主凶。孟超带铁骑百余人,径直到陆机麾下抢人,并对陆机说:"貉奴能做都督吗?"孙拯劝陆机杀了他,陆机不同意。孟超公开对众人说:"陆机将要谋反。"又给孟玖写信,说陆机怀有二心。作战时,孟超不受陆机管辖,轻率地独自进军而覆没。孟玖怀疑是陆机杀了孟超,便向司马颖进谗言,说陆机有异志。司马颖大怒,让牵秀秘密逮捕陆机。被捕时,陆机脱下戎装,穿上白帢(qià),神态自若。临刑时,陆机感叹道:"华亭的鹤鸣声,能再听到么!"华亭在吴地由拳县郊外,有清泉茂林。东吴被平后,陆机兄弟曾共游于此十余年。

出处

出自南朝宋·刘义庆《世说新语·尤悔》:"陆平原河桥败,为卢志所谗,被诛。临刑叹曰:'欲闻华亭鹤唳,可复得乎!'"

解释

指感慨生平,悔入仕途。也指对过去生活的留恋。

划粥割齑
huà zhōu gē jī

故事

范仲淹,字希文,北宋杰出的思想家、政治家、文学家。范仲淹读书时,生活极其艰苦,每天只煮一锅粥,凉了以后划成四块,早晚各取两块,和着切成细末的咸菜一起吃,吃完继续读书。有个同窗是官宦子弟,看见范仲淹生活那么艰苦,回家告诉其父,其父便派人给范仲淹送来了好饭好菜。过了些天,那位同学去看望范仲淹,发现给范仲淹的饭菜原封未动,都快发霉了。同学就责备他道:"我父亲听说你生活清苦,所以才送来饭食让你改善一下,而你却一口不吃,岂非瞧不起我?"范仲淹说:"我吃粥已经吃习惯了,我怕吃了你的饭菜,就再吃不下这些粥了。"

出处

出自宋·魏泰《东轩笔录》:"惟煮粟米二升,作粥一器,经宿遂凝,以刀为四块,早晚取二块,断齑十数茎,醋汁半盂,入少盐,暖而啖之。"

解释

把粥划成若干块,把咸菜切成碎末。形容生活艰苦。

画饼充饥

故事

卢毓(yù),字子家,三国时期政治家。魏明帝时,诸葛诞、邓飏(yáng)等人沽名钓誉,不务实际,互相吹捧,世间讥诮他们为"四聪八达",魏明帝曹叡(ruì)对这种风气深感厌恶。当时要选拔中书郎,魏明帝下令说:"这次选拔,要由卢毓决定。选拔不要只看名声,名声就像在地上画的饼一样,是不能吃的。"卢毓回答说:"靠名声不可以得到特异之士,而可以得到一般的人才。一般人才敬畏教化,向往仁义,然后才成为名士,所以名声不应当被废弃不用。古代选官便是按声望推荐,然后朝廷对他们进行考核,看他们是否真有才学。现在废除了考试法,全靠名誉提升或降职,所以真伪难辨,虚实混淆。"魏明帝采纳了卢毓的意见,下令制定考试法,用推荐和考试相结合的办法录用人才。

出处

出自《三国志·魏书·卢毓传》:"选举莫取有名,名如画地作饼,不可啖也。"

解释

比喻徒有虚名而无实惠。也比喻借空想安慰自己。

画虎不成反类狗

故事

马援,字文渊,东汉名将。马援在交趾军中听说侄儿马严、马敦二人好评人短长、论说是非,而且与侠士轻佻之人交好,于是写信进行劝诫。信中说:"我此生痛恨议论他人的长短,希望你们在听到有人议论别人的过失时,只可听,切不可参与议论。我希望你们向龙伯高学习,他是一个厚道、谨慎、节俭、恭谦的人,他虽然职位不高,但我很尊敬他,希望你们学习他。即使学不成,还尚且能成为一个谨慎之人。而杜季良是个侠肝义胆的人,能够与人同甘共苦,无论人是好是坏,他都能与他们交朋友。我虽然也尊敬他,但我不希望你们学习他。如果你们向杜季良学而学不成,就会成为一个轻浮浪荡者,这就好比画一只虎画不像,却画成一只狗了。"

出处

出自《后汉书·马援传》:"效季良不得,陷为天下轻薄子,所谓画虎不成反类狗也。"

解释

比喻模仿的效果不好,不伦不类。

画龙点睛
huà lóng diǎn jīng

故事

张僧繇(yóu)是梁朝著名的画师,梁武帝时在宫廷秘阁掌管画事,历任右将军、吴兴太守。有一次,梁武帝命他在金陵安乐寺的墙壁上画龙。张僧繇在墙壁上画了四条白龙。人们发现这些龙都没有画眼睛,张僧繇解释说:"画上眼睛的话,它们就会飞走的。"大家都觉得他的话荒诞,坚持要他画上眼睛。张僧繇无奈,只好给其中的两条龙点上了眼睛。霎时间,电闪雷鸣,击破了墙壁,那两条龙腾云驾雾,升上高空飞走了,那两条没有点睛的龙仍然在墙上。

出处

出自唐·张彦远《历代名画记》卷七:"金陵安乐寺四白龙不点眼睛,每云:'点睛即飞去。'人以为妄诞,固请点之。须臾,雷电破壁,两龙乘云腾去上天,二龙未点睛者见在。"

解释

比喻在关键地方简明扼要地点明要旨,使内容生动传神。

画蛇添足
huà shé tiān zú

故事

古代楚国有个贵族,举行完祭祀后,把一壶祭酒赏给了门客。但是酒少不够分,门客们便在地上比赛画蛇,谁先画好,谁就喝这壶酒。有一个人最先把蛇画好了,他端起酒壶正要喝,一看别人都还没画完,便左手拿着酒壶,右手继续给蛇画上了几只脚,一边得意扬扬地说:"我还能给蛇画足。"可是没等他把脚画完,另一个人已把蛇画成了。

那人把壶抢过去,说:"蛇本来是没有脚的,你怎么能给它添脚呢?"接着便把酒喝了。

出处

出自《战国策·齐策二》:"一人蛇先成,引酒且饮之,乃左手持卮,右手画蛇,曰:'吾能为之足。'未成,一人之蛇成,夺其卮曰:'蛇固无足,子安能为之足?'遂饮其酒。为蛇足者,终亡其酒。"

解释

比喻多此一举,弄巧成拙。

黄绢幼妇
huáng juàn yòu fù

故事

东汉著名文学家蔡邕(yōng)路过上虞时,在《曹娥碑》的背面题了八个大字:"黄绢幼妇外孙齑(jī)臼"。后来曹操路过上虞,看到《曹娥碑》,便指着蔡邕的题字,问主簿杨修:"这八个字的意思你知道吗?"杨修回答:"知道。"曹操说:"你先不要讲出来,让我想一想。"走了三十里路,曹操才明白过来,说:"咱们各自把自己的理解写出来吧。"杨修写道:"黄绢,色丝也,这是一个'绝'字;幼妇,少女也,这是一个'妙'字;外孙,女之子也,这是一个'好'字;齑臼,受辛也,这是一个'辞'('辤'同'辞')字。这八个字的意思是'绝妙好辞'。"曹操一看,跟自己写的完全一样,于是感慨地说:"我的才能不及你。"

出处

出自南朝宋·刘义庆《世说新语·捷悟》:"黄绢,色丝也,于字为'绝'。幼妇,少女也,于字为'妙'。"

解释

"绝妙好辞"的隐语。

黄粱一梦
huáng liáng yī mèng

故事

唐朝开元年间,有个种田的人叫卢生,在邯郸的客店里遇见了身怀神仙法术的道士吕翁。卢生自叹贫困,吕翁便拿出一个瓷枕头让他枕上。卢生枕着枕头睡着了,梦见自己娶妻、生子、做官,享尽了一生荣华富贵。一觉醒来，店家的黄米饭还没有煮熟呢。卢生奇怪地说："这岂不是在做梦呀！"吕翁对卢生说："人世之事就是这样的。"卢生惆怅良久，谢道："人生的恩宠屈辱，命运的困窘通达，获得和丧失的道理，死亡和生命的本质，我全知道了。这是先生你遏止我的欲念啊，我哪能不接受教诲呢？"磕头拜谢后离去。

出处

出自唐·沈既济《枕中记》："卢生欠伸而悟，见其身方偃于邸舍，吕翁坐其傍，主人蒸黍未熟，触类如故。"

解释

比喻虚幻的梦和不能实现的梦想。

挥戈返日 huī gē fǎn rì

故事

鲁阳公是楚平王之孙，司马子朝之子。传说，鲁阳公在跟韩人作战时，愈战愈勇，眼看天色已晚，鲁阳公举起长戈向日挥舞，吼声如雷。西下的太阳为之回转过来，恢复了光明。鲁阳公终于全歼了敌军。

出处

出自《淮南子·览冥训》："鲁阳公与韩构难，战酣日暮，援戈而㧑（挥）之，日为之反三舍。"

解释

挥舞兵器，赶回太阳。比喻排除困难，扭转危局。

讳疾忌医 huì jí jì yī

故事

战国时期，有一次，名医扁鹊去拜见蔡桓侯。他在旁边站了一会儿，对桓侯说："您病了，现在病还在皮肤里，若不赶快医治，病情将会加重。"桓侯说："我没有病。"十天以后，扁鹊又去见桓侯，对桓侯说："您的病已经发展到肌肉里了，如果不医治，还会加重。"桓侯很不高兴，说："我没有病。"又过了十天，扁鹊又去见桓侯，对他说："您的病已经转到肠胃里去了，再不医治，就会更加严重了。"桓侯不理睬他。又过了十天，扁鹊远远见到桓侯，转身就走。桓侯觉得奇怪，于是派使者去问扁鹊是怎么回事。扁鹊对使者说:"病在皮肤、肌肉、肠胃里,用针灸或服药的方式还可以医治。现在桓侯的病已经深入骨髓,我无法替他医治了。"五天以后,桓侯浑身疼痛,赶忙派人去请扁鹊,扁鹊已经逃跑了。桓侯不久就死了。

出处

出自《韩非子·喻老》:"桓侯曰:'寡人无疾。'扁鹊出,桓侯曰:'医之好治不病以为功。'居十日,扁鹊复见曰:'君之病在肌肤,不治将益深。'桓侯不应。扁鹊出,桓侯又不悦。"

解释

隐瞒疾病,不愿就医。比喻掩饰缺点、错误,不愿改正。

J

击碎唾壶
jī suì tuò hú

故事

王敦,字处仲,为东晋丞相王导的堂兄。王敦出身琅玡王氏,曾与王导一同协助司马睿建立东晋政权,成为当时的权臣。王敦一直有夺权之心,因此特别欣赏曹操的《龟虽寿》,每次酒后总是吟咏曹操的诗句:"老骥伏枥,志在千里。烈士暮年,壮心不已。"一边吟咏一边用如意敲打唾壶,来配合吟咏的节拍,壶口被敲得都是缺口。最终王敦发动政变,史称"王敦之乱"。

出处

出自《晋书·王敦传》:"以如意打唾壶为节,壶边尽缺。"

解释

击打唾壶来打节拍,壶口被敲碎。形容对文学作品高度赞赏。

饥附饱扬
jī fù bǎo yáng

故事

东汉末年,群雄逐鹿。袁术想联合吕布。沛相陈珪(guī)担心袁术、吕布联合后会危害国家,于是前往游说吕布与曹操合作。陈珪之子陈登拜谒曹操,述说了吕布有勇无谋、反复无常的缺点,希望曹操早日除掉他。曹操说:"吕布狼子野心,不能让他久留世上。"当即把陈珪的年俸禄提到二千石,并任命陈登为广陵太守。陈登回来后,吕布说:"你父亲劝我与曹公合作,我才拒绝了袁术。现在我一无所获,你们父子反倒加官晋爵,我被你们出卖了!"陈登从容答道:"我见曹公时说:'对待将军您,要像对待猛虎,应当让他吃饱,如果不饱,他会吃人的。'

曹公说：'并不像你说的那样，对吕布更像是养鹰，饿时可以利用，而当他吃饱了，却会自顾飞去。'"吕布这才消了气。

出处

出自《后汉书·吕布传》："譬如养鹰，饥即为用，饱则飏（扬）去。"

解释

饿了就依附，饱了就飞走。指有困难时就依附，得志时就离开。形容忘恩负义。

jī hán jiāo pò
饥寒交迫

故事

唐朝初年，有个武功人叫严甘罗，剽掠劫财，被官吏抓获。唐高祖李渊审问他："你为什么要做贼？"严甘罗说："饥寒交迫，没办法只好做贼。"李渊叹息说："我作为你们的国君，却使你们生活贫困，这是我的罪过啊。"就把严甘罗放了。

出处

出自宋·王谠《唐语林·政事上》："上谓曰：'汝何为作贼？'对曰：'饥寒交切，所以为盗。'"

解释

饥饿、寒冷同时逼来。形容生活贫穷困苦。

jī biàn rú shén
机变如神

故事

宋齐丘，本字超回，改字子嵩，历任吴国和南唐宰相。宋齐丘为文有天才，自以为古今独步，其为文作书也是自负满满。陆游所作《南唐书》称"国老宋齐丘，机变如神"，可抵得上十万兵卒。然而宋齐丘在南唐仕途不顺，几度被贬。周世宗欲伐江南，忌惮宋齐丘的机变如神，遂设计离间，导致宋齐丘被诬卖国，放归九华山。宋齐丘在九华山时，起初有人从墙洞中给他送饭，后来断绝了他的食物供给，致使宋齐丘活活饿死。死后朝廷赐谥"丑缪"，加以羞辱。

出处

出自宋·陆游《南唐书·宋齐丘传论》："世言江南精兵十万，而长江天堑,可当十万;国老宋齐丘机变如神,可当十万。"

解释

形容机智权变,神奇莫测。

鸡不及凤
jī bù jí fèng

故事

王慈,字伯宝,王僧虔之子,南北朝时期名士。年轻时曾跟堂弟王俭一起学习书法。一天,谢凤之子谢超宗来拜访王慈,王慈正在练习书法,未能当即停笔。超宗问王慈:"您的字比令尊虔公如何?"王慈答道:"我的字比起家父,犹如鸡之比凤。"超宗直呼王僧虔的名讳,所以王慈也直呼超宗之父谢凤之名。超宗狼狈而退。时人认为王慈的应答非常巧妙。

出处

出自《南齐书·王慈传》:"谢超宗尝谓慈曰:'卿书何当及虔公?'慈曰:'我之不得仰及,犹鸡之不及凤也。'"

解释

比喻儿子比不上父亲。

鸡鸣狗盗
jī míng gǒu dào

故事

孟尝君田文是战国时期齐国贵族,"战国四公子"之一。后来,秦昭王拜田文为相。有人劝秦王道:"田文的确贤能,可他是齐王的同宗,现在任秦相,谋划事情必定是先替齐国打算,而后才考虑秦国,秦国可要危险了。"于是秦昭王就把田文囚禁起来,打算杀掉他。田文手下有一位门客善于钻狗洞偷东西。门客深夜潜入秦宫,偷出早已献给秦王的一件白狐裘,转献给秦王的一个爱姬。这个爱姬在秦王面前替田文求情,田文得以被释放。田文一行人连夜逃离秦国,到函谷关时,正是半夜,关门紧闭。按照秦国的法规,函谷关每天鸡叫时才开门。田文的另一个门客会学鸡叫,引得许多鸡跟着叫起来。守关的士兵听到鸡叫就把关门打开了。田文终于脱离险境,逃回了齐国。

出处

出自《史记·孟尝君列传》:"乃夜为狗,以入秦宫臧中,取所献狐白裘至,以献秦王幸姬……孟尝君至关,关法鸡鸣而出客,孟尝君恐追至,客之居下坐者有能为鸡鸣,而鸡齐鸣,遂发传出。"

解释

借指低下的技能或行为。也指具有这类技能或行为的人。

鸡犬升天 jī quǎn shēng tiān

故事

刘安是汉高祖刘邦之孙,被封为淮南王,后图谋反叛,事败自尽。刘安曾招宾客方术之士数千人,编写《淮南鸿烈》,亦称《淮南子》。据传,刘安是世界上最早尝试热气球升空的实践者,也是中国豆腐的创始人。民间传说,淮南王刘安迷恋炼丹成仙,有位仙翁把炼制仙丹的方法传授给了他。刘安炼出了仙丹,便沐浴更衣,焚香祷告,然后把仙丹吃了下去。刘安觉得身体轻飘飘的,低头一看,原来自己早已站在云端了。刘安成仙后,洒落在院子里的仙丹被鸡和狗吃了,它们也都飘然升空,成了神仙。刘安在鸡狗簇拥之中,慢慢地消失了。

出处

出自汉·王充《论衡·道虚》:"淮南王刘安坐反而死,天下并闻,当时并见,儒书尚有言其得道仙去,鸡犬升天者。"

解释

比喻一个人得势,和他有关的人也跟着沾光。

及瓜而代 jí guā ér dài

故事

春秋时期,齐襄公派连称和管至父带兵去守卫葵丘。出发时正值瓜熟的时节,齐襄公许诺说:"到明年瓜熟的时候就派人替代你们。"两人在葵丘驻守了整整一年,然而齐襄公换防的命令并没有下来。连称、管至父请求派人替代,齐襄公不同意,因此两人就策划叛乱。这年十二月,两人发动叛乱,带兵进入宫中。齐襄公藏到了门后,让宦官孟阳躺在床上假作自己。叛军在床上杀了孟阳,说:"这个不是国君,样子不像。"有人看到齐襄公的脚露出在门下边,就把他搜出来杀死了,随即拥立公孙无知为国君。

出处

出自《左传·庄公八年》:"齐侯使连称、管至父戍葵丘。瓜时而往,曰:'及瓜而代。'期戍,公问不至。请代,弗许。故谋作乱。"

解释

等明年瓜熟时派人接替。指任期已满,换人接替。

jí gōng jìn lì
急 功 近 利

故事

西汉时期,胶西王刘端十分敬重大儒董仲舒。有一次,刘端对董仲舒说:"勾践的贤明,加上范蠡、文种的才能,我认为这是越国的'三仁',你怎么看待这'三仁'呢?"董仲舒回答说:"过去鲁国国君问柳下惠:'我想攻打齐国,你看怎么样?'柳下惠回答说:'不行。'退下来后,柳下惠满脸忧愁地说:'我听说,阴谋侵略邻国的,不会向仁者讨教,这次国君为什么问我呢?'可见,柳下惠连被问都觉得羞耻,更别说参与讨伐齐国了!由此看来,越国本来就没有一个'仁',哪来的'三仁'?所谓仁人,是'正其道不谋其利,修其理不急其功'的仁。致力于以德教化民众而使社会风气大变,才是仁的最高境界,尧、舜、禹就是榜样。"

出处

出自汉·董仲舒《春秋繁露·对胶西王越大夫不得为仁》:"仁人者正其道不谋其利,修其理不急其功。"

解释

急于求成,贪图眼前利益。

jí fēng zhī jìng cǎo
疾 风 知 劲 草

故事

王霸,字元伯,颍(yǐng)川颍阳(今河南襄城)人,东汉将领,"云台二十八将"之一。王霸年轻时曾担任过监狱官,常常感叹不愿做小官吏。汉兵起事时,刘秀路过颍阳,王霸带门客去见刘秀,说:"将军发起义兵,我不自量力,仰慕您的威信品德,愿意在您军中当兵。"于是王霸归附刘秀,跟随刘秀在昆阳之战中打败王寻、王邑后,回家休息。更始元年(23),刘秀再次路过颍阳,王霸随其到了洛阳。等刘秀任大司马后,王霸被封为功曹令史,跟随刘秀到河北。这时,原先跟随刘秀的几十个门客都渐渐离去。刘秀对王霸说:"在颍阳投奔我的人现在都走了,只有你一人留下来,这才验证了'疾风知劲草'这句话。"刘秀称帝后,封王霸为偏将军,始终都很器重他。

出处

出自汉·刘珍等《东观汉记·王霸传》:"光武谓霸曰:'颍川从我者皆逝,而子独留,始验疾风知劲草。'"

解释

在猛烈的大风中,才知道哪种草最强劲。比喻在激烈的斗争或艰苦危急之中,才能显出什么人意志坚强,忠贞可靠。

棘刺母猴
jí cì mǔ hóu

故事

战国时期,燕王征求天下的能工巧匠。有个卫国人自称能在荆棘的尖刺上雕刻猕猴。燕王说:"我想看看你在棘刺尖上雕刻猕猴。"卫人说:"君王要想看它,必须在半年中不到内宫住宿,不饮酒吃肉,在雨停日出、阴晴交错的时候再观赏。"燕王于是把这个卫人供养了起来。宫里有个铁匠对燕王说:"再小的刻制品也要用刻刀才能雕刻出来,雕刻的东西一定要比刻刀的刀锋大。大王检查一下那位工匠的刻刀,就可以知道他说的话是真是假了。"大王一听,如梦方醒,立即把那个卫国人找来,问道:"你在棘刺尖儿上雕刻猴子,用的是什么工具?"卫国人回答:"刻刀。"燕王说:"把你的刻刀拿给我看看。"卫国人一听就慌了,借口说到住处去取刻刀,趁机溜出宫门逃跑了。

出处

出自《韩非子·外储说左上》:"燕王征巧术人,卫人请以棘刺之端为母猴。燕王说之,养之以五乘之奉。"

解释

母猴:猕猴。在棘刺尖端雕刻猕猴。指欺骗的勾当或艰难的事业。

济河焚舟

故事

公元前628年,秦国趁晋国大丧而出兵占领晋国滑城。晋国与秦军在殽(xiáo)展开大战,全歼秦军,俘虏了秦军主帅孟明视。孟明视靠晋文公夫人的帮助才得以逃回秦国。孟明视在回国途中发下誓言:"三年后必报此仇。"三年后,秦穆公又派孟明视伐晋。秦军渡过黄河,烧掉渡船,占取了王官和郊。晋军不出战,秦军就从茅津渡黄河,在殽为死亡的将士筑了一个大坟墓,然后返回秦国。秦穆公就此称霸于西方。

出处

出自《左传·文公三年》:"秦伯伐晋,济河焚舟。"

解释

渡过河,烧掉船。表示断绝退路,决一死战。

寄人篱下

故事

张融是南朝齐文学家、书法家。张融形貌短丑,行止怪诞,而且文如其人,奇诡激扬而别具一格。他在《门律自序》中写道:"作为男子汉大丈夫,写文章应当效仿孔子删编《诗》《书》,制定礼乐,发扬自己的创造性,为什么要模仿别人,像鸟雀那样寄居在人家的篱笆下面呢?"张融特立独行的个性、机敏善辩的口才及风姿飘逸的名士风范对后世影响很大。有一次,齐高帝萧道成召见他,他很晚才到。萧道成问他为什么迟到,他说自己见皇帝好像是从地上升往天空,所以快不起来。萧道成闻言非常高兴。

出处

出自《南齐书·张融传》:"丈夫当删《诗》《书》,制礼乐,何至因循寄人篱下?"

解释

寄居在别人家里。原比喻诗文创作因袭他人而非独创。后比喻依靠别人的支持来维持生活,不能独立。

家徒四壁
jiā tú sì bì

故事

司马相如,字长卿,蜀郡成都人,西汉辞赋家。一次,临邛(qióng)富人卓王孙设宴请客,结交相如。卓王孙有位刚死了丈夫的女儿,名文君,为相如的风度和才情所吸引,产生了敬慕之情。于是文君深夜逃出家门,与相如私奔到了成都。卓王孙大怒,声称女儿违反礼教,连一个铜板都不会给她。司马相如家境穷困,除了四面墙壁之外,简直一无所有。后来他们回到临邛,把车马卖掉作为本钱,开了一家酒店。卓文君当垆(lú)卖酒,司马相如则系着围裙,跟伙计们一起洗涤杯盘瓦器。没多久,邻居们都晓得,卓王孙的女儿居然在街上卖酒!卓王孙为了面子,不得已只好送给卓文君一百名仆人和一百两黄金,让他们购买田产房屋。

出处

出自《史记·司马相如列传》:"文君夜亡奔相如,相如乃与驰归成都,家居徒四壁立。"

解释

家里只有四面墙。形容家境贫寒,一无所有。

家喻户晓
jiā yù hù xiǎo

故事

节姑姊是战国时期梁国的一位妇人。一天,家里失火,节姑姊的侄子和儿子都在屋里。节姑姊冲进屋内,想把侄子救出来。屋内浓烟弥漫,不辨人面,节姑姊抓起一个孩子就冲了出去,出去一看却是自己的儿子。这时火势已盛,再想回屋救人,已经进不去了。节姑姊发了疯似的就要往火海里冲,旁边有人拉住她,对她说:"你本来想救侄子,惶急之中把儿子抱了出来,大家心里都清楚,能说什么呢?何至于自己再去送死?"节姑姊说:"在场的诸位自然知道我的用意,但是怎么可能挨户告知整个梁国的人呢?人们肯定以为我只顾救自己的儿子而不顾哥哥的儿子。我背负不义的骂名,有什么脸再见哥哥和梁国的人呢?"于是投入火海而死。

出处

出自汉·刘向《列女传·梁节姑姊》:"梁国岂可户告人晓也?被不义之名,何面目以见兄弟国人哉?"

解释

家家户户都明白知晓。原作"户告人晓",意为挨户晓喻,使人人知道。

坚壁清野
jiān bì qīng yě

故事

公元194年,徐州牧陶谦病死。曹操打算趁机夺取徐州,再回军消灭吕布。荀彧(yù)劝阻说:"现在他们已经收麦完毕,必定会坚壁清野以防将军。将军久攻不下,抢掠又无收获,不出十天,十万人马尚未开战自己先已困乏了。"曹操采纳了荀彧的意见,放弃进攻徐州,抓紧战机,收割熟麦,储存粮秣,积蓄实力。不久,曹操大败吕布,乘胜攻取定陶城,并分别派出部队收复兖州各县,兖州遂平。

出处

出自《三国志·魏书·荀彧传》:"今东方皆已收麦,必坚壁清野以待将军。将军攻之不拔,略之无获,不出十日,则十万之众未战而自困耳。"

解释

加固营垒,转移人口、财物,收割谷物,使四野空无所有。是作战时的一种战术。

蒹葭玉树
jiān jiā yù shù

故事

三国时期,黄门侍郎夏侯玄一表人才,有玉人之称。当时的人评论夏侯玄,说他就像怀里揣着日月一样光彩照人。皇后的弟弟毛曾相貌丑陋,令人生厌。魏明帝叫毛曾和夏侯玄并排坐在一起,时人称之为"蒹葭倚玉树"。

出处

出自南朝宋·刘义庆《世说新语·容止》:"魏明帝使后弟毛曾与夏

侯玄并坐,时人谓'蒹葭倚玉树'。"

解释

蒹葭:没有长穗的芦苇。比喻品貌相差甚远。

俭不中礼

故事

王珪(guī),字叔玠(jiè),唐初四大名相之一。王珪官高位显多年,但是不建私庙,四时祭祀都在家中进行。当时舆论认为王珪过于俭朴而不合于礼法,对王珪颇有微词。其实王珪为人处处讲究礼法。他曾向太宗建议说:"三品以上官员遇见亲王都要下车行礼,这不符合礼仪。"唐太宗不高兴,说:"你们为彰显尊贵,便轻视皇子吗?"王珪与魏征极力劝谏,唐太宗遂削减诸王权势。唐初公主下嫁,不行拜见公婆之礼。南平公主下嫁王珪之子后,王珪说:"如今皇帝圣明,行为举止都遵循礼制。我接受公主拜见,不是为自身荣耀,而是要显示朝廷的美德。"他和妻子端坐于上,让公主行拜礼。从此,凡是公主下嫁,若公婆尚在,都要行妇礼。

出处

出自《旧唐书·王珪传》:"珪既俭不中礼,时论以是少之。"

解释

节省太过而不合于礼法。

见弹求鸮

故事

《庄子》中的一则寓言故事讲到,瞿鹊子问长梧子:"我从孔夫子那里听说:圣人不从事琐细的事务,不追逐私利,不回避灾害,不喜好贪求,不因循成规;没说什么又好像说了些什么,说了些什么又好像什么也没有说,因而遨游于世俗之外。孔夫子认为这些都是轻率不当的言论,而我却认为是精妙之道的实践和体现。先生你认为怎么样呢?"长梧子说:"这些话黄帝也会疑惑不解的,孔丘怎么能够知晓呢?而且你也谋虑得太早,就好像见到鸡蛋便想立即得到报晓的公鸡,见到弹子便想立即得到烤熟的鸮肉。人们总是一心忙于争辩是非;圣人却好像愚昧而无所觉察,糅合古往今来多少变异沉浮,自身却浑然一体,不为纷杂错异所困扰。万物全都是这样,相互蕴积于浑朴而又精纯的状态之中。"

出处

出自《庄子·齐物论》:"且女亦大早计,见卵而求时夜,见弹而求鸮炙。"

解释

看到弹丸就想得到炙烤的鸮肉。比喻联想太远,估计过早。

见利忘义 jiàn lì wàng yì

故事

汉高祖死后,吕后专权,大肆提拔吕氏族人。吕雉死后,她的侄子赵王吕禄、梁王吕产率领吕氏宗族阴谋发动叛乱,但因顾忌灌婴和周勃等大臣而未实行。郦寄平时和吕禄交往甚密,吕禄对郦寄言听计从。丞相陈平和太尉周勃准备诛杀吕氏宗族,但无法进入军中夺取兵权。于是,两人让郦寄进言吕禄说:"如今您仍做上将军,统军驻守长安,这就会被大臣诸侯所猜疑。您何不归还印信,把军队交给太尉?这样就可高枕无忧、世代为王了。"吕禄听信了郦寄的话,放松戒备,同他一起出去游乐。周勃趁机夺取军权,率军讨伐吕氏家族,铲除了诸吕势力。在这场宫廷政变中,郦寄凭借同吕禄的友情,为铲除诸吕立了大功,然而却落下卖友的骂名。所谓卖友,就是见利忘义。

出处

出自《汉书·樊郦等传赞》:"当孝文时,天下以郦寄为卖友。夫卖友者,谓见利而忘义也。"

解释

见到有利可图就不顾道义。

见猎心喜 jiàn liè xīn xǐ

故事

程颢(hào)是北宋著名学者,世称明道先生。他与弟弟程颐并称"二程",同为北宋理学的奠基者。程颢十六七岁的时候,喜爱打猎。后来他集中心思研究学问,便没有时间去打猎了。他对老师周敦颐说自己已经失去这个爱好了。周敦颐听到这话,对程颢说:"不然。我看你不是不喜爱打猎,只是把这种心思隐埋起来罢了。说不定哪一天这种心思萌发起来,你还是会像年轻时一样,高高兴兴地去打猎。"周敦颐这席话,在十二年后得到了验证。一次程颢外出归来,在田野里见到有人打猎,顿时想起了打猎的乐趣,不觉高兴起来。

出处

出自宋·程颢、程颐《程氏遗书》第七卷:"明道年十六七时,好田猎。十二年,暮归,在田野间见田猎者,不觉有喜心。"

解释

喜欢打猎的人,看见别人打猎就感到高兴。比喻旧习难忘,一旦有机会便不免跃跃欲试。

剑履上殿
jiàn lǚ shàng diàn

故事

公元前202年,刘邦要评定群臣功劳,进行封赏。刘邦认为萧何的功劳最大,把他封为酂(zàn)侯,给他的食邑很多。到排定位次时,还是想让萧何居首。关内侯鄂君进言说:"萧何总能从关中派遣士卒补充前线的军队,在陛下危急的时候,他能派遣几万士卒来到陛下身边,这也有多次了。汉楚两军在荥(xíng)阳对抗几年,军队没有现成的粮食,而萧何从关中水陆转运,供给粮食,从不匮乏。陛下屡屡把山东地区丢失给项羽,但萧何一直保全关中等待陛下,让陛下可以运用关中的人力物力组织反攻,这是万世不朽的功劳。应该是萧何为第一。"高祖说:"说得好。"于是就下令定萧何在功臣中位居第一,赐给他特殊的礼遇:可以带剑穿履上殿,入朝拜见时不必趋(礼貌性的小步快走)。

出处

出自《史记·萧相国世家》:"于是乃令萧何第一,赐带剑履上殿,入朝不趋。"

解释

上朝时可以穿鞋带剑。指待遇优厚。

渐入佳境
jiàn rù jiā jìng

故事

顾恺之,字长康,小字虎头,东晋杰出画家。顾恺之博学多才,工诗赋、书法，尤善绘画，精于人像、佛像、禽兽、山水等。时人称顾恺之为三绝：画绝、文绝和痴绝。顾恺之吃甘蔗与众不同，别人都是从最甜的地方吃起，不甜了就扔掉，而顾恺之吃甘蔗是从末梢吃起。有人对他这种吃甘蔗的方式感到很好奇，他回答说："越吃越甜，渐入佳境。"

出处

出自《晋书·顾恺之传》："恺之每食甘蔗，恒自尾至本，人或怪之。云：'渐入佳境。'"

解释

情况逐渐好转或兴味逐渐浓厚。

jiāng láng cái jìn
江郎才尽

故事

南朝文学家江淹自幼勤奋好学，六岁能诗，十八岁已熟背"五经"，所作《恨赋》《别赋》被誉为千古奇文。可是，当他年纪渐渐大了以后，文章反而没有以前写得好了，诗写出来也是平淡无奇。传说，江淹从宣城郡离任时，在冶亭留宿，梦见一个美男子，自称叫郭璞（pú）。梦中，郭璞对他说："我有一支笔放在你这里已经很久了，应该还给我了。"江淹一摸怀中，果然有支五彩笔，于是就把这支五彩笔还给了郭璞。从此以后，江淹就再也写不出美妙的诗文了。因此，人们都说江郎的才华已经用尽了。

出处

出自《南史·江淹传》："淹乃探怀中得五色笔一以授之。尔后为诗绝无美句，时人谓之才尽。"

解释

原指江淹的文思已经衰竭。后泛指文思枯竭或才气用尽。

jiāng zuǒ yí wú
江左夷吾

故事

温峤，字泰真，东晋政治家、军事家。王导，字茂弘，东晋著名政治家，历仕晋元帝、明帝和成帝三朝，是东晋政权的奠基人之一。温峤初到江南时，江南的政权建立工作刚刚开始，百废待兴。温峤去拜访丞相王导，两人谈起亡国之痛，痛哭流涕。温峤恳切地表达结交之意，王导也真诚地接纳他的心愿。出来以后，温峤高兴地说："江南自有管夷吾那样的人，我还担心什么呢？"

出处

出自《晋书·温峤传》："于时江左草创，纲维未举，峤殊以为忧。及见王导共谈，欢然曰：'江左自有管夷吾，吾复何虑？'"

解释

指有辅国救民之才的人。

浆酒霍肉
jiāng jiǔ huò ròu

故事

鲍宣，字子都，西汉大臣。哀帝时为谏大夫，敢于上书直言，抨击时政。他在《谏哀帝书》中说道："现在贫苦百姓食不果腹，衣不蔽体，父子夫妇都无力相互保护，实在令人心酸。陛下不救助他们，他们将归附何处呢？为什么只厚待外戚和幸臣董贤，给他们的赏赐多以万数，以至于他们的奴婢侍从和门客都视酒肉如浆藿，连家奴侍从都跟着富裕起来了。这是违背天意的。至于汝昌侯傅商，则无功而受封爵。官爵不是陛下的官爵，而是天下的官爵。陛下拿不属于自己的官爵授予不当受此官爵的人，却还指望天悦人服，又怎么可能呢？"

出处

出自《汉书·鲍宣传》："奈何独私养外亲与幸臣董贤，多赏赐以大万数，使奴从宾客浆酒霍肉，苍头庐儿皆用致富。"

解释

把酒当作水，把肉当作藿菜。形容奢侈浪费。

胶漆相投
jiāo qī xiāng tóu

故事

雷义，字仲公，东汉名士。陈重，字景公，与雷义是发小，一起学习《鲁诗》和《颜氏春秋》。太守张云举荐陈重为孝廉，陈重想让给雷义，前后给张云写了十多封书信，张云没有听从。第二年，雷义被推举为孝廉，与陈重同在郎署供职。后来，雷义因代人受过被罢免，陈重也托病辞官而去。雷义回到家里后又被举荐为秀才,他推让给陈重,刺史不从,他就假装疯癫,披头散发奔走,不应召任命。人们都说:"胶和漆自以为坚固,却也比不上雷义和陈重的情谊。"后来三公府同时征召两人,雷义才接受任命。

出处

出自《后汉书·雷义传》:"乡里为之语曰:'胶漆自谓坚,不如雷与陈。'三府同时俱辟二人。"

解释

胶和漆放在一起。形容朋友间友情深厚。

jiǎo tù sān kū
狡兔三窟

故事

战国时期,齐国孟尝君派门客冯谖(xuān)到封邑薛收债。冯谖不但没跟当地百姓要债,反而假借孟尝君之命把债券全烧了。后来,孟尝君被齐王罢免,回到封地,受到薛人的热烈欢迎,才知道冯谖的用意。冯谖对孟尝君说:"通常兔子都有三个洞穴,才能在紧急的时候逃过猎人的追捕而免除一死。现在您只有一个藏身之处,所以还不能高枕而卧,请让我再为您安排两个藏身之处。"随后,冯谖去见梁惠王,说如果梁惠王能请到孟尝君帮他治理国家,那么梁国一定能够变得更强盛。于是梁惠王派使者去邀请孟尝君,梁国使者一连请了三次,冯谖都叫孟尝君不要答应。消息传到齐王那里,齐王赶紧恢复了孟尝君相国的职位。之后,孟尝君向齐王请求赐给先王的祭器,在薛地建宗庙供奉。这样一来,齐王就会派兵来保护,使薛地不受侵袭。齐王答应了这个请求。宗庙建好后,冯谖对孟尝君说:"三窟已成,您可以高枕无忧了。"

出处

出自《战国策·齐策四》:"狡兔有三窟,仅得免其死耳。今君有一窟,未得高枕而卧也,请为君复凿二窟。"

解释

狡猾兔子有三个洞穴。比喻藏身的地方多或避祸的方法多。

矫情镇物
jiǎo qíng zhèn wù

故事

东晋时期,前秦苻(fú)坚率领大军攻晋,朝廷封谢安为征讨大都督。谢玄向谢安问应敌之计,谢安神情泰然,回答道:"朝廷已另有主意。"过后默默不语。谢玄不敢再问,便派人再去请示。谢安于是驾车去山中别墅,与谢玄坐下来下围棋赌别墅。谢安平常棋艺不及谢玄,这一天谢玄心慌,败给了谢安。谢安回头对外甥羊昙说:"别墅给你啦!"说罢便登山游玩,到晚上才返回,部署将帅,面授机宜。淝水之战,谢玄等人击退苻坚,捷报送到谢安手里时,谢安正与客人下围棋。谢安看罢信便丢在床上,全无喜色,下棋如故。客人询问,谢安才慢慢答道:"小儿辈已打败敌寇。"下完棋回内室,谢安内心抑制不住激动,过门槛时碰折了屐齿,自己都没有察觉。

出处

出自《晋书•谢安传》:"既罢,还内,过户限,心喜甚,不觉屐齿之折。其矫情镇物如此。"

解释

矫:抑制。物:众人。掩饰真情,使众人镇定。

矫情自饰
jiǎo qíng zì shì

故事

曹植,字子建,是曹操与卞皇后所生第三子。曹植性情随和,平易近人,完全没有架子,所驾的车马和自己平日的着装都不刻意追求华丽。每次拜见父亲曹操的时候,曹操总是故意用各种刁钻的问题诘难他,他也总能从容对答,因为这个缘故,曹操特别宠爱他。曹植一方面因为出众的才华受到曹操的青睐,另一方面又与丁仪、丁廙(yì)、杨修等人友善,得到他们的辅助。曹操犹疑不决,好几次想立他为嗣。然而曹植率性旷达,不知道砥砺言行,饮酒也不加节制。相反,曹丕则善用权术,自持内敛,加上宫婢侍从都为他游说,于是被立为嗣。

出处

出自《三国志•魏书•陈思王植传》:"文帝御之以术,矫情自饰,宫人左右,并为之说,故遂定为嗣。"

解释

掩饰真情,粉饰自己。

揭竿而起 jiē gān ér qǐ

故事

公元前209年,阳城的地方官派出两名差官,押着九百名贫民到渔阳去防守边疆。壮丁里有两个屯长,一个叫陈胜,一个叫吴广。行到大泽乡,天降大雨,眼看日期是耽误了。按照秦朝的法令,误了日期就要砍头。陈胜同吴广商量,说:"咱们即便走,误了日期,也是死;逃,给官府抓住,也是个死。反正是个死,不如大家一起反了!"于是陈胜和吴广开始谋划,先是杀掉了押送的差官,然后召集大家,讲明了不造反就得白白送死的道理。这几百人都愿意跟随陈胜、吴广。大伙砍伐树木为兵器,高举竹竿为旗帜,对天起誓,同心协力,反抗暴秦。一时天下响应,义兵蜂起,拉开了秦末战争的序幕。

出处

出自汉·贾谊《过秦论》:"将数百之众,转而攻秦,斩木为兵,揭竿为旗。"

解释

高举竹竿作为旗帜起义。泛指武装起义。

结草衔环 jié cǎo xián huán

故事

春秋时期,晋国大夫魏武子有一个爱妾,没有生儿子。魏武子生病时,吩咐儿子魏颗说:"等我死后,一定要嫁了她。"而在病重时,魏武子又说:"一定要让她给我殉葬!"魏武子死后,魏颗就把这个妾嫁了,说:"人病重了就神志不清,我听从父亲清醒时候的话。"后来秦晋辅氏之役中,秦国大力士杜回在阵中横冲直撞,无人能敌,直冲魏颗而来。这时,突然出现一个老人,把草打成结,用草环来绊杜回。杜回被绊倒在地,魏颗乘机俘虏了他。这天夜里,魏颗梦见战场上那位老人对他说:"我是你所嫁妇人的父亲。你执行你先人清醒时候的话,没有把我女儿殉葬,我以此作为报答。"

出处

出自《左传·宣公十五年》:"及辅氏之役,颗见老人结草以亢杜回,杜回踬而颠,故获之。"《后汉书·杨震传》李贤等注引《续齐谐记》:"令君子孙洁白,位登三事,当如此环矣。"

解释

指感恩报德。

竭泽而渔 jié zé ér yú

故事

春秋时期,晋、楚两军在城濮(pú)对峙。晋文公向咎犯问道:"楚国人多,我国人少,怎么办才好呢?"咎犯回答说:"打仗不必讲究繁文缛(rù)节,对善于欺诈的对手,您也用欺诈的方法对待他们好了。"晋文公把咎犯的话告诉雍季,雍季说:"抽干水塘的水来捕鱼,难道不能捕捉到鱼吗?但第二年就没有鱼了。焚烧山林来打猎,难道会没有收获吗?但第二年就没有野兽了。欺诈虚假的方法,现在虽然可行,但往后就不能再用,这不是长久的办法。"晋文公最终还是采用了咎犯的计策,在城濮之战中打败了楚国人。然而,论功行赏时,雍季得到的奖赏却比咎犯更多。晋文公说:"雍季的言论,有利于后世百代;咎犯的主张,追求的是短时间的成效。怎么能把追求一时成效放在利于百世功业的前面呢?"

出处

出自《吕氏春秋·义赏》:"竭泽而渔,岂不获得?而明年无鱼。"

解释

抽干水塘的水来捕鱼。比喻做事不留余地,只顾眼前。

解铃还须系铃人 jiě líng hái xū xì líng rén

故事

南唐时期,金陵清凉寺有个泰钦法灯禅师。当他还是普通僧众的时候,性情豪放不羁,终日什么也不做,大家都非常轻视他,只有法眼和尚一个人看重他。有一天,法眼和尚问众人:"谁能把绑在老虎脖子上的金铃铛解下来?"众人没有一个能回答出来。这时泰钦法灯禅师刚好来到这里,法眼用刚才的问题问他,他回答说:"在老虎脖子上系铃的那个人能够解下铃铛。"法眼对众人说:"你们是不能小看他的。"

出处

出自明·瞿汝稷《指月录·卷二十三》:"金陵清凉寺泰钦法灯禅师在众日,性豪逸,不事事,众易之,法眼独器重。眼一日问众:'虎项金铃,是谁解得?'众无对。时师适至,眼举前语问,师曰:'系者解得。'眼曰:'汝辈轻渠不得。'"

解释

比喻由谁造成的问题,仍由谁去解决。

解衣推食 jiě yī tuī shí

故事

楚汉战争时期,项羽手下的韩信因得不到重用就投靠了刘邦。刘邦拜韩信为大将,委以重任。韩信带兵灭掉齐国后,刘邦封其为齐王,征调其攻打楚军。项王害怕了,派武涉前去规劝韩信说:"您和项王有旧交情,为什么不与楚联合,三分天下,自立为王呢?如今,放过这个时机,必然要站到汉王一边攻打项王,聪明的人是不应该这样做的。"韩信辞谢说:"我侍奉项王,官不过郎中,职位不过是个持戟的卫士,言不听,计不用,所以我背楚归汉。汉王授予我上将军的印信,给我几万人马,脱下他身上的衣服给我穿,把他自己的饭食让给我吃,言听计用,所以我才能够有今天这个样子。人家对我亲近信赖,我即使到死也不变心。希望您替我辞谢项王的盛情。"

出处

出自《史记·淮阴侯列传》:"汉王授我上将军印,予我数万众,解衣衣我,推食食我。"

解释

脱下衣服,让出食物。指对人关怀,慷慨帮助。

借箸代筹 jiè zhù dài chóu

故事

楚汉战争期间,项羽把刘邦围困在了荥(xíng)阳。郦(lì)食(yì)其(jī)建议刘邦重新封立六国后裔,以争取人心。刘邦下令刻制印信,让郦食其带着这些印出发。郦食其还没动身,张良从外面回来谒见刘邦。刘邦把郦食其的计策都告诉了张良。张良说:"大王的大事要完了!"刘邦问:"为什么呢?"张良说:"请允许我借用您面前的筷子为大王筹划一下形势。"接着条分缕析,从八个方面力驳这种主张,每提出一个理由,都摆出一根筷子。张良说:"当前只有使楚国不再强大,否则六国被封立的后代重新屈服并跟随楚国,您又怎么能够使他们臣服? 如果真的要采用这位宾客的计策,您的大事就完了。"刘邦饭也不吃了,吐出口中的食物,骂道:"这个书呆子,几乎坏了老子的大事!"于是下令赶快销毁那些印信。

出处

出自《史记·留侯世家》:"臣请借前箸为大王筹之。"

解释

用筷子做筹来比划形势。指为人出主意,谋划事情。

金屋藏娇 jīn wū cáng jiāo

故事

汉武帝刘彻幼时被封为胶东王。汉景帝的姐姐馆陶公主刘嫖想把女儿嫁给太子刘荣,刘荣的母亲栗姬回绝了公主。公主恼怒异常,刘彻的母亲王夫人趁机派人奉承公主,公主又想把女儿嫁给刘彻,而景帝并未允许。后来长公主回到未央宫,胶东王刘彻已经四岁。长公主把胶东王抱在膝上问:"孩子你想不想讨媳妇啊?"刘彻说:"想要媳妇。"长公主指着位列左右的百名长御,胶东王都说不好。长公主指着自己的女儿问:"阿娇好吗?"胶东王笑着说:"好啊,如果能得阿娇做妻子,我就造一个金屋子给她住。"长公主大为高兴,于是苦求景帝,景帝最终也同意了亲事。

出处

出自汉·班固《汉武故事》:"好,若得阿娇作妇,当作金屋贮之也。"

解释

原指汉武帝刘彻要用金屋接纳阿娇作妇。后泛指对妻妾特别宠爱。也指男人有外宠或纳妾。

尽忠报国 jìn zhōng bào guó

故事

岳飞,字鹏举,南宋抗金名将。南宋高宗绍兴十年(1140),岳飞挥师北伐,先后收复郑州、洛阳等地,又于郾(yǎn)城、颍(yǐng)昌大败金军,进军朱仙镇。宋高宗、秦桧却一意求和,以十二道"金字牌"下令退兵,岳飞被迫班师。在宋金议和过程中,岳飞遭受秦桧、张俊等人的诬陷,被捕入狱。起初,秦桧命何铸审讯岳飞,岳飞撕裂衣裳,让何铸看自己的后背,上有"尽忠报国"四个大字,深入肤理。何铸审讯后,查无实证,奏报称岳飞无辜。接着换万(mò)俟(qí)卨(xiè)主审,万俟卨捏造罪状,诬蔑岳飞、岳云及张宪,以"莫须有"的罪名将岳飞等人杀害。

出处

出自《宋史·岳飞传》:"初命何铸鞫之,飞裂裳以背示铸,有'尽忠报国'四大字,深入肤理。"

解释

竭尽忠诚,报效祖国。

jìn tuì wéi gǔ 进退维谷

故事

殷仲堪是东晋名臣,以孝闻名当世。其父患病多年,殷仲堪每晚睡觉都衣不解带,侍奉于父亲床侧。他亲自学习医术,用心钻研。有一次,手上沾有药物而去擦眼泪,因此弄瞎了一只眼睛。居丧期间,殷仲堪哀痛过度而大伤身体。服丧期满,晋孝武帝召殷仲堪为太子中庶子,彼此十分亲密。殷仲堪的父亲生病时,身体虚弱,听到床下蚂蚁活动,认为是牛在斗架。晋孝武帝不知道是殷仲堪的父亲,便问殷仲堪:"有一位姓殷的,病情是这样的,是吗?"殷仲堪流着泪站起来回答说:"臣不知说什么好。"孝武帝面有愧色。

出处

出自南朝宋·刘义庆《世说新语·纰漏》:"殷仲堪父病虚悸,闻床下蚁动,谓是牛斗。孝武不知是殷公,问仲堪:'有一殷,病如此不?'仲堪流涕而起曰:'臣进退唯(同"维")谷。'"

解释

维:语气助词。无论进退,都处在困境之中。形容进退两难。

jìn shuǐ lóu tái 近水楼台

故事

范仲淹是北宋时期政治家和文学家。相传范仲淹任杭州知府时,城中文武官员，大多得到过他的推荐，唯有苏麟因在外县担任巡检，不在城里，未得提拔。于是，苏麟就向范仲淹献诗一首，其中有两句为："近水楼台先得月，向阳花木易为春。"范仲淹理解他的心情，便为他写了一封推举信。后来苏麟也得到了升迁。

出处

出自宋·俞文豹《清夜录》："范文正公镇钱塘，兵官皆被荐，独巡检苏麟不见录，乃献诗云：'近水楼台先得月，向阳花木易为春。'公即荐之。"

解释

比喻由于近便而获得优先的机会。

噤若寒蝉
jìn ruò hán chán

故事

杜密，字周甫，东汉名臣。一次出巡到高密县，见到担任乡佐的郑玄，发现是奇才，就征召他到郡府中任职，接着派他前往太学修学。后来杜密离职回家，常常有人陈说请托之事。同郡人刘胜也从蜀郡辞官回家，却关门谢客。太守王昱（yù）对杜密说："刘季陵是一个纯洁高尚、不慕名利的人，公卿大臣们很多人都举荐他。"杜密说："刘胜位居大夫的职位，接受上等贵宾的礼遇，然而知晓贤良却不懂得举荐，听说了恶人坏事也不发言检举，隐瞒实情，明哲保身，仿佛是受到惊吓的寒蝉一般，这是罪人啊。现今如果有志于仁义并努力践行善道的人，我举荐他；有违背仁义道德丧失了贞节的人，我纠正他。让太守懂得奖赏和惩罚应该适当，让美名远扬，不也是贡献万分之一的力量吗？"

出处

出自《后汉书·杜密传》："刘胜位为大夫，见礼上宾，而知善不荐，闻恶无言，隐情惜己，自同寒蝉，此罪人也。"

解释

像深秋的蝉一样不鸣叫。形容因恐惧而不敢说话。

惊弓之鸟
jīng gōng zhī niǎo

故事

战国时期，魏国有个射箭高手叫更羸（léi）。一天，更羸与魏王在台观之下,抬头看见一只飞鸟。更羸对魏王说:"我不用箭就能使鸟掉下来。"魏王说:"射箭技术可以达到这么高的水平吗?"更羸说:"可以。"果然,更羸不用箭,只是拉响弓弦,大雁就从半空中掉了下来。魏王惊叹道:"箭术难道真的可以达到这种地步?"更羸解释说:"这是一只有伤的鸟。"魏王更纳闷了:"先生凭什么知道呢?"更羸回答说:"它飞得慢,鸣声又凄厉。飞得慢,是因为旧伤疼痛;鸣声凄厉,是因为长久失群,原来的伤口没有愈合,惊恐的心理还没有消除。一听见弓弦响声便奋力向上飞,引起旧伤迸裂,才跌落下来的。"

出处

出自《战国策·楚策四》:"雁从东方来,更羸以虚发而下之。魏王曰:'然则射可至此乎?'更羸曰:'此孽也。'王曰:'先生何以知之?'对曰:'其飞徐而鸣悲。飞徐者,故疮痛也;鸣悲者,久失群也,故疮未息,而惊心未至也。闻弦音,引而高飞,故疮陨也。'"

解释

被弓箭吓坏的鸟。比喻受过惊吓、遇到一点情况就慌乱不安的人。

jīng wèi tián hǎi
精 卫 填 海

故事

精卫填海,是中国上古神话传说之一。相传精卫本是炎帝神农氏的小女儿,名叫女娃。一天,女娃到东海游玩,溺水而死。死后精灵化作小鸟,样子像乌鸦,花脑袋、白嘴巴、红爪子,发出"精卫、精卫"的叫声,好像在呼唤着自己。它每天从西山上衔来石头和草木,投入东海,要把大海填平。

出处

出自《山海经·北山经》:"炎帝之少女,名曰女娃。女娃游于东海,溺而不返,故为精卫。常衔西山之木石,以堙于东海。"

解释

比喻人不畏困难,意志坚决。

jǐng shēng tún quǎn
景 升 豚 犬

故事

刘表,字景升,汉末群雄之一,据地数千里,带甲十余万,称雄荆江。刘表晚年未能妥善处理后嗣事宜。最初,刘表因为长子刘琦与自己相貌相似而喜爱他。但后来次子刘琮(cóng)娶了刘表继室蔡夫人的侄女,蔡氏就喜爱刘琮而讨厌刘琦,经常在刘表面前诋毁刘琦。刘表死后,妻族蔡瑁等人废长立幼,奉刘表次子刘琮为主。曹操南征,刘琮举州投降,荆州遂没。曹操率军进攻东吴时,见孙权军纪严明,感慨道:"生子当如孙仲谋,刘表的儿子不过像猪狗罢了!"

出处

出自《三国志·吴书·吴主传》裴松之注引《吴历》:"生子当如孙仲谋,刘景升儿子若豚犬耳!"

解释

刘表的儿子刘琦、刘琮皆碌碌无为,故世人用"景升豚犬"谦称自己的子女。

九流宾客 jiǔ liú bīn kè

故事

萧子显,字景阳,齐高帝萧道成之孙,南朝梁史学家、文学家,《南齐书》的作者。萧子显风神洒落,雍容高雅,不畏惧鬼神。他生性喜爱山水,博学能文,喜欢饮酒,恃才傲物,见到三教九流各类宾客,从不与他们交谈,只是举起手中的扇子,一挥而已。士族们对他很不满,但梁武帝自始至终都很赏识他。死后谥号为"骄"。

出处

出自《梁书·萧子显传》:"见九流宾客,不与交言。"

解释

指三教九流的各种人物。

九牛一毛 jiǔ niú yī máo

故事

西汉武帝时,李陵出击匈奴,力战数日,兵败被俘,最终投降匈奴。太史令司马迁替李陵辩护,触怒了汉武帝,被判为欺君之罪,当斩。汉朝法律,被判死罪的犯人可以用钱或爵位来赎罪,也可以在死刑和宫刑之间任选一种。司马迁家贫,没有钱赎罪,最后选择了宫刑。司马迁在给友人任安的书信中,解释了自己为何选择接受宫刑。他说,死很容易,但是有人的死重于泰山,有人的死轻于鸿毛。当时《史记》草创未成,君子耻于死后籍籍无名,为了完成父亲和自己的大愿,只能含辱苟活。况且,如果就这样卑微地死去,不过像"九牛亡一毛",事情的原委更加不为人们所了解,不但得不到同情,反而更会惹人耻笑。于是决心含辱苟活,用生命来完成《史记》。

出 处

出自汉·司马迁《报任安书》:"假令仆伏法受诛,若九牛亡一毛,与蝼蚁何以异?"

解 释

比喻众多数量中的一点。形容数量极少或无足轻重。

jiǔ shì zhī chóu

九 世 之 仇

故 事

西周时期,纪侯在周王面前进谗言,说了不少齐哀公的坏话,齐哀公被周夷王烹杀。齐哀公的异母弟吕静继承王位,是为齐胡公。自哀公开始,传九世到齐襄公。齐襄公出兵灭掉纪国,为齐哀公报了仇。纪侯将国家交给弟弟纪季,纪国从此做了齐国的附庸,纪侯自己则做了寓公。《公羊传》对齐襄公报仇的行为持赞同的态度,认为国君之仇,即使百世之后仍然可以复仇。因为国君之仇,即国家之仇;先君之耻,犹如今君之耻。而家仇则不可。

出 处

出自《公羊传·庄公四年》:"九世犹可以复仇乎?虽百世可也。"

解 释

九代的怨仇。指世世代代结下的仇恨。

jiǔ chí ròu lín

酒 池 肉 林

故 事

帝辛(即纣王)是商朝的末代帝王,他的统治残酷暴虐,生活荒淫奢侈。为了享乐,纣王大兴土木,建造了许多华丽的宫室,其中鹿台高千尺,宽三里。他还下令在沙丘平台用酒装满池子,把肉割成大块挂在树林里,以便一边游玩,一边随意吃喝。同时又叫裸体男女互相追逐嬉戏,通宵达旦地寻欢作乐,生活糜烂至极。

出处

出自《史记·殷本纪》:"大冣乐戏于沙丘,以酒为池,县(xuán)肉为林。"

解释

用酒装满池子,把肉挂满树林。形容生活极其奢侈、糜烂。也形容酒肉很多,饮食极为丰富。

酒囊饭袋 jiǔ náng fàn dài

故事

马殷是唐末五代时期割据湖南的军阀。马殷早年投入秦宗权军中,隶属于孙儒部下。孙儒战死后,马殷作为刘建锋的先锋,攻占潭州等地,成为马步军都指挥使。乾宁三年(896),刘建锋被杀,马殷被推为主帅,逐步统一湖南全境。唐朝任其为湖南留后,判湖南军府事,迁武安军节度使。此后,马殷逐渐扩大地盘,兼并静江军,夺取岭南数州。开平元年(907),后梁太祖朱温封其为楚王,定都潭州(今湖南长沙)。天成二年(927),后唐封其为南楚国王。马殷在位期间,生活奢侈,僭(jiàn)越礼制,他的王子们仆从成群,极尽铺张。马殷只顾吃喝享乐,对于军事训练、内政建设一概不加留意,无所作为,人们称之为"酒囊饭袋"。

出处

出自宋·陶岳《荆湘近事》:"诸院王子仆从烜(xuǎn)赫,文武之道,未尝留意,时谓之酒囊饭袋。"

解释

比喻只会吃喝、不懂做事的人。

酒色财气 jiǔ sè cái qì

故事

杨秉,字叔节,太尉杨震次子,东汉中期名臣。杨秉年轻时研习家业,博通书传,曾经隐居在家,以教授为业。四十多岁时,才接受司空征辟,任侍御史,历任豫、荆、徐、兖四州刺史。他博通经传,立朝三十年，朝廷处理问题每次有所得失，杨秉总是尽忠规劝进谏，他的建议也大多被采纳。杨秉生性不喜饮酒，又早年丧妻，便不再娶。杨秉无论在何处做官，都以清白廉洁著称。他曾评价自己说："我不受三种东西的迷惑：酒、女色、财货。"

出处

出自《后汉书·杨秉传》："秉性不饮酒，又早丧夫人，遂不复娶，所在以淳白称。尝从容言曰：'我有三不惑：酒、色、财也。'"

解释

最初为"酒色财"，至宋朝加上"气"。"酒色财气"指嗜酒、好色、贪财、逞气。古人以之为"四戒"。

臼头深目
jiù tóu shēn mù

故事

钟离春是齐国无盐邑人，齐宣王的皇后。她长得奇丑无比，大额头，深眼窝，长手指，大骨节，朝天鼻，有喉结，粗脖子，头发稀疏，弓腰，鸡胸，皮肤像漆一样黑。她年已四十，无处容身，便自己求见齐宣王，说愿意在后宫服侍大王。齐宣王召见了钟离春，问她有什么特别之处。钟离春虽然没有特殊的才能，却指出了齐国的隐患。齐宣王认为钟离春的话说到了根子上，就下令拆掉渐台，停止歌舞，罢免小人，操练兵马，充实仓库，大开宫门，鼓励直言，改革措施无所遗漏。然后选择良辰吉日，策立太子，拜钟离春为皇后。齐国得以安定，是钟离春的功劳！

出处

出自汉·刘向《列女传·齐钟离春》："其为人极丑无双，白头深目，长指大节，昂鼻结喉，肥项少发，折腰出胸，皮肤若漆。"

解释

像臼一样的脑袋和深陷的双目。形容相貌丑陋。

居安思危
jū ān sī wēi

故事

春秋时期，郑国同晋国订立盟约。郑国人赠给晋悼公配对的广车、軘（tún）车各十五辆，盔甲武器齐备，和其他战车一共一百辆；歌钟两架以及和它相配的镈(bó)和磬;女乐两佾十六人以及三名乐师。晋悼公把乐队的一半赐给魏绛,说:"您教寡人同戎狄讲和以整顿中原诸国,八年间九次会合诸侯,请同乐。"魏绛辞谢说:"同戎狄修好,这是国家的福气。八年间九合诸侯,这是由于君王的威灵,也是由于其他人员的功劳,下臣有什么力量?《书》说:'处于安定要想到危险。'想到了就有防备,有了防备就没有祸患。谨以此与您共勉。"晋悼公说:"您的教导,岂敢不接受? 只是如果没有您,寡人就无法对付戎人,又不能渡过黄河。赏赐是国家的典章,是要记录在盟府之中的,不能废除。您还是接受吧!"

出处

出自《左传·襄公十一年》:"《书》曰:'居安思危。'思则有备,有备无患。"

解释

处在安乐的环境中而想到可能出现的危险。

jū gōng jìn cuì 鞠躬尽瘁

故事

东汉末年,刘备三顾茅庐,请诸葛亮出山。此后,诸葛亮全力辅佐刘备,建立蜀汉政权,形成三分天下的局面。刘备死后,刘禅继位。为了帮助刘禅统一天下,诸葛亮一面与东吴结盟,一面南征孟获,清除后患,一面充实军队,准备伐魏。在北伐前,诸葛亮作《后出师表》,详细分析了北伐的原因,最后表示,自己一定鞠躬尽瘁,死而后已,以报刘备的知遇之恩。

出处

出自三国蜀·诸葛亮《后出师表》:"臣鞠躬尽瘁,死而后已。"

解释

鞠:尽。躬:自己。尽瘁:竭尽劳苦。一说"鞠躬"为恭敬谨慎。小心谨慎,不辞劳苦,全力效劳。

jú huà wéi zhǐ 橘化为枳

故事

晏婴是春秋时期齐国国相。有一次,晏婴出使楚国,楚王想羞辱晏婴,于是在接见晏婴的时候,安排两个吏役押着一个犯人在堂下走过。楚王故意问:"绑着的是什么人?"吏役答道:"是齐国人。"楚王又问:"他犯了什么罪?"吏役回答:"盗窃罪。"于是楚王回头对晏婴说:"你们齐国人真是做贼的能手啊!"晏婴听了这话,不慌不忙地站起身来说:"我曾听说,橘子树生长在淮南就能结出个大好吃的橘子,但是移栽到淮北,就只能生出又小又酸的枳子,这是水土环境不同的缘故。这个人在齐国的时候从不做贼,但来到楚国,就开始偷起东西来,难道是楚国的环境容易让人做贼吗?"楚王无言以对。

出处

出自《晏子春秋·杂下十》:"橘生淮南则为橘,生于淮北则为枳。"

解释

淮南的橘子到了淮北就成了枳子。比喻事物因环境的改变而发生变化。

举案齐眉 (jǔ àn qí méi)

故事

梁鸿是东汉时期隐士、诗人。年轻时,很多富家大户都敬慕梁鸿的高尚节操,要把女儿嫁给他,梁鸿都谢绝不娶。最后,梁鸿向一位相貌丑陋、肥胖黝黑、力气大得能举起石臼的女子下聘礼。女子请父母准备好布衣、草鞋及纺织用的筐、搓绳子的工具作为嫁妆。等到出嫁时,才梳妆打扮进了门。过门七天,梁鸿都不理她。妻子问其缘故,梁鸿说:"我要的是穿粗布衣服、可以同我一起到深山隐居的人。你现在却涂脂抹粉,这哪里符合我的意愿呢?"妻子重新把头发梳成椎髻(jì),穿上粗布衣服来到梁鸿的面前。梁鸿非常高兴,给她取名孟光,带她一同到霸陵山中隐居。后来梁鸿给人做雇工舂米。每当梁鸿收工回来,孟光就准备好食物,把盛食物的托盘举得跟眉毛一样高,恭敬地侍奉梁鸿。

出处

出自《后汉书·梁鸿传》:"为人赁舂,每归,妻为具食,不敢于鸿前仰视,举案齐眉。"

解释

把盛食物的托盘举得跟眉毛一样高。指妻子对丈夫恭敬有礼。也形容夫妻相互敬爱。

举鼎绝膑
jǔ dǐng jué bìn

故事

秦武王是战国时期秦国国君,他重武好战,在位期间,平蜀乱,拔宜阳,置三川。秦武王耻于与六国为伍,见六国都设有相国一职,便把秦国的相国一职,改称为丞相,设左右丞相各一人,任命甘茂为左丞相兼领上将军,樗(chū)里疾为右丞相。秦武王天生神力,喜好跟人角力,大力士任鄙、乌获、孟说等人因此做了大官。秦武王四年(前307),武王与孟说比赛举"龙文赤鼎",结果大鼎脱手,砸断胫骨。到了晚上,武王气绝而亡,年仅二十三岁。

出处

出自《史记·秦本纪》:"王与孟说举鼎,绝膑。"

解释

原指秦武王举鼎时折断了胫骨。比喻能力小,不胜重任。

举足轻重
jǔ zú qīng zhòng

故事

窦融,字周公,东汉名臣,"云台三十二将"之一。窦融在新莽末年为将军,后来投降刘玄,任张掖属国都尉。刘玄败亡以后,他联合酒泉、敦煌等五郡,割据河西,号称河西五郡大将军。刘秀称帝后,窦融想归附刘秀,便派长史刘钧携带书信去见刘秀。刘秀正想争取窦融共同对付隗嚣、公孙述,于是很高兴地接受了请求,封窦融为凉州牧,赏赐黄金二百斤,还给窦融写了一封信,分析了当时政治、军事形势,肯定窦融治理河西五郡的政绩。信中说,除朝廷和窦融之外,还有益州的公孙述和天水的隗嚣。他们二人都野心勃勃,称王一方。在此形势下,窦融的地位举足轻重,对统一全国起着关键作用。后来,窦融协助朝廷平定了隗嚣的叛乱,又灭掉了公孙述。窦融被封为安丰侯,任大司空。

出处

出自《后汉书·窦融传》:"方蜀汉相攻,权在将军,举足左右,便有轻重。"

解释

原指一个实力强的人处于两方之间,只要稍微偏向一方,就会打破均势。后形容地位重要，足以左右全局。

屦及剑及
jù jí jiàn jí

故事

春秋时期，楚穆王联合陈、郑、蔡三国进攻宋国，宋昭公投降。楚穆王神气活现地指使宋昭公，加以羞辱；楚大夫申舟也与宋人结下了怨恨。楚穆王死后，楚庄王即位，派申舟出使齐国，嘱咐申舟经过宋国时不必向宋国借道。申舟自知此行必定凶险，便将儿子托付给楚庄王。宋国果然扣留了申舟，并将其杀死。楚庄王听说此事后，迫不及待地要为申舟报仇，飞快地跑出去召集军队，捧鞋的人追到窒皇、捧剑的人追到寝门外才追上他。

出处

出自《左传·宣公十四年》："投袂而起，屦及于窒皇，剑及于寝门之外，车及于蒲胥之市。秋九月，楚子围宋。"

解释

形容人奋发兴起，行动果断迅速。

屦贱踊贵
jù jiàn yǒng guì

故事

晏婴，春秋时期齐国国相。晏婴聪颖机智，能言善辩，内辅国政，屡谏齐王。一次，齐景公要为晏子更换住宅，说："您的住房靠近市场，低湿狭小，喧闹多尘，不能居住，请您换到高爽明亮的房子里去。"晏子辞谢说："我的父亲生前就住在这里，我不足以继承祖业，住在这里已经过分了。而且靠近市场，早晚能得到所需要的东西，这也是方便之处，怎么敢再兴师动众为我建造新房子？"齐景公笑着说："您住得靠近市场，知道物价的贵贱吗？"晏子回答说："既然住得这么方便，哪能不知道呢？"景公说："什么贵，什么贱？"当时，齐景公滥用刑罚，多施刖（yuè）刑（断足），市场上有卖踊的。所以晏子回答说："踊贵，鞋贱。"齐景公闻言就减轻了百姓的刑罚。

出处

出自《左传·昭公三年》："公笑曰：'子近市，识贵贱乎？'对曰：'既利之，敢不识乎？'公曰：'何贵何贱？'于是景公繁于刑，有鬻（yù）踊者。

故对曰:'踊贵屦贱。'"

解释

屦:鞋。踊:受刖刑的人所穿的一种特制鞋子。鞋便宜而踊很贵,指受过刖刑的人很多。形容刑罚重而滥。

君仁臣直

故事

魏文侯派乐羊攻打中山国,攻克后,就把中山国封给了自己的儿子魏击。魏文侯问群臣:"我是什么样的君主?"大家都说:"您是仁君。"只有任座说:"您取得了中山国,不把它封赏给您的弟弟,却封给您的儿子,这怎么会是仁君呢?"魏文侯听了勃然大怒,把任座赶了出去。魏文侯接着问翟璜,翟璜回答说:"您是仁君。"魏文侯问:"你是怎么知道的?"翟璜答道:"我听说国君仁德,臣子就敢直言。刚才任座直言不讳,所以我知道您是仁君。"魏文侯听了很高兴,就把任座召了回来,并亲自下堂迎接,把他奉为上客。

出处

出自《资治通鉴·周威烈王二十三年》:"臣闻君仁则臣直。向者任座之言直,臣是以知之。"

解释

君主仁德,大臣就能直言相谏。

K

kāi chéng bù gōng
开诚布公

故事

三国时期，刘备临终前向丞相诸葛亮托孤，请他辅佐儿子刘禅。刘备称："丞相之才胜过曹丕十倍，一定能安定天下，兴复汉室。如果刘禅值得辅佐，请君尽力辅佐；如果不值得辅佐，您可以取而代之。"刘备死后，刘禅继位。根据刘备遗诏，由丞相诸葛亮辅政，政事无论大小，都由诸葛亮决断。诸葛亮治理蜀国，抚恤百姓，揭示法规，精简官职，权事制宜，诚心待人，公正无私，得到了百姓的拥戴。刑法政令虽然严厉，却没有人怨恨他，因为他用心公平而且劝诫明白。诸葛亮被认为是和管仲、萧何同一类的人。

出处

出自《三国志·蜀书·诸葛亮传论》："诸葛亮之为相国也，抚百姓，示仪轨，约官职，从权制，开诚心，布公道。"

解释

以诚心待人，公正无私。

kāi juàn yǒu yì
开卷有益

故事

宋朝奉行"文以靖国"这一理念，实行"右文抑武"的基本国策，通过设立"誓牌"、尊孔崇儒、完善科举、创设殿试等一系列举措，扭转了唐末以来武夫专权的黑暗局面，使宋朝的文化空前繁盛。宋太祖赵匡胤（yìn）很重视图书建设，注意收集各国遗留图书，用以充实官府藏书。宋太宗赵光义则热爱读书，每天阅读三卷《太平御览》，有时因国事繁忙耽搁了，也要抽空补上。太宗曾说："只要打开书本，总会有好处的，我从没觉得读书有什么辛苦。"

出处

出自宋·王辟之《渑水燕谈录·文儒》："太宗日阅《御览》三卷，因事有阙，暇日追补之。尝曰：'开卷有益，朕不以为劳也。'"

解释

只要打开书本读书，就会有益处。

kāi mén yī dào
开门揖盗

故事

东汉末年，吴郡太守许贡上表给汉献帝，称孙策骁勇，应该召回京师，加以控制，免生后患。此表被孙策截获，于是将许贡杀死。许贡死后，其门客潜藏在民间，寻机为他报仇。后来，门客趁孙策打猎的机会，用箭射伤了他。孙策回营后伤势加重，临死之前找来长史张昭等人，嘱托后事，说："中原正在大乱之中，凭我们吴、越的兵众，三江的险固，足以观其虎斗成败。你们好好辅佐我弟弟，千万不要回到北方去。"孙策死后，孙权悲痛不已。张昭劝他说："现今奸邪作乱，互相争夺，豺狼当道，如果只顾一味悲哀，遵循礼法，而不去考虑大事，这就好像打开门请强盗进来一样，是不可取的。"听了张昭的劝说，孙权整顿精神，巡视军队，处理朝政，安定了民心、军心。

出处

出自《三国志·吴书·吴主传》："况今奸宄竞逐，豺狼满道，乃欲哀亲戚、顾礼制，是犹开门而揖盗，未可以为仁也。"

解释

开门请强盗进来。比喻引进坏人，招来祸患。

kē zhèng měng yú hǔ
苛政猛于虎

故事

春秋时期，孔子带着学生游历。经过泰山脚下时，看见有个妇人坐在一座新坟旁边哭，哭得非常伤心。孔子就叫子路去问那个妇人是什么情况。妇人说："我的公公和丈夫都被老虎吃掉了，如今，我的儿子又让老虎给咬死了。"孔子问:"既然这里有老虎伤人,你为什么不搬到别处去呢?"妇人答道:"因为这里没有那么多的劳役赋税。"孔子回头对学生说:"你们记住啊,严苛的政令比老虎还凶暴呢。"

出处

出自《礼记·檀弓下》:"小子识(zhì)之,苛政猛于虎也。"

解释

严苛的政令比老虎还凶暴。形容官府对人民的压迫和剥削很沉重。

渴骥奔泉 kě jì bèn quán

故事

徐浩,字季海,唐朝书法家。唐肃宗时,授中书舍人,后任国子祭酒,历任工部侍郎、吏部侍郎、集贤殿学士,封会稽郡公。徐浩擅长八分、行、草书,尤精于楷书,著有《论书》一篇。其书法圆劲肥厚,自成一家。皇帝也很喜欢他的书法,当时朝廷颁布的诏令多由徐浩所书,又被允许参与太上皇诰册的制定,宠绝一时。内行评论他的书法,称如同愤怒的狮子撬扒石头,口渴的骏马奔向泉水一般,既丰腴,又有骨力。

出处

出自《新唐书·徐浩传》:"尝书四十二幅屏,八体皆备,草隶尤工。世状其法曰:'怒猊(ní)抉石,渴骥奔泉。'"

解释

口渴的马奔向泉水。比喻书法笔势矫健。也比喻迫切地渴望得到某种事物。

克己奉公 kè jǐ fèng gōng

故事

祭遵,字弟孙,东汉初年颍(yǐng)阳人。祭遵知书达理,虽然出身豪门,但生活非常俭朴。转战河北时,祭遵任执法官,执法严明,不徇私情。一次,刘秀的侍从犯了罪,祭遵查明后,把这个侍从处以死刑。刘秀知道后十分生气,有人劝谏说:"严明军令,本来就是大王的要求。

如今祭遵坚守法令，做得很对。只有像这样言行一致，号令三军才有威信啊！"刘秀听了觉得有理，非但没有治罪于祭遵，还封他为征虏将军、颍阳侯。祭遵为人廉洁，为官清正，处事谨慎，克己奉公。祭遵死后多年，光武帝刘秀仍对他十分怀念。

出处

出自《后汉书·祭遵传》："遵为人廉约小心，克己奉公。"

解释

严格要求自己，一心为公。

kè huà wú yán
刻画无盐

故事

周颛(yǐ)，字伯仁，两晋时期名士、大臣，曾任荆州刺史，官至尚书左仆射(yè)。周颛因敢进忠言而被朝廷重用，因天性宽厚仁爱得到朝廷内外的敬重。时人认为他品格高洁，把他比作乐广。乐广是当时公认的高洁之士，有"乐翁冰清"的赞语。但周颛却认为乐广根本不能与自己相比。庾亮曾经对周颛说："大家都把你比作乐氏。"周颛问："哪一个乐啊？乐毅吗？"庾亮说："不是，是乐广。"周颛说："何必要这样美化丑女无盐，而唐突了西施呢？"

出处

出自南朝宋·刘义庆《世说新语·轻诋》："庾元规语周伯仁：'诸人皆以君方乐。'周曰：'何乐？谓乐毅邪？'庾曰：'不尔，乐令耳。'周曰：'何乃刻画无盐，以唐突西子也？'"

解释

无盐指战国时期的齐国丑女钟离春。精细地描绘无盐。比喻美化丑恶的人或事物。

kè jī kè gǔ
刻肌刻骨

故事

范晔(yè)，字蔚宗，南朝宋史学家、文学家，著有《后汉书》。元嘉二十二年(445)，因参与刘义康谋反，事发被诛。反叛事发时，文帝质问范晔为何谋反，范晔慌忙否认。文帝告知其同党都已供认，又摆出书信证物,范晔遂承认谋反事实,表示"有负于国,罪行深重,愿被处死"。范晔入狱后,以为自己会被即刻处死,不料二十多天未见结果,遂以为尚有生存希望。孔熙先讥讽范晔怕死,范晔感喟地说:"可惜!满腹经纶,葬身此地。"后人评论范晔说:败局已定,仍然不自觉悟,证据确凿,方才招供,教训像刻在肌肤和骨头上一样极其深刻,然而事已至此,又有什么用呢?

出处

出自《宋书·范晔传》:"祸败已成,犹不觉悟,退加寻省,方知自招,刻肌刻骨,何所复补。"

解释

刻在肌肤和骨头上。形容感受非常深切,不能忘怀。

kè zhōu qiú jiàn
刻 舟 求 剑

故事

从前,有个楚国人坐船渡江时,不小心把佩剑掉落江中。楚人马上掏出一把小刀,在船舷上刻上一个记号,说:"这是我宝剑掉下水的地方。"船靠岸后,楚人就在船上刻记号的地方下水,去捞取掉落的剑。捞了半天,始终不见剑的影子。其实,剑掉落在江中后,船继续行驶,而剑却不会再移动。像他这样去找剑,真是太愚蠢可笑了!

出处

出自《吕氏春秋·察今》:"楚人有涉江者,其剑自舟中坠于水,遽契其舟,曰:'是吾剑之所从坠。'舟止,从其所契者入水求之。"

解释

比喻做事墨守成规,不懂得随着客观情况的变化来处理事情。

kōng dòng wú wù
空 洞 无 物

故事

周颉(yǐ),字伯仁,两晋名士、大臣。他谈吐诙谐,为人大度,不拘小节,从不为一点小事而耿耿于怀。时人称赞他"有雅量,友爱过人"。周颉经常同丞相王导开玩笑。一次,王导把头枕在周颉的膝上,用手指着周颉凸起的肚子问道:"你这肚子里面有些什么东西呢?"周颉答道："这里面什么也没有,不过,像阁下这种人,倒也能容得下几百位。"

出处

出自南朝宋·刘义庆《世说新语·排调》："王丞相枕周伯仁膝,指其腹曰:'卿此中何所有?'答曰:'此中空洞无物,然容卿辈数百人。'"

解释

指言谈、文章等空泛,没有实际内容。

kōng qián jué hòu
空 前 绝 后

故事

东晋画家顾恺之擅长画人物,其笔下人物神态逼真,形象生动。张僧繇(yóu)为南朝梁的大画家,善画山水、人物、佛像。相传他画龙不点眼睛,一旦画上了眼睛,龙就会穿壁冲天而走。吴道子是唐朝画家,集绘画、书法大成于一身。他的山水、佛像画闻名当时。传说,他曾为唐玄宗画巨幅嘉陵江图,几百里山水在一天内就画好了。他在景玄寺中画了地狱变相图,不画鬼怪却阴森逼人,相传很多人看过这幅画后纷纷改过自新、弃恶从善。后人评价这三个画家时,认为顾恺之成就超越前人,张僧繇成就后人莫及,而吴道子则兼有两人之长。

出处

出自《宣和画谱》："顾冠于前,张绝于后,而道子乃兼有之。"

解释

以前、以后都没有。形容非常难得,独一无二。

kǒu bù èr jià
口 不 二 价

故事

东汉桓帝时期,长安的市集中有一位卖草药的人,名叫韩康(字伯休)。他本是长安霸陵的望族,但他无心仕途,喜欢研究药理,经常到各处的名山大川采集草药,然后到长安市集上贩卖。韩康卖药很特别,因为他的药草都货真价实,决不掺杂假药,所以价格说一不二,卖了三十几年都是这样。有一次,一位妇人向韩康买药,砍价半天,韩康就是不肯改价。妇人火了,指着韩康说:"你以为你是韩康吗?还学人家不二价!"韩康叹了一口气,说:"我本打算隐名于世,才躲在这里卖药。如今连一个普通妇人都知道韩康这个名字,再卖药还有什么意义呢?"于是逃入霸陵山中隐居去了。

出处

出自《后汉书·韩康传》:"常采药名山,卖于长安市,口不二价,三十余年。"

解释

指卖东西时坚持固定的价格,说一不二。

口蜜腹剑 kǒu mì fù jiàn

故事

李林甫是唐玄宗时期的宰相,他大权独揽,排斥贤才,对才能和功业在他之上、威胁到他相位的官员,一定要设法除去。他表面和善,言语动听,却在暗中阴谋陷害,世人称他是"口有蜜,腹有剑"。一天,唐玄宗在勤政楼观看乐舞。兵部侍郎卢绚以为玄宗已经离去,便策马从楼下而过。他风度翩翩,玄宗赞美不已。李林甫见状,担心卢绚被玄宗重用,便将卢绚的儿子召来,对他说:"你父亲素有名望,岭南道的交州、广州等地现在缺乏有能力的官员,陛下有意让你父亲前去。如果他不肯远赴岭南,肯定会被贬官。我给你出个主意,不如让他到东都洛阳去做太子宾客或太子詹事,这也是清贵显职。"卢绚果然不肯前往岭南,便按照李林甫的建议,主动到洛阳任职。

出处

出自《资治通鉴·唐玄宗天宝元年》:"李林甫为相……尤忌文学之士,或阳与之善,啖以甘言而阴陷之。世谓李林甫口有蜜,腹有剑。"

解释

形容嘴甜心狠,为人阴险。

口若悬河 kǒu ruò xuán hé

故事

郭象,字子玄,西晋玄学家。郭象年轻时很有才学,喜好《老子》《庄子》,擅长清谈。曾与善辩名士裴遐辩论,在社会上很有声望。当时一些清谈名士都很推崇他,太尉王衍常说:"郭象谈话,就好像瀑布倾泻一样滔滔不绝,永远没有枯竭的时候。"

出处

出自南朝宋·刘义庆《世说新语·赏誉》:"郭子玄语议如悬河泻水,注而不竭。"

解释

说起话来像瀑布倾泻一样滔滔不绝。形容口才好,能言善辩。

口尚乳臭（kǒu shàng rǔ xiù）

故事

楚汉战争时期,魏王魏豹要叛汉归楚。刘邦来到荥(xíng)阳,派郦(lì)食(yì)其(jī)前去游说魏豹,魏豹不听。刘邦便任命韩信为左丞相,与曹参、灌婴一同攻打魏豹。郦食其回来后,刘邦问他:"魏国的大将是谁?"郦食其说:"是柏直。"刘邦说:"这个乳臭小儿,不是韩信的对手。"又问骑兵将领是哪一位,郦食其答是冯敬。刘邦说:"这人是秦将冯无择的儿子,有点本领,但也不是灌婴的对手。步卒将领是谁?"郦食其答是项它。刘邦说:"此人不是曹参的对手。我没有什么可以担心的了。"很快,韩信等人俘虏了魏豹,平定了魏地。

出处

出自《汉书·高帝纪》:"是口尚乳臭,不能当韩信。"

解释

嘴里还有奶腥味。指人年幼。表示对年轻人的轻视。

口中蚤虱（kǒu zhōng zǎo shī）

故事

战国时期,韩、魏、齐三国军队集结到了韩国。秦昭王打算割让河东之地讲和,应侯范雎(jū)对秦王说:"大王占领了宛、叶、阳夏几个地方,拦腰切断了河内,围困了魏、韩,之所以到现在还没有称王天下,是因为赵国还没有顺服。假使放弃上党,不过是丢掉一个郡罢了。如果用兵逼近东阳的话,那么邯郸就成了口中的虱子。大王拱手而使天下来朝,胆敢迟到的就用兵拿下它。但上党是个安乐之乡,它的位置很关键,我怕劝您放弃您不会听从,怎么办呢?"秦王说:"一定放弃上党,改变进攻目标。"

出处

出自《韩非子·内储说上》:"以临东阳,则邯郸口中虱也。"

解释

比喻极易消灭的敌人。

kòu pán mén zhú
扣 槃 扪 烛

故事

从前,有个天生双目失明的人,从来都不知道太阳是什么样子,就向看得见的人询问。有人告诉他:"太阳的样子像铜盘。"这个人就找来铜盘,摸了摸,又敲了敲,听到铜盘发出清亮的声音,便记在了心里。有一天,他听到有人在敲钟,钟声悠扬清越,他以为钟声是太阳发出来的。有人告诉他:"太阳的光像蜡烛。"他摸了摸蜡烛,记住了它的形状。有一天,他摸到了一支龠(yuè),以为那就是太阳。太阳和敲的钟、吹奏的龠差别也太远了,但是天生失明的人却不知道它们之间的差别,因为他不曾亲眼看见,而是向他人求得太阳的知识。

出处

出自宋·苏轼《日喻》:"生而眇者不识日,问之有目者。或告之曰:'日之状如铜槃。'扣槃而得其声。他日闻钟,以为日也。或告之曰:'日之光如烛。'扪烛而得其形。他日揣籥(龠),以为日也。"

解释

敲铜盘,摸蜡烛。比喻认识片面,未得要领。

kū yú zhī sì
枯 鱼 之 肆

故事

庄子家里很穷,去向监河侯借粮。监河侯说:"好。等我收到地租时,我就借给你三百金。"庄子变了脸色,说:"我昨天来这儿的时候,听到路上有个声音在叫我。我回头一看,看见车轮碾过的车辙中,有一条鲫鱼。我问:'鲫鱼啊,你在这儿做什么呢?'鲫鱼说:'您有一斗或一升水救活我吗?'我说:'好。我去游说吴越之王,请他开凿运河,把长江的水引过来救你,可以吗?'鲫鱼生气地说:'现在我被困在这儿,只需要一斗或者一升水就能活命。如果像你这么说,不如早点到卖干鱼的店里去找我好了!'"

出处

出自《庄子·外物》:"鲋(fù)鱼忿然作色曰:'……吾得斗升之水然活耳,君乃言此,曾不如早索我于枯鱼之肆矣!'"

解释

卖干鱼的店铺。比喻困境、绝境。

kuā fù zhú rì
夸父逐日

故事

夸父是中国上古神话传说中的人物。夸父去追赶太阳,快要追上的时候,觉得口干舌燥,想喝水。他去喝黄河和渭河的水,河水被喝干后,仍感到非常渴,便打算去喝北方大泽的水。还没有走到,就渴死在了路上。夸父临死时抛掉手杖,他的手杖顿时变成了一片鲜果累累的桃林,为后来追求光明的人解除口渴。

出处

出自《山海经·海外北经》:"夸父与日逐走,入日,渴,欲得饮。饮于河、渭,河、渭不足,北饮大泽。未至,道渴而死。弃其杖,化为邓林。"

解释

比喻决心大。也比喻不自量力。

kuà xià zhī rǔ
胯下之辱

故事

韩信是西汉开国功臣,中国历史上杰出的军事家,与萧何、张良并称为"汉初三杰"。韩信贫贱时,淮阴屠户中有个年轻人侮辱韩信说:"你虽然长得高大,喜欢佩带刀剑,其实是个胆小鬼。"又当众侮辱他说:"你要不怕死,就拿剑刺我;如果怕死,就从我胯下爬过去。"韩信仔细打量了他一番,趴在地上,从他的胯下爬了过去。满市集的人都笑话韩信,认为他胆小。后来,韩信被封为楚王,衣锦还乡,召见曾经侮辱自己、让自己从胯裆下爬过去的少年,不但没有报复他,反而封他为中尉,让他在军中做了个小官。韩信告诉诸将说:"这是位壮士,当他侮辱我时,我难道不能杀了他吗?可杀了他也不会扬名,所以就忍了下来,这才有了今天的成就。"

出处

出自《史记·淮阴侯列传》:"淮阴屠中少年有侮信者,曰:'若虽长大,好带刀剑,中情怯耳。'众辱之曰:'信能死,刺我;不能死,出我袴下。'于是信孰视之,俛(fǔ)出袴下,蒲伏。一市人皆笑信,以为怯。"

解释

指难以忘记的奇耻大辱。

kuài zhì rén kǒu
脍炙人口

故事

春秋时期,曾晳与其子曾参都师从孔子。曾参的父亲爱吃羊枣,曾参是个孝子,父亲死后,曾参不忍心再吃羊枣。到了战国时期,孟子的弟子公孙丑对这件事不能理解,就去问孟子:"脍炙和羊枣哪一样好吃?"孟子说:"当然是脍炙啊!"公孙丑又问:"既然脍炙好吃,那么曾参和他父亲也都爱吃脍炙了,那为什么曾参不戒吃脍炙,只戒吃羊枣呢?"孟子回答说:"脍炙是大家都爱吃的,羊枣则是曾晳自己爱吃的东西,所以曾参只戒吃羊枣。好比对君长只避讳名而不避讳姓一样,因为姓是大家共有的,而名字却是自己独有的。"

出处

出自《孟子·尽心下》:"脍炙所同也,羊枣所独也。讳名不讳姓,姓所同也,名所独也。"

解释

美味人人爱吃。比喻好的诗文或事物受到人们的喜爱、传诵。

kuāng qiè zhōng wù
筐箧中物

故事

韦曜(yào),本名韦昭,字弘嗣,年少时喜好学习,善于撰写文章。吴末帝孙皓即位后,封韦曜为高陵亭侯,升任中书仆射(yè),后降职为侍中,长期兼任左国史。当时孙皓周围的人迎合旨意,多次上奏称出现了祥瑞感应。孙皓以此询问韦曜,韦曜回答说:"这些只不过是人家箱匣中的东西而已,稀松平常。"当时,韦曜负责撰写《吴书》,孙皓想为自己的父亲孙和作"纪",而韦曜坚持以孙和未登帝位为据,只宜作"传",孙皓由此忿恨韦曜。后来,孙皓以韦曜不接受皇帝诏命、有意不尽忠主上为由,将韦曜拘捕入狱,后加以杀害。

出处

出自《三国志·吴书·韦曜传》:"此人家筐箧中物耳。"

解释

竹箱中存放的东西。比喻寻常事物。

kuáng nú gù tài
狂奴故态

故事

严光,字子陵,东汉隐士。严光、侯霸、刘秀三人是老朋友,后来刘秀登基称帝,侯霸做了司徒,而严光则周游天下,纵情山水,远离仕宦。后来侯霸听说严光到了京都,就修书一封,请严光来相见。然而严光并不领情,丢给使者一片竹简,让他记录,口授道:"君房(侯霸字)足下,位至鼎足,甚善。怀仁辅义天下悦,阿谀顺旨要领绝。"他这番话冷若冰霜,教训侯霸要心怀仁爱,辅佐正义,如果一味阿谀奉承,难免要身首分家。来人把回信交给侯霸,侯霸便把这信呈给刘秀看。刘秀看后大笑:"这个狂奴还是那副老样子呀!"当天,刘秀亲自去看望老友,劝他出山为官,可严光不为所动,而是返回老家,在富春山下种田、钓鱼。

出处

出自《后汉书·严光传》:"霸得书,封奏之。帝笑曰:'狂奴故态也!'车驾即日幸其馆。"

解释

指狂士的老脾气。

kuàng rì chí jiǔ
旷日持久

故事

战国时期,赵相田单不满赵奢使用大量兵员作战的方式。赵奢解释说:"古时候,四海之内分成上万个国家。城墙虽然很大,但也不超过三百丈;人口虽然众多,但也不超过三千家。用三万人的军队来进攻这样的国家当然不会有什么困难。而如果把古时的万国分成七个国家,每个国家就能备办几十万人的军队,如果用三万人的军队旷日持久地战斗下去,几年以后,就像您齐国一样惨败了。如今千丈长的城墙、万家的城邑相望,如果用三万士兵去包围千丈的城墙,还站不满一个城角,而野战的兵力就更不够用了!"田单长叹一声说:"我的看法不如您高明啊!"

出处

出自《战国策·赵策三》:"今取古之为万国者,分以为战国七,能具数十万之兵,旷日持久。"

解释

耽搁时日,长期拖延。

昆山片玉 (kūn shān piàn yù)

故事

郤(xì)诜(shēn),字广基,西晋大臣。郤诜博学多才,生性至孝。晋武帝泰始年间诏举贤良直言之士,郤诜以对策第一,任议郎,后以母丧丁忧去职。吏部尚书崔洪推荐郤诜为尚书左丞,后官至雍州刺史。一次,晋武帝问郤诜如何自我评价,郤诜说:"我在贤良对策方面,为天下第一,如同月宫里的一段桂枝,昆仑山上的一块宝玉。"晋武帝大笑。侍中认为郤诜此言狂妄自负,目无君王,奏请免去他的官职。武帝说:"我是跟他开玩笑的,不值得怪罪。"

出处

出自《晋书·郤诜传》:"武帝于东堂会送,问诜曰:'卿自以为何如?'诜对曰:'臣举贤良对策,为天下第一,犹桂林之一枝,昆山之片玉。'"

解释

昆仑山上的一块玉。比喻难得、稀有的人才。

困兽犹斗 (kùn shòu yóu dòu)

故事

春秋时期,楚国围攻郑国。晋国派荀林父率军救郑,与楚人在邲

· 困兽犹斗 ·

(bì)展开大战,晋师战败。晋军回国后,荀林父自己请求处以死罪,晋景公准备答应他。士贞子劝谏说:"这样是不可以的。当年晋楚城濮之战,晋军大胜,然而文公还面带忧色。文公说:'楚相得臣还在,还不能高枕无忧。被困的野兽还要挣扎一下,何况是一国的宰相呢!'等到楚国杀了得臣,文公才喜形于色,说:'这下就没有人来同我作对了!'这是晋国的再次胜利,也是楚国的再次失败,楚国由此两世都不能强盛。这件事对于今天的晋国是个警示,如果杀了荀林父以增加楚国的胜利,这会使晋国很久不能强盛啊!"晋景公就命令荀林父官复原职。

出处

出自《左传·宣公十二年》:"得臣犹在,忧未歇也。困兽犹斗,况国相乎!"

解释

被围困的野兽还要搏斗。比喻陷于绝境的失败者还要顽抗。

L

兰摧玉折 (lán cuī yù zhé)

故事

毛玄,字伯成,东晋文人,曾在桓温手下任征西参军。毛玄对自己的才华很自负,常常说:"宁可做遭受摧残的兰花、美玉,也不愿做繁衍茂盛的野蒿。"

出处

出自南朝宋·刘义庆《世说新语·言语》:"毛伯成既负其才气,常称:'宁为兰摧玉折,不作萧敷艾荣。'"

解释

兰草遭受摧残,美玉被折断。比喻守节而死。也比喻贤才早逝。

蓝田生玉 (lán tián shēng yù)

故事

诸葛瑾,字子瑜,三国时期东吴大将军,诸葛亮之兄。诸葛瑾有个儿子叫诸葛恪,从小聪明伶俐,善于言辞。一次,孙权在朝廷设宴,六岁的诸葛恪随父参加。诸葛瑾的脸很长,孙权想开他的玩笑,便命人牵来一头毛驴,在驴的长脸上写了"诸葛子瑜"四个字。诸葛恪提笔添了"之驴"二字,就成了"诸葛子瑜之驴"。孙权当场把毛驴赏赐给了他。又有一次,孙权问诸葛恪:"你父亲和你叔父诸葛亮相比,到底是谁高明?"诸葛恪答道:"我父亲高明。"孙权要他说出因由,他不假思索地说:"我父亲懂得事奉明主,而我叔父却不懂得这个道理,当然是我父亲高明。"孙权对诸葛瑾说道:"人们都说蓝田生美玉,名门生贤良,真是名不虚传呀!"

出处

出自《三国志·吴书·诸葛恪传》裴松之注引《江表传》:"蓝田生玉,真不虚也。"

解释

比喻贤良的父母养育出优秀的子女。也比喻名师出高徒。

揽辔澄清 lǎn pèi chéng qīng

故事

范滂,字孟博,东汉时期党人名士。当时冀州发生饥荒,盗贼蜂起,朝廷便任用范滂为清诏使,巡视考察民情。范滂登上车,挽起缰绳,慷慨激昂,展现出要澄清天下的志向。等他到达州界,郡守县令听到消息就抛下官印绶带逃走了。因冀州巡办有力,反贪治腐有功,范滂升任光禄主事。后来,汉灵帝大批诛杀党人,范滂也遭逮捕杀害。范滂被捕时,同母亲和儿子诀别,他对儿子说:"我想要让你作恶,但恶事不应该做;想要让你行善,但我就是行善的下场。"路上的行人听了,没有不流泪的。范滂死时年仅三十三岁。

出处

出自《后汉书·范滂传》:"滂登车揽辔,慨然有澄清天下之志。"

解释

指立志革除弊政、安定天下。

滥竽充数 làn yú chōng shù

故事

战国时期,齐宣王喜欢听吹竽,每次吹竽必定要三百人合奏。有个南郭先生知道了齐宣王的喜好,就跑到齐宣王那里,吹嘘自己吹竽的技艺十分高超。齐宣王很高兴,不加考察就把他编进乐队中。从这以后,南郭先生就混在乐队里,和大家一样享受着优厚的待遇。南郭先生就这样混过了一天又一天。可是好景不长,过了几年,爱听合奏的齐宣王死了,他的儿子齐湣(mǐn)王继承了王位,喜欢听独奏。南郭先生想来想去,觉得这次混不过去了,只好连夜收拾行李逃走了。

出处

出自《韩非子·内储说上》:"齐宣王使人吹竽,必三百人。南郭处士请为王吹竽,宣王说之,廪食以数百人。宣王死,湣王立,好一一听之,处士逃。"

解释

不会吹竽的人混在乐队里凑数。借指没有真才实学的人混在行家队伍里充数。也比喻以次充好。

láng zǐ yě xīn
狼子野心

故事

从前,有个富人偶然得到了两只小狼,就把它们和家里的狗混在一起养着,狼跟狗相安无事。两只狼渐渐长大了,一直很驯服,富人甚至忘了它们是狼。一天,富人在客厅里睡着了,听到群狗呜呜地发出怒吼,惊醒起来往四周看看,没看到有人。再次就枕准备睡觉时,狗又像刚才那样吼叫,他便假睡等着观察情况。富人发现两只狼趁着他睡觉的时机,想要过来咬他的喉咙,狗则阻止它们,不让它们上前。富人随即杀死了狼,剥了它们的皮。富人感慨地说:"所谓狼子野心,确实没有诬蔑它们啊!"

出处

出自清·纪昀《阅微草堂笔记·槐西杂志》:"狼子野心,信不诬哉!"

解释

幼狼也有凶残的本性。比喻坏人凶残的秉性难以改变。

lǎo bàng shēng zhū
老蚌生珠

故事

韦端是东汉末年至三国时期人,曾任凉州州牧、太仆。其长子韦康曾代父任凉州刺史。其次子韦诞是三国时期著名书法家。韦端和孔融是世交。一次,孔融给韦端写信说:"前天韦康到来,我看他那一套高深的学问,透彻明快,才华丰富。他度量宽大,意志坚定,将来必能成才。昨天韦诞又来,我看他在学问和做事方面,都很有条理。资质过人,心思敏捷,敦厚老实,热诚恳切,将来一定是个能继承家业的好子弟。想不到这一对宝贵的珍珠,就在一只老蚌的身上产生出来。"孔融借老蚌比拟韦端,借两颗珍珠比拟他两个儿子。

出处

出自汉·孔融《与韦端书》:"不意双珠近出老蚌,甚珍贵之。"

解释

比喻年老而得贵子。

lǎo dāng yì zhuàng
老当益壮

故事

马援,字文渊,东汉开国功臣之一。建武二十四年(48),南方武陵郡五溪发生暴动,武威将军刘尚前去征剿,结果全军覆没。马援时年六十二岁,请命南征。刘秀考虑他年事已高,没有答应他的请求。马援常对朋友说:"大丈夫的志向,要能做到'穷当益坚,老当益壮'才行。"具有这种精神的马援自然不肯服老,当面向刘秀请战,说:"臣还能披甲上马。"于是披甲持兵,飞身上马。刘秀见马援豪气不除,便派马援率四万人远征武陵。

出处

出自《后汉书·马援传》:"丈夫为志,穷当益坚,老当益壮。"

解释

年纪虽老,志气更壮,干劲更大。

lǎo guī kū cháng
老龟刳肠

故事

《庄子》记载了一则寓言故事:春秋时期,宋元君梦见一个人说:"我来自名叫宰路的深渊,作为清江使者出使河伯,被渔夫余且捉到了。"宋元君醒来后让侍臣找叫余且的渔夫来见自己。第二天,余且来朝。宋元君问:"你最近捕到了什么?"余且回答:"我捕到一只五尺长的白龟。"宋元君说:"把这只白龟献出来吧。"白龟到手后,宋元君又想杀掉,又想养起来,只好卜问吉凶。卜辞称:"杀掉白龟用来占卜,一定大吉。"于是把白龟剖开挖空。此后用白龟的龟板占卜了数十次,一次都没有失误。孔子说:"神龟能显梦给宋元君,却不能避开余且的渔网;才智能占卜数十次没有一点失误,却不能逃脱剖腹挖肠的祸患。如此说来,才智也有困窘的时候,神灵也有考虑不到的地方。"

出处

出自《庄子·外物》:"神龟能见梦于元君,而不能避余且之网;知能七十二钻而无遗筴,不能避刳肠之患。如是,则知有所困,神有所不及也。"

解释

有灵性的龟却躲不过剖腹挖肠的祸患。比喻不能免于祸患。

老马识途 lǎo mǎ shí tú

故事

春秋时期,山戎入侵燕国,齐桓公出兵救燕,管仲和大夫隰(xí)朋随同前往。齐军春天出发,回国时已是冬天。此时,草木由荣转枯,白雪覆盖了大地,路况发生了变化,大军在崇山峻岭中迷了路。正在大家无计可施之际,管仲突然想到了一个办法,说:"老马有认路的本领,可以让它在前面领路,带大军走出山谷。"于是挑出几匹老马,解开缰绳,让它们在最前面走,大军紧跟其后。最后果然走出了山谷,找到了回国的大路。

出处

出自《韩非子·说林上》:"管仲、隰朋从于桓公伐孤竹,春往冬返,迷惑失道。管仲曰:'老马之智可用也。'乃放老马而随之。遂得道。"

解释

老马认识走过的路。比喻阅历多的人富有经验,能起引导作用。

老牛舐犊 lǎo niú shì dú

故事

杨彪,字文先,东汉末年名臣,名士杨修之父。杨彪少年时受家学熏陶,初举孝廉、秀才,后被征拜为议郎,参与续写《东观汉记》。汉献帝时历任司空、司徒、太尉。献帝定都许县,杨彪被曹操诬陷下狱,被释后任太常。杨彪见汉室衰微,便诈称脚疾,不理世事。杨彪之子杨修在曹操手下做谋士,因参与了曹操立嗣之争,又加上其人颇有才策,且是袁术的外甥,曹操对杨修由信任转为忌惮,最终找借口杀掉了杨修。杨修死后,杨彪非常伤心,因思念儿子而日渐憔悴。后来曹操见到杨彪,便问他:"杨公为什么消瘦得这么厉害?"杨彪说:"惭愧自己没有金日䃅(dī)那样的先见之明,却还怀有老牛舐犊那样的爱子之心。"

出处

出自《后汉书·杨彪传》:"子修为曹操所杀。后操见彪问曰:'公何瘦之甚?'对曰:'愧无日䃅先见之明,犹怀老牛舐犊之爱。'"

解释

老牛舔舐小牛。比喻父母疼爱儿女。

lǎo pí dāng dào
老罴当道

故事

王罴,字熊罴,南北朝时期北魏、西魏名将。王罴耿直刚强,严厉急躁,曾有一名小吏挟私愤报告事情,王罴等不及下令拷打,竟拿起自己的靴子去打他。一次,王罴设宴款待朝廷使者,使者把薄饼的边缘撕去,只吃中间松软的饼瓤。王罴道:"耕种收获,耗尽人力,蒸煮加工,用力不少,你这样吃法,恐怕是不饿。"便让随从将饭肴撤走。王罴任华州刺史时,东魏军夜袭华州。当时,华州正在修缮州城,梯子还在城外尚未撤下,东魏军便顺着梯子爬入城中。王罴正在睡觉,忽听人声喊叫,不及穿衣,便披发赤脚,手持木棍,冲出门外,大叫道:"老罴当道卧,貉子那得过!"东魏军大惊,退到东城门。王罴趁机召集士卒,将东魏军赶出城去。

出处

出自《北史·王罴传》:"罴尚卧未起……便袒身露髻徒跣,持一白棒,大呼而出,谓曰:'老罴当道卧,貉子那得过!'敌见,惊退。"

解释

比喻猛将镇守要塞。

lǎo shēng cháng tán
老生常谈

故事

管辂(lù)是三国时期著名的术士,被后世奉为卜卦观相的祖师。一次,吏部尚书何晏请管辂卜卦,当时邓飏(yáng)也在场。何晏问:

"不知能否位至三公？"管辂说："职位越高，跌得越狠，所谓物极必反，盛极必衰。天下没有损己利人而不得到众人爱戴的事，也没有为非作歹而不败亡的事。愿您追思文王六爻的意旨，想想孔子象象的含义。这样就可以做官到三公。"邓飏听后不以为然，说："这都是些老生常谈。"管辂回到家里，舅舅责怪他说话太直。管辂说："和死人说话，有什么可怕的呢？"舅舅听了这话很生气，认为管辂太过骄狂荒谬。不久，听说何晏、邓飏都被杀，舅舅这才服气。

出处

出自南朝宋·刘义庆《世说新语·规箴》："此老生之常谈。"

解释

原指老书生经常谈论的事物或观点。泛指毫无新意的老话。

老妪能解 lǎo yù néng jiě

故事

唐朝诗人白居易一生作诗二千八百余首。他认为诗必须便于世人理解，所以，他的作品深入浅出、平易通俗。据说，他的新诗要让老妇人也能理解。老妇人说理解了，他才定稿抄录；老妇人说不理解，他就继续修改，直到老妇人理解了才罢休。一次，家中的仆妇上街回来，向白居易讲述了刚刚的见闻：一位将军抛弃结发妻子，并在大街上从妻子手中把两个儿子夺走，妻子追赶不及，哭倒在街上。白居易据此写成名篇《母别子》，写完后，白居易对仆妇说："这样的诗，如果街上的人听不懂，那么写了也没有价值。"说罢，他将诗念了一遍。老仆妇表示全听懂了，白居易这才定稿。

出处

出自宋·释惠洪《冷斋夜话·老妪解诗》："白乐天每作诗，令一老妪解之，问曰：'解否？'妪曰解，则录之；不解，则易之。"

解释

老妇人也能理解。形容诗文通俗明白，浅显易懂。

乐不思蜀 lè bù sī shǔ

故事

三国时期，刘备死后，其子刘禅继位。公元263年，蜀国被魏所灭，刘禅被封为"安乐公"，迁至许昌居住。一天，司马昭宴请刘禅，故

累块积苏

意安排蜀国的乐舞,在旁的人都为此感到悲伤,而刘禅却欢乐嬉笑,无动于衷。司马昭看到这种情形就对贾充说:"想不到刘禅竟糊涂到了这种地步,即使诸葛亮在世,也不能辅佐,何况是姜维呢!"又有一次,司马昭问刘禅:"很思念蜀地吧?"刘禅回答:"这里很快乐,不思念蜀地。"随侍刘禅的郤(xì)正指点他说:"如果司马昭再问起时,你应哭泣着说:'先人的坟墓都在蜀地,我天天都在惦念。'"后来司马昭再次问他时,刘禅便照郤正教他的话回答。司马昭说:"怎么那么像郤正的语气呢?"刘禅听了大惊,睁大眼望着司马昭说:"您说的没错。"左右的人都笑了。

出处

出自《三国志·蜀书·后主传》裴松之注引《汉晋春秋》:"王问禅曰:'颇思蜀否?'禅曰:'此间乐,不思蜀。'"

解释

指乐而忘返或乐而忘本。

lěi kuài jī sū
累 块 积 苏

故事

《列子》中有一篇著名的寓言故事,说的是西周时期,西方有个身怀幻化之术的人来到中原。此人既能改变事物的形状,又能改变人的思虑。穆王对他奉若神明,把最好的寝宫、食物、女乐让给他,可那位幻化人还是不高兴。不久,他邀请穆王出去游玩,让穆王拉着他的衣袖,腾云而上,到天的中央才停下来。穆王低头往地面上看去,见自己的宫殿楼台简直像累起来的土块和堆起来的柴草。穆王所到之处,抬头看不见太阳月亮,低头看不见江河海洋。百骸六脏全都颤抖而不能平静,于是请求幻化人带他回去。幻化人推了他一把,穆王好像跌落到虚空之中。醒来以后,发现还是坐在原来的地方。穆王问左右:"我刚才是从哪里来的?"左右的人说:"大王不过是默默地待了一会儿。"从此穆王精神恍惚,三个月才恢复正常。

出处

出自《列子·周穆王》:"王俯而视之,其宫榭若累块积苏焉。"

解释

房屋像是堆积土块、铺盖柴草建成的。形容房舍简陋。

篱壁间物

故事

桓修,字承祖,小字崖,与东晋权臣桓玄是堂兄弟。桓玄篡位后,以桓修为抚军大将军,封安成王。刘裕在京口起兵讨伐桓玄,桓修被杀。桓玄向来看不起桓修。当时桓修在京城有桃树,结的桃子格外脆甜。桓玄多次去桓修家要桃,最终只得到一些劣桃。桓玄于是给殷仲文写信自嘲说:"如果品德昌明,连蛮夷都会进贡楛(hù)木之箭;如若不然,即使篱笆边上种的东西也得不到。"

出处

出自南朝宋·刘义庆《世说新语·排调》:"桓玄素轻桓崖,崖在京下有好桃,玄连就求之,遂不得佳者。玄与殷仲文书,以为嗤笑,曰:'德之休明,肃慎贡其楛矢;如其不尔,篱壁间物亦不可得也。'"

解释

篱笆边上种的东西。指平常之物。也比喻普通的人。

篱牢犬不入

故事

《水浒传》第二十四回讲到,武松要到东京出差,临行前与兄嫂话别,特意嘱咐武大与金莲,看好门户,休惹是非。武松对那妇人说道:"嫂嫂是个精细的人,不必用武松多说。我哥哥为人质朴,全靠嫂嫂做主看觑他。常言道:'表壮不如里壮。'嫂嫂把得家定,我哥哥烦恼做甚么?岂不闻古人言'篱牢犬不入'?"那妇人听了这话,被武松说了这一篇,一点红从耳朵边起,紫了面皮,指着武大便骂道:"你这个腌混沌!有甚么言语,在外人处说来,欺负老娘!自从嫁了武大,真个蝼蚁也不敢入屋里来,有甚么篱笆不牢,犬儿钻得入来!"武松笑道:"若得嫂嫂这般做主最好!"

出处

出自明·施耐庵《水浒传》第二十四回:"我哥哥为人质朴,全靠嫂嫂做主看觑他。常言道:'表壮不如里壮。'嫂嫂把得家定,我哥哥烦恼做甚么?岂不闻古人言'篱牢犬不入'?"

解释

篱笆编得结实,狗就钻不进来。比喻自己品行端正,坏人就无法勾引。

礼不亲授

故事

蔡文姬,名琰(yǎn),字文姬,是东汉文学家蔡邕(yōng)的女儿。文姬曾被胡骑掳去,后被曹操赎回后,再嫁给董祀。一次,董祀犯了死罪,文姬去向曹操求情。文姬蓬头赤脚,叩头请罪,说话条理清晰,辞意哀痛。曹操很受感动,便免了董祀的死罪。当时天气正冷,便赐给文姬头巾、鞋袜等物。曹操乘便问蔡文姬:"听说你家从前藏有不少古书,还能记得一些吗?"文姬说:"我父亲曾赐给我古书四千多卷,因流离逃难,一点都没有留下。现在我能背诵下来的只有四百余篇了。"曹操说:"我现在派十名书吏到你家去抄下来。"文姬道:"我听说男女有别,按礼节不能亲相传授。请您给我一些纸笔,正楷草书都行。"于是抄书送给曹操,文字没有一点儿遗漏。

出处

出自《后汉书·董祀妻传》:"妾闻男女之别,礼不亲授。"

解释

男女之间不能亲手交接物品。

礼顺人情

故事

卓茂,字子康,东汉名臣。卓茂任密县县令期间,勤勉任职,以德政教化百姓。一次,有人向卓茂报告说某亭长收受了他的米肉。卓茂问是主动送礼还是索贿。那人说是主动送礼,而法律规定官员是不能收财物的。卓茂说:"人之所以比禽兽尊贵,是因为人们讲求仁爱,懂得互相敬重。乡邻间互相馈赠礼物,这是人们之所以亲近的原因。官吏与百姓之间也是如此,官吏只是不能乘势索取罢了。亭长平素是个好官,过年时送些米肉,这是礼节,不算违法。"那人说:"假如这样的话,法律为什么禁止官员收礼呢?"卓茂说:"律条设定的是基本法则,礼顺应的是人之常情。而今我用礼教导你,你必定没有怨恨;如果用法律来惩治你,和处置自己的手足有什么不同呢?"
出　处
　　出自《后汉书·卓茂传》:"律设大法,礼顺人情。今我以礼教汝,汝必无怨恶。"
解　释
　　礼作为行为规范和准则,应该顺应人之常情。

lì néng gāng dǐng
力 能 扛 鼎

故事
　　项羽,名籍,秦末下相(今江苏宿迁)人。少年时代,项羽不喜欢读书写字,改学击剑,最终也没有学成。叔父项梁非常生气,项羽说:"写字只要会写名字就够了。击剑是对付个把人的事情,也不值得学。我要学的是抵挡万人的本领。"项梁于是教他兵法,他很高兴,但也只求略知大意,不肯认真钻研。项羽身材魁梧,体格强壮,能把几百斤重的鼎举起来。后来,项羽起兵反秦,接着又同刘邦争夺天下,最后被汉军包围在垓下。在四面楚歌的那天晚上,项羽在营帐中对着虞姬和叫骓(zhuī)的名马,慷慨高歌:"力拔山兮气盖世,时不利兮骓不逝!骓不逝兮可奈何?虞兮虞兮奈若何!"

出　处
　　出自《史记·项羽本纪》:"籍长八尺余,力能扛鼎,才气过人。""力拔山兮气盖世,时不利兮骓不逝。"

解　释
　　力气大,能举起鼎。形容力量超人。也比喻笔力雄健。一作"拔山举鼎"。

lì bīng mò mǎ
厉 兵 秣 马

故事
　　公元前628年,杞子派人秘密报告秦穆公,说他已掌握了郑国国都北门的钥匙,如果秦国此时偷袭郑国,他将协作内应。秦穆公接到杞子的密报后,立即出兵郑国。郑国商人弦高要到成周做生意,在离郑国不远的滑国与秦军迎面相遇。弦高一面派人向郑穆公报告,一面假扮郑国使者到秦军中慰问,说:"我们君王知道你们要来,特派我送一批牲畜来犒劳你们。"郑穆公接到了弦高的报告后,急忙派人到都城的北门查看,果然发现杞子的军队已经装束完毕,兵器已经磨利,马匹已经喂饱,处于待战的状态。郑穆公派皇武子辞谢他们,杞子等人见事情已经败露,便分别逃往齐国和宋国去了。

出处

出自《左传·僖公三十三年》:"郑穆公使视客馆,则束载、厉兵、秣马矣。"

解释

磨好兵器,喂饱战马。指做好战前准备工作。泛指事前做好准备工作。

利令智昏
lì lìng zhì hūn

故事

战国时,赵孝成王四年(前262),韩国割让上党与秦国,守将冯亭不愿降秦,献上党十七邑与赵国,打算引赵国抗秦。赵国君臣对于要不要接受上党的归顺,意见不一。平原君赵胜说:"上党这么大块的地方,不用出一兵一卒,就可以得到,为什么不要呢?"平阳君赵豹反对说:"就是因为不花力气得到好处,轻易要了,恐怕会招来大祸。"赵王不想失去这块到嘴的肥肉,便派平原君前去受地,将其划为赵国的领地。秦国知道后,派白起率大军攻打赵国。结果长平之战中,赵国四十万大军被秦军全歼,国都邯郸也被围困。后来平原君说服楚王联赵抗秦,才解除了邯郸之围。赵王和平原君因为贪图眼前的利益,导致赵国差点灭亡,后人形容他们的行为是"利令智昏"。

出处

出自《史记·平原君虞卿列传论》:"鄙语曰:'利令智昏。'平原君贪冯亭邪说,使赵陷长平兵四十余万众,邯郸几亡。"

解释

因贪图私利,使人头脑发昏,失去理智。

廉泉让水
lián quán ràng shuǐ

故事

南朝宋时期,范柏年起初为梁州州将,刺史刘亮派他到京师建康请示机宜。宋明帝刘彧与他谈话,谈及广州有贪泉,便问柏年:"卿所在之州也有此水吗?"范柏年答:"臣所在梁州唯有文川、武乡、廉泉、让水。"明帝又问:"卿住宅在何处?"范柏年答:"臣居住在廉、让之间。"刘彧赞叹他善于应对,对他颇为赏识。范柏年历任朝廷和地方要职,最后做到梁州刺史。

出处

出自《南史·范柏年传》:"帝言次及广州贪泉,因问柏年:'卿州复有此水不?'答曰:'梁州唯有文川、武乡、廉泉、让水。'"

解释

廉泉、让水为古水名。前者为今陕西南郑濂水;后者又名逊水,在陕西勉县。指为官廉洁。也指风俗淳美。

liáng jīn měi yù
良 金 美 玉

故事

黄洽,字德润,号东里,南宋宰相。黄洽质直端重,有大臣风范,为孝宗、光宗两朝名臣。黄洽在经筵讲堂向皇帝阐发君权与相权的关系,说:"宰相是代替天子管理政府的人,关键在于为国家选择合适的人才。而天子任命宰相,关键在于用人不疑。宰相被重用,朝廷就会受到尊重;朝廷得到尊重,宗庙社稷就能安定。宰相选才任职,应当大公无私,以天下国家为重。任用贤才则吏治通畅,如此则天下大治。"孝宗对此番言论再三赞赏,说:"卿就如良金美玉,浑厚无瑕,这是上天以卿作为朕的辅佐吧?"

出处

出自《宋史·黄洽传》:"卿如良金美玉,浑厚无瑕。"

解释

成色好的金,无瑕的玉。比喻完美的人格或过人的品貌。也比喻完美的诗文。

liáng shàng jūn zǐ
梁 上 君 子

故事

陈寔(shí),字仲弓,东汉名士。曾任太丘长,又称"陈太丘"。陈寔从幼时起就在伙伴中享有声望,为官期间更是以德处世,善行就推功于他人,有过则归自己,人们都敬佩他的德行。有一年家乡闹饥荒,好多人为了生计做了小偷。一天晚上,有个小偷溜进陈寔家中,躲在房梁上,准备等陈寔睡着以后再偷东西。陈寔暗中发现了梁上的小偷,于是起身穿戴整齐,把儿孙们都召集起来,很严肃地训诫说:"人不可以不努力上进。做坏事的人并不是生来就坏,只是平常不学好,养成了坏习惯,才变成了坏人。梁上那位君子就是如此啊!"小偷既感动又惭愧,下地叩头请罪。陈寔勉励他改恶向善,并赠送丝绢布匹于他。陈寔死后,参加葬礼的有三万余人,车数千乘。司空荀爽、太仆令韩融等披麻戴孝执子孙礼者以千计。蔡邕亲撰碑铭,大将军何进遣使致悼词。

出处

出自《后汉书·陈寔传》:"时岁荒民俭,有盗夜入其室,止于梁上。寔阴见,乃起自整拂,呼命子孙,正色训之曰:'夫人不可不自勉。不善之人,未必本恶,习以性成,遂至于此。梁上君子者是矣!'"

解释

代指窃贼。

liǎng bù gǔ chuī
两 部 鼓 吹

故事

孔稚珪(guī)是南朝齐骈文家,在当时享有盛名,曾和江淹同在萧道成幕府中执笔作文,任记室参军。豫章王萧嶷(yí)死后,其子请沈约和孔稚珪写作碑文。孔稚珪不喜世俗事务,喜欢亲近自然。其居所一派山水自然景象,门庭之内长满野草,不加修剪,草中经常可以听到蛙鸣。有人问他:"是想效仿陈蕃吗?"孔稚珪笑道:"我拿这些蛙鸣当作两部吹吹打打的合奏,何必要效仿陈蕃呢?"

出处

出自《南齐书·孔稚珪传》:"门庭之内,草莱不剪,中有蛙鸣,或问之曰:'欲为陈蕃乎?'稚珪笑曰:'我以此当两部鼓吹,何必期效仲举?'"

解释

两部:古代设有坐部和立部两部的乐队。鼓吹:乐名,用鼓、钲、箫、笳等乐器合奏。借指蛙鸣。

两虎相斗
liǎng hǔ xiāng dòu

故事

春申君黄歇是楚国贵族,"战国四公子"之一。楚顷襄王看中了黄歇的口才,让他出使秦国。此时,秦昭王已命令白起联合韩、魏两国进攻楚国,但还没出发。这时黄歇正好赶到秦国,得知秦国出兵楚国的计划,便上书劝说秦王:"天下的诸侯没有比秦、楚两国更强大的。现在听说大王要征讨楚国,这就如同两个猛虎互相搏斗。两虎相斗而猎狗趁机得到好处,不如与楚国亲善。"秦昭王被黄歇说服,于是阻止白起出征并辞谢了韩、魏两国,同时派使臣给楚国送去了厚礼。秦、楚订立盟约,结为友好国家。楚王派黄歇与太子完到秦国作人质,秦国把他们扣留了几年之久。黄歇冒死设计将太子送回,随后自己也安全回到楚国。黄歇回国后三个月,楚顷襄王去世,太子完即位,即考烈王,随即任命黄歇为宰相,封为春申君。

出处

出自《史记·春申君列传》:"天下莫强于秦、楚,今闻大王欲伐楚,此犹两虎相与斗。"

解释

比喻力量强大的双方相搏斗。

林下风气
lín xià fēng qì

故事

谢道韫(yùn),东晋女诗人。她是谢安的侄女、左将军王凝之的妻子。一年冬天,天下大雪,谢安问侄儿、侄女们:"白雪纷纷何所似?"谢朗答道:"撒盐空中差可拟。"谢道韫答道:"未若柳絮因风起。"谢安对谢道韫的回答大为赞赏。王凝之的弟弟王献之曾经与客人谈论诗文,将要理屈词穷了,谢道韫叫婢女告诉王献之说:"想替小弟弟解围。"于是在青绫屏障后,对刚才的话题展开议论,客人都驳不倒她。当时能够与谢道韫相提并论的只有同郡的张彤云。张彤云是张玄的妹妹,嫁到了江南四大世家的顾家。有一个叫济尼的尼姑,常常出入王、顾两家。有人问济尼,谢道韫与张彤云谁更好一些,济尼说道:"王夫人神情散朗,故有林下风气;顾家妇清心玉映,自是闺房之秀。"大家都认为此话还算公允。

出处

出自《晋书·列女传》:"王夫人神情散朗,故有林下风气。顾家妇清心玉映,自是闺房之秀。"

解释

指人的优雅娴静风气。多形容女子风度娴雅、举止大方。

龙行虎步 lóng xíng hǔ bù

故事

刘裕,字德舆,小名寄奴。南朝宋开国皇帝。刘裕为人雄杰,气度宏大,身高七尺六寸,风神奇伟。桓玄篡位之后,在京都见到刘裕,对司徒王谧(mì)说:"昨天见到刘裕,风骨不俗,是人中英杰啊!"由此对刘裕恩宠优厚。有人劝桓玄:"刘裕仪态英武,见识不凡,恐怕不会甘为人下,应该及早处置他。"桓玄说:"我正打算北伐中原,这等大业非刘裕不可委命。等平定关陇之后再商量处置他的事吧。"永初元年(420),刘裕代晋自立,定都建康,国号"宋",史称刘宋或南朝宋。史家称,刘裕代晋的意义,不只是改朝换代而已,也标志着门阀与皇帝"共天下"局面的结束。他开创了江左六朝疆域最辽阔的时期,为"元嘉之治"打下坚实的基础。

出处

出自《宋书·武帝纪》:"刘裕龙行虎步,视瞻不凡,恐不为人下,宜早为其所。"

解释

像龙和虎那样行走。形容昂首阔步、威武雄壮的样子。

笼街喝道 lóng jiē hè dào

故事

温造,字简舆,唐朝大臣。温造年少时酷爱读书,不喜试吏,早年隐居王屋,以渔钓为乐。公元826年,温造被召入京师,任侍御史,掌监察、执法。当时李祐自夏州入京,违制进马150匹,温造上书弹劾,李祐不禁两腿打颤,汗流浃背。事后,李祐私下对别人说:"我夜闯蔡州,生擒吴元济,都未曾害怕,今天却被温御史吓破了胆。"由于温造恪守职责,不久迁左司郎中,又官拜御史中丞。温造对当时官员出行时的仪仗规模提出了批评,上书称:"元和、长庆年间,御史中丞的导从仪仗只占半条街,而如今却扩大到两条街,称作'笼街喝道'。只想着讲排场、摆气派,却不想这样有僭礼的嫌疑。如果不加以纠正,则于礼制法典有损。"

出处

出自《旧唐书·温造传》:"臣闻元和、长庆中,中丞行李不过半坊,今乃远至两坊,谓之笼街喝道。"

解释

古代官员外出时,侍从鸣锣开道,吆喝街上行人回避。形容官员仪仗有威风,排场大。

鹿死谁手
lù sǐ shuí shǒu

故事

石勒,字世龙,小字匐勒,羯族(匈奴的一个分支),十六国时期后赵建立者,史称后赵明帝。一次,石勒设宴招待高句丽和宇文屋孤的使者,喝到畅快时,问中书令徐光:"自古开国的皇帝,我可与哪个相比?"徐光回答说:"陛下您的勇猛和谋略超过汉高祖,才能胜过魏武帝,自三王以来,没有可以相比的,只是略逊于轩辕黄帝吧!"石勒笑着说:"人哪能没有自知之明,你说得也太夸大了。我若是碰上汉高祖,当面向北侍奉他,挥鞭与韩信、彭越争先后;若是遇上光武帝,当与他在中原并驾齐驱,尚不知鹿死谁手。大丈夫做事应该光明磊落,如日月一样明亮,终究不能像曹孟德、司马仲达父子,欺负人家孤儿寡母,靠狐狸一样的媚态来夺取天下。我应该在刘邦与刘秀之间,哪能与轩辕氏比拟呢!"

出处

出自《晋书·石勒载记》:"朕若逢高皇,当北面而事之,与韩、彭竞鞭而争先耳;脱遇光武,当并驱于中原,未知鹿死谁手。"

解释

政权会落在谁的手里。指(不知道)谁能取得最终胜利。

驴鸣狗吠
lú míng gǒu fèi

故事

庾(yǔ)信,字子山,小字兰成,南北朝时期文学家。庾信在中国文学史上被认为是一位继往开来的人物,他兼善众体,诗赋散文都有相当高的成就,在鲍照之后的南北朝,没有一个人能和他相比。庾信自南朝初至北方时,北方文士大多轻视他,庾信将自己的作品《枯树赋》给他们看,自此之后无人再敢轻视庾信。一次,庾信出使东魏到邺(yè)城,看到了"北地三才"之一的温子升所作的《韩陵山寺碑》,十分赞赏,并将碑文抄写下来。回梁后,同僚问他北方文士有何名人名作。庾信说:"北方只有韩陵山的一块石碑值得一读。薛道衡、卢思道这两人稍微懂一点作文章,其余的人只不过是驴鸣狗吠,聒噪耳朵罢了。"

出处

出自唐·张鹫(zhuó)《朝野佥载》卷六:"时温子升作《韩陵山寺碑》,信读而写其本。南人问信曰:'北方文士何如?'信曰:'惟有韩陵山一片石堪共语。薛道衡、卢思道少解把笔,自余驴鸣犬吠,聒耳而已。'"

解释

嘲笑诗文粗劣。

绿衣使者
lǜ yī shǐ zhě

故事

唐朝玄宗年间,长安城里有位富豪叫杨崇义。其妻刘氏不守妇道,与邻居李弇(yǎn)私通,两人图谋杀害杨崇义,私吞其万贯家财。一日,杨崇义酒醉归家,被两人杀死,尸首被抛进枯井,只有堂前架上的鹦鹉目睹了全过程。刘氏杀夫后,故意派家仆四处寻找,并报官称丈夫久出未归,恐怕被别人谋害。官府日夜调查,始终没能破案。后来县官再到杨崇义家中勘查,架上的鹦鹉忽然喊道:"杀害家主的是刘氏和李弇。"办案官员马上拘捕了两人。经过审讯,二人供认不讳。官府将此案详细奏报朝廷,唐玄宗听了诧异嗟叹良久。刘氏、李弇依刑处死,这只鹦鹉被封为"绿衣使者",交给后宫喂养。

出处

出自五代·王仁裕《开元天宝遗事·鹦鹉告事》:"鹦鹉曰:'杀家主者刘氏、李弇也。'官吏等遂执缚刘氏,及捕李弇下狱,备招情款。府尹具事案奏闻,明皇叹讶久之。其刘氏、李弇依刑处死,封鹦鹉为'绿衣使者',付后宫养喂。"

解释

原指鹦鹉。后指邮递员。

洛阳纸贵
luò yáng zhǐ guì

故事

左思,字太冲,西晋著名文学家。晋武帝时,左思的妹妹左棻(fēn)被选入宫,遂举家迁居洛阳。左思此时正准备写《三都赋》,构思了整整十年,家门口、庭院里、厕所里,都摆放着笔和纸,想出一句,马上就记录下来。等到《三都赋》写成,并未得到重视。左思于是前往拜访皇甫谧(mì),请他为《三都赋》作序。之后,张载为其中的《魏都赋》作了注释,刘逵为其中的《吴都赋》《蜀都赋》作了注释,并为之作序。从此以后,《三都赋》被时人称誉推崇。司空张华见到此赋,感叹道:"左思是班固、张衡之流的人物。"于是豪门贵族之家争相传阅抄写,京城洛阳的纸张供不应求,价格大涨。

出处

出自《晋书·左思传》:"于是豪贵之家竞相传写,洛阳为之纸贵。"

解释

借指好的作品广泛流传,风行一时。

M

mǎ shǒu shì zhān
马 首 是 瞻

故事

春秋时期,晋国联合齐、鲁、郑、卫等国一起伐秦,以雪栎之役之耻。晋国大将荀偃任三军统帅,指挥联军。联军到了泾水边后,秦军为了阻止联军渡河,在河上游投下毒药。联军饮了河水,大批士兵中毒身亡。联军渡过泾水在榆林扎营,荀偃下令道:"明天鸡鸣驾车,填井平灶,你们看着我的马首跟着行动。"栾黡(yǎn)说:"晋国的命令从来没有这样的。我的马头可要往东呢。"然后就率领下军回国了。荀偃看到属下都不服从自己的命令,只好说:"我的命令确实有错误,后悔哪里来得及?多留下人马只能被秦国俘虏。"于是就命令全军撤退。晋国人称这次战役为"迁延之役"。

出处

出自《左传·襄公十四年》:"荀偃令曰:'鸡鸣而驾,塞井夷灶,唯余马首是瞻。'"

解释

原指作战时士卒看主将的马头行事。后泛指服从指挥或跟随别人行动。

mǎi dú huán zhū
买 椟 还 珠

故事

从前,有个楚国人在郑国市场上卖珍珠。为了卖个好价钱,他用名贵的木兰做了一个精美的盒子,又用香草把盒子熏得香喷喷的,盒子上点缀着珠玉,装饰着玫瑰,还用美丽的羽毛编织了套子。到了市场上,这个盒子顿时吸引了人们的目光,很多人都围上来欣赏。一个郑国人对这个盒子爱不释手,于是出高价买了下来。这个郑国人拿着盒子往家走,可没走几步又返了回来,把盒子里的珍珠取出来交给楚人,说:"您的珍珠忘在盒子里了。"于是郑人留下珍珠,拿着盒子走了。

出处

出自《韩非子·外储说左上》:"楚人有卖其珠于郑者,为木兰之柜,熏以桂椒,缀以珠玉,饰以玫瑰,辑以羽翠。郑人买其椟而还其珠。"

解释

买了匣子,归还了里面的珍珠。比喻没有眼光,舍本逐末,取舍不当。

mài suì liǎng qí
麦穗两歧

故事

张堪,字君游,东汉南阳宛县人,是南阳郡豪门大族。张堪十六岁来到长安学习,因其品行超群,被称为"圣童"。刘秀还是一介布衣的时候,就非常欣赏张堪,登上皇位后,便征召张堪为郎中。之后张堪历任蜀郡太守、渔阳太守。在任渔阳太守期间,张堪赏罚分明,官吏百姓都愿意为他所用。一次,匈奴以一万骑兵入侵渔阳,张堪率领数千骑兵出击,大败敌军,边界得以安宁。他又在狐奴县开辟稻田八千多顷,鼓励百姓进行耕种,使百姓家家殷实富有。百姓编成歌谣唱道:"桑无附枝,麦穗两岐(通'歧')。张君为政,乐不可支。"张堪在渔阳任职八年,匈奴不敢进犯边塞。他解职还都时,乘坐的只是一辆断辕的破车,车上只有布被包袱而已。

出处

出自《后汉书·张堪传》:"百姓歌曰:'桑无附枝,麦穗两岐。张君为政,乐不可支。'"

解释

一麦生出双穗。旧时以为祥瑞,作为丰收的吉兆。也用以称颂吏治成绩卓著。

mài dāo mǎi dú
卖刀买犊

故事

龚遂,字少卿,西汉官员。龚遂任渤海太守期间,平定盗贼叛乱、鼓励农桑,卓有政绩。他见齐地风俗奢侈,喜欢工商业,不务农事,于是亲自奉行节俭,以作表率,并鼓励百姓致力农桑,规定每口人种植一棵榆树、一百株薤(xiè)、五十棵葱、一畦韭,每家喂养两只母猪、五只鸡。百姓有携带刀剑的,龚遂就让他们卖掉刀剑,购买耕牛,并说:"为什么要把牛犊佩戴在身上呢!"龚遂规定春夏两季必须从事农作,秋冬两季按所收获农作物的多少交纳相应赋税,多多储存果实、菱芡,因此郡中都有积蓄,吏民都很富裕,郡中官司逐年减少。

出处

出自《汉书·龚遂传》:"遂见齐俗奢侈,好末技,不田作,乃躬率以俭约,劝民务农桑,令口种一树榆、百本薤、五十本葱、一畦韭,家二母彘、五鸡。民有带持刀剑者,使卖剑买牛,卖刀买犊,曰:'何为带牛佩犊!'"

解释

卖掉武器,从事农业生产。指弃武务农或弃甲归田。

芒刺在背 (máng cì zài bèi)

故事

西汉时期,二十一岁的汉昭帝死后没有留下后嗣,于是大将军霍光立武帝之孙昌邑王刘贺为帝。然而刘贺生活放荡荒淫,随即被霍光废黜,武帝曾孙刘询被立为帝,即汉宣帝。霍光此时权倾朝野,有废立皇帝的能力,新皇帝因此对他很害怕。刘询即位后做的第一件事,就是去拜谒祖庙。宣帝与霍光同乘一车,宣帝见霍光身材高大,神色严峻,不由觉得非常畏惧,惶恐不安,就像有芒刺在背上那样难受。此后,宣帝见到霍光,总是小心翼翼,对霍光表面上很信任,但内心十分忌惮。霍光本人功高震主,为后来的灭族埋下了祸根。

出处

出自《汉书·霍光传》:"宣帝始立,谒见高庙。大将军光从骖(cān)乘,上内严惮之,若有芒刺在背。"

解释

像芒和刺扎在背上。形容惶恐不安。

尨眉皓发 (máng méi hào fà)

故事

西汉武帝时期,一天,汉武帝刘彻乘辇到访郎署,看到郎官颜驷满头白发、眉毛黑白夹杂,就问他:"你什么时候做郎的?为什么这么老了?"颜驷回答道:"臣在文帝时为郎,文帝喜欢文臣,而臣下好武;景帝喜欢老臣,而臣尚年轻;如今陛下欣赏年少有为的人,而臣已经老了。所以三朝都没能赶上机遇,至今仍是个郎官。"武帝听了十分感慨,当即封他为会稽郡都尉。

出处

出自汉•班固《汉武故事》:"颜驷,不知何许人,汉文帝时为郎。至武帝,尝辇过郎署,见驷尨眉皓发。"

解释

头发雪白,眉毛黑白夹杂。形容年长的样子。

盲人摸象 (máng rén mō xiàng)

故事

从前,有几个盲人很想知道大象是什么样子的,可是他们根本看不见,只能用手来摸。摸到大象牙齿的盲人说大象像一根又圆又光滑的萝卜,摸到大象耳朵的盲人说大象像一个簸箕,摸到大象脑袋的盲人说大象像一块大石头,摸到大象鼻子的盲人说大象像一根木棒,摸到大象脚的盲人说大象像一个木臼,摸到大象脊背的盲人说大象像一张床,摸到大象肚子的盲人说大象像一口瓮,摸到大象尾巴的盲人说大象像一根绳子。他们吵吵嚷嚷,争论不休,都说自己正确而别人说的不对。

出处

出自《大般涅槃经》卷三十二:"尔时大王,即唤众盲各各问言:'汝见象耶?'众盲各言:'我已得见。'王言:'象为何类?'其触牙者即言象形如芦菔根,其触耳者言象如箕,其触头者言象如石,其触鼻者言象如杵,其触脚者言象如木臼,其触脊者言象如床,其触腹者言象如瓮,其触尾者言象如绳。"

解释

比喻看问题片面,以偏概全。

盲人瞎马 (máng rén xiā mǎ)

故事

东晋时期,士族中崇尚清谈,有时也做文字游戏。一次,大画家顾恺之、南郡公桓玄和荆州刺史殷仲堪一起玩游戏。三人先说"了语",

即用一句话描述事情完结。顾恺之说:"火烧平原无遗燎。"桓玄说:"白布缠棺竖旒(liú)旐(zhào)。"殷仲堪说:"投鱼深渊放飞鸟。"接着又说"危语",即用一句话描述非常危险的情景。桓玄说:"矛头淅米剑头炊。"殷仲堪说:"百岁老翁攀枯枝。"顾恺之说:"井上辘轳卧婴儿。"殷仲堪有一个参军也在座,接着说道:"盲人骑瞎马,夜半临深池。"殷仲堪心里不高兴,嘟囔道:"真是咄咄逼人!"这是因为殷仲堪瞎了一只眼睛。

出处

出自南朝宋・刘义庆《世说新语・排调》:"桓南郡与殷荆州语次……殷有一参军在坐,云:'盲人骑瞎马,夜半临深池。'"

解释

盲人骑着瞎马。比喻盲目行动,处境危险。

máo suì zì jiàn
毛 遂 自 荐

故事

战国时期,秦将白起领兵包围了赵国都城邯郸,赵国形势万分危急。赵王派平原君赵胜去楚国求援。平原君把门客召集起来,想挑选二十个文武全才一起去。挑来挑去,最后还缺一个人。这时,毛遂上前向平原君自我推荐。平原君说:"贤能的人处在世界上,就好比锥子处在囊中,它的尖梢立即就要显现出来。而先生在我门下三年,人们对你没有称道,这是因为先生没有什么才能的缘故。所以请留下吧!"毛遂说:"我不过今天才请求进到囊中罢了。要是我早就在囊里的话,就会像锥子那样,整个锋芒都会露出来,不仅是尖梢而已。"平原君最终同意带毛遂一道前往。到了楚国,楚王开始不同意出兵,毛遂冲到堂上,手按宝剑,对楚王陈以利害,最终打动了楚王。楚王答应出兵救赵。

出处

出自《史记・平原君虞卿列传》:"门下有毛遂者,前,自赞于平原君曰:'遂闻君将合从于楚,约与食客门下二十人偕,不外索。合少一人,愿君即以遂备员而行矣。'"

解释

指自告奋勇,自我推荐。

每况愈下
měi kuàng yù xià

故事

《庄子·知北游》以对话和寓言的形式阐述了庄子对于"道"的认识。东郭子向庄子请教"道"具体存在于什么地方。庄子说大道无所不在,在蝼蚁之中、在稻田的稗草里、在瓦块砖头中、在屎尿里。东郭子不明白庄子指出的地方为什么越来越低下。庄子说:"先生的提问,本来就没有触及道的本质。一个名叫获的管理市场的官吏向屠夫询问猪的肥瘦,踩踏猪腿的部位越是往下,就越能探知肥瘦的真实情况。你不要只是在某一事物里寻找道,万物没有什么东西可以逃离开它。它们名称各异而实质却相同,它们的意旨是归于同一的。"庄子认为"道"具有整体性,无处不在但又不存在具体形象,贯穿于万物变化的始终。

出处

出自《庄子·知北游》:"庄子曰:'夫子之问也,固不及质。正获之问于监市履狶也,每下愈况。'"

解释

原作"每下愈况",意思是判断猪的肥瘦时,会用脚踩一下猪腿,如果腿够肥,那么猪才肥。引申为越从低微的事物上推求,就越能看出真实情况。后来讹作"每况愈下",指情况越来越糟糕。

美轮美奂
měi lún měi huàn

故事

赵武,春秋时期晋国卿大夫,又称赵孟、赵文子,是赵盾之孙、赵朔之子。幼年因其母赵庄姬与叔公不和,随母移居宫中。后下宫之难,赵氏灭族,赵武独存,即世传之赵氏孤儿。赵武长大后任正卿,执掌国政,使赵氏得以复兴。晋国祝贺赵文子宫室落成,晋国大夫前往致贺。张老说:"多么高大,多么华美!您将在这里祭祀奏乐,在这里居丧哭灵,在这里与国宾、宗族聚会了。"赵文子说:"武能够在这里祭祀奏乐,在这里居丧哭灵,在这里与国宾、宗族聚会,这样就能保有全尸而跟从先大夫葬于九原了。"于是向北面再拜叩头,表示感谢。君子称他们是一个善于赞美祝福,一个善于祈祷免祸。

出处

出自《礼记·檀弓下》:"晋献文子成室,晋大夫发焉。张老曰:'美哉轮焉,美哉奂焉!歌于斯,哭于斯,聚国族于斯。'"

解释

形容建筑物高大美观。也形容装饰、布置等美好漂亮。

mén kě luó què
门 可 罗 雀

故事

汲黯、郑当时都是西汉时期重臣。汲黯于景帝时任太子洗马,武帝时任东海太守,后又召为主爵都尉;而郑当时则先任太子舍人,后迁为大司农。二人其时皆官居高位,受人敬畏,每日巴结逢迎者,不计其数。后二人俱丢官失势,遂宾客尽散,门前冷落。司马迁评论道:"凭着汲黯、郑当时那样贤德,有权势时宾客十倍,无权势时情形就全然相反。他们尚且如此,更何况一般人呢!下邽县翟公曾说过,起初他做廷尉,家中宾客盈门;待到一丢官,门外便冷清得可以张罗捕雀。而他复官后,宾客们又想来见他,翟公就在大门上写道:'一死一生,乃知交情。一贫一富,乃知交态。一贵一贱,交情乃见。'汲黯、郑当时也有此不幸,真是可悲啊!"

出处

出自《史记·汲郑列传》:"始翟公为廷尉,宾客阗门;及废,门外可设雀罗。"

解释

大门外可以张网捕鸟。形容门庭冷落,来的人很少。

mén wú zá bīn
门 无 杂 宾

故事

袁粲(càn),字景倩,南朝宋大臣。其父早逝,祖母哀其幼孤,给他取名为"愍(mǐn)孙"。愍孙自幼好学,因仰慕荀奉倩(荀颢[yǐ])的为人,成年后改名为粲,字景倩。后任尚书令,加侍中,与齐王、褚渊、刘秉执掌政务,时人称四人为"四贵"。袁粲沉默寡言,不肯决断事务。皇帝每次下诏谋断政事,有人高谈阔论,而袁粲偶尔说出一个意见,则往往成为定论。袁粲的府邸平实朴素,家中器物只有应用必需之物。

他的家挨着南城,经常执杖独游,平日也很少跟人交往,其家鲜有闲杂的宾客。等到接受诏命执掌大权,四方宾客争相登门,而袁粲依然优游闲适,对这些上门巴结的客人一概不见,文士清客之中,所见的也不过一两个人而已。

出处

出自《宋书·袁粲传》:"居负南郭,时杖策独游,素寡往来,门无杂客。及受遗当权,四方辐凑,闲居高卧,一无所接,谈客文士,所见不过一两人。"

解释

家里没有闲杂的宾客。指交友慎重。

孟母三迁 mèng mǔ sān qiān

故事

孟子的母亲,被世人称为孟母。孟子小时候,住的地方靠近墓地,孟子耳濡目染,每日游戏都是学墓地里人们埋葬祭拜的样子。孟母说:"这个地方不适合孩子居住。"于是离开了那里,将家搬到集市旁。孟子游戏的时候,又学市集上的商人叫卖做生意的样子。孟母说:"这个地方还是不适合孩子居住。"又将家搬到学宫旁边。孟子游戏时,则模仿着摆设上俎(zǔ)豆祭器,学着鞠躬行礼、揖让进退。孟母说:"这才是孩子居住的地方。"就在这里定居下来了。孟子长大后,学成六艺,最终成为一代大儒。

出处

出自汉·刘向《列女传·邹孟轲母》:"邹孟轲之母也,号孟母。其舍近墓,孟子之少也,嬉游为墓间之事,踊跃筑埋。孟母曰:'此非吾所以居处子也。'乃去,舍市傍。其嬉戏为贾人衒卖之事。孟母又曰:'此非吾所以居处子也。'复徙舍学宫之傍,其嬉游乃设俎豆,揖让进退。孟母曰:'真可以居吾子矣。'遂居之。"

解释

指父母重视子女教育。

灭此朝食 miè cǐ zhāo shí

故事

春秋时期,齐顷公率军攻打鲁、卫两国。鲁、卫向晋国求援,晋景公派郤(xì)克率兵车八百乘救援鲁、卫。晋国和鲁、卫两国的联军追击已经回国的齐军,并在鞌(ān)这个地方列阵决战。这天一早,双方列开阵势,齐顷公道:"我们姑且歼灭了敌人再回来吃早饭!"连马身上的甲都不披,就驱车冲向敌阵。晋军将帅同心协力,互相勉励,击败了齐军。齐军被追得十分狼狈,齐顷公险些被俘,卫士逢丑父急中生智假扮作齐顷公,才使他得以逃脱。

出处

出自《左传·成公二年》:"齐侯曰:'余姑翦灭此而朝食!'不介马而驰之。"

解释

先把敌人消灭掉再吃早饭。形容斗志坚决,取胜急切。也形容轻敌和态度狂妄。

名 高 难 副
míng gāo nán fù

故事

邢邵,字子才,北朝魏、齐时文学家。邢邵因文才出众,官至中书监,摄国子祭酒,备受皇帝信任。邢邵诗文独步当时,每有文章写出,京城争相传抄,诵读之声传播远近。邢邵才高位显,但不自傲,对人无论贤愚,都能赤诚相待。他穿戴随便,不追求奢华,待客常在一间陋室。他豁达的性格和宽厚的人品深得时人赞许。当时朝廷与南朝梁讲和,精选聘使,邢邵、魏收及侄子邢子明都被征选入朝。当时的文士,都在邢邵之下,然而邢邵名望虽高,但为人平易谦和,没有威仪,与职位身份不符,朝廷不让他出境。

出处

出自《北史·邢邵传》:"当时文人,皆邵之下,但以不持威仪,名高难副,朝廷不令出境。"

解释

名望很高,但难与实际相符。

名 落 孙 山
míng luò sūn shān

故事

宋朝时,吴地有个人叫孙山,能言善辩,才华横溢。有一年,孙山去别的郡参加科举考试,有个同乡的儿子也要去考试,同乡便托孙山带他儿子一同前往。考完发榜时,同乡的儿子没有被录取,孙山虽然榜上有名,但位列倒数第一。孙山自己先回到家乡,同乡便来打听他的儿子有没有考中。孙山既不好直说,又不便隐瞒,于是说:"榜上的最后一名是我孙山,而令郎的名字却还在我孙山的后面。"

出处

出自宋·范公偁《过庭录》:"吴人孙山,滑稽才子也。赴举他郡,乡人托以子偕往。乡人子失意,山缀榜末,先归。乡人问其子得失,山曰:'解名尽处是孙山,贤郎更在孙山外。'"

解释

指考试或选拔未被录取,榜上无名。

míng mù zhāng dǎn
明 目 张 胆

故事

王敦,字处仲,东晋权臣。王敦出身琅玡王氏,曾与王导一同协助司马睿(ruì)建立东晋政权,但一直有夺权之心,最终发动政变,史称"王敦之乱"。此时王敦病重,根本不能统率军队,于是以其兄王含为元帅,水陆并进,攻向建康。王含到达江宁后,司徒王导写信给他,信中称:"我虽然不才,但志在保卫国家安宁。今日之事,必将睁大眼睛,放开胆量,作为六军统帅,宁愿做忠臣而为国捐躯,也不愿丧失臣节而苟活。"王含没有答复。之后中军司马曹浑在越城击败王含,王敦得知消息后大怒,准备亲自率兵进军,却因病体虚弱,不久就死了。"王敦之乱"平定后,王敦尸身被起出,并摆成长跪的姿势;头颅被斩下后挂在朱雀桁上示众。

出处

出自《晋书·王敦传》:"今日之事,明目张胆为六军之首,宁忠臣而死,不无赖而生矣。"

解释

原形容有胆识,敢作敢为。后形容公开地、毫无顾忌地干坏事。

mù gěng zhī huàn
木 梗 之 患

故事

战国时期,秦昭王想招揽齐国孟尝君。孟尝君决心入秦,有个门客说:"我这次来齐国,路上经过淄水,听见一个土偶人和一个木梗人交谈。木梗对土偶说:'你原是泥土,被捏成了人,到了八月,天下大雨,淄水涨上来,你必定会被冲毁。'土偶说:'我本来就是泥土,即使被大水毁了,等于是恢复了本来的面目。可你是东园的桃木刻成的,天下大雨,淄水横流,你随波而去,还不知道要被冲到哪里呢!'那秦国是个虎狼之国,关山四塞,您若到了秦国,恐怕也会有和木梗同样的忧患啊!"孟尝君因此不敢入秦。后来孟尝君因逃难到了秦国,并被任命为相国。秦国大臣认为孟尝君是齐国人,肯定会"先齐而后秦",秦昭王只得罢免了孟尝君,并将其软禁起来。孟尝君最后靠了"鸡鸣狗盗"之徒才逃回齐国。

出处

出自汉·刘向《说苑·正谏》:"今秦,四塞之国也,有虎狼之心,恐其有木梗之患。"

解释

指客死他乡,不得复归故里。

木人石心
mù rén shí xīn

故事

夏统,字仲御,西晋时期隐士。族人劝他去做官,对他说:"你如果能和官府结交,一定能显贵,为什么甘愿在山林隐居,在海边终此一生呢?"夏统听后大怒,从此不再和本族的人见面。一次他去洛阳为母亲买药,正好碰上三月上巳这天,达官贵人的车骑来来往往如云彩一般,夏统视若无睹。太尉贾充觉得奇怪,就问他是什么人。得知夏统是会稽人后,贾充问他会稽的风俗人情。夏统说:"那里的人彬彬有礼,犹有大禹时代的遗风,太伯时代的仁义和谦让,严遵所具有的高亢的志气,黄公所表现的高风亮节。"贾充想让他出来做官,夏统低着头不说话。贾充在夏统面前炫耀自己的文武仪仗,军鼓、号角响声大作,胡笳长鸣,车马涌动。夏统端坐如旧,好像是什么也没有听见、看见。贾充等人于是各自散了,悻悻地说:"这个吴地的小子是木头人、石头心。"

出处

出自《晋书·夏统传》:"统危坐如故,若无所闻。充等各散曰:'此吴儿是木人石心也。'"

解释

形容意志坚定,在诱惑面前不动心。也形容冷漠无情。

mù bù zhī shū
目不知书

故事

苏楷是礼部尚书苏循的儿子,才学平庸,他于唐昭宗乾宁二年(895)应进士试登第后,人们议论纷纷。昭宗命人复试苏楷,将他罢黜,苏楷以此心怀怨恨。唐哀帝天祐元年(904),朱温弑君后,群臣上谥号为圣穆景文孝皇帝,庙号昭宗。苏楷以昭宗非功德,议改庙谥,上书称:"帝王统治天下,由治乱而察知盛衰,以祭祀来配享皇天,借助谥号以定褒贬,因此臣下和君王都不能够从私心出发。朝廷官署先定谥号为圣穆景文孝皇帝,庙号昭宗,似乎过于溢美,与直言不隐相悖。"但是,苏楷根本不懂识字作文,仅仅会用手握笔而已,那文章其实是罗衮(gǔn)所做。

出处

出自《旧唐书·哀帝纪》:"楷目不知书,手仅能执笔,其文罗衮作也。"

解释

不识字,没有文化。

mù hóu ér guàn
沐猴而冠

故事

秦朝末年,天下大乱,各路义军纷纷起兵反秦。项羽进入关中后,率军在咸阳城内大肆屠杀,杀死秦降王子婴,放火焚烧秦宫,大火一连烧了几个月都没有熄灭。还搜刮了许多金银财物,掳掠了一批年轻妇女,准备回到东方去。韩生劝说项羽:"关中地区有险可守,而且土地肥沃,在此建都,可以奠定霸业。"项羽看秦宫已被烧毁,残破不堪,同时又怀念故乡,一心想回东方,便说:"人富贵了就应归故乡,富贵不归乡,好比锦衣夜行,有谁看得见?"韩生说:"都说楚人是猴子戴帽子,现在想来果然如此。"项羽听说了这话,当即烹杀了韩生。

出处

出自《史记·项羽本纪》:"人言楚人沐猴而冠耳,果然。"

解释

沐猴(猕猴)戴帽子,装成人。比喻虚有其表。

牧豕听经
mù shǐ tīng jīng

故事

东汉时期,琅玡有个叫承宫的孤儿,八岁就给人放猪。乡人徐子盛讲授《春秋经》,学生有几百人。一次,承宫放牧经过学堂,在屋外休息,听见先生正在讲授《春秋经》。承宫听得很是入迷,不知不觉走了进去,听先生讲经。承宫请求留下求学,条件是为学生们拾柴。虽然生活艰苦,但承宫勤学不倦。后来天下大乱,承宫和妻子来到蒙阴山,努力垦荒耕种。庄稼快熟时,有人说那地是他的,承宫也不计较,把地让给他就离开了。永平年间,承宫被朝廷征为博士,最后官至侍中祭酒,他的名声一直传扬到了北方匈奴那里。

出处

出自《后汉书·承宫传》:"少孤,年八岁为人牧豕。乡里徐子盛者,以《春秋经》授诸生数百人,宫过息庐下,乐其业,因就听经,遂请留门下,为诸生拾薪。"

解释

一面放猪,一面听讲。形容刻苦求学。

nǎi xīn wáng shì
乃心王室

故事

郭子仪是唐朝名将。唐肃宗乾元元年(758),郭子仪围困邺(yè)城,将安庆绪围在城内数月。第二年二月,史思明从魏州来支援安庆绪。三月,李光弼等率领前军在邺县南与叛军交战。当时后军郭子仪尚未布好阵势,正交战中,突然狂风大作,天昏地暗,两军尽皆溃散。唐军因无统一号令,众节度使各自逃归驻地,郭子仪也退保河阳。观军容宣慰处置使鱼朝恩把相州之败的责任推到郭子仪身上。五月,肃宗将郭子仪召还京师,任以闲职。郭子仪的兵权虽被剥夺,但仍忠心于朝廷,以大局为重。安史之乱后,他计退吐蕃,二复长安;说服回纥,再败吐蕃;威服叛将,平定河东。郭子仪戎马一生,功勋卓著,史书称他"再造王室,勋高一代"。

出处

出自《旧唐书·郭子仪传》:"子仪虽失兵柄,乃心王室,以祸难未平,不遑寝息。"

解释

指忠于朝廷。

nán guān chǔ qiú
南冠楚囚

故事

钟仪,春秋时楚国人,是文献记载的最早的古琴演奏家。楚、郑交战时,钟仪被郑国俘虏,献给了晋国。晋侯视察军中仓库时,见到了钟仪,问左右说:"那个戴着南方的帽子、被捆着的人是谁?"左右回答说:"是郑人所献的楚国俘虏。"晋侯让人把他放出来,召见他并且对他表示慰问。晋侯知道钟仪家世代为乐官后,问他能否演奏音乐。钟仪回答说:"这是先人的职责,岂敢从事于其他?"晋侯又问他楚国君王是怎样的人。钟仪回答说:"这不是小人所能知道的。"晋侯再三问他,他回答说:"当他做太子的时候,师、保侍奉着他,他每天早晨向令尹婴齐、晚上向大夫侧去请教。别的我就不知道了。"晋侯将这件事告诉了范文子。范文子认为钟仪未弃本职,不忘故土,是个君子。

出处

出自《左传·成公九年》:"晋侯观于军府,见钟仪,问之曰:'南冠而絷(zhí)者,谁也?'有司对曰:'郑人所献楚囚也。'使税之,召而吊之。"

解释

本指被俘的楚国囚犯。后泛指囚犯或战俘。

南柯一梦 nán kē yī mèng

故事

李公佐《南柯太守传》里讲,淳于棼(fén)住所南面有棵老槐树。一天,淳于棼在树下与群豪狂饮,喝醉后被送回堂屋东间休息,梦见两个紫衣使者迎接他,声称是奉槐安国王之命前来。进入城门,高楼上题着"大槐安国"。他拜见了国王,被召为驸马,封为南柯郡太守。美梦醒来,一切如故。原来槐树下有个大蚁穴,这就是梦中的槐安国都;在槐树南边的树枝上又见一蚁穴,也有土城小楼,内有蚁群,这就是梦中的南柯郡。

出处

出自唐·李公佐《南柯太守传》:"生解巾就枕,昏然忽忽,仿佛若梦。见二紫衣使者,跪拜生曰:'槐安国王遣小臣致命奉邀。'……又穷一穴,直上南枝可四丈,宛转方平,亦有土城小楼,群蚁亦处其中,即生所领南柯郡也。"

解释

比喻得失无常,人生如梦。

南山可移 nán shān kě yí

故事

唐高宗李治与武则天的小女儿太平公主,极受父母兄长尤其是其母武则天的宠爱,权倾一时。太平公主的生活奢侈,家中的仆人有千人之多,京外各州所供的狗马玩好、珍馐美食,不可胜数。一次,她与寺院争夺石碾,寺院为此告到官府,雍州司户参军李元纮(hóng)主审此案。李元纮为官清正,他查明石碾确系寺院所有,便将石碾判还寺院。其上司雍州长史窦怀贞害怕得罪太平公主,马上召见李元纮,催他改判。不料,李元纮当场在判决书上写了两句话:"南山或可改移,此判终无摇动。"窦怀贞最终也没能改变李元纮的判决。

出处

出自《旧唐书·李元纮传》:"元纮大署判后曰:'南山或可改移,此判终无摇动。'"

解释

即使终南山可以移走,判决也不可动摇。指案情已定,不可改变。

南鹞北鹰 nán yào běi yīng

故事

崔洪,字良伯,西晋博陵安平人。晋武帝时,崔洪任御史,以清厉刚直闻名。有一次他上书司马炎,直斥联姻帝室的冯恢"不敦儒素",讨好冯恢的翟婴为"浮华之目",结果翟婴的散骑常侍之职被免。朝廷内外由此对崔洪颇为忌惮。不久,崔洪任尚书左丞,时人编了歌谣唱道:"丛生棘刺,来自博陵;在南为鹞,在北为鹰。"说的是崔洪到哪里都这么刚直严厉。

出处

出自《晋书·崔洪传》:"丛生棘刺,来自博陵;在南为鹞,在北为鹰。"

解释

在南方为鹞子,在北方为老鹰。比喻性格刚直、执法严峻的人。

南辕北辙 nán yuán běi zhé

故事

战国时期,魏安釐(xī)王想出兵攻伐赵国。季梁听到消息,立刻风尘仆仆赶来求见魏安釐王。季梁对魏王说:"我来这儿的时候,在大道上遇见一个人,正驾车朝北而行,告诉我说他要到楚国去。我问他为什么去南方反而朝北走,那人说:'不要紧,我的马好,跑得快。'我说:'马虽然好,可是这不是到楚国该走的路啊。'那人说:'不要紧,我的盘缠多。'我说:'路费多也不济事,这样到不了楚国。'那人还是说:'不要紧,我的马夫赶车技术好。'这些条件越好,离目的地就越远。而今,大王要成就霸业,只有取信于天下,方能树立权威。如果仗着自己国家大、兵力强,而用武力征伐,这样就不能树立威信,就像那个要去南方反而朝北走的人一样,只能离目标越来越远。"魏王听了,便停止伐赵。

出处

出自《战国策·魏策四》:"今者臣来,见人于大行,方北面而持其驾,告臣曰:'我欲之楚。'臣曰:'君之楚,将奚为北面?'曰:'吾马良。'臣曰:'马虽良,此非楚之路也。'曰:'吾用多。'臣曰:'用虽多,此非楚之路也。'曰:'吾御者善。'此数者愈善,而离楚愈远耳。"

解释

想去南方,却驾车往北走。比喻行动和目的截然相反。

nán xiōng nán dì
难 兄 难 弟

故事

东汉时期,颍川名士陈寔(shí)担任太丘长,人称陈太丘。他的两个儿子陈纪(字元方)、陈谌(字季方)都功业有成,尊长爱幼,德行甚佳。陈纪的儿子陈群(字长文)与陈谌的儿子陈忠(字孝先)争论各自父亲的功德,争得不可开交,便去找祖父评理。陈寔认为元方和季方都是好样的,不分上下,感叹道:"元方难为兄,季方难为弟。"

出处

出自南朝宋·刘义庆《世说新语·德行》:"陈元方子长文,有英才。与季方子孝先各论其父功德,争之不能决,咨于太丘。太丘曰:'元方难为兄,季方难为弟。'"

解释

原指兄弟二人都很好,才德相当,难分高下。后多反其意而用,指二人同样低劣。注意与难(nàn)兄难(nàn)弟区分。

náng yíng yìng xuě
囊 萤 映 雪

故事

东晋的车胤(yìn)非常好学,可是因为家境贫寒,没有钱买油点灯。到夏天的时候,他就用小布袋装上几十只萤火虫,借着萤火虫的光埋头苦读。孙康也非常爱读书,常常感到白天的时间不够用,很想夜以继日,但是因为家里穷,点不起灯。一个冬夜里,他一觉醒来,看见窗缝里透出白光,他还以为是天亮了。出门一看,原来是下雪了。

他突然想到可以借着雪光看书。从此,只要下雪,他就映雪读书。

出处

出自《晋书·车胤传》:"车胤恭勤不倦,博学多通,家贫不常得油,夏月则练囊盛数十萤火以照书,以夜继日焉。"《南史·范云传》:"父[孙]康,起部郎,贫,常映雪照书。"

解释

形容在极端困难的条件下刻苦读书。

niǎo jìn gōng cáng
鸟尽弓藏

故事

春秋末期,吴越争霸,越国被吴国打败,越王勾践屈服求和。此后勾践卧薪尝胆,任用大夫文种、范蠡(lí)整顿国政。二十年之后,越国恢复实力,转弱为强,终于击败吴国,一雪国耻。然而此时范蠡却不知去向。第二天,人们在太湖边发现了范蠡的衣服,大家都以为范蠡已经投湖了。可是不久,有人给文种送来一封信,上面写着:"飞鸟打尽了,弹弓就被收藏起来;野兔捉光了,猎狗就被杀了煮来吃;敌国灭掉了,谋臣就被废弃或杀害。越王为人,只可和他共患难,不宜与他同安乐。大夫至今不离他而去,难免有杀身之祸。"文种此时方知范蠡并未死去。他虽然不尽相信这些话,但从此常告病不去上朝,日久引起了勾践的疑忌。一天,勾践登门探望文种,临别留下佩剑让其自刎。文种此时才后悔不听范蠡的劝告,只得引剑自尽。

出处

出自《史记·越王勾践世家》:"蜚鸟尽,良弓藏;狡兔死,走狗烹。"

解释

飞鸟打尽了,弹弓就被收藏起来。比喻成功之后,把有功的人一脚踢开。

niè xuě tūn zhān
啮雪吞毡

故事

苏武,字子卿,西汉大臣。武帝天汉元年(前100),苏武奉命持节出使匈奴,被扣留。匈奴多次威胁利诱,欲使其投降,把他幽禁在大窖里,不给他饮食。苏武靠吃雪和毛毡来活命,坚决不投降。苏武在地窖中几日不死,匈奴以为他是神人,就将苏武迁至北海(今贝加尔湖)

边牧羊,扬言要公羊生子方可释放他回国。苏武到了北海,没有粮食,只能掘野鼠储藏的果实吃。苏武拄着汉节牧羊,起居都拿着,以致节上的毛全部脱落。苏武历尽艰辛,留居匈奴十九年,最终回到汉朝。汉宣帝将其列为麒麟阁十一功臣之一,以彰显其节操。

出处

出自《汉书·苏武传》:"汉武帝天汉元年,苏武以中郎将出使匈奴,单于留不遣,欲降武,乃幽武于大窖中,绝其饮食。天雨雪,武卧啮雪,与毡毛并咽之,终不屈。"

解释

形容环境艰苦,生活艰辛。

宁为鸡口,无为牛后

故事

苏秦是战国时期著名的纵横家,与张仪一同跟随鬼谷子学习纵横之术。苏秦为赵国合纵游说韩王时说:"韩国北面有巩地、洛地、成皋(gāo)险固的边城,西面有宜阳、商阪险要的边塞,东面有宛地、穰(ráng)地、洧(wěi)水,南面有陉(xíng)山,土地方圆九百余里,精兵数十万。凭韩国的强大和大王的贤明,竟然要向西服侍秦国,使国家蒙受羞辱而被天下人耻笑。俗话说:'宁可做鸡口,不可做牛后。'现在大王要拱手向西称臣,侍奉秦国,和做牛肛门有什么不同呢?凭大王的贤明,拥有强大的军队,却得到了'牛肛门'的名声,我替大王感到羞愧。"韩王愤然变了脸色,按剑仰天叹息说:"寡人即使死,也不会去服侍秦国。我同意合纵联盟。"

出处

出自《战国策·韩策一》:"臣闻鄙语曰:'宁为鸡口,无为牛后。'今大王西面交臂而臣事秦,何以异于牛后乎?"

解释

宁愿做鸡嘴,也不做牛肛门。比喻宁可在小地方为首,不愿在大地方任人支配。

牛鼎烹鸡

故事

边让,字文礼,东汉末年名士。边让善于辩论、长于辞赋,年轻时便声名在外。大将军何进十分仰慕边让的名望,征辟他为令史。何进设礼接见边让,当时宾客满堂,无不为边让的风采所倾倒。司徒府掾(yuàn)吏孔融、王朗都一起向其递交名片,以求交往。议郎蔡邕(yōng)认为边让应该得到提拔,于是向何进写信,极力称赞边让的能力。蔡邕说:"我看边让这个人,聪明贤智,心通性达,非礼不动,非法不言,实在是难得的奇才。俗语说:'用煮牛的大锅来煮小鸡,水放多了,味道寡淡,就不好吃了;水放少了,就会煮不熟。'大器小用,是不相宜的。我忧虑的是,这个煮牛的大锅没有用来煮牛,希望将军仔细考虑一下,给边让一个施展才能的机会。"何进深以为然,于是多次提拔边让。

出处

出自《后汉书·边让传》:"函牛之鼎以亨(同"烹")鸡,多汁则淡而不可食,少汁则熬而不可熟。"

解释

用煮牛的鼎煮鸡。比喻大材小用。

牛骥共牢
niú jì gòng láo

故事

西晋文学家张载,品格高雅,博学多闻。张载作《榷论》以申明时运与成功的关系。文中说:"贤能之士如果想取得丰功伟绩、拥有天下名望,除了具备超常的才能之外,遇到合适的机遇也是一个必要条件。汤若不伐桀,则伊尹不过是有莘(shēn)国的一个平民;武王若不伐纣,则姜子牙不过是渭水之滨的一个钓鱼翁而已。所以说,当天下有事时,千里马便会脱颖而出,宝剑便会纳入鞘中。而天下太平之时,则老牛、良骥共处一圈,利刃、钝刀杂错放置。"司隶校尉傅玄读到张载的文章嗟叹称好,用车把他接来,与他谈论了一整天。从此张载之名为世人所知。

出处

出自《晋书·张载传》:"及其无事也,则牛骥共牢,利钝齐列,而无长涂犀革以决之,此离朱与瞽者同眼之说也。"

解释

牛跟马同槽。比喻庸人与贤人共处。

牛角挂书

故事

李密是隋唐时期群雄之一,出生于四世三公的贵族家庭。隋末,李密成为瓦岗军首领,率瓦岗军屡败隋军。后李密率残部投降李唐,没多久又叛唐自立,被唐将盛彦师斩杀于熊耳山。隋炀帝大业初年,李密凭借父荫任左亲侍,后借病辞职,专心致志读书。一天,他去拜访国子助教包恺,骑着一头黄牛,牛背上铺着一块蒲草坐垫,还把一套《汉书》挂在牛角上,一只手捏着牛绳,一只手翻书阅读。越国公杨素路遇李密,问道:"哪里的读书人,这样好学?"李密认识杨素,连忙下牛参拜,通报了自己的姓名。杨素又问他读的什么,李密回答说是《项羽传》。杨素对自己的儿子杨玄感等人说:"我看李密的学识气度,你们都赶不上。"杨玄感遂与李密倾心相交。

出处

出自《新唐书·李密传》:"闻包恺在缑山,往从之。以蒲鞯(jiān)乘牛,挂《汉书》一帙角上,行且读。"

解释

形容勤奋苦读。也形容悠闲自在地读书。

牛衣对泣

故事

王章,字仲卿,西汉大臣,曾任京兆尹。早年,王章在长安求学时,和妻子住在一起,生活艰苦。一次,王章生了病,没有被子盖,只好盖着给牛御寒用的牛衣。王章觉得自己可能要死了,哭着与妻子诀别。妻子听了,怒冲冲地斥责他说:"仲卿!京师朝廷中的那班贵人,他们的学问哪一个及得上你?现在你贫病交迫,不自己振作精神,反而哭泣哀叹,多没出息呀!"后来王章做了京兆尹,准备上书指斥王凤专权。妻子劝阻说:"人要知足,难道你忘了当年躺在牛衣中哭泣的时候了吗?"王章对她说:"这不是女人所能懂的事。"他坚持控告王凤,果然获罪下狱,妻子儿女都被收监。

出处

出自《汉书·王章传》:"初,章为诸生学长安,独与妻居。章疾病,无被,卧牛衣中,与妻决,涕泣。"

解释

睡在牛衣里,相对哭泣。形容夫妻共同过着穷困的生活。

怒蛙可式
（nù wā kě shì）

故事

春秋时期,吴越争霸,越王勾践被吴王夫差(chāi)打败,只得屈辱求和。勾践为了复仇,卧薪尝胆,励精图治。一次他乘车赶路,看到一个鼓足气的青蛙,便手扶着车轼表示敬意。车夫问:"大王为什么要对一只青蛙致意呢?"勾践说:"青蛙都有如此的勇气,怎么能不为它扶轼致敬呢?"越国士人听说后,都说:"青蛙有勇气,大王都要为之扶轼致敬,更何况士人当中有勇气的呢!"于是越国上下受到激励,人人敢战,民心士气大振。

出处

出自《韩非子•内储说上》:"越王勾践见怒蛙而式之。御者曰:'何为式?'王曰:'蛙有气如此,可无为式乎?'士人闻之曰:'蛙有气,王犹为式,况士人之有勇者乎!'"

解释

向鼓足了气的青蛙致敬。比喻对勇士的尊敬。

女娲补天
（nǚ wā bǔ tiān）

故事

女娲是中国上古神话中的创世女神,又称娲皇,是华夏民族人文先祖。相传,在远古时期,支撑天的四根柱子塌了,于是土地崩裂,天不能完整覆盖大地,地也不能完全地承载万物,大火延烧而不熄灭,大水泛滥而不停止,凶猛的野兽吃掉善良的人民,凶猛的鸟抓取老人孩童。此时,女娲冶炼五色石来修补苍天,砍断海中大龟的四只脚作为撑天的四根柱子,杀死水怪来救济中原百姓,积起芦灰来堵住泛滥的洪水。天空得到了修补,天柱被重新立起,洪水消退了,冀州得到了平定,恶禽猛兽被杀死了,人民活了下来。

出处

出自《淮南子•览冥训》:"于是女娲炼五色石以补苍天。"

解释

形容改造天地的雄伟气魄。

女 中 尧 舜
nǚ zhōng yáo shùn

故事

宋英宗宣仁高皇后的弟弟任内殿崇班,英宗打算迁升他的官职,被皇后谢绝。神宗即位后,尊高皇后为皇太后。朝臣请求太后在文德殿接受册宝,太后说:"母后当权,不是国家好事,况且文德殿是天子衙门,哪是太后当到的地方?到崇政殿受册就够了。"神宗多次想为高氏建造宏大的府第,太后都不答应。元宵节灯宴,太后的母亲应当入宫,太后制止说:"我母亲登楼,皇上一定增加礼仪,这样由于我的原因而超越典章制度,于心很不安啊。"只令赐给她灯烛,于是每年以此为常例。太后认为官员冗多应当裁汰,诏令减损外戚恩封四分之一,作为后宫的表率。太后临政九年,朝廷清明,国家安定。宋用臣等人被斥逐后,请求神宗的乳母入宫说情。太后见乳母来见,说:"如果你是来替宋用臣等人求情的,我就杀了你。"从此宫内降恩之路断绝了。人们认为太后是女人中的尧、舜。

出处

出自《宋史·英宗宣仁圣烈高皇后传》:"临政九年,朝廷清明,华夏绥定……人以为女中尧舜。"

解释

指女子中的贤明人物。

鸥鹭忘机 (ōu lù wàng jī)

故事

古时候,海边有个人很喜欢海鸥。他每天清晨都要来到海边,和海鸥一起嬉戏。海鸥成群结队地飞来,有时候竟有一百多只。他的父亲对他说:"我听说海鸥都喜欢和你一起玩,你捉几只来,让我也玩玩。"第二天,他照旧来到海上,一心想捉海鸥,然而海鸥都只在空中飞舞盘旋,再不肯落下来了。

出处

出自《列子·黄帝》:"海上之人有好沤(通"鸥",下同)鸟者,每旦之海上,从沤鸟游,沤鸟之至者百住而不止。其父曰:'吾闻沤鸟皆从汝游,汝取来,吾玩之。'明日之海上,沤鸟舞而不下也。"

解释

忘机:道家语,意思是忘却了机巧之心。人无巧心,方能与水鸟亲近。比喻宁静淡泊、超然物外的心态。

呕心沥血 (ǒu xīn lì xuè)

故事

李贺,字长吉,唐朝著名诗人,有"诗鬼"之称。李贺在长安时,居于崇义里,每次外出,则有一童仆骑驴相随,背一个破锦囊。李贺只要灵感一来,就马上记下来投入囊中,回家后再整理成篇。母亲郑夫人心疼地说:"这孩子真是要把心呕出来才罢休啊!"李贺长期的抑郁感伤、焦思苦吟的生活方式,使其于元和八年(813)因病辞去奉礼郎之职回到昌谷家乡,并于二十七岁英年早逝。李贺在他短暂的一生中,留下了二百四十余首诗歌,这是他用毕生的心血凝成的。唐朝文学家韩愈写过这样两句诗:"刳(kū)肝以为纸,沥血以书辞。"是说挖出心肝来当纸,滴出血来写文章。

出处

出自唐•韩愈《归彭城》诗:"刳肝以为纸,沥血以书辞。"

解释

形容费尽心思和精力。

偶语弃市 (ǒu yǔ qì shì)

故事

秦始皇三十四年(前213),秦始皇在咸阳宫中大设酒宴,博士七十人上前敬贺始皇万寿无疆。齐人淳于越进言称应该效法先王,分封子弟为王。丞相李斯反对这种看法,他认为,由于时代的变化,五帝三代的治国办法也不同。如今天下统一,情况完全不同,不必效法古代。对于造谣惑众、不利于统一的言行必须禁止,否则将会影响政局稳定,有损皇帝的权威。李斯建议秦始皇下令焚书并加强言论控制:凡是秦记以外的史书,不是博士所藏的《诗》、《书》、百家语都要烧掉;只准留下医药、卜筮、种树之书。有敢聚在一起谈论《诗》《书》的,判处死刑并暴尸;以古非今的处以灭族。

出处

出自《史记•秦始皇本纪》:"有敢偶语《诗》《书》者,弃市。"

解释

弃市:古时在闹市执行死刑并暴尸街头以示众。二人相对私语也会遭到杀身之祸。指封建专制暴政以严酷手段抑制人民言论。

pái shān yā luǎn
排山压卵

故事

晋朝杜有道之妻严氏,字宪,贞洁贤淑,有见识器量。十八岁守寡后独自抚育儿子杜植和女儿杜韡(wěi)。傅玄想娶杜韡为继室,严氏便答应了婚事。当时傅玄依附司马懿,属于曹魏集团的何晏等人一直想加害傅玄,当时人们都没有愿意跟傅玄通婚的。等到严氏应允了婚事,家里家外都为她感到忧惧。有人劝严氏说:"何、邓现在掌权,必定会成为傅玄的祸患,他们要害傅玄就如同推山石压卵、用热水融雪一样容易,为什么还要跟他结亲呢?"严氏说:"你只知其一,不知其二。何晏这班人骄横嚣张,必定会自己垮台。太傅司马懿是头打盹的猛兽,我恐怕卵破雪融的,不是傅玄而是何晏他们。"于是便让女儿跟傅玄成了亲。不久,何晏等人被司马懿诛灭。

出处

出自《晋书·列女传》:"何、邓执权,必为玄害,亦由排山压卵,以汤沃雪耳,奈何与之为亲?"

解释

推动山石压卵。比喻力量悬殊,强者轻易地取得成功。

pān yuán kòu mǎ
攀辕扣马

故事

第五伦,字伯鱼,东汉名臣。第五伦在会稽太守任上,俸禄只留下口粮,其余的都低价卖给贫苦百姓。会稽地区的民众喜欢求神占卜,常常杀牛祭神,百姓的财产因此困乏。第五伦到任以后,给各属县发布文书:凡是巫祝有依托鬼神以诈术恐吓愚弄百姓者,都要捉拿问罪;

对乱杀牛的人,官吏都必须给予处罚。后来杀牛滥祀的情况便逐渐绝灭了,百姓生计得以安定。永平五年(62),第五伦因触犯法令被征召回京,郡中的老少百姓攀住他的车辕,拉着马,呼喊道:"大人您舍弃了我们要去哪里啊?"人们都啼哭着跟随,每天只能走几里路。第五伦于是假装住在亭舍里,却暗中乘船离去了。众人知道后,又前来追赶。及至被送到廷尉,官民到京城上书为他求情的有千余人。

出 处

出自汉·刘珍等《东观汉记》:"第五伦为会稽守,为事征,百姓攀辕扣马呼曰:'舍我何之?'"

解 释

攀住车辕,拉着马。指百姓挽留贤良官吏,不肯放行。

盘根错节
pán gēn cuò jié

故 事

虞诩(xǔ),字升卿,东汉名将。最初被召为郎中,当时朝歌县宁季等数千人造反,州郡官府无法镇压,于是任命虞诩为朝歌县长。他的老友都为他感到担忧,对虞诩说:"去朝歌任职可真倒霉!"虞诩笑着说:"志不求易,事不避难,这是我的本分。不遇到盘曲错乱的根节,哪能识别出利器呢?"虞诩一上任,就设置三科募求壮士:以抢劫的为上,伤人偷盗其次,有丧在身而不理家业的为下。共招募到一百多人。虞诩设宴招待他们,赦免了他们的罪过,让他们假装加入叛军,引诱叛军劫掠。虞诩趁机设下伏兵,斩杀叛贼数百人。又派会缝纫的贫民为叛贼缝纫衣物,用红色丝线缝在衣襟上作为标记,在街上出入的叛贼都被辨识出来,无一漏网。叛贼因此都惊骇走散,说有神灵在帮助官府。虞诩因而升任怀县令。

出 处

出自《后汉书·虞诩传》:"志不求易,事不避难,臣之职也。不遇槃(同"盘")根错节,何以别利器乎?"

解 释

树根曲屈,枝节交错。形容事情繁难复杂。也形容某种势力根深蒂固,难以铲除。

赔了夫人又折兵 péi le fū rén yòu zhé bīng

故事

东汉末年,荆州地处西川与东吴之间,是兵家必争之地。当初,刘备窘迫时,向东吴"借"荆州以栖身,后来东吴再三索要荆州,刘备则以各种理由再三推托。周瑜向孙权献计,以为孙权之妹招亲为名,趁机扣留刘备作为人质,以换回荆州。诸葛亮识破东吴的计策,安排赵云陪伴刘备前往,先拜会周瑜的岳父乔玄。乔玄说动吴国太在甘露寺见面,吴国太真的将孙尚香嫁给了刘备。后来刘备带着夫人悄悄离开东吴,潜回荆州。面对周瑜的追兵,诸葛亮安排军士大喊:"周郎妙计安天下,赔了夫人又折兵。"周瑜被气得吐血晕倒。

出处

出自明·罗贯中《三国演义》第五十五回:"周郎妙计安天下,赔了夫人又折兵。"

解释

比喻想占便宜,没有占到便宜,反而受到双重损失。

蓬头历齿 péng tóu lì chǐ

故事

《登徒子好色赋》刻画了一个丑女形象以说明登徒子的好色。文中称:楚国大夫登徒子在楚王面前说宋玉贪爱女色。楚王拿登徒子的话质问宋玉,宋玉说:"天下最美丽的姑娘还得数我东邻那位小姐。东邻家那位小姐,足可以使阳城和下蔡一带的人们为之迷惑和倾倒。这样一位姿色绝伦的美女,在墙上窥视我三年,而我至今仍未答应和她交往。登徒子却不是这样,他的妻子蓬头垢面,耳朵挛缩,嘴唇外翻而牙齿稀疏,弯腰驼背,走路一瘸一拐,又患有疥疾和痔疮。这样一位丑陋的妇女,登徒子却很喜欢她,并且生有五个孩子。请大王明察,究竟谁是好色之徒呢?"

出处

出自战国楚·宋玉《登徒子好色赋》:"其妻蓬头挛耳,龁(yǎn)唇历齿。"

解释

头发蓬乱,牙齿稀疏。形容人容貌衰老或不整洁。

pī gāng dǎo xū
批亢捣虚

故事

战国时期,庞涓和孙膑一起师从鬼谷子学习兵法。庞涓后来做了魏国的将军,他嫉妒孙膑的才能超过自己,于是把他招至魏国,设计构陷,砍断了孙膑的双腿。孙膑并不甘心隐没,抓住机会跟随齐国使者来到齐国,做了齐相田忌的门客。后来在田忌赛马中,使用策略让田忌获胜,引起了齐威王的注意,被聘为国师。孙膑两次使用批亢捣虚的方法,围魏救赵、救韩,大败魏军。孙膑在制定策略时说:"制止搏斗,不能冲上去厮打,而是要攻击他们的咽喉和虚弱的地方,双方受形势逼迫,自然就分开了。"最终,在马陵之战中,庞涓中伏自杀。

出处

出自《史记·孙子吴起列传》:"救斗者不搏撠(jǐ),批亢捣虚,形格势禁,则自为解耳。"

解释

亢:咽喉。比喻要害。攻击咽喉和虚弱的地方。指抓住敌人的要害,乘虚而入。

pī jīng zhǎn jí
披荆斩棘

故事

冯异,字公孙,东汉开国名将,云台二十八将中的第七位。冯异原为颍(yǐng)川郡掾(yuàn),后归顺刘秀,随之征战,大破赤眉,平定关中,协助刘秀建立东汉。刘秀称帝后,冯异被封为阳夏侯,任征西大将军。冯异到洛阳朝拜光武帝,光武帝隆重地接待了他,并向文武百官介绍说:"他是我当年起兵时的主将,为我在创业的道路上劈开荆棘,扫除障碍,平定关中,是个有功之臣啊。"冯异为人谦逊不自傲,路上与诸将相逢,总是引车避道。将领们征战间隙,常常聚在一起聊天,每当众将争功论能之时,冯异总是一个人默默地躲到大树下面。于是,士兵们便给他起了个"大树将军"的雅号。

出处

出自《后汉书·冯异传》:"帝谓公卿曰:'是我起兵时主簿也,为吾披荆棘,定关中。'"

解释

比喻扫除前进道路上的障碍或克服困难。

皮里阳秋 pí lǐ yáng qiū

故事

"阳秋"即《春秋》,相传是孔子所编订的鲁国史书。此书注重微言大义,对事件和人物有褒贬而不明言,这种写作方法被称作"春秋笔法"。褚裒(póu),字季野,东晋名士。谢安经常在众人面前夸奖褚裒风度不凡,尚书吏部郎桓彝也夸他名不虚传、皮里阳秋,即口头上不说什么,心里是非分明很有主见。褚裒于永和五年(349)率军北伐,后兵败病死,卒年四十七岁。

出处

出自《晋书·褚裒传》:"'季野有皮里阳秋。'言其外无臧否,而内有所褒贬也。"

解释

指心里有看法,但不直说出来。

皮之不存,毛将焉附 pí zhī bù cún máo jiāng yān fù

故事

春秋时期,晋国发生内乱,公子夷吾逃到秦国。为了取得秦国对他的支持,夷吾允诺当上国君之后,就割让五座城池给秦国。后来,夷吾在秦国的帮助下回国即君位,即晋惠公。晋惠公即位后,并没有履行诺言向秦国割城。不久,晋国粮食歉收,晋惠公向秦国求购粮食,秦国答应了他的请求。过了一年,秦国也发生了饥荒,派人到晋国购买粮食,晋惠公却不想答应。晋大夫庆郑说:"背弃恩惠就没人亲附,幸灾乐祸就是不仁,贪财吝啬就是不祥,激怒邻国就是不义。这四种道德都丢掉了,用什么来保卫国家?"大臣虢(guó)射对晋惠公说:"皮已经不存在了,毛又依附在哪里呢?即使给秦国粮食,也无法改善关系。"晋惠公听从了虢射的建议,拒绝向秦国卖粮。第二年,秦国发兵讨伐晋国,晋惠公兵败被俘。

出处

出自《左传·僖公十四年》:"虢射曰:'皮之不存,毛将安傅?'"

解释

皮不在了,毛还能生长在哪里。比喻失去了依附的条件,事物就无法存在。

匹夫无罪,怀璧其罪

pǐ fū wú zuì huái bì qí zuì

故事

春秋时期,虞叔有块宝玉,虞公向他索取这块宝玉。虞叔没有给他。随后虞叔就后悔了,说:"周地的谚语说:'匹夫无罪,怀璧其罪。'我哪里用得着宝玉呢,留着它只能招来祸患。"于是就把宝玉献给了虞公。可是,虞公又来索要虞叔的宝剑,虞叔说:"这实在是贪得无厌啊!如此贪得无厌,将会给我带来杀身之祸。"于是就发兵攻打虞公。虞公只好逃亡到共池那个地方去了。

出处

出自《左传·桓公十年》:"初,虞叔有玉,虞公求旃。弗献。既而悔之,曰:'周谚有之:匹夫无罪,怀璧其罪。'吾焉用此,其以贾害也。乃献之。"

解释

一个人本没有罪,因身藏璧玉而获罪。本指因财招祸。比喻有才能而遭受祸患。

片言折狱

piàn yán zhé yù

故事

子路是孔门高弟,七十二贤人之一。子路在遇到孔子之前,勇武粗豪,曾盛装打扮去见孔子,本想羞辱孔子一番,然而交谈下来,子路对孔子心悦诚服,从此拜孔子为师,跟随左右。子路虽然性格刚毅勇猛,但是特别信守承诺,勇于改正错误。大家都很信服他,遇到纠纷,都会如实把情况向他诉说,孔子因此称赞他"片言可以折狱"。意思是说,因为没人会欺骗子路,所以他只要听了单方面的陈述就能正确判决诉讼案件。

出处

出自《论语·颜渊》:"片言可以折狱者,其由也与?"

解释

原意是依据一面之词就可以判决案件。后指能用简短的几句话就断定案件或对是非做出判别。

贫贱骄人

故事

战国时期,魏文侯攻灭中山国,派子击在那里驻守。子击在朝歌遇到了文侯的老师田子方,便退车让路,下车拜见。田子方却不还礼。子击就问他说:"是富贵的人对人傲慢呢,还是贫贱的人对人傲慢呢?"田子方说:"也就是贫贱的人对人傲慢罢了。诸侯如果对人傲慢就会失去他的封国,大夫如果对人傲慢就会失去他的封邑。贫贱的人,如果行为不相投合,意见不被采纳,就离开这里到楚、越去,好像脱掉草鞋一样,怎么能和富贵者相同呢?"子击很不高兴地离开了。

出处

出自《史记·魏世家》:"富贵者骄人乎?且贫贱者骄人乎?"

解释

贫贱而有骨气,蔑视权贵。

平易近民

故事

西周初期,周公旦的儿子伯禽封于鲁,太公望封于齐。周公仍在朝摄政辅佐周成王。伯禽在鲁国变革礼俗,如服丧,必得服满三年方得去除。三年后伯禽入朝向周公汇报政务,周公责怪他来得晚。而太公到齐之后,大大简化了君臣礼仪,一切依从通俗简易,五个月就去汇报政务,周公惊讶于太公来得快。太公后来听说了伯禽汇报政事的情况,长叹说:"政治如果不简要平易,民众就不愿意接近。平易近民,民众才会归附。"

出处

出自《史记·鲁周公世家》:"平易近民,民必归之。"

解释

当政者谦逊和蔼,亲近百姓。

萍水相逢
píng shuǐ xiāng féng

故事

王勃是"初唐四杰"之一,十五岁应举及第,曾经担任参军,后因罪免官。大约在唐高宗上元三年(676),王勃去交趾探望做县令的父亲。途经洪都(今江西南昌)时,受到都督阎伯屿的邀请到重修的滕王阁赴宴。阎伯屿的女婿吴子章很有文才,阎伯屿叫他事先写好一篇序文,以便当众炫耀。宴会上,阎伯屿故作姿态,请来宾为滕王阁作序,大家都托辞不作。请到王勃时,他却并不推辞,当场挥毫疾书,一气呵成,写就了著名的《滕王阁序》,令在座的宾客叹为观止。《滕王阁序》在铺叙盛会胜景的同时,也流露出王勃壮志难酬的感慨:"关山难越,谁悲失路之人?萍水相逢,尽是他乡之客。"意谓关山重重,难以攀越,有谁为失路的人悲哀?今天与会的人像萍浮水面,偶然相遇,都是他乡之客。

出处

出自唐·王勃《滕王阁序》:"萍水相逢,尽是他乡之客。"

解释

比喻互不相识的人偶然相遇。

破釜沉舟
pò fǔ chén zhōu

故事

秦朝末年,秦军大将章邯攻打赵国。赵军退守巨鹿,并被秦军重重包围。项羽率所有军队悉数渡河,前去营救赵国以解巨鹿之围。全军渡河之后,项羽下令把所有的船只凿沉,打破烧饭用的锅,烧掉自己的营房,只带三天干粮,以此表示要决一死战,没有一点后退的打算。楚军到了巨鹿外围,包围了秦军,截断秦军外联的通道。已无退路的楚军将士以一当十,锐不可当。经过九次激战,楚军最终大破秦军。楚军的骁勇善战大大提高了项羽的声威。

出处

出自《史记·项羽本纪》:"项羽乃悉引兵渡河,皆沉船,破釜甑(zèng),烧庐舍,持三日粮,以示士卒必死,无一还心。"

解释

把锅打破,把船凿沉。比喻拼死一战,决心很大。

破镜重圆 pò jìng chóng yuán

故事

南朝末年,杨坚灭掉南陈,平服江南,重新统一全国。陈国将亡之际,太子舍人徐德言和妻子乐昌公主预料到夫妻必然分离,就将一面铜镜一分两半,二人各执一半,作为日后重逢的信物,并约定每年正月十五到街市去卖镜,以期再见。陈亡后,乐昌公主被充没到越国公杨素家中。第二年正月十五,徐德言赶到长安大街,果然看见有个苍头叫卖半片铜镜,而且价钱昂贵,令人不敢问津。徐德言拿出自己珍藏的另一半铜镜,两半铜镜合二为一。徐德言题诗道:"镜与人俱去,镜归人不归。无复嫦娥影,空留明月辉。"乐昌公主看到这首诗,悲泣难抑,不思饮食。杨素知道这件事情后,被他二人的真情深深打动,立即派人将徐德言召入府中,让他夫妻二人团聚。

出处

出自唐·孟棨(qǐ)《本事诗》。

解释

比喻夫妻失散后重新团聚或决裂后重新和好。

扑朔迷离 pū shuò mí lí

故事

南北朝时期,有一个姑娘叫花木兰。有一天,可汗发下军帖,征集士兵出击匈奴。木兰的父亲年迈多病,弟弟年幼,家中没有适合的男人出征,木兰决定替父从军。女扮男装的木兰在边塞征战十多年。战争结束后,木兰谢绝了皇上的封赏,回到家中,换上女装,梳好辫子,贴上花黄,露出自己原来女孩的模样。送木兰回来的同伴们都惊呆了:同行这么多年,竟然不知木兰是女郎!后人写道:"雄兔脚扑朔,雌兔眼迷离。双兔傍地走,安能辨我是雄雌?"意思是:提着兔子的耳朵悬在半空时,雄兔两只前脚时时动弹,雌兔两只眼睛时常眯着,所以容易辨认。如果两只兔子贴着地面并排跑,谁能分辨出哪个是雄兔、哪个是雌兔呢?

出处

出自《乐府诗集·木兰诗》:"雄兔脚扑朔,雌兔眼迷离。双兔傍地走,安能辨我是雄雌?"

解释

形容事物错综复杂,难以看清真相。

蒲 扇 价 增

故事

谢安,字安石,东晋著名政治家。谢安才华出众,善书法,通音乐,文雅温和,公允明断,有宰相气度。后人评其为中国历史上最有雅量、有胆识的大政治家之一。谢安隐居东山二十多年,深得世人仰慕。有一位同乡罢官,去拜访谢安,谢安问他带了多少路费,他说只有五万把蒲扇。谢安便留了其中的一把蒲扇自己使用。京都士庶见谢安使用这种蒲扇,都争相抢购,结果扇子价格涨了好几倍。

出处

出自《晋书·谢安传》:"安乃取其中者捉之,京师士庶竞市,价增数倍。"

解释

比喻某种东西因受到名人的使用而价格增长。

七步成章

故事

曹植,字子建,汉魏之际著名文学家,建安文学代表人物之一。曹植是曹操之子,魏文帝曹丕的同母弟。他自幼聪慧,文思敏捷,深得曹操喜爱。曹操死后,曹丕继任丞相、魏王,同年,废汉献帝自立为帝。曹丕一直忌恨曹植,借口曹植服丧期间不遵礼仪,将其逮捕问罪。曹丕指责曹植恃才傲物、蔑视礼法,又称怀疑曹植的诗文都是别人代作,所以命曹植在大殿之上走七步,以"兄弟"为题即兴吟诗一首,但诗中却不能出现"兄弟"二字,七步之内吟不出便杀掉曹植。曹植不假思索,应声吟道:"……本是同根生,相煎何太急?"曹丕听后羞愧难当,只好把曹植贬为安乡侯。

出处

出自南朝宋·刘义庆《世说新语·文学》:"文帝尝令东阿王七步中作诗,不成者行大法。应声便为诗曰:'煮豆持作羹,漉(lù)菽(shū)以为汁。萁在釜下燃,豆在釜中泣。本是同根生,相煎何太急?'帝深有惭色。"

解释

形容人文思敏捷。

七擒七纵

故事

诸葛亮是三国时期著名政治家、军事家,辅佐刘备建立蜀汉政权。诸葛亮治蜀期间,励精图治,赏罚严明,改善与西南各族的关系,使蜀国有了稳定的政治环境。公元225年,诸葛亮率军南征,平复南中叛乱。孟获是南中豪强，在当地很有名望和号召力。诸葛亮便想生擒孟获，劝其归顺，从而收服南中民心。诸葛亮率军渡过泸水，与孟获交战，俘虏了孟获，孟获却很不服气："我之前不知道你们的虚实，才败给了你，如果再打一次，我肯定不会输。"诸葛亮笑笑，让人放了他。再次交战，孟获又被擒获。再放再战，接连七次，孟获终于心悦诚服，对诸葛亮道："您真是天威啊！南中人不会再反叛了。"孟获归顺后，一直做到御史中丞。此后南中也没有发生过大的叛乱。

出处

出自《三国志·蜀书·诸葛亮传》裴松之注引《汉晋春秋》："亮笑，纵使更战，七纵七擒，而亮犹遣获。"

解释

指善于运用策略，使对方心服口服。

期期艾艾 qī qī ài ài

故事

周昌是汉初大臣，官至御史大夫，封汾阴侯。周昌有口吃的毛病，说话时总是"期期""期期"的，但是为人正直，敢于直言。当时，汉高祖想废掉太子刘盈，另立如意为太子。周昌对此坚决反对，向刘邦力谏："臣口不能言，然臣期期知其不可。陛下虽欲废太子，臣期期不能奉诏。"三国时，魏将邓艾也是口吃，在自称名字时，常常连说"艾艾"。有一次，司马昭和他开玩笑说："你老说'艾艾'，究竟是几个艾呀？"邓艾回答说："'凤兮，凤兮'，本来就是一个凤。"

出处

出自《史记·张丞相列传》："臣口不能言，然臣期期知其不可。"南朝宋·刘义庆《世说新语·言语》："邓艾口吃，语称'艾艾'。"

解释

形容人口吃，说话不流利。

漆女忧鲁 qī nǚ yōu lǔ

故事

战国初期，鲁国漆室邑有个女子，年龄很大了也没有嫁人。当时，鲁穆公年事已高,太子又年幼,这位女子靠在自家门框上悲叹不已。有个妇人对她说:"何必这么难过呢!是想找个好人家吗?包在我身上了。"女子说:"我哪里是为了婚嫁之事感到悲伤呢,我是在忧虑国君年迈而太子幼小啊。"邻妇笑了:"那都是鲁国大夫们操心的事,你一个女人瞎操心什么啊?"女子说:"现在河道两岸都被水淹没,百姓苦不堪言,而国君老迈糊涂,太子年幼无知,一旦鲁国有难,君臣受辱,祸及百姓,你我这些女人们能置身事外吗?"没出三年,鲁国先后遭到齐国和楚国的攻打。鲁国上下,男人出征作战,女人运输物资,百姓从此不得安宁。

出处

出自汉·刘向《列女传·鲁漆室女》:"其邻人妇从之游,谓曰:'何啸之悲也!子欲嫁耶?吾为子求偶。'漆室女曰:'嗟乎!吾岂为不嫁不乐而悲哉,吾忧鲁君老,太子幼。'"

解释

指不当政的人为国事担忧。

qī shēn tūn tàn
漆 身 吞 炭

故事

春秋末期,晋国内乱,赵襄子联合韩、魏两家消灭了智伯。智伯的门客豫让发誓为智伯复仇。豫让改换名姓,到赵襄子家里做工,伺机刺杀赵襄子。赵襄子十分警觉,感觉豫让举止有异,让人抓起来一搜,果然是刺客。豫让也不掩饰,明白地告诉赵襄子自己就是来为智伯复仇的。赵襄子感念他的义气,放走了豫让。豫让剃掉胡须和眉毛,把漆涂在身上,使皮肤生出癞疮,在市场上行乞,他的妻子对他说:"看你的样子不像我的丈夫,不过听声音真是太像了!"豫让于是又吞下烧红的炭,使声音变哑。豫让躲在赵襄子必经的一座桥下。当赵襄子经过时,驾车的马突然受惊,赵襄子说:"一定是豫让!"赵襄子的手下把豫让捉住。豫让请求象征性地劈刺赵襄子的衣服,以完成复仇的誓言。赵襄子答应了他的请求,让人把衣服给他。豫让跳起来用剑劈赵襄子的衣服,连劈三剑,说道:"我在地下可以向智伯有个交代了。"然后自刎而亡。

出处

出自《史记·刺客列传》:"漆身为厉,吞炭为哑,使形状不可知。"

解释

故意变形改音,使人不能认出自己。指矢志舍身为知己报仇。

齐大非偶 qí dà fēi ǒu

故事

齐国是春秋时期的大国,齐僖(xī)公想把女儿许配给郑国的太子忽,太子忽谢绝了。有人问他原因,太子忽说:"每个人都有与自己相配的配偶,齐国是个大国,对于来自小国的我来讲实在不合适。《诗》云:'自求多福。'我就是这样想的,何必一定要同大国结亲呢?"三年后,北方的山戎入侵齐国边境,齐国向郑国求援,郑国马上派太子忽率军驰援。郑国协助齐国击败了山戎,齐僖公又向太子忽提亲,太子忽拒绝。有人问原因,太子忽说:"无事的时候我尚且不敢与大国结亲,更何况我这次是奉君命率军为齐国解围。如果我趁此机会娶了妻回去,百姓岂不是以为我带兵援救你们,只是为了娶妻成婚?"

出处

出自《左传·桓公六年》:"齐侯欲以文姜妻郑大子忽,大子忽辞。人问其故,大子曰:'人各有耦(同"偶",下同),齐大,非吾耦也。'"

解释

指婚姻不是门当户对,不敢高攀。

齐人攫金 qí rén jué jīn

故事

《列子》记载了一个寓言故事:从前,齐国有个人,财迷心窍,整天想着有许多金子发大财。一天早上,他穿好衣服,戴好冠,来到集市上一家金铺,抓起一把金子就走。人们追上去把他抓住,问他为什么当着众人面偷金子,他说:"我拿金子的时候,眼里只有金子没有人。"

出处

出自《列子·说符》:"昔齐人有欲金者,清旦衣冠而之市,适鬻(yù)金者之所,因攫其金而去。"

解释

比喻利欲熏心,不顾一切。

奇货可居 (qí huò kě jū)

故事

秦始皇的父亲秦庄襄王名子楚,年轻时曾在赵国邯郸做质子。由于秦赵战事不断,所以子楚在赵国的处境很艰难。卫国富商吕不韦当时正在邯郸做生意,听闻子楚的情况,立刻以商人的敏锐想到,如果在子楚身上投资,未来可能会得到巨大的回报,说道:"此奇货可居也。"于是吕不韦去见子楚,开门见山地对子楚说:"我能够光大你的门庭。"子楚笑道:"还是先光大你自己的门庭吧。"吕不韦意味深长地说:"我的门庭要等到你的门庭光大之后才可以光大。"吕不韦与子楚推心置腹,一番深谈,表示愿意助子楚实现执政秦国的愿望。

出处

出自《史记·吕不韦列传》:"子楚……居处困,不得意。吕不韦贾邯郸,见而怜之,曰:'此奇货可居。'"

解释

把稀有的货物囤积起来,等待高价卖出去。比喻把有价值的人或物作为资本,谋取厚利。

歧路亡羊 (qí lù wáng yáng)

故事

杨子的邻居家丢了一只羊。邻居把亲戚朋友都发动起来去找羊,又找杨子请他派人帮忙找羊,最终羊还是没有找到。杨子问:"这么多人去找,怎么还找不到呢?"邻居说:"出村子上了大路后,有几条岔路,岔路中还有岔路。走得越远,岔路就越多,所以弄不清楚羊究竟是从哪条岔路上走丢的,只好回来了。"杨子听后脸色变得很忧虑,门人感到很奇怪。心都子跟杨子交谈后向门人解释说:"大道因为岔路太多,所以羊容易丢失。同样的道理,求学的人因为方法太多而丢失了性命。学的东西没有根本的不同,结果却有如此大的差异,只有回到根本上,回到本质上,才不会迷失方向啊。"

出处

出自《列子·说符》:"大道以多歧亡羊,学者以多方丧生。"

解释

比喻事理复杂多变,没有明确的目标和方向就会误入歧途。

骑鹤上扬州
qí hè shàng yáng zhōu

故事

从前,有几个人在一起谈天,有人提议大家谈谈自己的志向。一个人说自己的志向是在扬州这个繁华之地做刺史;一个人说自己的志向就是发大财;另一个人则说自己的志向是长生不老,升天成仙。这时,有一个宾客起来说道:"我的志向是腰里带着十万贯钱,骑着鹤去扬州做官。"他一个人把前面几人的志向都占全了。

出处

出自南朝梁·殷芸《小说》卷六:"有客相从,各言所志,或愿为扬州刺史,或愿多赀财,或愿骑鹤上升。其一人曰:'腰缠十万贯,骑鹤上扬州。'"

解释

比喻既想做官发财,又想成仙。形容贪得无厌,痴心妄想。

骑虎难下
qí hǔ nán xià

故事

温峤是东晋名臣。晋成帝时,苏峻起兵反叛,温峤与庾亮共同讨伐叛贼。后来温峤又派人联合陶侃一起讨伐苏峻,费尽周折才说动陶侃。联军与叛军对峙以来,联军胜少败多,而且粮食将尽,不得不向陶侃借粮。陶侃大为恼火,对温峤说:"你动员我来时,说一切都已安排妥当,现在却是这般情境。如果不能马上供应军粮,我只有撤军。"温峤对陶侃说:"要想打胜仗,首先得内部团结。现在我军虽然乏粮,处境困难,但如果马上撤军,叛军会耻笑我们,而且会使士气低落,有败坏大事的危险。我们目前的处境,正如骑在猛兽的身上,不把猛兽打死,怎么能够下得来呢。"最终陶侃接受了温峤的劝说,率军奋勇杀敌,终于打败了叛军。

出处

出自《晋书·温峤传》:"今之事势,义无旋踵,骑猛兽安可中下哉。"

解释

骑在虎背上，难以下来。比喻做事中途遇到困难，但迫于形势无法中止，进退两难。

杞人忧天

故事

有一个杞国人，总爱胡思乱想。一天晚上，他坐在院子里乘凉，仰望星空，只见繁星闪烁，星汉灿烂。忽然，他脑子里闪过一个念头："假如有一天，天塌了下来，那该怎么办呢？我们岂不是都会死吗？"从此以后，他每天为这个问题烦恼，愁得连饭都吃不下，觉也睡不着。大家见他精神恍惚，脸色憔悴，都跑来劝他，让他想开点，天是不会塌下来的，而且就算天塌下来，那也不是一个人忧虑就能解决的。可是，无论大家怎么劝说，他都不相信，仍然天天担忧天会塌下来。

出处

出自《列子·天瑞》："杞国有人忧天地崩坠，身亡所寄，废寝食者。"

解释

借指为没有必要忧虑的事情而忧虑。

起死回生

故事

扁鹊，名缓，字越人，战国时期的名医。一次，扁鹊到虢国行医，听说虢国太子早上染急病身亡，便请求进宫察看。扁鹊来到太子床前，发现太子大腿内侧还有微温，耳朵里还有鸣音。扁鹊马上给太子针灸，很快太子便有了气息。扁鹊又在太子身上热敷一会儿，太子果真苏醒了过来。扁鹊开出药方，太子服了二十天药后，便完全康复了。虢君十分感激，称赞扁鹊能起死回生。扁鹊说："不是我能起死回生，而是太子未曾真死，我才能救活他。"

出处

出自《史记·扁鹊仓公列传》："扁鹊曰：'越人非能生死人也，此自当生者，越人能使之起耳。'"

解释

把死人或快死的人救活。形容医术高明。也比喻将陷入绝境的事物挽救过来。

qì rú bì xǐ
弃如敝屣

故事

中国先秦时期的法律思想有个鲜明的特征,就是与伦理有冲突。孔子提出"子为父隐,父为子隐"的观点,认为法律应向伦理让步。孟子对这个问题的看法跟孔子稍有不同。有学生问孟子:"舜是天子,皋陶作为执法官,如果舜的父亲杀了人,那么应该怎么办?"孟子说:"依法办事,由执法者抓起来就行了。"学生问:"那么舜不应该制止吗?"孟子说:"舜有什么权力禁止皋陶执法呢?法律是历代有所传授的,即使是天子也不能废止。"学生问:"那么舜应该怎么办呢?"孟子说:"舜应该像丢弃一双破鞋子那样放弃天下,偷偷地背负父亲远逃到海边,终身快乐,而忘掉天下。"可见,孟子的主张虽然以伦理为重,但是相比孔子,算是伦理对法律让了一小步。

出处

出自《孟子·尽心上》:"舜视弃天下犹弃敝屣也。"

解释

丢弃它如同丢掉破鞋子一样。形容毫不可惜地丢弃。

qiān biàn wàn huà
千变万化

故事

相传周穆王西巡途中遇到一个技艺高超的工匠,名叫偃师。周穆王想让偃师展示一下技艺,偃师就向周穆王展示自己做的一个假人。偃师按了一下假人的下巴,它就唱起歌来。偃师又按了一下假人的手臂,它就随着歌声跳起舞来,动作无不合拍,姿态千变万化。表演结束后,穆王叫偃师把假人拆开一看,里面有肝、胆、心、肺、肾、胃、肠等,但它们都是用皮、木、胶、漆和各色颜料制成的。拆完后,偃师又把这些东西重新装上去。装完后,假人眨了眨眼,又变成可以活动的"人"了。心脏取出来,它就不能开口说话了;取出它的肝脏,它的双眼就看不见东西了;把肾拿走,它就不能走路了。看到这里,穆王赞叹道:"啊,这是多么灵巧神妙啊,变化之多,好像没有穷尽,简直可以跟创造万物的天帝相比了!"

出处

出自《列子·汤问》:"千变万化,惟意所适。"

解释

形容变化非常多,没有穷尽。

千金买骨 qiān jīn mǎi gǔ

故事

从前,有个国君想用千金重价征求千里马。悬赏三年,却一无所获。国君身边的一个侍臣自告奋勇,说:"您把这个差事交给我吧!"侍臣花了三个月,找到了一匹千里马,正要去买的时候,这匹千里马却死了。侍臣思虑了一会儿,出人意料地花五百金把死马的骨头买了回来。国君看后大怒:"我要的是活马,为什么花五百金买死马呢?"侍臣解释道:"您且息怒,钱不是白花的。大王您想,一匹死马您都愿意花高价购买,更何况是活马呢?这消息传开,人们都相信您是真心实意想买千里马。这样,一定会有人自己上门献马。"果然,不出一年,主动上门献马的就有三个。

出处

出自《战国策·燕策一》:"三月得千里马,马已死,买其首五百金。"

解释

花费千金,买千里马的骨头。比喻诚心而急切地招揽人才。

千钧一发 qiān jūn yī fà

故事

韩愈是唐朝的大文豪,主张文以载道,力排佛教。唐宪宗派使者迎接佛骨入朝,韩愈上表谏阻,得罪了皇帝,被贬到潮州去做刺史。韩愈在潮州结识了一个老和尚,往来密切,因而人们都传说韩愈已经皈依佛门。韩愈的朋友孟郊也听到关于韩愈信佛的传言,特地写了一封信去问韩愈。韩愈马上回信解释,信中抨击当朝大臣们一味谄奉佛教、不守儒道、用迷信来蛊惑皇帝,对皇帝疏远贤人、使儒道坠落颇为愤慨。信中有这样的话："百孔千疮,随乱随失,其危如一发引千钧。"

出处

出自唐·韩愈《与孟尚书书》："其危如一发引千钧。"

解释

千钧重的东西系在一根头发上。形容情况十分危急。

千里莼羹 qiān lǐ chún gēng

故事

陆机,字士衡,西晋著名文学家,东吴丞相陆逊之孙。陆机身长七尺,声如洪钟,年少时有奇才,文章冠世。陆机二十岁时孙吴灭亡,于是陆机便隐居家乡,闭门苦学。陆机到洛阳后,曾经拜访过侍中王济。当时桌上摆着几盘羊奶酪,王济指着奶酪问陆机:"你们吴中有什么东西可以与此物媲美?"陆机不卑不亢地回答道:"用千里湖产的莼菜煮成的汤,不必加盐豉就能与北方的奶酪相媲美。"

出处

出自南朝宋·刘义庆《世说新语·言语》："有千里莼羹,但未下盐豉耳。"

解释

泛指家乡特有的美食。多用作思乡之辞。

千里送鹅毛 qiān lǐ sòng é máo

故事

相传唐朝时期,云南有一个地方官,偶然得到了一只稀有的天鹅,便派一位名叫缅伯高的心腹去向皇帝进贡。缅伯高抱着天鹅,走到沔阳湖边时,停下来想给天鹅洗个澡,不料刚把天鹅放进水里,天鹅就一振双翅飞走了,只掉下一根鹅毛。缅伯高望着越飞越远的天鹅,急得直跳,最后没有办法,只好拿着这根鹅毛面见皇帝。缅伯高害怕皇帝处罚自己,就编了一首顺口溜,其中称:"礼轻人意重,千里送鹅毛。"皇帝听后,不但没有怪罪他,反而认为缅伯高忠诚淳厚,重重地赏赐了他。

出处

出自宋·罗泌《路史》："礼轻人意重,千里送鹅毛。"

解释

礼物虽然微薄,却含有深厚的情谊。

千虑一得 qiān lǜ yī dé

故事

晏婴是春秋时期齐国人,著名政治家、思想家。晏婴为人正直清廉,生活非常俭朴,平时吃的都是粗米青菜。一天,晏婴正要吃饭,齐景公的使者到了,晏子就把自己的饭菜分成两份,请来人共进午餐。景公知道这件事后,觉得晏子生活太过拮据,便命人给晏婴送去千金,以供他接待宾客之用。晏婴推辞说:"我并不贫困。我的俸禄足够我养家糊口、接待宾客之用,还可以用来接济穷苦百姓。所以,我不能接受大王额外的赏赐了!"景公说:"齐国的贤相管仲,为齐桓公成为诸侯盟主立了大功。桓公赏给他许多封地,管仲没有推辞就接受了。你晏婴为什么要推辞?"晏婴说:"我听说:'圣人考虑千次,总有一次失误;愚人考虑千次,总有一次正确。'也许管仲考虑这件事有失误。我虽然笨,这件事处理得可能正确。"景公只好作罢。

出处

出自《晏子春秋·杂下六》:"婴闻之:'圣人千虑,必有一失;愚人千虑,必有一得。'"

解释

指反复思考总会有正确的时候。

千人所指 qiān rén suǒ zhǐ

故事

西汉末年,近侍董贤受到汉哀帝的宠爱,连董贤的家人都被封官加爵,风光无限。哀帝想封董贤为侯,只是苦于没有机会。不久,有朝臣联名告发东平王和皇后阴谋篡位,奏章通过太监宋统交到汉哀帝手中。最终东平王畏罪自杀,皇后被处死。事后有人迎合哀帝心意,建议把宋统的功劳搬到董贤身上,这样便可封董贤为侯。哀帝大喜,亲自起草了一道诏书,把董贤和那两个朝臣一起封为侯。诏书下达后,丞相王嘉和御史大夫贾延竭力反对,哀帝只好作罢。后来王嘉上奏章劝谏道:"董贤靠着陛下的宠幸,骄奢放纵,毫不收敛,恶名远扬,引起四方公愤。俗语说:'千人所指,无病而死。'臣为他今后的下场寒心。望陛下考虑到祖宗创业的艰难,别再这样做了!"

出处

出自《汉书·王嘉传》:"里谚曰:'千人所指,无病而死。'"

解释

被众人指责。形容触犯众怒。

qiān wàn mǎi lín
千 万 买 邻

故事

吕僧珍是南朝时期名臣,生性诚恳,待人忠厚。梁武帝很欣赏他的才干,对他委以重任。南康郡太守宋季雅被罢官后,特地把吕僧珍私宅邻家的一幢房屋买下来居住。一天,吕僧珍问他买这幢房子花了多少钱,宋季雅回答说:"共花了一千一百万。"吕僧珍听了大吃一惊,问道:"怎么会这么贵?"宋季雅笑着回答说:"其中一百万是买房屋,一千万是买邻居。"后来吕僧珍家里生子,宋季雅前去贺喜,礼盒上写着"钱一千"。看门人嫌少不给他通报,宋季雅强行闯了进来。吕僧珍觉得必有缘故,便亲自打开了礼盒,发现里面是金子。吕僧珍收了厚礼,便在梁武帝面前陈说宋季雅的才能,梁武帝封宋季雅为壮武将军、衡州刺史。后来宋季雅在任上有很好的政绩。

出处

出自《南史·吕僧珍传》:"一百万买宅,千万买邻。"

解释

形容选择好邻居的重要。

qián chē zhī jiàn
前 车 之 鉴

故事

贾谊是西汉政治家、文学家。他在《治安策》里指出,夏、商、周三代都分别统治了几百年,而秦朝不过两代就灭亡了,是因为秦朝奸臣当道、实施暴政,所以才由盛而衰。贾谊劝说汉文帝吸取秦亡的惨痛教训,效法三代圣王实施仁政。贾谊总结说:"前车之覆,后车之鉴。三代之所以长久的原因,我们要效法;秦朝之所以速亡,这个教训我们要吸取。看到前车翻了，而后车却不知道避让，早晚也会翻车的。"汉文帝看了《治安策》后，对贾谊十分赞赏，采纳了文中的一些建议。

出处

出自汉·贾谊《治安策》："前车覆，后车诫。"

解释

比喻从前人的失败中得来的教训。

前度刘郎

故事

刘禹锡是唐朝著名诗人。受王叔文"永贞革新"的牵连，公元805年，他被贬往朗州任司马。九年后，四十多岁的刘禹锡才被召回长安。听说玄都观的千树桃花开得很好看，刘禹锡就和朋友去观赏，并写了首《游玄都观》："紫陌红尘拂面来，无人不道看花回。玄都观里桃千树，尽是刘郎去后栽。"这首诗以桃花暗讽得势小人，因此又获罪被贬，先是被贬到播州当刺史，后改为连州刺史，又调任夔州、和州等地。十多年后，刘禹锡再度被召回长安，回来后重游玄都观，又写了首《再游玄都观》："百亩庭中半是苔，桃花净尽菜花开。种桃道士归何处？前度刘郎今又来！"

出处

出自唐·刘禹锡《再游玄都观》诗："百亩庭中半是苔，桃花净尽菜花开。种桃道士归何处？前度刘郎今又来！"

解释

指离开后又回来重游故地的人。

前倨后恭

故事

苏秦是战国时期著名的纵横家，曾跟随鬼谷子学习辩术。学成后，苏秦首先去游说秦昭王，没有成功。在秦国逗留了一年，带去的盘缠花光了，苏秦只好背着箱子回家。苏秦到家时是一副落魄的样子：打着绑腿，衣衫破旧，脸色黧黑，身体枯槁。家人见状，都不给他好脸色，父母都不认他这个儿子，妻子在织布机上不下来，嫂子不给他做饭,还挖苦了他一顿。这件事大大刺激了苏秦,之后便发愤苦读。一年后苏秦又去赵国游说,鼓吹"合纵",联合六国对付秦国。这次苏秦取得了极大的成功,做了六国的丞相。苏秦衣锦还乡,家人都到郊外三十里迎接,妻子不敢正视苏秦,只敢斜着眼偷偷地看他,嫂子更是跪着爬行到苏秦跟前。面对此景,苏秦问道:"嫂子为什么之前那么傲慢,而现在又这么恭敬呢?"嫂子很诚实地回答:"因为弟弟你现在又有势力又有钱。"

出处

出自《史记·苏秦列传》:"苏秦笑谓其嫂曰:'何前倨而后恭也?'"

解释

先前傲慢,后来恭敬。形容人势利,待人的态度因其地位的变化而前后不同。

前事不忘,后事之师

故事

春秋末期,晋国权臣智伯把持朝政。智伯想吞并韩、赵、魏三家的土地,便派人向赵襄子、魏桓子和韩康子索要土地。赵襄子拒绝了智伯的要求,智伯就联合韩、魏两家出兵围困赵襄子。这种情况下,赵襄子打算说服韩、魏,三家联合起来,共同抵抗智伯,于是派门客张孟谈去游说韩康子与魏桓子。张孟谈不辱使命,成功地说服了韩、魏两家。最终,韩、赵、魏三家联手,杀了智伯。事后,张孟谈向赵襄子告辞,拒绝了赵襄子的挽留,对他说:"您想的是报答我的功劳,而我想的是如何治理国家。正因为我的功劳大,名声甚至会盖过您,所以我才决定离开。从古到今,还从来没有君臣权势匹敌而永远友好相处的。前事不忘,后事之师。您就让我走吧。"

出处

出自《战国策·赵策一》:"前事之不忘,后事之师。"

解释

不忘记过去的经验教训,可以作为以后工作的借鉴。

前徒倒戈

故事

商纣王荒淫无道,众叛亲离。公元前1046年,周武王率兵讨伐商纣王，各诸侯国纷纷响应。讨纣大军在距都城朝歌只有七十里的牧野召开了誓师大会，列举了纣王的种种罪状。此时商纣王正在和妃子饮酒取乐，听到周武王进攻的消息，匆匆把大批奴隶和战俘武装起来，发动七十万大军赶到牧野迎战。可纣王拼凑的前锋部队等战斗刚一打响，就倒转矛头，发动阵前起义，对商军反戈一击。结果商军大败，血流成河。纣王逃回朝歌点火自焚，商朝就此灭亡。

出 处

出自《尚书·武成》："会于牧野，罔有敌于我师，前徒倒戈，攻于后以北，血流漂杵。"

解 释

前面的部队投降敌方，反过来打自己人。

qián lǘ jì qióng
黔 驴 技 穷

故 事

这是唐朝文学家柳宗元记载的一个寓言故事：很久以前，贵州这个地方没有驴子。有个好事的人用船运了一头驴子到贵州，运来后却发现驴子在这里并没有什么用，于是便把驴子放在山脚下。山里的老虎远远看到驴子，因为从没见过这种庞然大物，以为是神物，心里很害怕，不敢接近。一天，驴子突然仰头叫了几声，老虎吓了一跳，以为驴子要吃自己，远远地逃开了。时间久了，老虎在驴子身边走来走去，觉得驴子也没有什么特异的本领，对它的叫声也习以为常了。于是老虎慢慢地靠近，故意试探驴子，驴子生气了，抬起蹄子来踢老虎。老虎心里高兴，盘算道："这怪物的本领不过如此啊！"然后就把驴子吃了。

出 处

出自唐·柳宗元《三戒·黔之驴》："虎因喜，计之曰：'技止此耳！'因跳踉大㘎（hǎn），断其喉，尽其肉，乃去。"

解 释

借指极为有限的一点本领也用尽了。

qiáng nǔ zhī mò
强 弩 之 末

故 事

汉武帝建元六年（前135），匈奴遣使来请求和亲，武帝召集大臣商量。韩安国说："派军队行军千里作战，对军队不利。而且现在匈奴依仗军马的充足,迁徙如同飞鸟一样,我们很难控制他们。即使得到了他们的土地也不算拓展疆土,他们从来就没有真心归附过我们。汉军如果远赴塞外,就会人困马乏,而匈奴就会利用汉军的疲劳而取胜。况且就算是强劲的弓弩到了最后,就连鲁地所产的最薄的白绢也射不穿。所以发兵攻打匈奴实在是很不利的,不如跟他们和亲。"参加议论的群臣大都附和韩安国,于是武帝便同意与匈奴和亲。

出处

出自《史记·韩长孺列传》:"强弩之极,矢不能穿鲁缟。"

解释

比喻原本强大后来衰微的力量。

巧发奇中 qiǎo fā qí zhòng

故事

汉武帝在位期间,迷信神仙方术,身边总是围绕着一批方士,整日沉浸在那些虚无缥缈的求仙故事中。在武帝这一喜好的引领下,燕、齐各地那些倾慕名利者纷纷效尤,都宣称有神仙奇方。当时有个方士叫李少君,曾游历四方,善于观察,巧言如簧,所言多有应验。李少君曾到武安侯家赴宴,座上有一位九十多岁的老人,少君就谈起自己曾经跟老人的祖父一起游玩射猎。这位老人幼时曾经跟着祖父,对少君提到的地方都还记得,满座宾客都深感惊讶。有一次,少君在汉武帝处看到一个古铜器,说:"这是齐桓公十年时陈列在柏寝台的那个铜器。"一查铜器上的铭文,果然如此。宫中越发以为李少君是神仙。

出处

出自《史记·孝武本纪》:"少君资好方,善为巧发奇中。"

解释

原指方士巧妙的发言,神奇的应验。比喻料事如神,言谈每次都能应验。

巧取豪夺 qiǎo qǔ háo duó

故事

北宋大书法家米芾(fú)临摹功夫很深。传说,有一次,一个书画商拿着一幅唐人真迹要卖给米芾。米芾说:"你先放在这,五天后你再来。我若要,你把钱拿走;我若不要,你把画拿走。"到了第五天,商人来了。

米芾说:"你把画拿走吧。"说着把画打开:"你看好,是不是这张画。"商人客气地答道:"没错。"就把画拿走了。第二天,商人拿着画又来了,米芾笑道:"我知道你今天准来,特意在这儿等你。"商人说:"是我眼拙,把您的临本拿走了,今天特来奉还。"米芾大笑道:"你不来找我,我也一定会去找你,你拿走了临本,我心里特别高兴!"米芾这种用摹本巧妙地换取别人真本的行为,被时人叫作"巧偷豪夺",后来又演化为"巧取豪夺"。

出处

出自宋·苏轼《次韵米芾二王书跋尾》诗:"巧偷豪夺古来有,一笑谁似痴虎头。"

解释

以欺诈的方法取得或凭借强力夺取(财物、权利)。

qiě shí gé lí
且食蛤蜊

故事

王融是南朝文学家,出身琅玡王氏,自幼聪慧,博涉古籍,富有文采,但是自视甚高,过于追求名利。王融做司徒法曹的时候,在王僧祐家中遇到了沈昭略。沈昭略不认识王融,屡屡回头看他,问主人:"那个年轻人是谁?"王融很是不满,傲然道:"我出于扶桑,入于旸(yáng)谷,照耀天下,谁敢说不知道,而您竟然这样问!"意思是,我王融的大名就像太阳一样名满天下,你不应该不知道。沈昭略淡淡地回答:"不知道你说的这些,还是先吃蛤蜊吧。"

出处

出自《南史·王融传》:"昭略云:'不知许事,且食蛤蜊。'"

解释

表示姑且置之不问。

qiè chǐ fǔ xīn
切齿腐心

故事

战国末年,秦军逼近燕国边境。燕太子丹招募勇士荆轲入秦刺杀秦王政。当时,秦将樊於期在秦国获罪,逃亡在燕国,荆轲私下去见樊於期,对他说:"将军跟秦王可谓仇深似海了,您的父母宗族都被杀光了,而且秦王还悬赏千金、邑万户买您的人头,将军您打算怎么办呢?"樊於期仰天长叹,痛哭流涕,说:"我每每想到这个血海深仇,真是痛彻骨髓！只是想不出报仇的办法。"荆轲说："现在有一个计策既可以解燕国之围，又可以报将军之仇。我拿着将军您的人头去献给秦王，秦王肯定高兴而接见我，这时我就乘机一手抓住秦王的袖子，一手刺向他的胸膛。不知您意下如何？"樊於期道："这是我日日夜夜切齿腐心的大仇啊，今日知道如何报仇了。"随即自刎而死。

出处

出自《史记·刺客列传》："此臣之日夜切齿腐心也，乃今得闻教。"

解释

腐心：痛心。形容非常痛恨。

qiè zān zhī chén
窃簪之臣

故事

春秋时期，楚将子发喜好招纳有奇技之人。楚国有个擅长偷东西的人上门自荐，子发闻听，衣服都来不及系带，冠也来不及戴正，亲自迎接，以礼相待。不久，齐国攻楚，子发率兵抵御齐军，三战三败。子发正在一筹莫展的时候，善偷的手下主动请命，子发并不多问就答应了。夜里，这个小偷潜入齐军大营，把齐国将军的营帐取了回来。子发派人把营帐送还给齐军，说："打柴的士兵偶然捡到了将军的营帐，现在还给你们。"第二天夜里，小偷又偷来了齐将的枕头，子发又派人送了回去。第三天夜里，小偷偷来了将军的发簪，子发仍然派人送了回去。齐将大惊，与手下商议道："今日再不撤军，恐怕楚人就要取我的头了。"于是齐军当天就撤退了。

出处

出自《淮南子·道应训》："楚有善为偷者……明日又复往取其簪。"

解释

指有小技能可解危难的人。

qīn cāo jǐng jiù
亲操井臼

故事

大夫周南受命治理水土，他的妻子劝勉他说："国家处在多事之秋，你应该努力做好自己分内的事情，不要懈怠，让父母蒙羞。从前舜在历山耕作、雷泽捕鱼、河滨制陶，是为了供养父母。常言说：'家贫亲老，不择官而仕；亲操井臼，不择妻而娶。'意思是如果家中贫穷，父母老迈,就应该出仕做官以养家,而不能在职位上挑挑拣拣;如果父母亲自打水舂米,就应该娶妻代劳,而不能在娶妻上挑挑拣拣。所以说,和光同尘,随波逐流,只求远离灾祸而已。凤凰远离罗网,麒麟不入陷阱,蛟龙不处涸池,鸟兽尚且知道趋利避害,何况人呢?生于乱世,仍然出来做官,是因为父母尚在的缘故,是不得已啊!"

出处

出自汉·刘向《列女传·周南之妻》:"亲操井臼,不择妻而娶。"

解释

亲自汲水舂米。指亲自料理家务。

亲当矢石 qīn dāng shǐ shí

故事

高洋是北齐的开国皇帝,称文宣皇帝。高洋出生时有异兆,丑陋不堪,母亲很不喜欢他。高洋幼时沉默寡言,但是聪慧过人、深沉大度,虽然经常被兄弟们欺负,但是很受父亲高欢的欣赏。高洋初登帝位,北魏政权的宇文泰侵齐,高洋身着戎服,率军迎战,军容齐整,士气高昂。宇文泰闻此,叹道:"高欢不死矣。"不战而退。高洋连年征战,攻打突厥、契丹等部落,大获全胜。每次临阵作战他都会身先士卒,亲自冲到队伍最前面阻挡敌人的箭和石头。

出处

出自《北齐书·文宣帝纪》:"每临行阵,亲当矢石。"

解释

亲自阻挡敌人的箭和石头。形容亲临前线,勇敢作战,不怕牺牲。

秦庭之哭 qín tíng zhī kū

故事

申包胥是春秋时期楚国大夫,与伍子胥是好友。当初,伍子胥父兄被楚平王所害,伍子胥逃亡吴国,临行前对申包胥说:"我一定要颠覆楚国。"申包胥说:"你能颠覆楚国,我就能复兴楚国。"楚昭王十年(前506),伍子胥率吴军攻破楚国,对楚平王掘冢鞭尸,报了父仇。申包胥长途跋涉,赶奔秦国求救,秦哀公举棋不定,迟迟不发救兵。申包胥就倚在秦庭的宫墙上,日夜痛哭,水米不进,哭了七天七夜。秦哀公大受感动,随即发兵救楚。楚昭王复国后,要重赏申包胥,申包胥却不受，而是躲进山里隐居起来。

出处

出自《左传·定公四年》："申包胥如秦乞师，立依于庭墙而哭，日夜不绝声，勺饮不入口，七日。"

解释

原指向别国请求救兵。后来泛指哀求别人帮助。一作"包胥之哭"。

青蝇吊客 qīng yíng diào kè

故事

虞翻，三国时期会稽人，精通古籍，曾为《老子》《论语》《国语》作注解。虞翻在孙权手下任都尉，他为人刚直，狂放不拘，多次直言劝谏。有一次，虞翻醉酒后大骂张昭与孙权，孙权一怒之下把他流放到交州。虞翻在流放途中潜心钻研古籍，广收门生。然而虞翻心中悲凉，感叹自己没有知己可以交谈，死后也只有青蝇作为吊唁的宾客，如果天下能有一个知己，此生便没有遗憾了。

出处

出自《三国志·吴书·虞翻传》裴松之注："生无可与语，死以青蝇为吊客，使天下一人知己者，足以不恨。"

解释

死后只有青蝇来吊唁。指生前没有知己朋友。

青云之上 qīng yún zhī shàng

故事

范雎(jū)是战国时期魏国人，最初投靠在须贾的门下。范雎在跟随须贾出使齐国的时候，私下与齐王接触。齐王非常欣赏范雎，赠给范雎很多财货。回国后，须贾向魏国宰相魏齐报告了此事，怀疑范雎可能被齐王收买，做了内奸。魏齐令人笞打范雎，范雎装死躲过一劫。后来，范雎买通看守逃了出来。秦国使者出使魏国，范雎抓住机会，跟随使者来到秦国，改名张禄。范雎通过游说秦昭王，做了秦国的相国，被封为应侯。为了报仇，范雎主张攻打魏国。魏国派须贾来秦国求和。范雎穿上破衣服隐瞒身份去见须贾，假称自己认识秦相张禄先生，可以替须贾引荐。须贾一进相府，才发现秦相原来就是范雎，赶紧顿首求情，说："我万万没有想到您竟然已经从平地一下升到青云之上了啊。"

出处

出自《史记·范雎蔡泽列传》:"须贾顿首言死罪,曰:'贾不意君能自致于青云之上。'"

解释

形容地位显赫。

qīng lǜ qiǎn móu
轻虑浅谋

故事

肥义是战国时期赵国大臣,曾辅佐赵武灵王进行"胡服骑射"的改革。赵武灵王传位于太子,自称主父,任命肥义为相国,让他辅佐新主赵惠文王。赵惠文王三年(前296),赵国灭掉中山国,赵惠文王封长子章于安阳,由田不礼辅佐。朝中大臣素知他们二人怀有篡逆之心,便一起商议对策。李兑对肥义说:"公子章强壮而意志骄横,党羽众多,欲望很大;而田不礼为人狠毒,贪婪无度。两人一定会生出作乱的事端。古人说'小人有欲,轻虑浅谋',徒见其利而不顾其害,到头来互相鼓动作乱,我们得时时提防才行。"李兑又劝肥义称病不出,把权力交给公子章,以免受到祸乱的牵连。肥义说:"我接受了主父的委托,并记录在典册上,假如我畏惧作乱,怎么对得起前人。变心臣子,罪大恶极,我决不违背我的誓言。"此后,公子章和田不礼果然作乱,并杀害了肥义。

出处

出自《史记·赵世家》:"夫小人有欲,轻虑浅谋,徒见其利而不顾其害,同类相推,俱入祸门。"

解释

考虑不全面,计划不周密。

qīng guó qīng chéng
倾国倾城

故事

李延年是汉武帝时的宫廷乐师。李家世代为倡,李氏兄妹都容貌秀丽,能歌善舞。李延年原本犯法受过宫刑,在宫中负责养狗,因通音律受到武帝的喜爱。一次,李延年为武帝唱了一曲《佳人曲》:"北方有佳人,绝世而独立,一顾倾人城,再顾倾人国。宁不知倾城与倾国,佳人难再得。"这位佳人就是他的妹妹。武帝听了此曲,便纳其妹为妃,即李夫人。李夫人很受武帝宠爱,后来她病重,武帝时常前往探望,而李夫人始终背对武帝,不以正面侍君,说是病颜憔悴,怕有损在武帝心中的美好形象。李夫人死后,武帝在很长一段时间都对她怀念不已。

出处

出自《汉书·孝武李夫人传》:"北方有佳人,绝世而独立,一顾倾人城,再顾倾人国。"

解释

原指因女色而亡国。后形容女子极美。

卿卿我我
qīng qīng wǒ wǒ

故事

王戎是魏晋时期著名的文学家,"竹林七贤"之一,因封爵安丰侯,人称"王安丰"。王戎才华出众,擅长清谈,但性格复杂:既狂放不羁,又极守孝道;既拒收贿赂,又爱钱如命。王戎的侄子结婚,王戎想来想去,送了一件单衣做贺礼,然而随即又去要了回来。王戎的女儿出嫁时借了娘家一些钱,此后只要女儿回娘家,王戎就拉着脸不高兴,直到女儿把钱还上才有了好脸色。王戎的妻子也是很有性格的一个人,她经常以"卿"称呼王戎。王戎被叫得不好意思,对妻子说:"妇人称丈夫为'卿',在礼仪上是很不敬的,以后不要这样叫了。"妻子却说:"正是因为爱你亲你,所以才叫'卿'。我不叫你'卿',还有谁叫你'卿'呢?"

出处

出自南朝宋·刘义庆《世说新语·惑溺》:"亲卿爱卿,是以卿卿。我不卿卿,谁当卿卿?"

解释

形容男女之间相亲相爱,情意缠绵。

请君入瓮
qǐng jūn rù wèng

故事

周兴是唐朝武周时期著名的酷吏,他在审理案件时,手段残酷,杀害了许多正直的官吏和百姓。一次,一封告密信送到武则天手里,告发周兴与人联络谋反,武则天责令来俊臣严查此事。来俊臣知道周兴肯定不会轻易招供,只能设计智取。来俊臣与周兴一起吃饭的时候,假装向周兴请教："我办案的时候,常遇到一些犯人死不认罪,不知您有何办法?"周兴说："这个好办。你找一个大瓮,四周用炭火烤热,再把犯人放进瓮里,什么样的犯人会不招供呢?"来俊臣说："真是好主意。"随即命人抬来一口大瓮,按周兴说的那样,在四周点上炭火,然后慢条斯理地对周兴说："有诏书命令拿你问罪,请君入瓮吧。"周兴一听大骇,脸上冷汗直流,马上跪倒在地,磕头认罪。

出处

出自《新唐书·周兴传》:"初,兴未知被告,方对俊臣食。俊臣曰:'囚多不服,奈何?'兴曰:'易耳,内之大瓮,炽炭周之,何事不承?'俊臣曰:'善。'命取瓮且炽火。徐谓兴曰:'有诏按君,请尝之。'兴骇汗,叩头服罪。"

解释

比喻用某人整治别人的办法来对付他。

qìng fù bù sǐ, lǔ nàn wèi yǐ
庆父不死,鲁难未已

故事

春秋时期,鲁庄公死后,公子般继位。庄公的异母弟庆父,凶残专横,一贯胡作非为,公子般即位不到两个月,便被他派人杀死。齐桓公派大夫仲孙湫到鲁国去了解情况。不久,仲孙湫回来报告,认为庆父是鲁国灾难的根源,如果庆父不死,祸乱就不会终止。过了一年,庆父又杀死了鲁闵公,鲁国局势大乱。百姓对庆父恨之入骨,纷纷起来反抗庆父。庆父在鲁国无法立足,便逃往了莒国。鲁僖公继位后,请求莒国把庆父送回鲁国。庆父自知回到鲁国没有好下场,便在途中自杀了。

出处

出自《左传·闵公元年》:"不去庆父,鲁难未已。"

解释

比喻不清除制造内乱的罪魁祸首,国家就得不到安宁。

qìng zhú nán shū
罄竹难书

故事

隋炀(yáng)帝杨广是隋朝的第二位皇帝。他在位期间,开创科举制度,开凿大运河,迁都洛阳,这些举措对后世有深远影响。然而,隋炀帝频繁发动战争,滥用民力,致使天下大乱,各地农民起义蜂起。在各支起义队伍中,瓦岗军是一支重要的反隋武装。在领袖李密的带领下,瓦岗军取得了很大的胜利并建立了政权。李密在率军进攻洛阳时,向各郡县发布檄文,声讨隋炀帝,其中的名句有:"罄南山之竹,书罪无穷;决东海之波,流恶难尽。"这句话的意思是,用完南山的竹子做简策,也写不完炀帝的罪状;用尽东海的滔滔大水,也洗不完炀帝的罪恶。

出处

出自《旧唐书·李密传》:"罄南山之竹,书罪无穷;决东海之波,流恶难尽。"

解释

把竹子用完了也写不完。形容罪状之多,写都写不完。

qióng bīng dú wǔ
穷 兵 黩 武

故事

西晋时期,车骑将军羊祜镇守襄阳,对东吴采取和解策略:部下掠夺了东吴的孩子,他下令放回;军队践踏了东吴的庄稼,就送绢帛作补偿。东吴镇军大将军陆抗明白羊祜的用意,也投桃报李,经常派使者往来,互相表示友好。因此,吴、晋部分边境地区呈现出安宁和睦的局面。吴主孙皓一直想出兵攻晋,陆抗见军队调动频繁,百姓精疲力竭,便向孙皓上疏说:"如今朝廷要紧的是富国强兵,不能听任将士追求名声,好战不止,动辄花费巨万,劳民伤财,士卒疲敝,敌人没有丝毫损伤,而我们自己却已经大为困苦了。"然而孙皓根本不听陆抗的忠告。陆抗去世后,晋军讨伐东吴,沿着长江顺流东下,势如破竹。吴国最终被晋所灭。

出处

出自《三国志·吴书·陆抗传》:"而听诸将徇名,穷兵黩武,动费万计,士卒雕瘁,寇不为衰,见我已大病矣。"

解释

用尽全部兵力,任意发动战争。形容极端好战。

qióng yuán bèn lín
穷 猿 奔 林

故事

李充,字弘度,东晋文学家。李充经常感叹自己怀才不遇,扬州刺史殷浩知道他家境贫寒,问他:"您愿意到百里之外的地方去做官吗?"李充感慨地回答:我所负载的贫困与生活压力,如同《诗经·邶风·北门》所讲的一样,您是早就听过的。如今我就像被猎人追赶的猿猴一样走投无路,哪里还有闲暇挑选栖身的大树呢。殷浩于是便让他做了剡县县令。

出处

出自南朝宋·刘义庆《世说新语·言语》:"《北门》之叹,久已上闻。穷猿奔林,岂暇择木。"

解释

比喻人陷入困境,急于寻找出路。

qióng qióng jié lì 茕茕孑立

故事

李密是西蜀故臣,蜀亡后,李密隐居不出。蜀地两名地方官都曾推荐李密做官,他都谢绝了。晋武帝司马炎格外看重李密,下诏征辟李密为郎中,李密婉拒。后又改为太子洗马,李密仍借口推辞。晋武帝大为恼怒,指责李密傲慢。李密于是写了一篇《陈情表》,呈给晋武帝。表中自述:李密自幼丧父,母亲改嫁,自己孤独一人,幸由祖母刘氏把自己抚养长大。而今祖母已九十六岁,长年卧病在床,自己想在老祖母还在的日子里尽孝,恳请晋武帝体谅他的苦衷。司马炎看了很感动,不但没有治李密的罪,反而派了两个婢女帮他侍奉祖母。

出处

出自晋·李密《陈情表》:"外无期功强近之亲,内无应门五尺之僮。茕茕孑立,形影相吊。"

解释

形容孤苦伶仃,无依无靠。

qiū fēng guò ěr 秋风过耳

故事

春秋时期,吴王寿梦有四个儿子:长子诸樊,二子余祭,三子夷昧,四子季札。季札品德仁厚,吴王很喜欢他,想把王位传给他。寿梦临

• 曲突徙薪 •

终前嘱咐长子诸樊,一定要兄终弟及,以使王位能传到季札手中。之后诸樊、余祭、夷昧相继继位,最后,夷昧临终要将王位传给季札,季札坚决拒绝,说:"我早就说过不要王位。我做人只求为人正派,品德高尚。至于荣华富贵,不过如同耳边吹过的秋风,我是不关心的。"季札回到了封地延陵,隐居了起来。

出处

出自汉•赵晔《吴越春秋•吴王寿梦传》:"富贵之于我,如秋风之过耳。"

解释

比喻对某事漠不关心,毫不在意。

qū tū xǐ xīn
曲突徙薪

故事

从前,有一户人家建了一栋房子,邻居和亲友都来祝贺,人们纷纷称赞这房子造得好,主人听了很高兴。这时有一位客人诚心诚意地向主人指出,厨房的烟囱是直的,烧火做饭的时候很容易把屋顶点燃,建议在灶膛与烟囱之间加一段弯曲的通道,防止火星从烟囱冒出去落在屋顶。这个客人又建议把灶门前的柴火挪到远一点的地方,防止火灾。主人听了很不高兴,认为这位客人鸡蛋里挑骨头,大喜的日子说丧气话,不给面子。过了几天,这栋新房果然由于烟囱的问题发生了火灾,左邻右舍都赶来救火,一个个都弄得焦头烂额,才把火扑灭了。主人为了酬谢帮忙救火的人,专门摆了酒席,并把被烧得焦头烂额的人请到上座入席,却唯独没有请那位提出忠告的人。有人对主人说:"如果听从了那位客人的意见,现在就不用摆这个酒席了,也不会有这次火灾。现在您论功请客,是不给建议加弯烟囱并把柴火挪远一点的人恩泽,把为救火而弄得焦头烂额的人为上宾吗?"主人听后赶忙去请了那位提建议的人。

出处

出自《汉书•霍光传》:"今论功而请宾,曲突徙薪亡恩泽,燋(jiāo)头烂额为上客耶?"

解释

把烟囱改成弯的,把灶旁的柴移开。比喻事先采取措施,防止危险发生。

趋炎附势
qū yán fù shì

故事

李垂是北宋时期山东人,为人正直,对官场中溜须拍马的行为深恶痛绝。宋真宗时,李垂因为得罪宰相丁谓而被贬,直到宋仁宗即位,将丁谓贬职,李垂才被召回京城。人们劝他去拜见宰相,他却说:"如果我三十年前就趋附宰相丁谓,可能早就当上翰林学士了。我见有些大臣处事不公,常常当面指责。现在怎么能去奔赴权门,看别人的脸色行事,违心地应和那些权贵呢?"

出处

出自《宋史•李垂传》:"今已老大,见大臣不公,常欲面折之。焉能趋炎附势,看人眉睫,以冀推挽乎?"

解释

指奉承和依附有权有势的人。

曲高和寡
qǔ gāo hè guǎ

故事

宋玉是战国时期楚国人,著名文学家。宋玉因为文采出众而受到楚襄王的赏识,但也遭到不少人的嫉妒,经常有人在楚襄王面前诋毁他。有一次,楚襄王问宋玉:"你到底做了些什么?为什么有这么多人说你的坏话?"宋玉给楚襄王讲了个故事:"有个人在郢都的大街上唱歌,开始唱的是非常通俗的《下里》和《巴人》,跟着他唱的有好几千人。接着,他唱起了还算通俗的《阳阿》和《薤(xiè)露》,能跟唱的只有几百人了。后来他唱起了格调高雅的《阳春》和《白雪》,这时能跟着他唱的只有几十个人了。最后,他唱出商音、羽音,又杂以变化的徵音,跟着唱的只有几个人了。由此可见,唱的曲子格调越是高雅,能跟着唱的也就越少。圣人有奇伟的思想和表现,所以超出常人。一般人又怎能理解我的所作所为呢?"

出处

出自战国楚•宋玉《对楚王问》:"是其曲弥高,其和弥寡。"

解释

曲调越高深,能跟着唱的人越少。比喻言行或作品高雅深奥,很难有人理解或接受。

qǔ ér dài zhī
取而代之

故事

项羽,名籍,楚国人。项羽少年时,叔父项梁教他念书,但他学了不久就不愿意学了;又教他学剑,仍然没有学成。项梁很生气,项羽说:"读书写字只要能认识名字就够了,剑法只能抵挡一人,不值得学。"于是项梁就教项羽学习兵法,项羽大喜,然而也是只学一个大概而已。后来项梁杀了人,为逃避官府追捕,带着项羽逃到关中。秦始皇五十岁时,带领李斯、赵高以及小儿子胡亥,巡游东南。祭祀完大禹陵后,秦始皇车队渡过浙江回咸阳,当时大道两旁挤满了观看的人群,项羽同项梁也在人群中。当项羽看到秦始皇车队驶过时,脱口说道:"我可以取代他!"项梁赶紧捂住他的嘴:"别乱说,会被灭九族的!"项梁从此知道这个侄儿志存高远,日后必成大器。

出处

出自《史记•项羽本纪》:"秦始皇游会稽,渡浙江,梁与籍俱观,籍曰:'彼可取而代也。'"

解释

夺取别人的地位,自己代替他。

quǎn yá jiāo cuò
犬 牙 交 错

故事

汉高祖刘邦开国之后,为了巩固皇权,分封刘姓子弟为王。但是同姓诸侯实力逐渐增强,处处与中央王朝抗衡,汉景帝时,终于爆发了以吴王为首的"七国之乱"。汉景帝派太尉周亚夫平定了叛乱,但同姓诸侯的存在依旧对中央皇权形成威胁。汉武帝时,为巩固中央集权,推行"领地削减"的政策。这个举动引起诸侯王的恐慌,他们恳求汉武帝:"我们与王室血脉相连,先帝将封地如犬牙般交错安排,就是为了让我们能共同保护汉室,希望宗室封藩如磐石一般稳固啊。"于是,汉武帝颁布推恩令,将诸侯的领地分封给他们的子弟,无形中削弱了各诸侯国的势力,也巩固了中央集权。

出处

出自《汉书·中山靖王刘胜传》:"诸侯王自以骨肉至亲,先帝所以广封连城,犬牙相错者,为盘石宗也。"

解释

像狗牙那样参差不齐。形容交界线很曲折。也形容情况复杂,有多种因素参差交错。

què jīn mù yè
却金暮夜

故事

杨震是东汉时期东莱太守,为人正直,清正廉洁,从来不收受别人的贿赂。他的子孙也是疏食徒步,生活简朴。杨震的长辈想让他为子孙置办产业,杨震说:"让后世的人称他们为清官的子孙,不是很好吗?"一次,杨震路过昌邑,昌邑令王密曾得到过杨震的推举,夜里给杨震送去十斤金。杨震对王密说:"老朋友了解你,你怎么不了解老朋友呢?"王密说:"夜深人静没人知晓的。"杨震说:"天知,神知,我知,你知。怎么能说没人知道呢?"到底也没有收王密的钱。

出处

出自《后汉书·杨震传》:"密曰:'暮夜无知者。'震曰:'天知,神知,我知,子知。何谓无知?'"

解释

指为官清廉。

què píng zhòng xuǎn
雀屏中选

故事

唐高祖李渊的皇后窦皇后是北周武帝姐姐的女儿,自幼聪慧,长大后更是才貌俱佳,求婚者盈门。窦皇后的父亲窦毅经常说:"我的这个女儿长得貌美如花,又有才华,怎么能随便嫁人呢?一定要嫁一个非凡之人。"窦毅决定想一个办法挑选有才能的女婿。他让人在屏风上画了两只孔雀,让求婚者箭射孔雀,暗中约定谁能射中孔雀的眼睛,就把女儿许配给谁。前来射箭的求婚者有几十人之多,但是没有一个人射中孔雀的眼睛。当时李渊也在求婚者中,他最后一个弯弓搭箭,射向孔雀,两支箭都射中了孔雀的眼睛。于是窦毅就把女儿许配给了李渊。

出处

出自《旧唐书·高祖太穆皇后窦氏传》:"乃于门屏画二孔雀,诸公子有求婚者,辄与两箭射之,潜约中目者许之。"

解释

指被选中为女婿。

rán dí yè dú
燃荻夜读

故事

南朝时期,彭城有个叫刘绮(qǐ)的人,是交州刺史刘勃的孙子,早年丧父,家中贫苦。刘绮勤奋好学,家中没有能力置办灯烛,他就经常买来荻草,折成一节一节的,夜里点燃,借助这点微弱的光亮读书。

出处

出自北齐·颜之推《颜氏家训·勉学》:"早孤家贫,灯烛难办,常买荻尺寸折之,然明夜读。"

解释

点燃荻草在夜里读书。指在贫困的条件下刻苦读书。

rán kāng zì zhào
燃糠自照

故事

顾欢是南朝人,前半生治儒学,晚年崇奉道教,是著名的上清派道士。顾欢幼年时家贫,没有能力进乡里的学校学习,就倚在学校墙后偷听,老师讲的内容都能记下来。夜里顾欢就点燃松节照明读书,有时候没有松节,就点燃米糠,就着微弱的光亮读书。后来顾欢在天台山开馆讲学,受业弟子有近百人之多。齐高帝萧道成征辟顾欢为扬州主簿,后又征太学博士,顾欢都谢绝不就。

出处

出自《南史·顾欢传》:"乡中有学舍,欢贫无以受业,于舍壁后倚听,无遗忘者。夕则然(同"燃")松节读书,或然糠自照。"

解释

点燃米糠在夜里读书。指家境贫寒仍勤奋学习。

rǎn zhǐ yú dǐng
染 指 于 鼎

故事

　　春秋时期,楚国人送了郑灵公一只大鼋(yuán),郑灵公就让厨子宰杀烹煮。这时,大夫子公和子家来见郑灵公。走到宫门前,子公的食指忽然动了起来,子公对子家说:"每次我的食指大动,都能吃到好东西。这次进宫肯定有好吃的可以享用。"进门后看到厨子正要宰杀大鼋,两人相视一笑,心照不宣。郑灵公看到他们两个的举动,就问缘由,子家便以实相告,郑灵公听后心中不悦。鼋羹做好之后,郑灵公召来大臣们分享,独独不给子公吃。子公大怒,自己走到盛着鼋羹的鼎前,伸出手指进鼎一蘸,放嘴里尝了尝,然后扬长而去。郑灵公大怒,非要杀掉子公不可。子公和子家害怕被杀,于是先下手为强,杀掉了郑灵公。

出处

　　出自《左传·宣公四年》:"子公怒,染指于鼎,尝之而出。"

解释

　　比喻占取非分的利益。

rén fēi shèng xián shú néng wú guò
人 非 圣 贤,孰 能 无 过

故事

　　春秋时期,晋灵公不守君道,暴虐荒淫,动辄杀人。一天,厨师送上来的熊掌炖得不透,晋灵公就杀死了厨子,让宫女用车载着运出宫外。赵盾和士季正好进宫,看到车上席子下面露出来的手脚,问清真相后非常气愤,决定劝谏晋灵公。晋灵公看到他们两个进来,明白这两人来此是为了厨师的事,就主动认错说:"我已经知道自己所犯的错误了,今后一定改正。"士季听他这样说,也就用温和的态度道:"谁没有过错呢?有了过错能改正,那就最好了。如果您能接受大臣正确的劝谏,就是一个好的国君。"然而晋灵公并不知悔改,依然故我,最终落得被弑的下场。

出处

　　出自《左传·宣公二年》:"人谁无过?过而能改,善莫大焉。"

解释

　　一般人犯错误是难免的。

人面桃花

故事

相传唐朝时期,博陵人崔护进京应考,却名落孙山,心情郁闷,便到城南郊外游玩。崔护看到一座宅院,四周桃树环绕,桃花盛开,景色宜人。崔护口渴,便叩门求水,一位美丽的姑娘开了门,给了他水喝。第二年桃花开时,崔护又来到城南,旧地重游,看见桃花盛开如故而大门紧锁,那位美丽的姑娘已经不知道搬到哪里去了,崔护提笔在院墙上写下一首诗:"去年今日此门中,人面桃花相映红。人面不知何处去?桃花依旧笑春风。"

出处

出自唐·崔护《题都城南庄》诗:"去年今日此门中,人面桃花相映红。人面不知何处去,桃花依旧笑春风。"

解释

指思念自己爱慕的女子。也形容女子容貌像桃花一样艳丽。

人弃我取

故事

战国初年,魏文侯任用李悝为相。李悝推行"尽地利之教",鼓励发展经济,实行保护农民利益和发展农业的"平籴(dí)"法。所谓"平籴",就是国家在丰收年份用平价买进粮食,到荒年时以平价卖出,使粮价保持稳定。一个名叫白圭的商人从中受到了启发,他想出了一种适应时节变化的经商思路,即"人弃我取,人取我与"。就是别人不要的我就取过来,别人要的我就给予。按照这个办法,在丰收季节,粮价便宜,他就大量买下粮食。这时,蚕丝、漆等因不是收丝或割漆的季节,没有大量上市,价钱自然很高,他就把这些货物卖出去。就在这买进卖出之间,牟利致富。

出处

出自《史记·货殖列传》:"李克务尽地力,而白圭乐观时变,故人弃我取,人取我与。"

解释

原指商人廉价收买滞销物品,待涨价后卖出以获取厚利。后指自己的志趣或见解等与他人不同。

rén qín jù wáng
人琴俱亡

故事

王徽之、王献之兄弟都是东晋著名书法家,两人彼此敬重,感情深厚。后来,兄弟两人都患了重病,王献之先去世,王徽之知道后表现得很平静,吩咐仆从准备车辆去奔丧。到了王献之家,他拿起王献之的琴就在灵床边弹了起来,弹了几次,都不成曲调,便举起琴向地上掷去,叹道:"子敬,子敬,如今人琴俱亡!"然后就悲痛得昏了过去。一个多月以后,王徽之也离世而去。

出处

出自南朝宋・刘义庆《世说新语・伤逝》:"弦既不调,掷地云:'子敬,子敬,人琴俱亡!'因恸绝良久,月余亦卒。"

解释

指看到遗物、怀念死者的悲伤心情。

rén rén zì wēi
人人自危

故事

公元前210年,秦始皇在出巡途中病死。赵高与秦始皇小儿子胡亥进行密谋,伪造遗诏,立胡亥为皇帝,并逼扶苏和大将蒙恬自杀。阴谋得逞,胡亥即位,称秦二世。胡亥拜赵高为郎中令,赵高指鹿为马,权倾朝野。秦二世的昏庸无能,赵高的残暴专横,使得大臣们个个提心吊胆,人人自危,朝廷一片混乱,很多人都有反叛之心。很快,抗秦起义蜂起,各地群起响应,最终推翻了秦朝暴政。

出处

出自《史记・李斯列传》:"群臣人人自危,欲畔者众。"

解释

每个人都感到自己有危险。形容局势或气氛十分紧张。

rén sǐ liú míng
人死留名

故事

王彦章是五代时期的大将,他行伍出身,不懂诗书,满口市井俚语,却忠贞仗义,崇尚名节,经常对人说一句话:"豹死留皮,人死留名。"王彦章年轻时跟随梁太祖作战,太祖死后又辅佐末帝,屡立战功。后来,有人在皇帝面前潜(zèn)毁他,于是王彦章被罢免了兵权。不到半年,后梁无力抵御后唐的进攻,只好再度请出王彦章。一次战斗中,王彦章被俘,后唐庄宗很赏识他,想让他做自己的大将,为后唐效力。王彦章说:"哪有当将领的人,早上替这个国家效力,晚上又为另一个国家做事的?所以请大王给我一刀,我没有怨言,只会感到很荣幸。"

出处

出自《新五代史·王彦章传》:"彦章武人,不知书,常为俚语谓人曰:'豹死留皮,人死留名。'"

解释

人死后要传名于后世。

人心如面

故事

春秋时期,郑国执政者子皮想任用自己的家臣尹何担任邑宰,子产表示反对。子皮说:"尹何对我非常忠诚,相信他绝对不会辜负我对他的期望,让他担此任也是给他学习的好机会。"子产说:"您想培养年轻人是值得肯定的,可是这样去做不妥,反而会害了他。让一个不会用刀的人去切肉,反而会剁伤自己的手;让一个不懂得驾车的人驾车,肯定会翻车。治理国家也是一样,尹何在正式当大夫之前还需要多加学习,这样他管理采邑时才会得心应手,否则将会为国家和他自己造成伤害。"子皮听了子产的话后,对子产说:"您真是懂得我的心啊!"子产谦虚地说:"人心就像人面一样,千人千面,各不相同,我怎么敢说您的相貌跟我的相貌一样呢?我的意见只能作为参考罢了。"

出处

出自《左传·襄公三十一年》:"人心之不同,如其面焉,吾岂敢谓子面如吾面乎?"

解释

每个人的思想像每个人的面貌一样,各不相同。

人言可畏

故事

古时候,有个名叫仲子的男青年,他思念自己的心上人,想到她家与她幽会。姑娘害怕父母知道后会责骂她,更害怕别人的风言风语会对自己造成伤害,所以不让恋人这样做。于是唱道:"将仲子兮,无逾我园,无折我树檀。岂敢爱之?畏人之多言。仲可怀也,人之多言,亦可畏也。"意思是,请求你仲子呀,别爬我家的后园,不要把我种的檀树给弄折了。并非我舍不得树,而是害怕人家说闲话。仲子,我也在思念你,只是怕人家风言风语议论我呀。

出处

出自《诗经·郑风·将仲子》:"岂敢爱之?畏人之多言。仲可怀也,人之多言,亦可畏也。"

解释

流言飞语是很可怕的。

rén zì wéi zhàn
人 自 为 战

故事

楚汉战争中,汉将韩信率兵攻打赵国。赵军兵力大大超过汉军。韩信派出一万人为先头部队,命他们背靠河水,摆开阵形。赵军在营中看到汉军背水设阵,犯了兵家大忌,都哈哈大笑。天刚亮,赵军打开营垒,向汉军发起猛烈的攻击。韩信的军队人人拼死作战,个个奋勇前进,把赵军打得大败。战争结束后,将领们纷纷来向韩信祝贺,有人问韩信:"背水设阵完全违背了兵法,将军为什么采用这样的险招呢?"韩信解释说:"我们的士兵都是临时征集的,缺乏严格、系统的训练,就如同驱赶市集上的人去作战,非得把他们放在一个必死的境地,逼着人人拼死作战不可;如果给他们留有一条生路,这些乌合之众恐怕早就跑光了,哪还会血战到底!"

出处

出自《史记·淮阴侯列传》:"'驱市人而战之',其势非置之死地,使人人自为战;今予之生地,皆走,宁尚可得而用之乎!"

解释

指人人主动拼死作战。也比喻人人能独立工作。

rěn rǔ fù zhòng
忍 辱 负 重

故事

公元221年,刘备出兵攻打东吴。孙权派人求和,遭到刘备拒绝。

于是孙权任命陆逊为大都督率兵迎敌。次年初,蜀军水陆并进,直抵夷陵,声势浩大。陆逊见蜀军士气高涨,又占据有利地形,便坚守阵地,不与交锋。当时,东吴的一支军队被蜀军包围,陆逊不肯出兵增援。陆逊手下的将领以为他胆小怕战,都很气愤,有些人开始抗拒陆逊的命令。于是陆逊召集众将议事,对他们说:"刘备天下知名,连曹操都畏惧他。现在他带兵来攻,是我们的劲敌。希望诸位将军以大局为重,同心协力,共同消灭来犯敌人,上报国恩。国家所以派诸君在我麾下听命,是因为我尚有一点可称之处,也就是能忍辱负重。"陆逊坚守不战,长达七八个月,一直拖得蜀军疲惫不堪。后来刘备逃归白帝城,不久便病逝。

出处

出自《三国志·吴书·陆逊传》:"国家所以屈诸君使相承望者,以仆有尺寸可称,能忍辱负重故也。"

解释

忍受屈辱,承担压力。

rì mù tú qióng
日 暮 途 穷

故事

春秋时期,伍子胥的父亲伍奢遭到费无忌的陷害,楚平王最终杀死了伍奢及其长子伍尚。伍子胥历尽千险万阻,逃出楚国,辗转来到吴国,做了吴国的将军。后来,伍子胥助吴王攻楚,经过五次战争,终于打到楚国都城。这时平王已死,伍子胥为了报杀父兄之仇,便挖出平王的尸体,鞭尸三百。伍子胥的老朋友申包胥指责他做得太过分,伍子胥说道:"我的日子已经不多了,就如同赶路的人,天色已经晚了,路快走完了。我是故意做这些违背常理的事啊。"

出处

出自《史记·伍子胥列传》:"吾日莫(同"暮")途远,吾故倒行而逆施之。"

解释

天黑了,路走到头了。比喻接近灭亡。

rú huǒ rú tú
如 火 如 荼

故事

春秋末年,吴王夫差亲自率军攻打晋国。一天傍晚,吴王下令从全军中挑出三万精兵强将,每一万人摆成一个方阵,每个方阵横竖都是一百人,共摆三个方阵。中间的方阵,白盔白甲,白衣,白旗,白色箭羽。左边的方阵,红盔红甲,红衣,红旗,红色箭羽。右边的方阵则是黑盔黑甲,黑衣,黑旗,黑色箭羽。吴军半夜出发,黎明时分到达离晋军仅有一里路的地方。天色刚亮,吴军鼓声大作。晋军从梦中醒来,一看吴军那三个方阵的声威气势,简直都惊呆了:白色方阵望上去就像开满白花的茅草地;红色方阵望上去就像熊熊燃烧的火焰;那黑色方阵,简直就像深不可测的大海。

出处

出自《国语·吴语》:"万人以为方阵,皆白裳,白旗,素甲,白羽之矰,望之如荼……左军亦如之,皆赤裳,赤旗,丹甲,朱羽之矰,望之如火。"

解释

像火一样红,像荼一样白。形容声势浩大或气氛热烈。

如胶似漆

rú jiāo sì qī

故事

邹阳是西汉文学家,以文辩称名当世。汉文帝时,邹阳为吴王刘濞(bì)门客。吴王图谋叛乱,邹阳上书吴王,对其野心加以隐晦曲折的劝谏。然而吴王一意孤行,拒绝了邹阳的忠告。邹阳于是投靠了梁孝王刘武。邹阳为人正直,不苟合取容,遭到别人的嫉恨,被人诬陷入狱,险些被处死。邹阳在狱中给刘武写了一封信,即《于狱中上书自明》,表白自己的心迹,情意恳切,在哀婉悲叹中包含着激愤感慨。信中说:如果两人心意相通,行为相合,亲密得如同胶漆一般,即使是兄弟也不能使之分离,难道还能被别人的话所迷惑吗?刘武深受感动,释放了他,并尊其为上客。

出处

出自《史记·鲁仲连邹阳列传》:"感于心,合于行,亲于胶漆,昆弟不能离,岂惑于众口哉?"

解释

如同胶和漆一样黏在一起。形容感情炽烈,难舍难分。后多形容夫妻恩爱。

如释重负
rú shì zhòng fù

故事

公元前542年,鲁襄公病死,公子裯继位,即鲁昭公。昭公只知游乐,不理国政,鲁国的实际权力掌握在季孙、叔孙和孟孙三卿手里。昭公生母去世,他却在丧葬期间谈笑自若,还外出打猎取乐,民心尽失。大夫子家子担心昭公的处境,多次向昭公进谏,希望他巩固王室的力量,免得被外人夺了政权。但昭公并不听他的劝告,依然我行我素。昭公见三卿的军队已经联合起来,知道自己的处境不妙,只好和臧孙一起出奔齐国避难。由于昭公早就失去了民心,所以百姓对他的出奔并不表示同情,反而觉得减轻了他们身上的重担。

出处

出自《穀梁传·昭公二十九年》:"昭公出奔,民如释重负。"

解释

像放下了重担一样。形容摆脱了繁重事务或消除紧张心情后感到轻松愉快。

如鱼得水
rú yú dé shuǐ

故事

三国时期,刘备最初依附于刘表,驻守新野。刘备胸怀大志,想成就一番大业,此时徐庶向他推荐诸葛亮,称诸葛亮雄才大略,号称"卧龙"。为了请诸葛亮出山,刘备三次到他住的茅庐拜访他。诸葛亮看到刘备非常诚恳,这才与刘备见面。刘备向他请教天下大势,诸葛亮仔细分析了当时的情势,建议刘备先占据荆州,这样才能有机会和曹操、孙权鼎足而立,互相抗衡。因这番隆中对策,刘备对诸葛亮大为折服,兴奋地对关羽和张飞说:"我得到孔明的辅助,就好像鱼得了水一样。"

出处

出自《三国志·蜀书·诸葛亮传》:"孤之有孔明,犹鱼之有水也。"

解释

形容得到跟自己十分投合的人或很适合自己发展的环境。

如 坐 针 毡

故事

西晋的杜锡,学识渊博,非常耿直,在做太子中舍人时,多次规劝晋惠帝的儿子愍(mǐn)怀太子。愍怀太子不仅不听劝告,反而心怀怨恨,就想整一下杜锡。一天,太子故意在杜锡坐的毡垫中放了一些针。杜锡不知道,一屁股坐下去,被扎得鲜血直流。第二天,太子故意问杜锡:"你昨天出了什么事?"杜锡难以开口,只好说:"昨天喝醉了,不知道干了些什么。"太子说:"你喜欢责备别人,为什么自己也做错了事呢?"

出处

出自《晋书·杜锡传》:"性亮直忠烈,屡谏愍怀太子,言辞恳切,太子患之。后置针著锡常所坐处毡中,刺之流血。"

解释

像坐在有针的毡子上一样。形容心神不定,坐立不安。

孺 子 可 教

故事

张良,字子房,秦末汉初杰出的谋士、政治家。张良年轻时在下邳(pī)的一座桥遇到一个穿粗布衣服的老人,老人故意把一只鞋掉在桥下,让张良把鞋取上来。因为对方是个老人,张良就走到桥下取了鞋子给老人。老人又让张良给他穿鞋,张良心想捡都捡了,帮老人穿上也没什么,便恭敬地替老人穿上鞋。老人站起身哈哈大笑扬长而去。张良大惊,越发觉得这老人肯定非同寻常。果然,老人走了里把路,返身回来,对张良说:"你这小伙子很有出息,值得我指教。"后来老人拿出一部《太公兵法》交给张良,对他说:"把这部书钻研透了,以后可以做帝王的老师。"后来,张良研读《太公兵法》,成了汉高祖刘邦手下的重要谋士,为刘邦建立汉朝立下了汗马功劳。

出处

出自《史记·留侯世家》:"父去里所,复还,曰:'孺子可教矣。后五日平明,与我会此。'"

解释

指年轻人有出息，可以造就人才。

rù mù sān fēn
入木三分

故事

王羲之，字逸少，东晋时期著名书法家，因为他曾经做过右军将军，后人又称他为王右军。王羲之的书法，被赞为"矫若惊龙，飘若浮云"，代表作有《兰亭集序》《黄庭经》等。王羲之写得一手好字，一方面与他的天资有关，但最重要的还是由于他的刻苦练习。王羲之对书法非常入迷，连吃饭走路的时候都用手指在身上划写，时间长了，衣服都划破了。王羲之经常临池练字，就池洗砚，把池水都染黑了。经过如此的苦练，才有了入木三分的功力。一次，皇帝要到北郊去祭祀，让王羲之把祝词写在一块木板上，再派工人雕刻。工人用刀削木板，发现笔迹竟然渗入木头里有三分之深。

出处

出自唐·张怀瓘《书断·王羲之》："更祝版，工人削之，笔入木三分。"

解释

原形容书法笔力苍劲有力。后也形容见解透彻，分析深刻。

rù shì cāo gē
入室操戈

故事

郑玄，字康成，北海郡高密人，东汉著名经学家。郑玄年轻时，在乡里做小吏，每有空暇，便钻研学问。父亲见他只知读书不愿做官，对他屡加责骂，然而也无法阻止郑玄的求学热情。后来郑玄赴太学受业，先后学习《公羊传》《九章算术》《礼记》《左传》《古文尚书》，以致在山东没有人可以求教。郑玄于是来到关中，拜经学大师马融为师。郑玄学成后东归，名满天下。当时另一位经学大师何休作《公羊墨守》《左氏膏肓》《穀（gǔ）梁废疾》，郑玄读完后，便针对何休的观点一一进行了反驳。何休读后发现郑玄是利用自己文章里的观点来反驳自己，感慨地说："你这不是进了我的屋子，又拿着我的武器向我进攻吗！"

出处

出自《后汉书·郑玄传》:"康成入吾室,操吾矛以伐我乎!"

解释

比喻深入了解对方,找出问题,然后引用对方的论点反驳对方。

入吾彀中

故事

科举制度的创立是古代中国选官制度的一大进步。通过科举考试,可以选拔天下英才,为朝廷所用。唐太宗李世民是完善科举制度的关键人物,他深知科举制度对于国家的重要意义。唐朝科举考试的主要科目是明经、进士两科,尤其是进士科更为重要。有一次,唐太宗亲自去视察御史府,看到许多新考取的进士鱼贯而出,便得意地说道:天下的有为青年,都已经在我掌握之中了。

出处

出自五代·王定保《唐摭言》:"私幸端门,见新进士缀行而出,喜曰:'天下英雄入吾彀中矣!'"

解释

在我的弓箭射程范围内。比喻在自己的控制之中。

阮囊羞涩

故事

阮孚是东晋时期"竹林七贤"之一阮咸的儿子,好饮酒,放纵不羁,人称"诞伯"。阮孚与他的父亲一样高傲放荡,不与权贵同流合污。他整日饮酒游玩,不治家产,因此生活十分贫困。穷极时,他带的钱袋里只保留一枚小钱。有一次,阮孚拿着一个皂色的钱囊到会稽山游玩。有人问他囊中有什么东西,阮孚风趣地说:"只有一枚钱看囊,不然,囊中空空它会羞涩的。"

出处

出自宋·阴时夫《韵正群玉·一钱囊》:"阮孚持一皂囊游会稽。客问:'囊中何物?'曰:'但有一钱看囊,恐其羞涩。'"

解释

指经济困难,手头拮据。也作"囊中羞涩"。

蕤宾铁响
ruí bīn tiě xiǎng

故事

方响是中国古代的一种打击乐器,由十六枚大小相同、厚薄不一的长方形铁片组成。唐武宗时期,朱崖的李太尉有一个乐吏叫廉郊,廉郊师从著名琵琶大师曹钢,尽得曹钢真传。廉郊曾经住在平泉别墅,一天晚上,风清月朗,廉郊携琵琶在池边弹奏《蕤宾调》,忽然听到池中有东西泼剌剌地响,好像鱼在水中跳跃一样。廉郊又弹别的曲子,池中恢复了平静。廉郊又重弹《蕤宾调》,声音又出现了。于是廉郊刻意重弹此曲,突然有一个东西从池中跃出,掉到池岸上,发出铿锵之声,赶忙去看,原来是一片方响上的蕤宾铁。原来,因为廉郊弹奏技艺精妙,导致音律相应,使得蕤宾铁跃出了水面。

出处

出自唐·段安节《乐府杂录·琵琶》:"武宗初,朱崖李太尉有乐吏廉郊者……郊尝宿平泉别墅,值风清月朗,携琵琶于池上,弹《蕤宾调》……忽有一物锵然跃出池岸之上,视之,乃一片方响,盖蕤宾铁也。以指拨精妙,律吕相应也。"

解释

形容弹奏技艺精妙超绝。

塞井夷灶 sāi jǐng yí zào

故事

春秋时期,晋国率领诸侯联军攻打秦国。到了泾水,各国军队都不渡河,最终,鲁国人和莒国人先渡河,郑国人继之。过河后军队驻扎下来,秦国人在河里下毒,联军死了很多人。虽然大军压境,但是秦国仍然不肯讲和。晋军主帅荀偃下令:"明天鸡一叫就套车,填井平灶,看我的马首而行动。"栾黡(yǎn)表示反对,说:"晋国从来没有下过这样的命令,我的马首可是要往东去了。"栾黡带着下军退兵了。荀偃说:"看来我的命令确实错了,后悔不及啊,留下来也只是让秦军俘虏罢了。"于是下令全部撤兵。

出处

出自《左传·襄公十四年》:"鸡鸣而驾,塞井夷灶,唯余马首是瞻。"

解释

填塞水井,铲平做饭的灶。指下决心决一死战。

塞翁失马 sài wēng shī mǎ

故事

古时候,在北部边塞有一个擅长术数的老翁,人们称之为塞翁。一天,他的马无缘无故地跑到了胡人的地盘,邻居们来安慰他,塞翁却说:"没准会带来什么福气呢。"过了几个月,丢失的马不仅自己回到家里,还带回了一匹胡人的好马。邻居听说了,都来向塞翁道贺,塞翁却说:"无缘无故得了一匹好马,不见得是什么福气,也许会带来麻烦。"塞翁的儿子喜欢骑马,结果从马背上跌下来,摔断了腿。邻居听说,又纷纷来慰问。塞翁说："这或许是一件好事呢。"一年后,胡人大举入侵边塞,青年人都被征召作战,多有战死。塞翁的儿子因为摔断了腿,不能去当兵,父子两个都保全了性命。

出处

出自《淮南子·人间训》:"近塞上之人,有善术者,马无故亡而入胡,人皆吊之。其父曰:'此何遽不为福乎?'居数月,其马将胡骏马归。"

解释

比喻因祸得福。

三顾茅庐

故事

东汉末年,天下大乱,曹操坐据朝廷,孙权拥兵东吴。汉宗室豫州牧刘备听说诸葛亮学识渊博,才能出众,就带着关羽、张飞到隆中去请诸葛亮出山。第一次,正赶上诸葛亮不在家。不久,刘备又和关羽、张飞冒着大风雪第二次去请,不料诸葛亮又不在家。刘备只得留下一封信,表达自己对诸葛亮的敬佩和请他出来帮助自己挽救国家危险局面的意思。过了一些时候,刘备吃了三天素,准备再去请诸葛亮。张飞性情急躁,提议干脆用绳子把诸葛亮捆来。刘备把张飞责备了一顿,又第三次拜访诸葛亮。这次诸葛亮倒是在家,但是正在睡觉,刘备便一直站到诸葛亮醒来,才彼此坐下谈话。诸葛亮见刘备情意恳切,有匡扶天下之志,就答应出山辅佐刘备。《三国演义》把刘备三请诸葛亮这件事情,演绎为"三顾茅庐"的故事。

出处

出自三国蜀·诸葛亮《出师表》:"先帝不以臣卑鄙,猥自枉屈,三顾臣于草庐之中。"

解释

指诚心诚意地再三邀请。

三户亡秦

故事

战国时期,秦、楚、齐三国实力最强,齐、楚联合抗击秦国,阻止了秦国的扩张势头。此时,张仪设计欺骗楚怀王,称只要楚国断绝跟齐国的联盟,秦国就会割地六百里给楚国。楚怀王中计,与齐国断交后却只得到秦国所割的六里地。楚国大国地位瓦解,逐渐走了下坡路。之后,楚怀王不听劝阻,前往武关与秦昭王会晤,结果被秦人扣留。秦人逼迫他割地保命,楚怀王不屈服,秦国人便一直囚禁他,直到他病死在咸阳。秦朝末年,抗秦力量蜂起,其中项梁的楚军是一支重要力量。谋士范增对项梁进言:"秦灭六国,楚国最冤。自从楚怀王客死异乡,楚人直到今天仍然怜悯他。所以楚南公曾说:'楚国即使只剩下屈、景、昭三大氏族,灭亡秦国的也必定是楚国。'"于是项梁立楚怀王的孙子为楚王,因此得到楚人的拥护,实力迅速壮大。

出处

出自《史记·项羽本纪》:"楚虽三户,亡秦必楚也。"

解释

指正义的力量即使处于劣势,最终也能消灭强大的敌人。

三令五申 sān lìng wǔ shēn

故事

孙武是春秋时期著名军事家,被后世尊为"兵圣"。当初,孙武凭借兵法求见吴王阖闾,吴王让孙武用妇女练兵。孙武将一百八十名宫女分为两队,让吴王的两个宠姬为队长。规则讲清楚,又三番五次向她们申诫。可发出号令时,众女兵原地不动,哈哈大笑。孙武见状说:"解释不明,交代不清,应该是将官的过错。"又将规则解释了一遍,再次发出号令。众女兵仍然只是大笑。孙武便说:"解释不明,交代不清,是将官的过错。既然交代清楚仍然不听令,就是队长的过错了。"说完下令把两个队长斩首,又重新任命了两个队长。然后再次指挥操练,宫女们向前向后,向左向右,跪下起立,全都合乎要求,没有一个人敢出声。孙武报告吴王:"士兵已经训练好了,任凭大王让她们干什么,哪怕是赴汤蹈火都可以。"

出处

出自《史记·孙子吴起列传》:"约束既布,乃设斧钺(yuè),即三令五申之。"

解释

指再三命令,多次告诫。

三年不窥园
sān nián bù kuī yuán

故事

董仲舒是西汉思想家,经学大师,提出天人感应、大一统等重要儒家理论。其"罢黜百家,独尊儒术"的主张被汉武帝所采用,使儒学成为正统思想,影响中国社会达两千多年。董仲舒三十岁时,开始授徒讲学。他讲学的时候,挂上一张帷幔,他在帷幔后面讲,学生在外面听,有时候还会让自己的得意门生转相传授。这样,很多学生跟他学了很多年,连董仲舒的面都没有见过。董仲舒专心学术,甚至连续三年都没有看过花园里的景色。正是由于董仲舒如此专心刻苦,才有了学术上的巨大成就。

出处

出自《汉书·董仲舒传》:"弟子传以久次相授业,或莫见其面。盖三年不窥园,其精如此。"

解释

形容学习专心致志,心无杂念。

三人成虎
sān rén chéng hǔ

故事

战国时期,魏国大臣庞恭要陪魏太子到赵国去作人质,临行前问魏王:"如果有人对您说街市上出现了老虎,您相信吗?"魏王说:"不信。"庞恭问:"如果是两个人说呢?"魏王说:"我会半信半疑。"庞恭又问:"如果是三个人说呢?"魏王说:"那我就会相信了。"庞恭说:"街市上不会有老虎,这是很明显的事,可是经过三个人一说,好像真的有了老虎了。现在邯郸离大梁,比这里的街市远了许多,议论我的人又不止三个,希望大王明察才好。"庞恭辞行后,很快毁谤他的话就传到魏王这里。后来魏太子回国,庞恭果然因为遭到毁谤没有得到魏王的召见。

出处

出自《战国策·魏策二》:"夫市之无虎明矣,然而三人言而成虎。"

解释

街市中不会有老虎,可是三个人说街上有老虎,就好像真的有老虎了。比喻流言惑众，使人以假为真。

sān shǐ dù hé
三豕渡河

故事

子夏到晋国去，经过卫国的时候，有个读史书的人说："晋国军队三豕渡过了黄河。"子夏说："错了。不是'三豕'，是'己亥'。'己'与'三'字形相近，'豕'与'亥'字形相近，所以才会写错。"等到了晋国，子夏向晋国人求证，果然是"晋师己亥渡河"。

出处

出自《吕氏春秋·察传》："子夏之晋，过卫，有读史记者曰：'晋师三豕涉河。'"

解释

指文字在流传过程中出现的讹误。也指传闻失实。

sān xìn sān yù
三衅三浴

故事

春秋时期，齐僖（xī）公死后，太子诸儿即位，是为齐襄公。襄公荒淫无道，管仲辅佐公子纠逃往鲁国，鲍叔牙辅佐公子小白逃往莒国。后来，齐国发生内乱，公子纠与公子小白都想回国争夺君位。管仲率兵在路上截击公子小白，亲自射中了公子小白的衣钩。公子小白佯死骗过管仲，抢先回到齐国，顺利即位，是为齐桓公。齐桓公即位后，急需贤能之士辅佐，鲍叔牙深知管仲的才能，极力劝说桓公不计前嫌，任用管仲。此时，鲁庄公在齐国的压力下，杀死了公子纠，将管仲送回了齐国。齐桓公在鲍叔牙的建议下，选择良辰吉日，多次熏香沐浴，亲自前去迎接管仲，拜管仲为相。后来，在管仲的辅佐下，齐国国力日强，齐桓公九合诸侯，成为春秋第一霸主。

出处

出自《国语·齐语》："比至，三衅三浴之，桓公亲逆之于郊。"

解释

多次熏香沐浴。形容待人隆重。

sān zhé qí gōng
三折其肱

故事

春秋时期,晋国范氏和中行氏两大家族想起兵攻打晋定公。有人劝谏说战事成败的关键在于民众是否支持,而臣子起兵攻打国君是一种反叛行为,民众肯定不会支持。何况晋定公曾经伐君失败,落得流居异国,是经历过失败的过来人。正如一个三次折伤手臂的人,虽经医疗后获得痊愈,但他已尝透了折臂的滋味,在几次三番的折臂和治疗的经历中,他已了解到折臂的原因以及治疗方法。所以你们企图弑君的行为注定不会成功。

出处

出自《左传·定公十三年》:"三折肱,知为良医。"

解释

多次折断胳膊,自己便可以成为一个好医生。比喻实践越多,经验越丰富。

sān zhǐ xiàng gōng
三旨相公

故事

王珪(guī),北宋宰相,著名文学家。王珪秉性沉稳,谦和礼让,然而过于求稳,自执政至宰相,共十六年,没有什么大的建树。王珪上殿进呈公文时,说:"取圣旨。"等皇帝表明可否后,再说一句:"领圣旨。"退下殿来,再对禀事的人说一句:"已经得到圣旨。"时人因此称之为"三旨相公"。

出处

出自《宋史·王珪传》:"当时目为'三旨相公'。"

解释

指身居要职却庸碌无能的官员。

sàng jiā zhī quǎn
丧家之犬

故事

春秋末期,孔子带领弟子周游列国,宣扬自己的政治主张,然而处处碰壁,遭人嘲讽,甚至有几次遭遇凶险。一次在郑国,孔子与弟子走散,孔子一个人在东门站着。有郑国人告诉子贡说:"东门那边有个人,他的前额像尧,脖子像皋陶,肩像子产,不过腰以下跟禹差三寸。看他那副颓废丧气的样子,就像一只无家可归的狗一样。"子贡见到老师,把这段话原原本本说了。孔子很坦然地笑着说:"把我说成这副模样也没什么。不过说我像条无家可归的狗,倒是说得对呀。"

出处

出自《史记·孔子世家》:"东门有人,其颡(sǎng)似尧,其项类皋陶,其肩类子产,然自要(同"腰")以下不及禹三寸,累累若丧家之狗。"

解释

无家可归的狗。比喻失去靠山、无处投奔的人。

扫墓望丧 sǎo mù wàng sāng

故事

严延年是西汉有名的酷吏。任河南太守时,每年冬季,严延年把辖区内的囚犯审判处决,往往血流数里。一次,严延年的母亲打算与严延年一起行腊祭礼,刚到就碰上处决囚犯。母亲很震惊,便在驿站歇止,不肯进入郡府。严延年到驿站拜见母亲,母亲闭门不见。严延年在门外脱帽叩头,过了好一阵,母亲才见他,斥责他说:"有幸当了一郡太守,没听说你以仁爱之心教化百姓,以使百姓安宁,反而大肆杀人,以此来建立威信,难道身为官吏就这样行事吗!"严延年赶忙叩头谢罪。祭祀完毕后,母亲对严延年说:"苍天在上,明察秋毫,岂有乱杀人而不遭报应的?想不到我在垂老之年还要目睹壮年的儿子身受刑戮!我去啦!和你别离,回到家乡去,为你准备好葬身之地!"一年多后,严延年果然遭祸被杀。

出处

出自《汉书·严延年传》:"我不自意当老见壮子被刑戮也!行矣!去女东归,扫除墓地耳!"

解释

指恶人必有恶报,指日可待。

嫂溺叔援 sǎo nì shū yuán

故事

战国时期,孟子来到齐国,上至齐王,下至民间学者,孟子都与之展开了深入的讨论。淳于髡(kūn)滑稽多才,是齐国有名的辩士,他问孟子:"男女之间不用手递受物品是礼吗?"孟子说:"当然是礼。"淳于髡又问:"那么嫂子掉进水里,小叔子用手去救吗?"孟子说:"嫂子掉进水里都不去救,那就是豺狼啊!男女授受不亲,是礼;而嫂子溺水伸手去救,则是权变之策。"淳于髡又说:"如今天下的人都掉进水里,您为什么不去救?"孟子回答说:"天下人溺水,应该用道去救;嫂子溺水,要用手去救。难道您要用手去救天下吗?"

出处

出自《孟子·离娄上》:"男女授受不亲,礼也;嫂溺援之以手者,权也。"

解释

比喻视实际情况而变通做法。

杀鸡为黍 shā jī wéi shǔ

故事

春秋时期,孔子带领众弟子周游列国,推行自己的政治主张。在行路时,子路落在后面,掉了队。这时候有一个老者扛着农具走了过来,子路上前问道:"请问您看到我的夫子了吗?"老者冷冷地说:"四体不勤,五谷不分。哪一个是你的夫子?"子路受到奚落,仍然保持礼节,拱手而立。老者虽然奚落子路,但是不失待客之道,留下子路住宿,杀了鸡,做了黄米饭给子路吃,还让自己的两个儿子出来见过客人。第二天,子路追上了孔子,把这件事原原本本告诉了老师。孔子听后说:"这个老者不是一般的农夫,而是个隐者啊。"

出处

出自《论语·微子》:"杀鸡为黍而食之,见其二子焉。"

解释

指盛情款待宾客。

杀鸡焉用牛刀

故事

子游,名偃,是"孔门十哲"之一。子游受业于孔子,学成之后,做了鲁国武城的县令。子游用礼乐教化邑人,所以邑内处处有弦歌之声。有一次,孔子来到武城,听见弹琴唱歌的声音,微笑了一下,对子游讲:"杀鸡哪里用得着宰牛的大刀。"意思是治理武城这个小地方,用不着礼乐。子游回答说:"以前您讲过,君子学了礼乐就能相亲相爱,小人学了礼乐就易于驱使。"孔子听了子游的话,对身边的弟子们说:"你们听着,子游说得对。我刚才的话只是开玩笑而已。"

出处

出自《论语·阳货》:"子之武城,闻弦歌之声。夫子莞尔而笑,曰:'割鸡焉用牛刀。'"

解释

比喻办小事情,不必花费大力气,也就是不要小题大做。

杀妻求将

故事

吴起是战国初期卫国军事家、政治家、改革家。鲁国流传着关于吴起的种种故事。吴起为人阴狠猜忌,他年轻时,家中有千金之富,由于吴起在外游宦不成功,败光了家产。乡人因此嘲笑吴起,吴起就把背后议论自己的三十多人全部杀死,然后在卫国都城东门与母亲诀别,咬破胳膊发誓:"我吴起如果做不到卿相,就永生不再回卫国!"随后投奔曾子求学。过了不久,吴起的母亲去世,吴起也没有回家奔丧,曾子因此很是鄙薄他,与他断了交。吴起于是到了鲁国,以兵法奉事鲁国。后来,齐国攻打鲁国,鲁君想任用吴起为将军,而吴起的妻子却是齐国人,鲁君因此对吴起有疑心。吴起为此杀死了自己的妻子,以表明他不亲附齐国而忠于鲁国。鲁君最终任命他做了将军。

出处

出自《史记·孙子吴起列传》:"吴起于是欲就名,遂杀其妻,以明不与齐也。鲁卒以为将。"

解释

比喻为了追求功名利禄而甘愿违背道德良心。

杀一儆百
shā yī jǐng bǎi

故事

尹翁归是西汉名臣,为人刚正,廉洁奉公。起初尹翁归在地方上做狱吏,后来得到河东太守田延年赏识,先后被提拔做了卒史、督邮,后又被拜为东海郡太守。尹翁归来到东海任上,首先细心查访民间诉讼,按县分门别类整理好资料,然后把犯罪的人都抓起来,依法论处。郯县有个大土豪叫许仲孙,称霸一方,欺压良善,历届太守都拿他没办法。尹翁归到任后,第一个先把他判了死刑,以求杀一儆百,改善社会风气。这一举措对全郡震动极大,官民上下慑服,以往的奸吏刁民都改过自新。

出处

出自《汉书·尹翁归传》:"其有所取也,以一警百,吏民皆服,恐惧改行自新。"

解释

处死一个人,借以警诫许多人。泛指批评或惩处一个人以警诫许多人。

山鸡舞镜
shān jī wǔ jìng

故事

曹冲,字苍舒,是曹操的小儿子,他从小聪明过人,深受曹操的宠爱。曹冲称象的故事家喻户晓,此外还有一个"山鸡舞镜"的故事。山鸡是一种美丽的野禽,它特别喜欢自己的羽毛,每当在水面看到自己的影子就会情不自禁地跳起舞来。有一年,南方献给曹操一只山鸡,曹操想让它跳舞却不知道怎么做。曹冲命人取一面铜镜放在山鸡的面前,山鸡在铜镜前看到自己美丽的形体,仿佛置身于明净的湖面,于是翩翩起舞,不知停歇。

出处

出自南朝宋·刘敬叔《异苑》卷三:"山鸡爱其毛羽,映水则舞。魏武时,南方献之,帝欲其鸣舞而无由。公子苍舒令置大镜其前,鸡鉴形而舞不知止。"

解释

比喻顾影自怜,自我欣赏。

姗姗来迟

故事

李夫人是汉武帝的宠妃。后来李夫人病重,汉武帝去探望她,李夫人蒙脸辞谢说:"我病中容颜憔悴,不可以见陛下。只希望把儿子和兄弟托付给您。"武帝说:"夫人病重,更应让我见上一面。"李夫人坚决不肯,把脸转到一旁,叹息流泪。汉武帝怏怏而归。李夫人的姐妹责备她:"您为什么不让陛下见一面再托付兄弟呢?"李夫人说:"我是凭借美色获得宠爱,陛下念念不忘的正是我美丽的容貌,现在如果见到我容颜憔悴、颜色非故,一定会厌恶我,还怎么能记得照顾我的兄弟们呢?"李夫人死后,汉武帝十分思念她,在帷帐隐隐约约看到李夫人的身影翩然而至,却又徐徐离去,便凄然写道:"立而望之,偏何姗姗其来迟。"

出处

出自《汉书·孝武李夫人传》:"立而望之,偏何姗姗其来迟。"

解释

原形容女子走路迟缓从容的样子。后形容慢腾腾地来晚了。

上下其手

故事

春秋时期,楚国和秦国联合侵袭吴国。行到中途,听说吴国已有防备,便停止进攻吴国,撤兵途中乘机袭击了郑国。郑将皇颉在城麇(jūn)戍守,出城与楚军作战,战败被楚人穿封戌俘虏。战事结束后,楚王的弟弟公子围想冒认俘获皇颉的功劳。穿封戌和公子围发生争执,便请伯州犁做评判,判定是谁的功劳。伯州犁主张要知道这是谁的功劳,最好是问问被俘的皇颉。于是就让俘虏站在面前,伯州犁说:"所争夺的对象就是您,您是个君子,有什么不明白的呢?"伯州犁扬起手指,说:"那位是楚王尊贵的弟弟公子围。"手指向下,说:"这位是穿封戌,方城山外边的县尹。俘虏您的是哪一个?"皇颉说:"我遇到了公子,抵挡不住被俘。"穿封戌大怒,抽出戈追赶公子围,没有追上。

出处

出自《左传·襄公二十六年》:"上其手,曰:'夫子为王子围,寡君之贵介弟也。'下其手,曰:'此子为穿封戌,方城外之县尹也。'"

解释

指串通作弊,颠倒是非。

舍本逐末

故事

战国时期,赵惠文王死后,赵孝成王继位。由于孝成王年幼,就由赵威后摄政。赵威后重视民生,体恤百姓,在国内很有威信。一次,齐王派使者问候赵威后。齐使把齐王的亲笔信呈给赵威后,信还没有打开,赵威后问:"贵国今年收成还好吧?百姓安乐吗?齐王无恙吧?"使者不大高兴,说:"臣奉大王的旨意,专程来向您问安,可您不问候我们的大王,却先问年景和百姓,您怎么把低贱的摆在了前头,而把尊贵的放在了后面呢?"赵威后笑着说:"不能这样说吧,假如没有好年景,那百姓靠什么活下去呢?假如没有百姓,又哪里有大王呢?哪里有舍本问末的道理呢?"

出处

出自《战国策·齐策四》:"故有舍本而问末者耶?"

解释

做事舍弃根本而注重细枝末节。

舍我其谁

故事

战国时期,孟子欲到齐国施展自己的抱负,希望齐国君王能像商汤和周武王那样有作为。然而,当时各诸侯国崇尚武力,力行征伐,孟子却称述圣王仁政,主张礼乐教化,所以孟子的主张得不到齐王的重视。孟子决定离开齐国。离别之际,孟子仍然希望齐王能挽留他。然而孟子终究没有等来齐王的召唤,有些怏怏不乐。有学生问孟子:"夫子为什么有些不愉快呢?"孟子说:"每过五百年必定有圣君出现,而这当中也必定会有命世之才出来。从周朝到现在,已经过去七百余年,现在正该是出圣君贤臣的时候了。老天爷如果想使天下太平,那么当今之世,除了我,还有谁呢?我有何不愉快的呢!"

出处

出自《孟子·公孙丑下》:"如欲平治天下,当今之世,舍我其谁也?"

解释

表示只有自己才能担当。形容挺身而出,敢于担当。

社稷为墟

故事

春秋时期,晋国内乱,诸公子出奔。公子重耳流亡途中路过曹国。曹国国君听说重耳的肋骨是骈生的,很想看一看,于是就让公子重耳袒露身体下河捕鱼。这时曹国大夫劝告国君说:"公子重耳是个非同一般的人,看他的三个随从就知道了,个个都有辅佐霸王的才能。如果今天对他们无礼,将来必定会给我国带来灾祸。"曹君不听劝阻,依然让重耳袒露身体捕鱼。后来重耳回到晋国,取得君位,果然对曹国发起了进攻,灭掉了曹国。曹国国君死于他人之手,国家也变成了一片废墟,而这场灾祸正是当年让重耳裸露骈肋下水捕鱼引起的。

出处

出自《淮南子·人间训》:"重耳反国,起师而伐曹,遂灭之。身死人手,社稷为墟。"

解释

国家成为一片废墟。指国家灭亡。

神机妙算

故事

三国时期,曹操率大军南下,刘备派诸葛亮联吴抗曹。东吴都督周瑜嫉妒诸葛亮的才华,总想找机会把他除掉。周瑜要诸葛亮立下军令状,三天之内造出十万支箭。诸葛亮夜观天象,知道翌日会有大雾,于是向鲁肃借了二十只快船,又扎了一千多个草人立在船侧。第二天凌晨,诸葛亮趁江面上大雾笼罩,下令将草船驶近曹军水寨,装作攻打曹军的样子。曹操接报,摸不清敌军虚实,不敢出战,下令军队放箭。不一会儿,二十只船上的草人已经挂满了箭。诸葛亮让船上士兵齐声高喊:"谢丞相借箭。"等曹操明白中计时,诸葛亮的草船早已驶远了。周瑜知道诸葛亮草船借箭的经过后,万分感慨地说:"诸葛亮神机妙算,我的确不如他啊。"

出处

出自明·罗贯中《三国演义》第四十六回:"瑜大惊,慨然叹曰:'孔明神机妙算,吾不如也。'"

解释

惊人的机智,巧妙的谋划。形容计谋高明,有预见性。

神　州　陆　沉
shén zhōu lù chén

故事

王衍,字夷甫,西晋大臣,著名清谈家。王衍相貌俊秀,风姿文雅,被称为西晋第一美男子。他喜好老庄学说,每次谈论玄学时,总是手持拂尘,侃侃而谈,一旦讲错,马上更改,人称"口中雌黄"。公元306年,晋惠帝被毒死,立晋怀帝。王衍与司马越共同把持朝政,结果政权被北方匈奴推翻,王衍兵败后被石勒活埋。后来东晋明帝派桓温率军收复洛阳,桓温一路渡过淮河泗水,直到北部边境,与僚属登楼远眺中原大地,不胜感慨,认为国土落入敌手,繁华的洛阳变成一片废墟,王衍等人有不可推卸的责任。

出处

南朝宋·刘义庆《世说新语·轻诋》:"桓公入洛,过淮、泗,践北境,与诸僚属登平乘楼,眺瞩中原,慨然曰:'遂使神州陆沉,百年丘墟,王夷甫诸人不得不任其责!'"

解释

比喻国土被敌人占领。

甚　嚣　尘　上
shèn xiāo chén shàng

故事

公元前575年,晋出兵攻郑。楚共王率军赴郑救援。楚军与晋军在郑国的鄢（yān）陵相遇，准备交战。楚共王察看晋军动静，太宰伯州犁跟在后面。楚共王说："车子向左右驰骋，这是在干什么呢？"伯州犁说："这是在召集军官。"楚共王说："那些人都集合在中军了。"伯州犁说："这是他们在一起谋议。"楚共王说："帐幕张开了。"伯州犁说："这是在先君的神主前占卜。"楚共王说："帐幕撤除了。"伯州犁说："这是将要发布命令了。"楚共王说："外面喧闹得厉害，尘土都飞扬起来了。"伯州犁说："这是准备填井平灶，摆开阵势。"楚共王说："都登上战车了，将帅和左右都拿着武器下车了。"伯州犁说："这是宣布号令。"楚共王说："他们要作战吗？"伯州犁说："还不能知道。"楚共王说："晋军上了战车，将帅和左右又下来了。"伯州犁说："这是战前的祈祷。"然后，两军开始交锋。

出处

出自《左传·成公十六年》："楚子登巢车以望晋军……曰：'甚嚣，且尘上矣。'"

解释

原指军营中忙乱准备的样子。后形容议论纷纷，喧闹杂乱。

升堂入室
shēng táng rù shì

故事

仲由，字子路，"孔门十哲"之一。他果烈刚直，为人勇武，且多才艺，事亲至孝，信守承诺，忠于职守。一次，子路在孔子家里鼓瑟，所弹的曲子有征伐之气，让人仿佛置身战场。孔子不满意这乐声，弟子们听出孔子对子路的不满，就在背后纷纷议论。孔子了解到这种情况后，说："子路在音乐方面已经入门了，而且有一定的成就，但是还没有达到非常高深的境地。"这既是评论子路鼓瑟的技艺，同时也说明子路尽管经过孔门的洗礼，但身上的野气始终未能脱除干净，故孔子说他只是"升堂"，而始终未能"入室"，即子路始终未能成为儒雅君子。

出处

出自《论语·先进》："由也升堂矣，未入于室也。"

解释

比喻学问、技能等由浅入深，逐步达到很高的水平。

生公说法
shēng gōng shuō fǎ

故事 晋末高僧竺道生为鸠摩罗什的高足,精通佛典,才华出众,信众称其为道生法师,尊称其为生公。道生十五岁就登坛讲法,二十岁上江西庐山讲授佛法,成为江南的佛学大师。后来道生对《涅槃经》经义的解释引起了旧学集团的激烈反对,被斥为邪说,道生被逐出庐山。之后,道生法师便四海云游,来到了苏州的虎丘山,就在这住了下来,传经布道。最初,没有人来听经,道生法师就聚石为徒,对着石头讲《涅槃经》,讲到精妙之处,群石皆为点头。没过多久,来听经的人就越来越多了。

出处 出自晋·无名氏《莲社高贤传·道生法师》:"师被摈,南还,入虎丘山,积石为徒。讲《涅槃经》,至阐提处,则说有佛性,且曰:'如我所说,契佛心否?'群石皆为点头,旬日,学众云集。"

解释 指道理讲得透彻,感人至深。

生花妙笔
shēng huā miào bǐ

故事 李白,字太白,号青莲居士,唐朝伟大的浪漫主义诗人,被后世誉为"诗仙"。李白的诗歌雄奇飘逸,豪迈奔放,想象丰富,意境奇妙,具有典型的浪漫主义特征。李白五岁开始发蒙读书,十五岁即以诗赋知名。他从小学习刻苦,传说有一次在油灯下读书写字,一连三个时辰没动地方,不知不觉地趴在桌上睡着了。这时他做了一个梦:自己在写字,写着写着,笔杆上开出了鲜艳的花朵。后来又从空中飞来了一张张白纸,直落笔下。李白高兴极了,紧握那支妙笔,飞快地写着,落在纸上的字都变成了一朵朵的鲜花。

出处 出自五代·王仁裕《开元天宝遗事·梦笔头生花》:"李太白少时,梦所用之笔头上生花,后天才赡逸,名闻天下。"

解释

指杰出的写作才能。

shēng jù jiào xùn
生 聚 教 训

故事

春秋时期,吴越战争中,越国战败,勾践被迫求和,恭卑地服侍夫差。然而勾践不忘国耻,卧薪尝胆,立志报仇。勾践在国内实施了一系列措施,安定民心,发展生产,鼓励人民生育。重视招纳天下的人才,前来投奔越国的贤能之人,一定在庙堂上举行宴享,以示尊重。对于国中的杰出人才,国家给予优厚的待遇。勾践格外重视对后备人才的培养,亲自用船载着米和肉,遇到游学的年轻人,没有不供给饮食的。勾践亲自耕种,夫人亲自织布,引领越国人民勤奋发展。连续十年,国家不收赋税,老百姓都存有足够三年吃的粮食。这样,勾践采用文种"十年生聚,十年教训"的策略,增加人口,聚积财物,终于在二十年之后,举兵伐吴,一举攻占吴国。

出处

出自《左传·哀公元年》:"越十年生聚,而十年教训,二十年之外,吴其为沼乎!"

解释

生育人口,聚集财富,教化人民,训练军队。指失败后下决心积聚力量,发愤图强。

shēng lí sǐ bié
生 离 死 别

故事

东汉建安年间,才貌双全的刘兰芝和庐江小吏焦仲卿真诚相爱。可婆婆焦母却对刘兰芝百般刁难,兰芝毅然请归,仲卿向母求情无效,夫妻只得话别,双双对天发誓绝不辜负对方。兰芝回到娘家,慕名求婚者接踵而来,先是县令替子求婚,后是太守遣丞为媒。兰芝因与仲卿有约,断然拒绝。然而其兄恶言相向,兰芝不得已应允太守家婚事。仲卿闻变赶来,夫妻面对无力抗拒的命运,只能以死表明心志。两人约定"黄泉下相见",所谓"生人作死别,恨恨那可论",此情此景,令人心碎!出嫁的当天,誓不辜负心上人的刘兰芝毅然投池而死。焦仲卿得知消息,也在庭中树上自缢而死。两人死后,合葬在一处,精魂变化为鸳鸯,二人的悲情故事也成为千古绝唱。

出处

出自汉·无名氏《为焦仲卿妻作》诗:"生人作死别,恨恨那可论。"

解释

很难再见的或永远的离别。

生吞活剥 shēng tūn huó bō

故事

唐朝时,有个叫张怀庆的地方官,喜欢舞文弄墨、吟诗作赋。为了出名,他常常改造别人的作品当作自己的"创作"。当时,大臣李义府曾写了一首五言诗:"镂月成歌扇,裁云作舞衣。自怜回雪影,好取洛川归。"张怀庆将这首诗每句的前头加上两个字,变成一首七言诗:"生情镂月成歌扇,出意裁云作舞衣。照镜自怜回雪影,时来好取洛川归。"因为张怀庆常常抄袭诗人王昌龄、名士郭正一的作品,人们嘲笑他是"活剥王昌龄,生吞郭正一"。

出处

出自唐·刘肃《大唐新语·谱谑》:"有枣强尉张怀庆,好偷名士文章……人为之谚曰:'活剥王昌龄,生吞郭正一。'"

解释

比喻生硬地照抄别人的经验、方法或文辞。

声色俱厉 shēng sè jù lì

故事

石崇与王恺都是西晋时期的官僚贵族,他们生活奢靡腐化,经常争豪斗富。晋武帝是王恺的外甥,常常帮助王恺。晋武帝曾经把二尺多高的一棵珊瑚树赐给王恺,这棵珊瑚树枝杈伸张,可以说是稀世之宝。王恺拿出珊瑚树向石崇炫耀,石崇看罢,拿起铁如意就敲了过去,珊瑚树应声而碎。王恺既惋惜,又认为石崇嫉妒自己的宝贝,马上变了脸色,厉声责问石崇。石崇说:"不值得生气,现在我就赔你。"于是命左右把家里的珊瑚树都搬出来,有三尺高的、四尺高的,枝条和树干都是世上少有，光彩夺目的有六七棵，像王恺珊瑚树那样的就更多了。王恺看后感到很失落。

出处

出自南朝宋·刘义庆《世说新语·汰侈》："石崇与王恺争豪……（帝）尝以一珊瑚树高二尺许赐恺，枝柯扶疏，世罕其比。恺以示崇，崇视讫，以铁如意击之，应手而碎。恺既惋惜，又以为疾己之宝，声色甚厉。"

解释

说话时声音和脸色都很严厉。

尸居余气 shī jū yú qì

故事

三国时期，魏明帝曹叡（ruì）临终前，将自己八岁的儿子曹芳托付给太尉司马懿和大将军曹爽。明帝死后，曹芳继位，朝政由司马懿和曹爽共同掌管，实际上曹爽独揽朝廷大权。司马懿为了麻痹曹爽，经常称病不上朝，对曹爽的胡作非为也不闻不问，暗地里却收集材料，作好应变准备。有一次，曹爽的亲信李胜到外地做官。临行前，曹爽叫他以辞别的名义去观察一下司马懿的动静。司马懿躺在床上，一副病态，吃粥的时候，故意让粥顺着嘴角流下来，李胜都看在眼里。李胜向曹爽报告说："司马公已经像死尸一样躺着，只余下一口气了。看来他的神思和躯壳已经分离，不久于人世，不必为他忧虑。"曹爽于是对司马懿放松了戒心。

出处

出自《晋书·宣帝纪》："司马公尸居余气，形神已离，不足虑矣。"

解释

人像尸体一样躺着，只剩一口气。形容人将要死亡。也形容人暮气沉沉，无所作为。

师直为壮 shī zhí wéi zhuàng

故事

春秋时期，晋国公子重耳流亡楚国时，楚成王对他礼遇有加。重耳向楚成王表示，如果日后执政晋国，若晋楚发生战争，晋军会退避九十里以报楚成王的恩德。后来重耳回到晋国,取得君位,即晋文公。公元前633年,楚成王率兵攻打宋国。后来晋国出兵救宋,晋楚在城濮摆开阵势对峙。晋文公命令军队退避九十里,以践行诺言。军吏不解,子犯解释说:"军队的士气只要理直就会壮盛,理亏就要衰竭,哪里决定于出兵时间的长短呢?我们以前如果没有楚国的帮助就到不了今天,现在退后九十里地,这就是我们对楚国的报答。"子玉率兵追来,双方展开了历史上有名的"城濮之战"。楚军大败。

出处

出自《左传·僖公二十八年》:"师直为壮,曲为老,岂在久乎?"

解释

军队为正义而战,则士气高涨,战斗力强。

shí jiāng wǔ kuì
十 浆 五 馈

故事

战国时期,列子到齐国去,半路上又返了回来,遇到了伯昏瞀(mào)人。伯昏瞀人问:"怎么又回来了?"列子说:"我感到震惊。我在有十家酒店的小镇吃饭,刚到那里就有五家酒店赠送给我酒菜。"伯昏瞀人问:"你为什么要感到震惊呢?"列子说:"心中的情欲没有消除,形态举动便有光彩,以这外貌镇服人心,使人轻易把自己视为老人而尊重,这可能带来祸患。那些酒店老板特地准备些酒菜饭食,为的是得到多余的利润;他们的盈利很少,他们的权势也很小,尚且这样对待我。又何况拥有万乘兵车的君主,身体劳瘁于国家,而智能耗尽于政事,他一定会任用我去办事,并希望我取得功效的。所以我感到震惊。"伯昏瞀人说:"你这样严格要求自己,人们一定会归附你的。"

出处

出自《列子·黄帝》:"子列子之齐,中道而反,遇伯昏瞀人。伯昏瞀人曰:'奚方而反?'曰:'吾惊焉。''恶乎惊?''吾食于十浆,而五浆先馈。'"

解释

本指卖浆者争利。后比喻争相设宴款待。

shí shǔ tóng xué
十 鼠 同 穴

故事

鲍勋,字叔业,三国时期曹魏大臣。有一次,魏文帝屯驻在陈留郡。陈留太守孙邕朝见文帝,出来时顺便拜访了鲍勋。当时,营垒尚未建成,只立了标记,孙邕抄近路,没有从正道走,犯了军法。军营令史刘曜想查办他,鲍勋以堑垒尚未筑成为由,宽免了孙邕。不久,刘曜秘报鲍勋私自宽免孙邕的事。廷尉依法论议说:"当判五年正刑。"三官驳议说:"依法律应当罚他黄金二斤。"文帝大怒说:"鲍勋已经没有活的指望了,然而你们竟宽纵他!把三官以下的官员都抓起来交付刺奸审理,让他们十鼠同穴!"鲍勋死的那一日,家里没有多余的财物。二旬过后,文帝也去世了。人们无不为鲍勋的冤死而遗憾叹息。

出处

出自《三国志·魏书·鲍勋传》:"帝大怒曰:'勋无活分,而汝等敢纵之!收三官以下付刺奸,当令十鼠同穴。'"

解释

比喻把坏人聚集在一起,以便一网打尽。

什袭而藏
shí xí ér cáng

故事

宋国有一个蠢人,在齐国梧台的东面得到了一块燕石,拿回家后珍藏起来,认为是了不起的宝贝。从周王城来的客人听说了,就去看这块石头。主人非常郑重地斋戒七日,穿上玄色礼服,戴上冕冠,杀牲祭祀过鬼神天地,这才隆重地开启宝贝。这个宝贝用华美的匣子一重重装着,总共十个匣子;又用红黄色的丝巾一层层包裹着,包裹了有十层。客人仔细看了石头,弯着腰掩着口呵呵笑了起来,说道:"这是燕石啊,与砖瓦没有什么不同,不值钱的!"主人大怒:"你这是商人的说法,工匠的心思!"此后,他把燕石藏得更严密,护守得更严谨了。

出处

出自《太平御览》卷五十一:"宋之愚人得燕石于梧台之东,归而藏之,以为大宝。周客闻而观焉。主人端冕玄服以发宝。华匮十重,缇(tí)巾十袭。"

解释

把东西层层包裹收藏起来。形容珍重地把有价值的物品收藏好。

识时务者为俊杰

故事

诸葛亮是三国时期著名的政治家和军事家,入仕之前在襄阳城西的隆中隐居,一面耕作,一面读书。这期间他读了大量经史和诸子百家的著作,又注意研究当时的政治形势,对天下大势形成了一套独到的见解。当时,刘备正依附于荆州牧刘表,亟需谋略之士的辅佐,他听说司马徽在襄阳很有名声,便去拜访他,并问他对当今天下大势的看法。司马徽说:"平庸的书生文士怎么会认清天下大势?能认清天下大势的人,才是杰出人物。这里的卧龙和凤雏,正是这样的杰出人物。"得到司马徽的指点,刘备带着满满的诚意,三顾茅庐,请出了诸葛亮,才成就了一番事业,建立蜀汉政权,与魏、吴形成三足鼎立的局面。

出处

出自《三国志·蜀书·诸葛亮传》裴松之注引《襄阳耆旧传》:"儒生俗士,岂识时务?识时务者在乎俊杰。此间自有卧龙、凤雏。"

解释

能认清形势并适应时代发展的人,才可以称作俊杰。

拾人牙慧

故事

殷浩是东晋大臣,早年以见识度量清明高远而富有美名,酷爱《老子》《易经》,精通玄理。曾隐居十年不出仕做官,后应会稽王司马昱(yù)征召入朝任建武将军、扬州刺史。有人曾问殷浩:"将要做官而梦见棺材,将要发财而梦见粪便,这是为什么?"殷浩回答说:"官本是臭腐之物,所以将要做官而梦见死尸;钱本是粪土,所以将要发财而梦见粪便。"殷浩的外甥韩康伯也善于谈吐。有一次,殷浩见他正跟人长篇大论,侃侃而谈,再一听,康伯所讲的,完全是套用自己说过的话,毫无个人创见。殷浩对此评论说:"康伯连我牙齿后面的污垢还没有得到,就自以为了不起。"

出处

出自南朝宋·刘义庆《世说新语·文学》:"殷中军云:'康伯未得我牙后慧。'"

解 释

指袭用别人的言论和见解。

食不兼肉 shí bù jiān ròu

故 事

晋文公,姬姓,名重耳,是春秋时期晋国第二十二任君主,也是春秋五霸中第二位霸主。晋国骊(lí)姬之乱时,公子重耳被迫流亡在外十九年,于公元前636年在秦穆公的支持下回晋,杀晋怀公而立。晋文公在位期间选贤任能,通商宽农,使晋国国力大增。对外方面,晋文公平定周室子带之乱,受到周天子赏赐。公元前632年,晋文公于城濮(pú)大败楚军,并召集齐、宋等国于践土会盟,开创了晋国长达百年的霸业。从前,晋国苦于奢靡成风,自公室至大夫,都崇尚奢靡享乐。晋文公即位后,亲自做出俭约的榜样,想以此矫正这种铺张奢华的坏风气。在穿衣方面,晋文公不同时穿两件丝绸衣服;饮食方面,肉菜不超过一个。在国君的模范作用下,社会一扫奢靡之风,没过多久,人们就都穿粗布衣服,吃粗茶淡饭。

出 处

出自《尹文子·大道上》:"昔晋国苦奢,文公以俭矫之,乃衣不重帛,食不兼肉。"

解 释

不同时吃两种肉菜。指饮食节俭。

食前方丈 shí qián fāng zhàng

故 事

楚国有个贤人叫于陵子终,楚王听闻他的贤名,打算征召其为相,于是派使者带着重金厚礼,前去聘请于陵子终。于陵子终对妻子说:"楚王打算让我做楚国的相国,派了使者带着厚礼来聘请我。如果今天做了相国,明天就高车大马,食前方丈,有享不尽的荣华富贵。你觉得可以答应吗?"妻子说:"夫子您以编织草鞋为业,并非没有工作。此外,闲暇时鼓琴读书,不也是其乐融融吗?至于高车大马,你所享受的不过是可容一人的大小;食前方丈,你所享受的不过是品尝一块肉而已,难道所有的美味你都能吃得下吗?如果因为贪图容膝之安、一肉之味而心怀整个楚国的忧患,难道值得做吗?乱世多灾祸,妾恐怕夫子您会因此丢失性命啊!"于是于陵子终谢绝了使者,随后与妻子逃离了家乡,以给人灌园浇地为生。

出处

出自汉·班固《列女传·楚于陵妻》:"食方丈于前,甘不过一肉。"

解释

吃饭时,面前一丈见方的地方摆满了食物。形容生活奢侈。

食日万钱 shí rì wàn qián

故事

何曾,字颖考,西晋大臣。何曾做过晋王司马炎的丞相,后来与裴秀、王沈等劝晋王称帝代魏。晋王受禅即帝位后,拜何曾为太尉,晋爵为公,后又下诏任命何曾为太保,乃至司徒、太傅,可见晋武帝对何曾的器重。何曾喜好豪华奢侈,衣食陈设务求奢华。帷帐车服都奢华绮丽到极点,膳食滋味超过帝王之家。平时在宫中与皇帝聚会,不吃宫中太官所设的饮食,皇帝常派人到他家取他喜欢吃的食物。蒸饼不是十字开花的何曾就不吃。伙食费一天要花一万钱,他还不满意,说:"没有值得下筷子的东西。"下边人呈报文书如用小纸,他就令记室不要上报。刘毅等人多次上奏弹劾何曾奢侈无度,武帝认为他是重臣,从不过问。

出处

出自《晋书·何曾传》:"然性奢豪,务在华侈。帷帐车服,穷极绮丽,厨膳滋味,过于王者。每燕见,不食太官所设,帝辄命取其食。蒸饼上不坼作十字不食。食日万钱,犹曰无下箸处。"

解释

吃饭一天花一万钱。形容饮食极其奢侈。

食言而肥 shí yán ér féi

故事

春秋末期,鲁国孟武伯经常说话不算数,鲁哀公很不满。有一次,鲁哀公从越国回来,大夫季康子、孟武伯在五梧迎候。当时,郭重为哀公驾车,看到他们二人,就对哀公说:"他们背后说了很多诋毁您的坏话,您一定要当面质问他们!"鲁哀公在五梧设宴,孟武伯因为厌恶郭重,就一边敬酒,一边取笑郭重说:"您怎么长得这么肥胖?"季康子说:"武伯该受罚吃肉!因为我国接邻敌国,我们不能陪君王同行。不能随君远行也罢了,武伯你竟然还说在外奔劳的郭重肥胖。"鲁哀公借机讽刺孟武伯道:"郭重他自食其言太多了,能不肥吗?"

出处

出自《左传·哀公二十五年》:"公宴于五梧。武伯为祝,恶郭重,曰:'何肥也?'季孙曰:'请饮彘(zhì)也!以鲁国之密迩仇雠(chóu),臣是以不获从君,克免于大行,又谓重也肥。'公曰:'是食言多矣,能无肥乎?'"

解释

指说话不算数,不守信用。

食玉炊桂
shí yù chuī guì

故事

苏秦是战国时期著名的纵横家,他提出用合纵之术联合六国共同对抗秦国。一次,苏秦来到楚国,等了三个月才见到楚王。交谈完毕,苏秦就向楚王辞行。楚王说:"我听到您的大名,就像听到古代贤人一样,现在先生不远千里来见我,为什么不肯多待一些日子呢?我希望听到您的意见。"苏秦回答说:"楚国的粮食比宝玉还贵,楚国的柴比桂树还贵,大王的手下像小鬼一样难得见面,大王则像天帝一样难得见到。我现在在楚国就等于是拿玉当粮食,拿桂当柴烧,通过小鬼见高高在上的天帝。"楚王说:"请先生到客馆住下吧,我遵命了。"

出处

出自《战国策·楚策三》:"楚国之食贵于玉,薪贵于桂,谒者难得见如鬼,王难得见如天帝。今令臣食玉炊桂,因鬼见帝。"

解释

米像玉石一样贵,柴像桂木一样贵。形容物价昂贵。

食指大动
shí zhǐ dà dòng

故事

公子宋,字子公,春秋时期郑国大夫。一天,子公和子家一起去朝见郑灵公,将到门口时,子公的食指忽然动起来。子公说:"每次我的食指动,就必有异味可尝。"两人进了朝门时,正看到厨子在准备做鼋羹。子公和子家见状不禁相视而笑。郑灵公问他们为什么发笑,子家就把子公的话跟郑灵公说了。郑灵公心里不高兴,说:"能不能灵验,决定权还操在我的手里呢!"鼋羹做好后,郑灵公请大夫们都来品尝,却唯独不给子公吃。

出 处

出自《左传·宣公四年》:"楚人献鼋于郑灵公,公子宋与子家将见,子公之食指动。"

解 释

指有意外口福的征兆。也形容看到好吃的东西而贪婪的样子。

史 册 丹 心
shǐ cè dān xīn

故 事

文天祥是南宋政治家、文学家,民族英雄。宝祐四年(1256),文天祥状元及第,官至右丞相,封信国公。文天祥性格豁达豪爽,平生衣食丰厚,声伎满堂。元兵南侵,文天祥把家中资产全部作为军费,支持抗元大业。后文天祥于五坡岭兵败被俘,被押往潮阳郡元军元帅张弘范处。张弘范希望他投降,同时让他写信劝降宋将。文天祥严词拒绝,作诗言志:"惶恐滩头说惶恐,零丁洋里叹零丁。人生自古谁无死,留取丹心照汗青。"至元十九年(1282)十二月初九,文天祥在柴市从容就义。

出 处

出自《宋史·文天祥传》:"人生自古谁无死,留取丹心照汗青。"

解 释

指宁死不屈的民族气节。

使 功 不 如 使 过
shǐ gōng bù rú shǐ guò

故 事

李靖是唐朝开国重臣。萧铣(xǐ)占据荆州称帝,唐高祖派李靖去平定。李靖率几名轻骑取道金州,协助王瑗击退蛮贼邓世洛数万叛军。在峡州,阻滞萧铣的部队不能前进。高祖以为李靖畏敌不前,下令都督许绍将李靖处死。许绍为李靖求情，李靖才免于一死。开州叛军冉肇则寇略夔(kuí)州，守军失利。李靖率领八百兵士攻破贼军营垒，在险要地势设伏，斩杀冉肇则，俘敌五千。高祖对左右说："使用有功绩的人，不如使用有过失的人，李靖果然不负此言。"于是下手诏慰劳李靖："过去的事情不要再提了，那些事我早就忘了。"封李靖为行军总管，军政事务一并交给李靖管理。

出处

出自《新唐书·李靖传》："靖率兵八百破其屯，要险设伏，斩肇则，俘禽五千。帝谓左右曰：'使功不如使过，靖果然。'"

解释

使用有功劳的人不如使用有过错误的人。

使羊将狼
shǐ yáng jiàng láng

故事

汉高祖刘邦宠爱戚夫人，打算废掉太子，立戚夫人生的儿子赵王如意。吕后听从了张良的建议，派人携带太子的书信，请商山四皓出山，辅佐太子。后来，黥布举兵反叛，当时汉高祖患重病，打算派太子率兵前往讨伐叛军。商山四皓向吕后提出建议："太子率兵出战，即使立了功，那么权位也不会高过太子；如无功而返，那么必然会有祸患。再说跟太子一起出征的各位将领，都是曾经同皇上平定天下的猛将。如今让太子统率这些人，这跟让羊指挥狼有什么两样。他们决不肯为太子卖力，太子不能建功是必定的了。"于是吕后便向皇上哭诉，刘邦只好答应说："我就知道这小子本来也不堪使用，还是老子自己去吧。"

出处

出自《史记·留侯世家》："且太子所与俱诸将，皆尝与上定天下枭将也。今使太子将之，此无异使羊将狼也。"

解释

派羊去指挥狼。比喻以弱者指挥强者，不会成功。也比喻使仁厚的人去驾驭强横而有野心的人。

始作俑者
shǐ zuò yǒng zhě

故事

战国时期，孟子前往魏国宣扬自己的政治主张。梁惠王对孟子诉苦说:"我对于国家真是够尽心的了。但是邻国的人口并不减少,而我们魏国的人口并不增多,这是什么缘故呢?"孟子说:"国君的厨房里有肥嫩的肉,马棚里有壮实的马,然而老百姓面带饥色,野外有饿死的尸体,这如同率领着野兽来吃人啊!野兽自相残食,人们见了尚且厌恶,而身为百姓的父母,施行政事,却不免于率领野兽来吃人,这又怎能算是百姓的父母呢?孔子说:'最初造出陪葬用的木偶土偶的人,该会断子绝孙吧!'这是因为木偶土偶像人的样子却用它来殉葬。这样尚且不可,那又怎么能让百姓们饥饿而死呢?"

出处

出自于《孟子·梁惠王上》:"仲尼曰:'始作俑者,其无后乎!'为其象人而用之也。"

解释

最早用偶人殉葬的人。泛指首开恶例的人。

shì dào zhī jiāo
市 道 之 交

故事

廉颇是战国时期赵国名将,战功赫赫,被拜为上将。后来,赵孝成王在秦国的反间计下罢免廉颇的大将军职务,启用纸上谈兵的赵括。廉颇一失势,原来的门客全都离他而去。之后,秦将白起在长平大败赵括,坑杀四十万赵国士卒。赵国实力大损,国家危在旦夕,赵王急忙复用廉颇,拜为大将军。从前离开的门客看到廉颇东山再起,又都纷纷前来道贺。廉颇见到这些市侩小人,大为恼火,说:"你们这些人都请回去吧!"一位门客进前说道:"咳!老将军怎么还不明白这个道理啊?天下之人相交往,都是以利害为根本,像市场做生意一样,您得势,我就依附您,您失势,我就离开您。本来就是这个道理,您又有什么可怨恨的呢?"

出处

出自《史记·廉颇蔺相如列传》:"廉颇之免长平归也,失势之时,故客尽去。乃复用为将,客又复至。廉颇曰:'客退矣!'客曰:'吁!君何见之晚也?夫天下以市道交,君有势,我则从君,君无势则去。此固其理也,有何怨乎?'"

解释

买卖双方之间的关系。指人与人之间以利害关系为转移的交情。

视 死 如 归

故事

齐桓公接受鲍叔牙的推荐,不计前嫌,任用管仲为相。一次,齐桓公向管仲征询设置官吏的事,管仲说:"明辨讼辞,廉洁奉公,熟悉世故,我比不上弦商,请您任命他为主管刑狱的大理官;升降揖让,恭敬谦退,礼仪娴熟,我比不上隰(xí)朋,请您任命他为主管礼宾的大行人;开辟土地,扩大城镇,发展生产,尽地之利,我比不上宁戚,请您任命他为主管农业的大田;战鼓一响,使全军顽强挺进,视死如归,我比不上公子成父,请您任命他为主管军政的大司马;冒犯龙颜,极力劝谏,我比不上东郭牙,请您任命他为主管谏议的谏官。治理好齐国,这五个人就够用了,若要成就霸王之业,则有我管夷吾在这里。"齐桓公对管仲言听计从,最终成就了霸业。

出处

出自《韩非子·外储说左下》:"三军既成阵,使士视死如归,臣不如公子成父。"

解释

把死亡看作回家。形容为了正义事业,不怕牺牲生命。

是可忍,孰不可忍

故事

春秋时期,鲁国公室衰弱,政权被季孙氏、叔孙氏、孟孙氏三桓控制。季孙氏尤其位高权重,不仅赶走鲁君,摄行君位,甚至还僭(jiàn)用天子之礼。孔子谈到季氏时,就义愤填膺地说:"八佾(yì)舞于庭,是可忍也,孰不可忍也!"八佾是宫廷乐舞制,八人一行为一佾,八佾则是八八六十四人,六佾是四十八人,四佾是三十二人。周礼规定:天子八佾,诸侯六,卿大夫四,士二。鲁昭公应用六佾,周朝天子可用八佾,季氏作为大夫,只能用四佾之礼。然而季氏却故意打破老规矩,偏要设置六十四人的大型舞乐队,这是明目张胆地僭用天子之礼,所以孔子才对此忍无可忍。

出处

出自《论语·八佾》:"孔子谓季氏:'八佾舞于庭,是可忍也,孰不可忍也!'"

解释

这个都可以忍,那还有什么不能忍的?指绝对不能容忍。

室如悬罄 shì rú xuán qìng

故事

春秋时期,齐国发兵攻打鲁国,鲁僖公急于讲和。大夫展喜以洗发用的膏沐为礼物去犒劳齐军。展喜说:"我们的君王没有才干,不能好好地管理边界上的事情,使得国君您盛怒,连累你们的军队露宿在我们的边境上,所以特别派我来犒劳齐军将士。"齐孝公说:"鲁国怕了吗?"展喜说:"百姓有些恐慌,而君子并不害怕。"齐孝公说:"你们鲁国府库空空如也,田野旱得连青草都没有,凭什么不怕呢?"展喜不卑不亢地回答说:"凭借我们齐鲁两国先君的职守。当初周成王命令我们先君周公和齐国先君太公订立盟约,两国子孙世世代代不能互相伤害。您难道会贪图鲁国的土地而不顾先王之命吗?如果那样还如何镇抚诸侯呢?我们就是凭借以上所说的这些而不害怕。"齐孝公于是与鲁国讲和并退兵。

出处

出自《国语•鲁语上》:"室如悬罄,野无青草,何恃而不恐?"

解释

屋子空空如悬挂着的罄。原指国库空虚。后形容十分穷困。

噬脐何及 shì qí hé jí

故事

春秋时期,楚文王进攻申国,路过邓国。邓祁侯说:"这是我的外甥。"于是让楚文王留下并设宴招待他。骓(zhuī)甥、聃(dān)甥、养甥请求杀掉楚文王,邓祁侯不允许。三人说:"灭亡邓国的,必定是这个人。如果不早打主意,以后后悔便来不及了!要下手,现在正是时候!"邓祁侯说:"如果加害自己的外甥,人们会唾弃我,连我祭神余下的祭品都不会吃的!"三人回答说:"如果不听我们三个人的话,社稷的神明都会得不到祭享,大王您到哪里去取得祭神的剩余?"邓祁侯仍然不答应。攻打申国回国的那一年,楚文王进攻邓国。十年之后,楚国再次攻打邓国,终于灭亡了邓国。

出处

出自《左传·庄公六年》："若不早图，后君噬齐（同"脐"），其及图之乎？"

解释

咬自己肚脐是无法做到的。比喻后悔也来不及。

shǒu bù shì juàn
手 不 释 卷

故事

吕蒙是三国时期吴国的大将，他作战勇猛，平时却不肯读书。孙权劝道："你读点历史和兵法，用兵会更高明。"吕蒙说："在军中苦于军务繁忙，恐怕没有时间读书。"孙权说："我难道是想让你当一个研究经书的博学之人吗？只不过要你广泛浏览，懂得过去的经验教训罢了。应该赶快把《孙子》《六韬》《左传》《国语》及三史学习了。孔子说：'终日不食，终夜不寝，以思，无益，不如学也。'当年光武帝统帅兵马的时候还手不释卷，曹操也自称老而好学，更何况是你们呢？"从此，吕蒙勤勉自学，终日不倦，他读书之多，连老儒生都比不了。

出处

出自《三国志·吴书·吕蒙传》裴松之注引《江表传》："光武当兵马之务，手不释卷。"

解释

手不放下书本。形容勤奋好学。

shǒu zhū dài tù
守 株 待 兔

故事

《韩非子》记载了一个寓言故事：相传宋国有一个农夫，正在田里耕地。突然，一只兔子慌慌张张地跑了过来，一头撞在田边的树桩上，撞断了脖子死掉了。农夫捡起兔子，高兴极了。当天，他美美地饱餐了一顿，一边啃着兔子肉，一边心里想："有了第一只，就会有第二只，以后还耕地干什么？"从此，他便不再种地，一天到晚守着那个树桩，等着再有兔子撞上来。然而再也没有兔子撞上来过，他自己却成为了宋国的笑柄。

出处

出自《韩非子·五蠹》:"宋人有耕田者。田中有株,兔走触株,折颈而死。因释其耒而守株,冀复得兔。兔不可复得,而身为宋国笑。"

解释

比喻抱着侥幸心理妄想不劳而获。也比喻死守狭隘经验而不知变通。

shǒu shǔ liǎng duān
首 鼠 两 端

故事

田蚡(fén)是汉武帝的亲舅舅。田蚡仗着外戚身份当上了丞相,对失势的窦婴以及其他文武大臣,都不放在眼里,那些趋炎附势的朝廷官员都归附于田蚡。有一次,田蚡结婚,诸侯、宗室、大臣们都到丞相府去祝贺。酒席上,田蚡故意怠慢灌夫,灌夫气得破口大骂。田蚡马上拘捕了灌夫,并抓了灌夫全家,打算满门处死。此事闹到了武帝那里,武帝便召集大臣们讨论。御史大夫韩安国说:"灌夫在平定七国之乱时,立了大功,虽说酒后闹事,但没有死罪。可丞相说他不对,也有道理,究竟如何处置,请皇上定吧!"罢朝以后,在皇宫门外,田蚡招呼韩安国坐他的车子,生气地说:"长孺!我和你一起对付窦婴这个秃老头儿,你为什么迟疑不决?"

出处

出自《史记·魏其武安侯列传》:"武安已罢朝,出止车门,召韩御史大夫载,怒曰:'与长孺共一老秃翁,何为首鼠两端?'"

解释

首鼠:踌躇,迟疑不定。指在两者之间犹豫不决或动摇不定。

shòu yáng bó shì
瘦 羊 博 士

故事

甄宇是东汉时期北海郡安丘人,清静自守,不求名利,以《春秋》授徒。建武年间,甄宇担任青州从事,后来被拜为博士。当时,朝廷每年岁祭之后都会下诏赐博士每人一只羊。因为羊有大小肥瘦,博士们为了分羊争议不休,有人建议杀羊分肉,有人建议抓阄分羊。甄宇觉得这些做法都有辱斯文,就走上前挑了一只最瘦最小的羊,这样一来,其他博士也不再争执了,很快就把羊分完了。皇帝知道了这件事,一次召会博士官,皇帝问:"那位'瘦羊博士'在哪里?"京城士大夫由此称甄宇为"瘦羊博士"。

出处

出自《后汉书·甄宇传》:"建武中,(甄宇)为州从事,征拜博士。"李贤注引《东观汉记》:"建武中,每腊,诏书赐博士一羊。羊有大小肥瘦。时博士祭酒议,欲杀羊分肉,又欲投钩,宇复耻之。宇因先自取其最瘦者,由是不复有争讼。后召会问'瘦羊博士'所在,京师因以号之。"

解释

指能克己让人的人。

shú néng shēng qiǎo
熟 能 生 巧

故事

陈尧咨是北宋名将,箭术精良,他以此自视甚高。有一天,陈尧咨在院子里练习射箭,有一个卖油的老翁正好走过,看了很久也不离开。陈尧咨弯弓搭箭,十支箭能有八九支射中靶心。老翁只是微微点头,并不叫好。陈尧咨心中不快,问他道:"你也会射箭吗?我的箭射得不好吗?"老翁答道:"没什么,不过是手熟罢了。"陈尧咨勃然变色:"你怎么敢轻视我的箭术?"老翁说道:"凭我酌油知道的这个道理。"于是拿了一个葫芦放在地上,又在葫芦口上放了一枚铜钱,然后舀了一勺油,油杓轻轻一歪,那油就像一条细细的黄线,笔直地从钱孔流入葫芦里。倒完之后,铜钱上一滴油也没有沾到。老翁向陈尧咨说:"我这也没什么,也不过是手熟练罢了。"

出处

出自宋·欧阳修《归田录》卷一:"康肃问曰:'汝亦知射乎?吾射不亦精乎?'翁曰:'无他,但手熟尔。'康肃忿然曰:'尔安敢轻吾射!'翁曰:'以我酌油知之。'乃取一葫芦置于地,以钱覆其口,徐以杓酌油沥之,自钱孔入,而钱不湿。因曰:'我亦无他,惟手熟尔。'康肃笑而遣之。"

解释

熟练了就能找到窍门。

蜀得其龙
<small>shǔ dé qí lóng</small>

故事

三国时期,诸葛家族有三个杰出人物:诸葛瑾、诸葛亮、诸葛诞。诸葛瑾是诸葛亮之兄,吴国重臣,官至大将军。他胸怀宽广,温厚诚信,孙权对其深为信赖,称为"神交"。诸葛亮号称"卧龙",辅佐刘备建立蜀汉政权,与曹操、孙权抗衡。诸葛诞是诸葛亮的族弟,在魏官至征东大将军。史书上评价为蜀国得到一条龙,吴国得到一只虎,魏国得到一条狗,指蜀国得到诸葛亮,吴国得到诸葛瑾,魏国得到诸葛诞。此处的"狗"并无贬义,只是以龙、虎、狗作比喻,表示三人在能力上的差别。

出处

出自南朝宋·刘义庆《世说新语·品藻》:"于时以为'蜀得其龙,吴得其虎,魏得其狗'。"

解释

比喻得到人才辅助。

蜀贾卖药
<small>shǔ gǔ mài yào</small>

故事

有三个蜀地的商人,都在市场上卖药。其中一人进货专进优质药材,按照进价确定卖出价,不虚报价格,更不赚取暴利。另一人优质的和普通的药材都进货,售价的高低,只看买者的需求,买者想买好药就给他好药,想买便宜的就给他普通的药。第三个人不进优质品,只求卖得多,他卖的价钱也便宜,买者要求多给点就多给点,也不计较。于是人们争着到第三个人那买药,他店铺的门槛每个月就得换一次,一年多时间就发了大财。那个兼顾优品和次品的商人,去他那买药的人稍微少些,过了两年也富了。那个专门进优质品的商人,他的店铺门前冷落,中午就如同晚上一样冷冷清清,生意惨淡,吃了上顿没下顿。

出处

出自元末明初·刘基《郁离子》:"蜀贾三人,皆卖药于市。其一人专取良,计入以为出,不虚价,亦不过取赢。一人良不良皆取焉,其价之贱贵,惟买者之欲,而随以其良不良应之。一人不取良,惟其多,卖则贱其价,请益则益之,不较。于是争趋之,其门之限月一易,岁余大富。其兼取者,趋稍缓,再期亦富。其专取良者,肆日中如宵,旦食而昏不足。"

解释

指商人投机取巧,谋取暴利。

鼠技虎名 shǔ jì hǔ míng

故事

明朝时期,楚地人称老虎为老虫,而姑苏人称老鼠为老虫。有个楚地人在长州做县令,到娄东(在今江苏苏州)去办事,夜宿驿站中。他刚吹灯入睡,忽然听到门外碗碟叮当作响,便问看门的童子是什么东西。童子答道:"是老虫闹腾。"这个楚人很害怕,说:"城里怎么会有这种野兽?"童子说:"不是什么野兽,是老鼠。"又问:"老鼠为什么叫老虫?"童子说这是吴地世世代代传下来的叫法。这位县令大发感慨:"老鼠冒老虎之名,致使我吓得要逃走,真是可笑。然而今日天下冒虎名以欺世的也真不少!那些以鼠辈伎俩而冒充虎之威名的权党们,都是骑在民众头上作威作福的鼠辈啊,这关系到天下危亡的大事怎么能不叫人担忧呢?"

出处

出自明·江盈科《雪涛小说》:"夫至于挟鼠技,冒虎名,立民上者皆鼠辈。"

解释

以鼠辈伎俩冒充老虎的威名。比喻当权者凭借权势作威作福,欺压百姓。

数典忘祖 shǔ diǎn wàng zǔ

故事

春秋时期,周天子和荀跞(lì)饮宴,把鲁国进贡的壶作为酒杯。周天子看到酒杯,有感而发,对荀跞说:"诸侯都有礼器进贡王室,唯独晋国没有,这是为什么?"籍谈代替荀跞回答说:"诸侯受封的时候,都接受了王室赏赐的宝器,用来镇抚国家,所以能把彝器献给天子。而晋国处在深山,与戎狄为邻,而远离王室,感受不到天子的福分,应对戎狄还来不及，哪里还能进献彝器呢？"周天子听后，列举了王室赐给晋国的器物，并责问说："从前你的高祖孙伯黡(yǎn)掌管晋国典籍，参与国家大政，所以称为籍氏。你是司典的后氏，为什么忘了呢？"籍谈回答不出。客人退去以后，周天子说："籍谈恐怕会没有后代吧？举出旧典却忘记了祖宗。"

出处

出自《左传·昭公十五年》："籍父其无后乎？数典而忘其祖。"

解释

列举古代的典制而忘了祖先。后泛指忘掉自己本来的情况或事物的本源。

束蕴乞火
shù yùn qǐ huǒ

故事

蒯(kuǎi)通是汉初大臣，辩才无双，为相国曹参的宾客。东郭先生、梁石君在齐地深山中避世隐居。有人建议蒯通向相国曹参推荐这两个人。蒯通说："我家的里巷中有一个小媳妇，跟邻居的妇女们相处得很好。一天夜里，小媳妇家的肉丢了，婆婆以为是媳妇偷吃了，发怒把她赶出了家。这个小媳妇一大早就被赶了出来，然后一一拜访那些跟自己关系好的妇女们，告诉她们事情的原委并向她们辞行。一个大嫂说：'你先慢慢走，我让你婆家把你追回来。'大嫂马上卷了一团麻丝，到丢肉的那家去借火，说：'昨天夜里，几条狗不知道从哪里得了块肉，为了抢肉互相争斗，结果咬死了一个，所以来跟您借个火回家炖肉。'婆家人一听，知道错怪了媳妇，赶紧把媳妇追了回来。这个大嫂并非游说之士，束缊乞火也不是使小媳妇回来的合理方式，然而事情总会有合适的解决方式，那就请让我跟曹相国去借个火吧！"于是蒯通去见曹参。

出处

出自《汉书·蒯通传》："臣之里妇，与里之诸母相善也。里妇夜亡肉，姑以为盗，怒而逐之。妇晨去，过所善诸母，语以事而谢之。里母曰：'女安行，我今令而家追女矣。'即束缊请火于亡肉家，曰：'昨暮夜，犬得肉，争斗相杀，请火治之。'亡肉家遽追呼其妇。"

解释

"蕴"；通"缊"，乱麻。束一团麻去借火。比喻求助于人。也比喻为人排难解纷。

束之高阁 shù zhī gāo gé

故事

庾(yǔ)翼是东晋将领、外戚、书法家。庾翼风仪秀伟,年轻时便有经世大略。苏峻之乱时,庾翼以白衣身份守备石头城,又随庾亮逃奔温峤。事后,庾翼受太尉陶侃征辟,历任参军、从事中郎,后任振威将军、鄱阳太守,转任建威将军、西阳太守。与他同时代的殷浩也很有才能,以见识度量清明高远而富有美名,东晋北伐时任中军将军,但在攻打许昌时中计兵败,被贬为庶人,流放东阳。后来有人向庾翼建议,让殷浩重新出来做官,庾翼认为殷浩是一个徒有虚名的清谈家,只会高谈阔论,而没有真才实干。庾翼说:"这样的人就如同那些无用之物,应该卷巴卷巴放到架子上去,等到天下太平后,再来考虑任用他吧。"

出处

出自《晋书·庾翼传》:"此辈宜束之高阁,俟天下太平,然后议其任耳。"

解释

把东西捆起来,放在高高的架子上。指放置不用或置之不理。

束装盗金 shù zhuāng dào jīn

故事

直不疑是西汉时期人,官至御史大夫。他崇尚老子学说,做官低调收敛,唯恐人们知道他做官的政绩,也不喜欢别人以官名称呼自己。在做郎官时,他的室友有人告假回乡,错拿了同屋另一郎官的金子走了。不久同屋郎官发觉丢了金子,便猜疑是直不疑拿了,直不疑不做辩解,反而向他道歉,把金子赔偿给他。后来,告假之人回来归还了金子,失金的郎官大为惭愧,而直不疑也因此被称为忠厚长者。后来直不疑升为中大夫。朝见皇帝时,有人诋毁他说:"直不疑外表俊美,可他却喜欢私通嫂嫂!"直不疑只说了一句:"我根本就没有兄长。"然后就不再辩解。

出处

出自《汉书·直不疑传》:"其同舍有告归,误持其同舍郎金去。已而同舍郎觉,亡意不疑,不疑谢有之,买金偿。后告归者至而归金,亡金郎大惭,以此称为长者。"

解释

整理行装却被人误认为偷了别人的钱财。指无端被怀疑。

漱流枕石
shù liú zhěn shí

故事

孙楚,字子荆,西晋文学家。孙楚才气卓绝,性格超逸不群。孙楚曾经奉诏参知石苞军中事务,他恃才傲物,瞧不起石苞,到任时只对石苞作了个揖,淡淡地说:"天子让我来参知你的军事。"他的这种性格导致他一生得不到重用。孙楚年轻的时候不想做官,打算隐居山林,对好友王济说起此事,本想说:"我应当漱流枕石。"却口误说成"漱石枕流"。王济笑他:"难道流水可以枕、石头可以漱吗?"孙楚辩解说:"用泉水作枕头可以洗耳,用石头漱口可以磨牙。"

出处

出自南朝宋·刘义庆《世说新语·排调》:"王曰:'流可枕,石可漱乎?'孙曰:'所以枕流,欲洗其耳;所以漱石,欲砺其齿。'"

解释

头枕石头,用流水漱口。指隐居山林的生活。

双管齐下
shuāng guǎn qí xià

故事

张璪(zǎo)是唐朝著名画家,官至检校祠部员外郎,后坐事贬为衡、忠两州司马。张璪的绘画技法受王维水墨画影响,人称"南宗摩诘传张璪"。他善画山水松石,尤以画松为人所称道。张璪画松树时,总是双手各握一支毛笔,用一支笔画新枝,另一支笔画枯枝。用两支笔同时画出来的松树,不论是新枝还是枯枝,都生动逼真。人们纷纷上门求画,并称赞他的画为"神品"。他绘画的方式,则被人们称为"双管齐下"。

出处

出自宋·郭若虚《图画见闻志·故事拾遗》:"唐张璪员外画山水松石名重于世。尤于画松特出意象,能手握双管一时齐下,一为生枝,一为枯干,势凌风雨,气傲烟霞。"

解释

比喻同时采取两种措施或同时做两件事情。

shuǐ dī shí chuān
水 滴 石 穿

故事

张咏,字复之,号乖崖,北宋濮(pú)州鄄(juàn)城(今山东鄄城)人,亦称张忠定、张乖崖。宋真宗时,张咏官至礼部尚书,是北宋太宗、真宗两朝的名臣,尤以治蜀著称。张乖崖在崇阳当县令时,常有军卒侮辱将帅、小吏侵犯长官的事发生,张乖崖决心要整治这种现象。一天,他在衙门周围巡行,看见一个小吏从府库中慌慌张张地走出来。张乖崖喝住小吏,当即搜身,发现他头巾下藏着一文钱,小吏承认是从府库中偷来的。张乖崖把小吏带回大堂,下令拷打。小吏不服气,争辩说:"一文钱算得了什么,反正没有砍头的罪过!你也只能打我,不能杀我!"张乖崖大怒,判道:"一日一钱,千日一千,绳锯木断,水滴石穿。"然后张乖崖当堂斩了这个小吏。

出处

出自宋•罗大经《鹤林玉露•一钱斩吏》:"一日一钱,千日一千,绳锯木断,水滴石穿。"

解释

比喻只要有恒心,坚持不懈,事情总会成功。

shuǐ shēn huǒ rè
水 深 火 热

故事

战国时期,燕国内乱,齐宣王乘机派大将匡章率兵攻燕。燕国百姓对本国内政不满,不愿出力抵抗齐军。在这种情况下,齐军攻势如摧枯拉朽,只用了五十天工夫,就攻下燕国国都。然而,齐军在燕国长期驻扎,匡章又不约束军队,士卒任意欺凌百姓,燕人纷纷起来反抗。齐宣王就此向孟子请教,问道:"有人劝我不要吞并燕国,有人劝我吞并它,到底该怎么办?"孟子回答说:"如果吞并燕国,当地百姓会高兴,那就吞并它。如果吞并燕国,当地百姓不高兴,那就不要吞并它。当初齐军攻入燕国,燕人送饭送水表示欢迎,那是因为燕国百姓想摆脱水深火热的苦日子。如果齐国吞并燕国后给燕人带来的灾难比以前更深重,那他们必然会转而盼望别国来解救了。"

出处

出自《孟子·梁惠王下》:"以万乘之国伐万乘之国,箪食壶浆以迎王师,岂有他哉?避水火也。如水益深,如火益热,亦运而已矣。"

解释

形容生活处境极为痛苦。

sī kōng jiàn guàn
司空见惯

故事

刘禹锡是唐朝著名诗人,政治上主张革新。他参与了王叔文的"永贞革新",革新失败后被贬为朗州司马,不久又奉诏还京。刘禹锡回京不久,又因诗句"玄都观里桃千树,尽是刘郎去后栽"而触怒权贵,被贬为连州刺史。后又被派往苏州担任刺史。诗人李绅是新乐府运动的参与者,他的《悯农》诗"锄禾日当午,汗滴禾下土。谁知盘中餐,粒粒皆辛苦"脍炙人口,妇孺皆知。刘禹锡担任苏州刺史时,曾被贬为端州司马的李绅仰慕他的名声,邀他饮酒,并请了几个歌妓作陪。刘禹锡根据当时的情形即席赋诗一首:"高髻云鬟宫样妆,春风一曲杜韦娘。司空见惯浑闲事,断尽江南刺史肠。"意思是说,李司空对歌妓陪酒这样的事情已经见惯,而我却觉得是断肠刻骨之痛,不能不大发感慨。

出处

出自唐·刘禹锡《赠李司空妓》诗:"司空见惯浑闲事,断尽江南刺史肠。"

解释

指经常见到,不足为奇。

sī mǎ qīng shān
司马青衫

故事

白居易,字乐天,号香山居士,又号醉吟先生,唐朝现实主义诗人,有"诗魔""诗王"之称。白居易官至翰林学士、左赞善大夫。元和十年(815),宰相武元衡遇刺身亡,白居易上表主张严缉凶手,被认为是越职言事。其后白居易的母亲因看花坠井而死,白居易因为著有"赏花"

及"新井"的诗而遭到谤议,被认为有害名教,遂贬为江州(今江西九江)司马。白居易任江州司马期间,一次在浔阳江口送客上船,偶然听得江上传来琵琶声,于是邀请琵琶女演奏。在和琵琶女的对话中,白居易了解了她的身世:琵琶女原为京城中有名的乐伎,年轻时也曾辉煌煊赫、万众瞩目,然而一旦年老色衰,则被弃如敝屣。白居易深感他们两人命运相同,为之泪湿青衫。

出处

出自白居易《琵琶行》诗:"座中泣下谁最多,江州司马青衫湿。"

解释

借指悲伤的人。也形容极度悲伤。

司马昭之心,路人皆知
sī mǎ zhāo zhī xīn lù rén jiē zhī

故事

司马昭是三国时期魏国人,司马懿(yì)之子。司马懿死后,其长子司马师掌握了魏国的政权。司马师杀掉了反对他的大臣们,废除了魏少帝曹芳,改立高贵乡公曹髦(máo)。司马师死后,弟弟司马昭做了大将军,随即铲除异己,打击政敌,野心更加膨胀。曹髦深知自己的处境朝不保夕,打算铤而走险,先下手为强,于是召集心腹近臣说:"皇帝的威权一天天被削弱,朕已经无法忍受了。司马昭的野心,连路人都知道,今天和你们一起去讨伐他!"然而在曹髦集合人马的同时,已经有人去向司马昭报信了。当曹髦带领宫内的禁卫军和侍从太监从宫里杀出来时,司马昭的人马立即将曹髦截杀。最终司马昭之子司马炎篡魏自立,建立晋朝。

出处

出自《三国志·魏书·高贵乡公传》裴松之注引《汉晋春秋》:"司马昭之心,路人所知也。"

解释

指野心非常明显,为人们所共知。

死不旋踵
sǐ bù xuán zhǒng

故事

战国时期,长平之战后,秦昭王准备再次伐赵。昭王想派武安君为伐赵主帅,武安君则称疾不出。昭王便让应侯范雎(jū)去责备武安君说:"楚国人多地广,兵强马壮,您都能率兵攻破楚都鄢(yān)郢(yǐng)。当年您以寡敌众,取胜如神,何况现在以强击弱,以众击寡呢?"武安君说:"当时楚王为政暴虐,谄媚之臣得用,忠贞之士遭贬。楚国既无良臣,又无守备,所以秦军才能够乘隙而入。那时候,秦国的士卒,人人以军中为家,以将帅为父母,无须约束就能团结一心,无须教导就能忠贞守信,人人抱着为国立功、不惧牺牲的信念。而楚国人则是各自为战,各顾其家,如同一盘散沙,没有斗志。正是在这种情况下,我们伐楚才会取得成功。如今赵国经长平之战后,举国上下齐心协力,同仇敌忾(kài),发展生产,加强守备,此时伐赵,必然不会成功。又加上我在病中,实在无法受命。"

出 处

出自《战国策·中山策》:"当此之时,秦中士卒以军中为家,将帅为父母,不约而亲,不谋而信,一心同功,死不旋踵。"

解 释

死也不退缩。指不畏艰险,坚决向前。也指极短时间内即死去。

sǐ huī fù rán
死 灰 复 燃

故 事

韩安国,字长孺,西汉名臣。有一次,韩安国犯法被判入狱,蒙县的狱吏田甲侮辱韩安国,安国对他说:"你不要看我现在落难就欺侮我,死灰难道就不会复燃吗?"田甲满不在乎地说:"要是复燃了就撒泡尿浇灭它!"不久,梁国内史职位空缺,朝廷下诏起用韩安国为梁国内史。韩安国从囚徒一下子升为二千石的官员,田甲见到这种情况,吓得辞职逃走了。安国放出话来:"如果田甲不回来就职,我就要灭掉你的宗族!"田甲于是袒衣前去谢罪,韩安国笑着说:"你可以撒尿了!像你这样的人难道值得惩办吗?"最终还是善待于他。

出 处

出自《史记·韩长孺列传》:"狱吏田甲辱安国。安国曰:'死灰独不复燃乎?'"

解 释

比喻已停止或消失的东西又重新活动起来,或失势的人又重新得势。

死有余辜
sǐ yǒu yú gū

故事

路温舒,西汉名臣,以改革律法著称,曾任狱吏、代理曹掾(yuàn)、太守等职。汉宣帝时,路温舒上《尚德缓刑书》,请求改变重刑罚、重狱吏的政策,主张尚德缓刑。路温舒指出,秦朝正是因为法律严苛,重用狱吏,才导致民怨沸腾,二世而亡。汉朝应该汲取教训,改革这一弊政。他还反对刑讯逼供,认为这种做法会导致犯人编造假口供,这样就会产生冤假错案、官吏枉法等弊端,他说:"重刑之下,必有冤案。如果按照刑讯逼供得出来的口供判案,即使是尧帝的司法官皋陶(yáo)也会认为死有余辜。"

出处

出自《汉书·路温舒传》:"虽咎繇听之,犹以为死有余辜。"

解释

即使处以死刑,也抵偿不了所犯下的罪行。形容罪大恶极。

四方之志
sì fāng zhī zhì

故事

春秋时期,晋国发生内乱,公子重耳被迫流亡国外。流亡到齐国后,齐桓公对他礼遇有加,给他娶了妻子。重耳在齐国生活得很安逸,自己感到很满足,可是子犯、狐偃等随行属下却认为不能这样耽搁下去,应当想办法争取外援,返回晋国,夺取君位。他们在桑树下面商议的时候,正巧有婢女在桑树上采桑,听到了他们的密谋,马上告诉重耳的妻子姜氏。姜氏当机立断,杀死了采桑女,对重耳说:"您是有远大志向的人,要走就赶快走吧!那个听到消息的人已经被我杀掉了。"重耳说:"没有这回事,我没说过要走!"姜氏说道:"走吧!怀恋妻子和生活安逸真的会毁掉您的名声。"重耳仍然不同意离开齐国。姜氏于是跟子犯合谋把重耳灌醉后送出了齐国。

出处

出自《左传·僖公二十三年》:"子有四方之志,其闻之者,吾杀之矣。"

解释

指远大的志向。

四海之内皆兄弟
（sì hǎi zhī nèi jiē xiōng dì）

故事

司马牛，名耕，字子牛，是孔子的学生。司马牛的缺点在于话多而且浮躁。所以孔子因材施教，教导他说："仁者，其言也讱。"即为仁之方在于心存而谨言。有一次司马牛向孔子请教如何做君子，孔子对他讲："君子不忧不惧。"司马牛问："做到不忧不惧，就可以称为君子了吗？"孔子说："君子经常自我反省，内心毫无愧疚，有什么愁和怕的呢？"一次，司马牛愁上心头，叹道："人家都有兄弟，唯独我没有。"子夏安慰他说："我听说，死生命中注定，富贵由天来安排。君子只要谨慎认真，不出差错，和人交往恭谨而合乎礼节，那么天下人都是兄弟啊！君子何必担忧没有兄弟呢。"

出处

出自《论语·颜渊》："君子敬而无失，与人恭而有礼，四海之内皆兄弟也！君子何患乎无兄弟也。"

解释

指天下的人都像兄弟一样。

四面楚歌
（sì miàn chǔ gē）

故事

楚汉战争末期，刘邦及韩信、彭越会合兵力追击项羽的楚军，在垓（gāi）下将楚军团团围住。此时，项羽手下的兵士已经折损大半，而且粮食已经用尽。夜里，汉军士兵唱起了楚地的民歌，歌声从四面八方传到了项羽的耳中。项羽闻听大惊，说道："难道汉军已经全部占领楚地了吗？怎么会有这么多的楚人呢？"项羽心中悲凉凄怆，在帐中饮酒高歌："力拔山兮气盖世，时不利兮骓不逝。骓不逝兮可奈何，虞兮虞兮奈若何！"歌罢不禁流下泪来。项羽骑上马，带着仅剩的八百骑兵，趁夜突围而出，至乌江畔，自叹无颜见江东父老，与追兵力战之后，自刎而死。

出处

出自《史记·项羽本纪》:"项王军壁垓下,兵少食尽,汉军及诸侯兵围之数重。夜闻四面皆楚歌,项王乃大惊,曰:'汉皆已得楚乎?是何楚人之多也?'"

解释

形容四面受敌,处于孤立危急的处境。

素面朝天
sù miàn cháo tiān

故事

唐朝时期,杨贵妃得到唐玄宗的宠爱,连她的三个姐姐也各被封为韩国夫人、秦国夫人和虢(guó)国夫人。其中虢国夫人是杨玉环的三姐,颇有才貌。虢国夫人生活豪奢,出行所经之处,香风飘扬数十里,沿途丢弃珠玉首饰无数。然而虢国夫人却从不浓妆艳抹,而喜欢素颜示人,目的是以此展现自己的美貌。即使进宫朝见天子,也只是淡淡地画一下眉毛而已。有人写诗嘲讽虢国夫人:"虢国夫人承主恩,平明骑马入宫门。却嫌脂粉污颜色,淡扫蛾眉朝至尊。"安史之乱中,虢国夫人在西逃途中自杀未遂,后死于狱中。

出处

出自宋·乐史《杨太真外传》:"虢国不施脂粉,自炫美艳,常素面朝天。"

解释

女子不施脂粉去朝见天子。后指女人不化妆,素颜示人。

T

tái gé shēng fēng
台阁生风

故事

　　傅玄,字休奕,西晋时期著名文学家、思想家。傅玄幼时,父亲被罢官,傅玄逃难到河南,专心诵学。傅玄历任县令、太守、典农校尉、司隶校尉,他同情农民,精心政务,忠于职守,数次上书陈说治国之策,指陈政务弊端,针对当时门阀世族专权和官府作风腐败的现实,提出了整饬吏治主张。傅玄上书奏劾,有时候正值日暮,便手捧书简,衣冠整齐,端坐整夜以待天明。于是权贵官僚尽皆慑服,而官府衙门也形成了清正的风气。傅玄性情刚劲亮直,不能容人之短。在献皇后的丧礼上,因为位次问题,傅玄怒斥宫内谒者,继而当着百官的面大骂尚书,因此遭到御史的弹劾而免官。傅玄罢官后不久死于家中,时年六十二,赐谥曰刚。

出处

　　出自《晋书·傅玄传》:"于是贵游慑伏,台阁生风。"

解释

　　指官府形成清正良好的风气。

tài gōng diào yú yuàn zhě shàng gōu
太公钓鱼,愿者上钩

故事

　　姜太公,名尚,又名望,字子牙,姜姓,吕氏,又称姜子牙、姜太公、吕尚、太公望,商末周初著名政治家,齐国始封君。姜子牙年近八十,怀才不遇,只当了一个下大夫。他见纣王无道,便逃出商朝都城朝歌,来到渭水边隐居。姜太公天天在渭水钓鱼,相传他钓鱼与众不同,竿短线长,钩直无饵。他一边钓鱼,一边自言自语地说:"姜太公钓鱼,愿者上钩!"西伯姬昌经过渭水时,听说姜子牙是位贤人,就亲自来请他到西岐去。姜子牙故意回避,躲在芦苇丛里不出来。于是姬昌斋戒三天,沐浴更衣,命人抬着礼品,郑重其事地来请姜子牙,姜子牙这才出来相迎。姜太公被封为太师,辅佐文王、武王伐纣,创立周朝。

出处

出自晋·符朗《符子·方外》:"太公涓跪石隐崖,不饵而钓,仰咏俛吟,及暮而释竿。"

解释

比喻心甘情愿地上圈套或自愿去做某事。

太丘道广
tài qiū dào guǎng

故事

许劭,字子将,东汉名士,年轻时追求名声节操,好评论人物。许劭起初任郡里的功曹,太守徐璆(qiú)很敬重他。府里听说子将为吏,没有不改变操守,谨饰言行的。陈寔(shí)是颍(yǐng)川人,曾为太丘长,人称陈太丘,有名望,交游甚广。许劭到颍川后,唯独不拜访陈寔。陈蕃,字仲举,东汉名臣。陈蕃的妻子死了回乡安葬,乡里人都去参加葬礼,唯独许劭没有去。有人问他是什么原因,许劭说:"太丘道术太广,广则难得周到;仲举性情严峻,峻就不能通达。所以我不去。"他品评人物大都如此。曹操没有得志显名时,曾经办了厚礼,很谦逊地求许劭为他看看相,许劭鄙薄他的为人,没有答应。后来曹操找了个机会威胁许劭,许劭不得已,对曹操说:"你是清平之世的奸贼,乱世里的英雄。"曹操闻听大喜。

出处

出自《后汉书·许劭传》:"太丘道广,广则难周;仲举性峻,峻则少通。故不造也。"

解释

指人交游很广。

泰山压卵
tài shān yā luǎn

故事

孙惠是西晋时人,口讷(nè)好学,有才识。起初追随齐王冏

(jiǒng),齐王骄横专制,孙惠进谏陈说利害,然而齐王置之不理,于是孙惠惧罪辞官。东海王司马越在下邳起兵讨伐河间王司马颙(yóng),孙惠以"南岳逸士秦秘之"的假名上书东海王,指出历代王朝危亡的情形,都是枝叶先凋零,才引起上下根株的死亡。因此,劝东海王应该一心平乱,匡扶王朝。同时还颂扬东海王的实力:"这种强大的力量,就像是乌获摧毁冰块、孟贲折断枯树、猛兽吞食狐狸、泰山来压卵一样,这是没有办法相比的……"东海王被孙惠恳切的言辞打动,发榜寻找,最终起用了孙惠。

出处

出自《晋书·孙惠传》:"猛兽吞狐,泰山压卵,因风燎原,未足方也。"

解释

比喻力量悬殊,强者能轻易战胜弱者。

贪得无厌 tān dé wú yàn

故事

叔向是春秋时期晋国大夫。起初,叔向想娶申公巫臣的女儿做妻子。叔向的母亲说:"巫臣的妻子杀死三个丈夫、一个国君、一个儿子,搞得陈国灭亡、两卿丧命,难道还不够作为鉴戒吗?我听说美丽的人必然有很丑恶的一面。从前有仍氏生了一个女儿,头发稠密乌黑,光泽可以照见人影,名叫'玄妻'。乐官之长后夔(kuí)娶了她,生下伯封。伯封的心地和猪一样,贪婪而没有满足,暴戾(lì)而没有限度,人们叫他大猪。有穷后羿灭了他,夔因此不能得到祭祀。而且夏、商、周三代的灭亡,公子申生的被废,都是由于美色为害。你娶她做什么呢?"叔向闻言感到恐惧,不敢娶申公巫臣之女。然而晋平公强迫叔向娶了她,生了杨食我。杨食我刚生下来,叔向的母亲听到了孩子的哭声,说:"这是豺狼的声音。豺狼似的男子,必然有野心。毁掉羊舌氏就是这个人!"

出处

出自《左传·昭公二十八年》:"贪婪无厌,忿颣(lèi)无期。"

解释

贪图财物名利之心永远没有满足的时候。

贪 生 怕 死
tān shēng pà sǐ

故事

西汉成帝时期,梁王刘立荒淫残暴,无恶不作。然而刘立的种种暴行都被汉成帝包庇下来。汉哀帝即位后,刘立又杀人,这一次,哀帝准备对刘立动真格的了。刚开始审查时,刘立假装生病,百般抵赖,依然骄横不法,等到廷尉和大鸿胪(lú)奉诏复查时,梁王刘立才感到恐惧,免冠谢罪道:"我本当认罪受斩,以平天下,有幸蒙皇上多次开恩,获得赦免。现在我又杀了中郎手下的副将。因为知道冬天行刑之日即将来临,贪生怕死,便装病不起,想侥幸多活几天。"到了第二年春天,哀帝大赦天下,刘立侥幸逃脱了处罚。王莽篡汉后,刘立被废为平民,不久便自杀而死。

出处

出自《汉书·文三王传》:"今立自知贼杀中郎曹将,冬月迫促,贪生畏死,即诈僵仆阳病,徼幸得逾于须臾。"

解释

贪恋生存,害怕死亡。

贪 天 之 功
tān tiān zhī gōng

故事

春秋时期,公子重耳在秦国的帮助下,回到晋国即君位。晋文公即位后,封赏跟随他流亡的随从,介之推没有去请赏,晋文公也没有想到他。介之推说:"晋献公有九个儿子,现在只有国君还在世。天没有打算灭绝晋国,所以必定会有君主。这个君主不是国君又是谁呢?上天其实都已经安排好了,而那些人却认为是自己的贡献,这不是欺骗吗?偷了别人的钱财,尚且称之为盗贼,何况贪图上天的功劳,说成是自己的功劳呢?在下的人把罪行当作道义,在上的人赏赐他们的奸邪,上下互相欺骗,难以跟他们相处啊!"于是母子二人隐居起来。

出处

出自《左传·僖公二十四年》:"窃人之财,犹谓之盗,况贪天之功以为己力乎。"

解释

把别人的功绩都归到自己身上。

谈何容易 tán hé róng yì

故事

东方朔,字曼倩,平原郡厌次县(今山东惠民)人,西汉时期著名文学家。东方朔一生著述甚丰,有《答客难》《非有先生论》等名篇。在《非有先生论》中,东方朔塑造了一位非有先生的形象:他出仕于吴国,却既不借鉴往古以劝诫君主,又不称颂国君以显扬君主美德,三年默默无言。吴王问非有先生:"您不远千里来到吴国辅佐寡人,寡人深为嘉许。然而先生三年之中没有丝毫辅佐之功,我感到很难理解。身怀才能而隐藏不露,臣子不忠;显现才能而得不到重视,君主昏昧。莫非先生认为寡人昏昧吗?"非有先生不答话。吴王说:"先生可以谈谈了,寡人诚心诚意等着听取您的高见。"非有先生叹道:"呜呼!真的可以吗!真的可以吗!议论谈说并非易事啊!人臣跟君主的谈话有两种:一种是逆耳良言,然而却对君主有利;一种是顺耳谄言,然而却对君主有害。若非明王圣主,谁能明白呢?"

出处

出自《汉书·东方朔传》:"吴王曰:'可以谈矣,寡人将竦意而览焉。'先生曰:'於(wū)戏(hū)!可乎哉!可乎哉!谈何容易!'"

解释

原指臣子向君主进谏不能轻易从事。后指事情并非想象中的简单。

谈虎色变 tán hǔ sè biàn

故事

程颐,字正叔,洛阳伊川人,世称伊川先生,北宋著名理学家。程颐与其兄程颢共创"洛学",世称"二程"。其学说被后人称为"理学",后与南宋朱熹的"道学"统称为"程朱理学"。程颐平生致力于"格物致知",也就是研究事物原理,因此格外重视实践。程颐讲了一个生动的故事来说明真正的知识与寻常的知识是不同的,他说:"老虎能伤人,这是就连小孩子都知道的事情。但是,人们聚在一起谈话时经常说到老虎,却没有谁觉得害怕。有一位田夫曾经被老虎咬伤过,只要听到有人说到老虎,他就会被吓得大惊失色,原因就是这位田夫真正体验过老虎的厉害。像这位田夫对老虎的认知就属于真知。"

出处

出自宋·程颢、程颐《二程遗书》卷二:"真知与常知异。常见一田夫,曾被虎伤,有人说虎伤人,众莫不惊,独田夫色动异于众。若虎能伤人,虽三尺童子莫不知之,然未尝真知。真知须如田夫乃是。"

解释

泛指一提起可怕的事情就紧张。

tán xiào zì ruò
谈 笑 自 若

故事

甘宁,字兴霸,三国时期东吴名将,曾任西陵太守、折冲将军。在赤壁之战中击败曹军后,孙刘联军乘胜追击。大都督周瑜命甘宁领兵攻取夷陵,甘宁率军击败魏军守将曹洪,夺取夷陵。当天黄昏,驻守南郡的魏将曹仁发兵把夷陵城团团围住。曹军架设云梯攻城,被甘宁守军击退。第二天,曹军堆土构筑高台,然后在台楼上向城中射箭,箭如雨发,射死射伤不少吴兵。将士们大感恐惧,唯独甘宁淡定沉着,有说有笑,跟平时一样。甘宁命人收集曹军射来的数万支箭,选派优秀射手,与魏军对射。由于甘宁率军沉着顽强地固守,曹军无法攻破城池。

出处

出自《三国志·吴书·甘宁传》:"宁受攻累日,敌设高楼,雨射城中,士众皆惧,惟宁谈笑自若。"

解释

在危急状况下,仍然有说有笑,同平常一样。

tán guān xiāng qìng
弹 冠 相 庆

故事

王吉,字子阳,西汉时琅玡人。汉宣帝时,王吉被起用为博士谏大夫。他针对当时皇室奢侈靡费、任人唯亲等时弊,上疏劝宣帝选贤任能,废除荫袭制度;提倡俭朴,爱惜财力,以整顿吏治,淳厚民风,使国家兴旺发达。但他的这些建议不仅未被汉宣帝采纳,反被认为是迂腐之见,王吉因此失去信任。为此王吉以病辞官,回故里闲居。王吉和贡禹是好友,贡禹多次被免职,王吉在官场也很不得志。汉元帝时,王吉被召去当谏议大夫,贡禹听到这个消息很高兴,就把自己的官帽取出,弹去灰尘,准备戴用。果然没多久贡禹也被任命为谏议大夫。世人称:"王阳在位,贡公弹冠。"

出处

出自《汉书·王吉传》:"吉与贡禹为友,世称:'王阳在位,贡公弹冠。'"

解释

掸去帽子上的尘土,相互庆贺可以当官。指一个人当了官或升了官,他的同伙也相互庆贺将有官可做。

tán jiá qiú tōng
弹铗求通

故事

孟尝君田文是战国时期齐国贵族,"战国四公子"之一。孟尝君门下有食客数千。齐国有个名叫冯谖(xuān)的人,穷得没法养活自己,托人请求孟尝君,说他愿意在孟尝君家里当个食客。孟尝君接受了他。孟尝君的手下因为孟尝君轻贱冯谖,便拿粗劣的饭菜给他吃。过了不久,冯谖倚着柱子弹着剑,唱道:"长铗啊,回去吧!吃饭没有鱼。"孟尝君说:"给他鱼吃,按照门下的食客那样对待。"过了不久,冯谖又弹着他的剑唱道:"长铗啊,回去吧!出门没有车。"孟尝君说:"给他准备车,按照门下坐车的客人一样对待。"于是冯谖乘着车,举着剑,去拜访他的朋友,说道:"孟尝君把我当作客人看待了。"这以后不久,冯谖又弹着剑唱道:"长铗啊,回去吧!在这里没有办法养家。"孟尝君问道:"冯先生有父母吗?"手下答道:"有个老母亲。"孟尝君便派人给冯谖的母亲送去充足的生活用品,于是冯谖再也不唱歌了。后来,冯谖尽力辅佐孟尝君,成为孟尝君最得力的谋士。

出处

出自《战国策·齐策四》:"齐人有冯谖者,贫乏不能自存,使人属孟尝君,愿寄食门下……左右以君贱之也,食以草具。居有顷,倚柱弹其剑,歌曰:'长铗归来乎!食无鱼。'左右以告。孟尝君曰:'食之,比门下之客。'居有顷,复弹其铗,歌曰:'长铗归来乎!出无车。'左右皆笑之,以告。孟尝君曰:'为之驾,比门下之车客。'……后有顷,复弹其剑铗,歌曰:'长铗归来乎!无以为家。'……孟尝君使人给其食用,无使乏。于是冯谖不复歌。"

解释

指有才能的人在困境中向人求助。

叹为观止
tàn wéi guān zhǐ

故事

春秋时期,吴国公子季札出使鲁国,请求观赏周朝的乐舞。季札看到《象箾(shuò)》《南籥(yuè)》舞,说:"美啊,但还有所遗憾。"看到《大武》舞,说:"美啊!周朝兴盛的时候,大概就像这种情况吧!"看到《韶濩(huò)》舞,说:"像圣人那样的宏大,尚且还有所惭愧,可见当圣人不容易啊!"看到《大夏》舞,说:"美啊!勤劳而不自以为有德,如果不是禹,还有谁能做到呢?"看到《韶箾》舞,说:"功德到达顶点了,伟大啊!盛德到达顶点,就不能再比这有所增加了。观赏就到这里了!如果还有别的音乐,我不敢再请求欣赏了。"

出处

出自《左传·襄公二十九年》:"吴公子札来聘……见舞《韶箾》者,曰:'德至矣哉,大矣!如天之无不帱也,如地之无不载也。虽甚盛德,其蔑以加于此矣。观止矣!若有他乐,吾不敢请已。'"

解释

赞叹所看到的事物极为美好。

探骊得珠
tàn lí dé zhū

故事

战国时期,有个人去拜会宋王,宋王赏赐给他车马十乘。这个人回来后,向庄子炫耀他的车马。庄子说:"你先不要得意,听我跟你分析其中的利害。从前,黄河边上有一户人家,非常贫困。一天,儿子在渊底得到一枚价值千金的宝珠。父亲对儿子说:'快点拿石头砸烂这颗宝珠!'儿子大惑不解。父亲说:'这颗价值千金的宝珠必定出自深潭之中黑龙的下巴底下。你能轻易摘到宝珠,肯定正赶上黑龙睡着了。要是黑龙醒过来,你可就没命了!'"庄子继续对这个人说:"如今宋国的险恶,远远超过了深渊;宋王的凶残,远远超过了黑龙。你能从宋王那里得到十乘车马,也一定是赶上宋王睡着了,否则,你必定粉身碎骨了!"

出处

出自《庄子·列御寇》:"夫千金之珠,必在九重之渊而骊龙颔下。子能得珠者,必遭其睡也。使骊龙而寤,子尚奚微之有哉?"

解释

比喻得到或见到珍奇之物。也比喻写文章能紧扣主题,抓住要点。

tàn náng qǔ wù探 囊 取 物

故事

韩熙载是五代时期南唐名臣、文学家。起初,韩熙载于后唐考中进士,后因父亲韩光嗣被后唐明宗李嗣源的手下所杀,被迫离开中原,投靠江南的吴国。韩熙载的好友李谷前去为他送行,临行前,韩熙载告诉李谷:"吴国如果让我当宰相,那我一定能率军北上,收复中原。"李谷听后则说:"如果中原任我为宰相,我取吴国如同探囊取物。"韩熙载投奔吴国不久,南唐就吞并了吴国。由于韩熙载不拘小节、放荡不羁,并没有得到南唐先主李昪(biàn)的重用。后来韩熙载得到中主李璟(jǐng)、后主李煜(yù)器重,但由于韩熙载看破时局的凶险,以韬光养晦为志,故意造成一种放荡不羁的形象,所以最终也没能当上宰相。而韩熙载的好友李谷却做了后周的宰相,奉命征讨南唐,屡建奇功。

出处

出自《新五代史·李煜传》:"中国用吾为相,取江南如探囊中物尔。"

解释

把手伸进口袋里去取东西。比喻能够轻而易举地办成某件事情。

táng bì dāng chē螳 臂 当 车

故事

春秋时期,齐庄公外出打猎,正行走间,忽然看到一只小虫举着胳膊要挡住车轮。庄公问车夫:"这是什么虫?"车夫答道:"这是螳螂。

这种虫子只知道前进不知道后退,不估计自己的力量就轻率地跟敌人对阵。"庄公感慨道:"这只虫子如果是人的话,肯定是个闻名天下的勇士啊!"于是驾车绕开了这只螳螂。天下的勇士知道了庄公敬重勇士的态度后,都来归附他。

出处

出自《淮南子·人间训》:"齐庄公出猎,有一虫举足将搏其轮。"

解释

比喻自不量力。

螳螂捕蝉,黄雀在后

故事

春秋时期,吴王夫差想要讨伐楚国,大臣竭力劝阻而吴王不听,告诉身边的人说:"谁再劝谏就杀死谁!"吴王的侍从中有个年轻人,想要劝谏吴王却不敢,于是就怀藏弹丸,手拿弹弓,在后院游荡,露水把他的衣服都打湿了。这个年轻人连续三天都在园子里游荡,吴王见到后就问他:"看你的衣服都湿了,你到底在这干什么呢?"年轻人回答说:"园子里有一棵树,树上有一只蝉,蝉处在高处一边放声叫着,一边吮吸着露水,却不知道螳螂在它的后面;螳螂弯曲身子贴紧前肢想要猎取蝉,却不知道黄雀在它的旁边;黄雀伸长脖子想要啄螳螂,却不知道弹弓和弹丸在它的下面。这三者只看到眼前的利益,却不考虑身后的隐患。"吴王说:"好啊,我明白了。"于是就取消了攻楚的计划。

出处

出自汉·刘向《说苑·正谏》:"园中有树,其上有蝉,蝉高居悲鸣饮露,不知螳螂在其后也;螳螂委身曲附欲取蝉,而不知黄雀在其傍也……"

解释

比喻目光短浅,只想到眼前的利益,没想到背后的隐患。

桃李满天下

故事

狄仁杰,字怀英,唐朝名臣,武周时期任宰相。狄仁杰敢于直言相谏,深得武则天赏识。武则天称他为"国老"而不直呼其名。就是上朝时,武则天也不让他跪拜,说:"见狄公下拜,我浑身都痛。"武则天为了巩固自己的统治而广罗人才,曾几次让狄仁杰推荐能担任宰相的人才,狄仁杰回答说:"如果您要的是文采风流的人才,那么李峤、苏味道就是最合适的人选。如果您要出类拔萃的奇才,那么只有荆州长史张柬之。"最终张柬之被拜为宰相。此外,狄仁杰还推荐了姚崇、桓彦范等数十人,这些人后来多成了名臣。有人对狄仁杰说:"天下有才能的大臣,都是出自您的门下啊!"狄仁杰说:"举荐贤才是为国家着想,不是为我个人打算。"武后久视元年(700),狄仁杰病死,武则天悲痛不已,称:"朝堂空矣!"

出处

出自《资治通鉴·唐则天皇后久视元年》:"天下桃李,悉在公门矣。"

解释

形容推荐的人才或培养的学生很多,遍布各地。

绨袍之义
tì páo zhī yì

故事

战国时期,范雎(jū)随魏国中大夫须贾出使齐国,受到齐王的赏识。回到魏国后,须贾怀疑他通齐,报告了魏相,范雎(jū)被痛打一顿。范雎逃出之后,改名张禄,寻找机会逃到秦国,通过游说秦昭王,得到昭王的重用,做了秦国的相,被封为应侯。后来须贾出使秦国,范雎便隐瞒身份穿着破衣服去见他。须贾见到范雎大为惊愕,看到范雎如此贫寒又心生怜悯,便赠送他一件旧丝袍。须贾问范雎有没有跟张禄熟悉的朋友,范雎说自己的主人认识张禄,于是范雎亲自驾车带着须贾进了相府。须贾这才知道秦相张禄竟然就是范雎,不禁大惊失色,便袒露肩膀膝行认罪。范雎数落道:"你有三条大罪,条条都是死罪。不过今天你赠我一件旧丝袍,由此看来你对我还有一点故人的情谊,所以才放你一条生路。"

出处

出自《史记·范雎蔡泽列传》:"然公之所以得无死者,以绨袍恋恋,有故人之意,故释公。"

解释

比喻不忘旧日的交情。

天夺之魄
tiān duó zhī pò

故事

春秋时期,晋国与赤狄通婚,赤狄国君潞子婴儿娶了晋景公的姐姐伯姬为妻。酆(fēng)舒执政后发动政变,杀死了国君夫人伯姬,打伤了国君的眼睛。晋景公为姐姐报仇,出兵攻打赤狄,不到一个月的时间即灭了赤狄。酆舒逃亡到卫国,卫人把他缚送晋国,随即被处死。晋国派大夫赵同去向周朝的天子进献俘虏的狄人,赵同在献俘仪式上傲慢无礼,对周天子很不恭敬。周王的儿子刘康公见状评论道:"用不了十年,赵同必定遭到大祸,因为老天爷已将他的魂魄夺走了。"

出处

出自《左传·宣公十五年》:"原叔必有大咎,天夺之魄矣。"

解释

指人已离死期不远了。也指人神志迷乱。

天经地义
tiān jīng dì yì

故事

公元前520年,周景王去世之后,周王室发生了激烈的王位之争。晋顷公召集各诸侯国的代表在黄父会盟,商讨如何使王室安宁。会上,晋国的赵鞅(yāng)向郑国的游吉请教周旋揖让之礼,游吉回答说:"揖让周旋,这叫作仪,而不是礼。我国大夫子产曾经说过:'礼就是老天规定的原则,大地施行的正理,百姓行动的依据。'礼是天地的经纬,人民生存的根本,所以先王才如此重视礼。"赵鞅说:"我要终身信守这句话。"接着,赵鞅提出各诸侯国应全力支持周敬王,为他提供兵卒粮草,并且帮助他把王室迁回王城。最终周敬王得以恢复王位,结束了周王室的王位之争。

出处

出自《左传·昭公二十五年》:"夫礼,天之经也,地之义也,民之行也。"

解释

指理所当然、不可置疑的正理。

天壤王郎
tiān rǎng wáng láng

故事

王凝之,字叔平,书圣王羲之的次子,东晋书法家。王凝之深信五斗米道,在孙恩攻打会稽时,不思备战,一味祷告求助天神,请"鬼兵"助阵,最终被杀。王凝之并非一个才华高妙之人,也算不上魏晋风流的代表人物,在其弟兄当中,也只能算是资质平庸者。而他的妻子谢道韫(yùn)却是有名的才女。由于自己的才学比王凝之高,谢道韫婚后感到非常不开心,叔父谢安经常安慰她,希望她不要轻视王凝之,劝导她夫妻要和睦相处。可谢道韫还是忍不住叹息:"想不到天地之间竟然还有这么一个王郎。"在孙恩之乱时,谢道韫听闻敌至,举措自若,拿刀出门杀敌数人才被抓。孙恩因感其节义,故赦免道韫及其族人。王凝之死后,谢道韫在会稽独居,终生没有改嫁。

出处

出自南朝宋·刘义庆《世说新语·贤媛》:"一门叔父,则有阿大、中郎;群从兄弟,则有封、胡、遏、末。不意天壤之中,乃有王郎。"

解释

原为谢道韫在家中长辈面前表达对丈夫王凝之不满的话语。后指让妻子不满意的丈夫。

天下无双
tiān xià wú shuāng

故事

李广,陇西成纪(今甘肃天水)人,西汉名将。李广在汉文帝时为中郎,曾经随文帝出行,一路上冲锋陷阵、格斗猛兽,文帝叹道:"可惜啊,你时运不济,如果生在汉高祖时期,做个万户侯难道不是很容易的吗?"吴楚七国之乱时,李广任骁骑都尉,随太尉周亚夫反击吴楚叛军。在昌邑城下,李广夺取叛军军旗,以此名声显扬。还师后调为上谷太守,天天和匈奴交战。典属国公孙昆邪对汉景帝哭谏说:"李广的才气,天下无双,然而他向来自负,屡次与敌肉搏,这样恐怕会失去他的。"于是调他为上郡太守,后来转任边郡太守。李广曾为陇西、雁门、代郡、云中太守,都因奋力作战而名扬当时。匈奴畏服,称之为飞将军,数年不敢来犯汉朝边境。

出处

出自《史记·李将军列传》:"李广才气,天下无双。"

解释

形容出类拔萃,独一无二。

天涯海角 tiān yá hǎi jiǎo

故事

韩愈,字退之,唐朝著名文学家。韩愈自幼父母早逝,由哥哥韩会抚养成人。韩会的儿子老成,族中排行十二,小名叫十二郎,年纪和韩愈差不多。后来韩会被贬为韶州刺史,不到几个月就病死在韶州,这时韩愈只有十一岁。之后韩愈随寡嫂郑氏回到宣城,饱尝流离颠沛之苦。韩愈虽然有三个哥哥,但都早逝,这时,延续祖先香火的只有韩愈和他的侄子十二郎两个人,嫂嫂郑氏曾经对两人悲叹道:"韩氏两代人,只剩下你们两个了!"韩愈十九岁时自宣城前往京城,以后十年的时间中,只和十二郎见过三次面。本想叔侄长久团聚,但十二郎却壮年早逝,韩愈闻讯后悲痛欲绝,写下《祭十二郎文》。韩愈在祭文中长叹:"如今我们一在天之涯,一在地之角。活着的时候我们不能形影相依,死后你的魂魄不能与我梦中相见。这都是我不孝不慈的罪过啊!苍天啊!这样的悲痛什么时候才是尽头啊!从今以后,我也没有心思在世上奔波了,还是回老家置办几顷田地,度过我的余生吧!"

出处

出自唐·韩愈《祭十二郎文》:"一在天之涯,一在地之角。"

解释

指极其遥远的地方。也形容彼此相隔遥远。

天衣无缝 tiān yī wú fèng

故事

古时候,太原有个叫郭翰的人,他不仅仪表秀美,而且善于言谈,傲视权贵,有清正之名。郭翰早失双亲,孤身独居。一天夜里,郭翰在树下乘凉,忽然一位美丽的仙女从天而降,自称是天上的织女,奉天帝之命到人间一游,因为仰慕郭翰的风采,愿意以身相许。自此,仙女夜夜都来跟郭翰相会,两人感情日渐亲密。郭翰发现仙女的衣服全都没有缝,感到非常奇怪。仙女说:"天上的衣服本来就不是用针线做的啊。"过了一年,仙女忽然悲泣告别,称天帝规定她在凡间的期限已到,必须分手。天亮时,两人洒泪而别,仙女踏空而去。

出处

出自五代·牛峤《灵怪录·郭翰》:"徐视其衣并无缝,翰问之,谓曰:'天衣本非针线为也。'"

解释

形容事物完善周密,找不出什么毛病。

添兵减灶
tiān bīng jiǎn zào

故事

公元前342年,魏国攻打韩国,韩王求救于齐国。齐威王派田忌为主将,孙膑为军师,率军援助韩国。孙膑采用围魏救韩的战术,率军袭击魏国都城大梁。庞涓急忙从韩国撤军返回魏国。孙膑考虑到魏军狂妄自大,一定会轻视齐军,于是采用诱敌深入的战术,引诱魏军进入埋伏圈后加以歼灭。孙膑命令进入魏国境内的齐军第一天挖设十万个做饭的灶,第二天减为五万个,第三天减为三万个。庞涓查看到齐军留下的炉灶后大喜,说:"我本来就知道齐军怯懦,进入魏国境内不过三天,齐国士兵就已经逃跑了一大半。"于是丢下步兵,只带领精锐骑兵日夜兼程追击齐军,中了孙膑的埋伏,最终拔剑自刎。

出处

出自《史记·孙子吴起列传》:"使齐军入魏地为十万灶,明日为五万灶,又明日为三万灶。庞涓行三日,大喜,曰:'我固知齐军怯,入吾地三日,士卒亡者过半矣。'"

解释

指有意造成士兵减员的假象,以迷惑敌方。

覥颜人世
tiǎn yán rén shì

故事

郗(xī)鉴是东晋的名臣,以清节儒雅而知名。东晋初期,朝政大权落在王导和王敦手中。晋明帝司马绍为了钳制王敦,任郗鉴为安西将军,镇守合肥,统领江西、扬州等地的军队。王敦为调开郗鉴,于是推荐他为尚书令。郗鉴回京途中去拜谒王敦,双方就当年满武秋效忠贾后之事发表看法。王敦故意称道满武秋,认为此人是一名有识之士。郗鉴答道:"人生在世,节操最为重要。满武秋助贾后为虐,哪里值得称道呢?"王敦变色道:"当时惠帝痴傻,贾后势力强大,危急之时为什么不能变通一下?"郗鉴当即反驳道:"难道危急之时就能偷生苟且,丧失节操,厚着脸皮活在世上吗!"

出处

出自《晋书·郗鉴传》:"岂可偷生屈节,靦颜天壤邪!"

解释

形容丧失气节,厚颜无耻地活在世上。

铁杵成针

故事

四川眉州的象耳山下有一条小溪叫作磨针溪。传说李白在山中读书的时候,学业还没有完成,就放弃学习离开了。当他路过一条小溪时,遇到一位老妇人在磨铁棒,李白问她为什么要磨一条铁棒,老妇人说:"我想把它磨成针。"李白被她的这种持之以恒的精神所感动,于是返回山中完成了学业,最终成为名垂千古的大诗人。后来这条小溪就被叫作磨针溪;那位老妇人自称姓武,溪边那块用来磨铁棒的石头因此被叫作武氏岩。

出处

出自宋·祝穆《方舆胜览·磨针溪》:"在象耳山下,世传李太白读书山中,未成弃去,过是溪,逢老媪方磨铁杵,问之,曰:'欲作针。'太白感其意,还,卒业。"

解释

比喻只要有毅力,肯下苦功,再难办的事情也能办成。

听人穿鼻

故事

徐孝嗣,字始昌,南朝宋、齐时期大臣,官至尚书令。公元493年,南朝齐武帝死后,皇太孙萧昭业继位。辅政大臣西昌侯萧鸾密谋废掉萧昭业，派手下通知徐孝嗣，徐孝嗣听后没有发表任何意见，当即回家草拟太后谕旨。萧鸾率兵攻入宫中大殿，徐孝嗣一身戎服跟随在后。杀死萧昭业后，萧鸾急需以太后名义下发诏令，此时徐孝嗣从袖中拿出早已拟好的诏令献了上去，萧鸾大悦。后来有人评论徐孝嗣，说他并不是中流砥柱之材，不过就像鼻子上穿着绳的牛一样，听人牵引罢了。

出处

出自《南史·张弘策传》："徐孝嗣才非柱石，听人穿鼻。"

解释

听任别人将自己像牛一样穿了鼻子牵着走。比喻听凭别人摆布。

tóng bìng xiāng lián
同 病 相 怜

故事

春秋时期，楚平王听信费无忌的谗言，将太子建的太傅伍奢及其长子伍尚杀害。伍奢的次子伍员（字子胥）逃到了吴国，得到了吴国公子光的信任，并帮助公子光夺取了王位，即吴王阖闾。公子光即位后重用伍子胥，让他掌管军国大事。过了几年，楚国大臣郤宛被令尹子常攻杀，并株连全族，其子伯嚭（pǐ）听到消息，连夜逃到吴国，投靠伍子胥。伍子胥将他举荐给吴王阖闾。吴大夫被离对伯嚭很不放心，问伍子胥："您以为伯嚭可以信任吗？"伍子胥答道："我与伯嚭有相同的怨仇。您没听过《河上歌》所唱的'同病相怜，同忧相救'么？就好比惊飞的鸟儿，追逐着聚集到一块，有什么可奇怪的呢？"被离提醒伍子胥道："您只见其表，不见其内。我看伯嚭为人，鹰视虎步，本性贪佞，专功而擅杀。如果重用他，恐怕您日后会受到牵累。"伍子胥不以为然，后来伯嚭陷害伍子胥，导致伍子胥被迫自刎而死。

出处

出自汉·赵晔《吴越春秋·阖闾内传》："子不闻河上歌乎？同病相怜，同忧相救。"

解释

指因有同样的遭遇或痛苦而互相同情。

tóng chóu dí kài
同 仇 敌 忾

故事

春秋时期，卫国的宁武子出使鲁国，鲁文公设宴招待他。席间，文公让乐工演唱《湛露》和《彤弓》,宁武子在席间却不作任何答谢之辞,也没有赋诗回礼。宴饮结束后,文公命掌管外交事务的大行人私下询问宁武子究竟是怎么回事。宁武子回答说:"我以为乐工是在练习演奏时偶然奏到这两首曲子呢。从前诸侯正月去京师向天子朝贺,天子设宴奏乐,这个时候赋《湛露》,表示天子对着太阳,诸侯听候命令。诸侯把天子所痛恨的人作为敌人,向天子献功,天子因此赐给他们彤弓一把、红色的箭一百支,黑弓十把和箭一千支,以表彰功劳而用宴乐来报答。但如今我们卫国来到鲁国表示友好,大王却学天子赐诸侯的礼节,也命乐工演唱《湛露》和《彤弓》。在这种情况下,我只好沉默无言了。"

出处

出自《左传·文公四年》:"诸侯敌王所忾而献其功,王于是乎赐之彤弓一、彤矢百,玈(lú)弓矢千,以觉报宴。"

解释

抱着仇恨和愤怒共同对付敌人。

tóng è xiāng qiú
同 恶 相 求

故事

春秋时期,楚共王没有嫡子,五个儿子都是庶出:长子招、次子围、三子子干、四子子皙、五子弃疾。韩宣子向叔向询问说:"子干可能会成功吧?"叔向回答说:"很难。"韩宣子说:"人们有共同的憎恶而互相需求,好像商人一样,有什么难的?"叔向回答说:"没有人和他有共同的爱好,谁会和他有共同的憎恶呢? 得到国家有五个难处:有了显贵的身份而没有贤人,有了贤人而没有内应,有了内应而没有谋略,有了谋略而没有百姓,有了百姓而没有德行。子干在晋国十三年了,晋国、楚国跟从他的人,没有听说有知名之士,可以说没有贤人;族人被消灭,亲人背叛了他,可以说没有内应;没有空子可钻却轻举妄动,可以说没有谋略;在外边作客一辈子,可以说没有百姓;流亡在外没有怀念他的象征,可以说没有德行。由此看来,享有楚国的,恐怕是弃疾吧!"

出处

出自《左传·昭公十三年》:"同恶相求,如市贾焉,何难?"

解释

原指有共同的憎恶而互相需求。后指坏人与坏人相互勾结。

同甘共苦 tóng gān gòng kǔ

故事

战国时期,燕王哙(kuài)七年(前314),齐军攻破燕国,燕王哙被杀。燕昭王即位后,为复兴燕国,报齐国灭燕之仇,前去拜访燕国名士郭隗,请他帮自己物色人才。郭隗说:"大王如果一定要招致贤士,那就请先从我郭隗开始吧!像我这样的人大王都能重用,何况比我强的呢?一定会不远千里来投奔的。"燕昭王觉得有道理,于是就为郭隗建造宫殿,拜郭隗为师。消息一传开,乐毅、邹衍、剧辛等有才能的人,纷纷来到燕国,为燕昭王效力。燕昭王悼念死者,慰问生者,与百姓同事安乐,共度苦难二十八年,终于把燕国治理得国富民强。于是就用乐毅为上将军,与秦、楚、三晋联合攻打齐国。齐军战败,燕军深入齐都临淄。齐国城邑没被攻下的,只剩莒和即墨。

出处

出自《战国策·燕策一》:"燕王吊死问生,与百姓同其甘苦。"

解释

同欢乐、共患难。

同流合污 tóng liú hé wū

故事

孔子曾经说过:"乡原是戕害道德的人。"孟子的学生万章问:"一乡的人都称他是忠厚之人,他在所到之处也表现出是个忠厚之人,孔子却认为这种人戕害道德,是什么道理呢?"孟子说:"对这种人,要批评他,却举不出具体事来;要指责他,却又觉得没什么能指责的。和颓靡的习俗、污浊的社会同流合污,平时似乎忠厚老实,行为似乎很廉洁,大家都喜欢他,他也自认为不错,但是却不能同他一起学习尧舜之道,所以说是'戕害道德的人'。孔子说过,要憎恶似是而非的东西:憎恶莠草,是怕它淆乱了禾苗;憎恶歪才,是怕它淆乱了道义;憎恶能说会道,是怕它淆乱了信实;憎恶郑国音乐,是怕它淆乱了雅乐;憎恶紫色,是怕它淆乱了大红色;憎恶乡原,是怕他淆乱了道德。君子是要回复到正道罢了。正道的形象端正了,百姓就会奋发振作;百姓奋发振作,就不会有邪恶了。"

出处

出自《孟子·尽心下》:"同乎流俗,合乎污世。"

解释

混同流俗,与世浮沉。也指跟坏人合伙做坏事。

tóng pá tiě bǎn
铜 琶 铁 板

故事

苏轼,字子瞻,号东坡居士,世称"苏东坡",北宋著名文学家。苏轼堪称宋朝文学最高成就的代表,他在诗词、散文以及书画方面都有很高的成就,在词的创作上更是成就非凡,开创豪放一派词风。苏轼追求壮美的风格和阔大的意境,强调抒发真实性情和人生感受,主张自成一家,反对因袭前人,因而苏轼不满秦观"学柳七作词"。苏轼在翰林院的时候,僚属中有人擅长唱曲,苏轼于是问他:"我的词跟柳永的词相比有什么不同?"那人回答说:"柳郎中的词只适合让十七八岁的女孩子,手执红牙拍板,唱'杨柳岸晓风残月';您的词得请关西大汉,抱着铜琵琶,手持铁板,唱'大江东去'。"苏轼听后大笑。

出处

出自宋•俞文豹《吹剑续录》:"东坡在玉堂日,有幕士善歌,因问:'我词何如柳七?'对曰:'柳郎中词,只合十七八女郎,执红牙板,歌"杨柳岸晓风残月";学士词,须关西大汉,铜琵琶,铁绰板,唱"大江东去"。'东坡为之绝倒。"

解释

用铜琵琶、铁绰板伴唱。形容气概豪迈、音调高亢的乐曲或文辞。

tóng tuó jīng jí
铜 驼 荆 棘

故事

索靖,字幼安,敦煌人,西晋名臣。索靖看问题细致入微,目光长远。西晋建立不久,就出现了官僚争相夸富、政治腐败等种种社会现象。索靖认真分析这些现象,预见到天下行将大乱,晋朝将走向衰亡。洛阳宫门外有汉朝所铸的铜驼一对,长一丈,高一丈,尾长二尺,脊如马鞍,精工巧细,堪称极品。两个铜驼夹道相对,而这条街道也成为洛阳城最繁华的大街,俗语称"金马门前聚群贤,铜驼陌上集少年"。一天,索靖指着宫门外的两个铜驼,叹息道:"我将看到你们卧伏在荆棘中!"后来,索靖的预言果然应验。元康元年(291),爆发了长达十六年的"八王之乱",各方争战不休,都城洛阳遭到严重破坏。

出处

出自《晋书·索靖传》:"靖有先识远量,知天下将乱,指洛阳宫门铜驼,叹曰:'会见汝在荆棘中耳!'"

解释

宫门外的铜驼倒在荆棘中。形容国土沦陷后山河残破荒凉的景象。

tòng xīn jí shǒu
痛 心 疾 首

故事

春秋时期,秦晋两国有时友好,有时又兵戎相见。鲁成公十一年(前580),晋厉公与秦桓公在令狐会盟,然而秦桓公未遵守盟约,却挑唆北方的狄族和南方的楚国来夹攻晋国。晋国于是联合诸侯之兵迎战秦国,同时派吕相去和秦国绝交。吕相从秦晋相好说起,历数秦穆公、康公、桓公时代,两国由交好到引发争端的种种情况,最后切入正题,说明这次"令狐会盟"秦的失约和不是,但狄、楚都已通报,晋国早有准备,是战是和由秦君定夺。吕相说道:"各国诸侯如今都知道秦国唯利是图,不守信用,所以都痛心疾首,都要和晋国亲近友好。现在我们陈兵以待,如果秦国和我们盟誓,则可退诸侯之兵,否则,我们各诸侯国将共同对付秦国。"一个月以后,两军交战,秦国大败。

出处

出自《左传·成公十三年》:"诸侯备闻此言,斯是用痛心疾首,昵就寡人。"

解释

形容伤心痛恨到了极点。

tòng yǐn huáng lóng
痛 饮 黄 龙

故事

岳飞,字鹏举,南宋抗金名将。岳飞治军,赏罚分明,纪律严整,又能体恤部属,以身作则,他率领的"岳家军"号称"冻死不拆屋,饿死不打掳"。高宗绍兴十年(1140),完颜兀术毁盟攻宋,岳飞挥师北伐,先后收复郑州、洛阳等地,又于郾城、颍昌大败金军,进军朱仙镇。此时抗金形势大好,金将韩常准备率五万兵众降宋。岳飞闻讯大喜,与诸将誓言:"我们要直捣黄龙府,与你们痛饮!"然而宋高宗、秦桧却一意求和,以十二道金牌下令退兵,岳飞无奈,只得含恨班师。在宋金议和过程中,岳飞遭受秦桧、张俊等人的诬陷,被捕入狱。绍兴十一年腊月(1142年1月),岳飞以"莫须有"罪名,与长子岳云和部将张宪同被杀害。

出处

出自《宋史·岳飞传》:"金将军韩常欲以五万众内附。飞大喜,语其下曰:'直抵黄龙府,与诸君痛饮尔!'"

解释

攻下金国京都黄龙府,大家痛痛快快地开怀畅饮。泛指打垮敌人后开怀畅饮。

tóu bǐ cóng róng
投 笔 从 戎

故事

班超是东汉时期著名军事家、外交家。班超胸有大志,不修小节,孝敬恭谨,审察事理。班超的哥哥班固被召入京任校书郎,班超和他的母亲也一同迁居至洛阳,靠替官府抄写文书来维持生计。班超在抄写文书时,每日伏案挥毫,常停下来扔下笔叹息说:"我身为大丈夫,尽管没有什么突出的计谋才略,总应该学学在国外建功立业的傅介子和张骞,以求封侯晋爵,怎么能够老是干这笔墨营生呢?"旁人都嘲笑他,班超却说:"凡夫俗子又怎能理解志士仁人的襟怀呢!"后来,班超请人看相,相面的人说:"你的先辈虽是平民百姓,但你日后定当在万里之外封侯。"班超问他原因,相面的人说:"你额头如燕,颈脖如虎,飞翔食肉,这是万里封侯的相貌啊!"班超于是投笔从戎,随窦固出击北匈奴,又奉命出使西域,在三十一年的时间里,平定了西域五十多个国家,为西域回归,促进民族融合,做出了巨大贡献。

出处

出自《后汉书·班超传》:"大丈夫无它志略,犹当效傅介子、张骞立功异域,以取封侯,安能久事笔研(通"砚")间乎?"

解释

指文人从军。

投袂而起 tóu mèi ér qǐ

故事

春秋时期,楚庄王派大夫申舟出使齐国,途中经过宋国,故意不向宋国借道,目的就是激怒宋国,挑起战端。当时各诸侯国都有很强的领土观念,无论出使或出征,若经过他国的领土,必须依礼向主国提出假道(即借道),否则就是对对方主权的侵犯,极易引发战争。申舟对楚庄王说:"我去宋国一定会被杀的。"楚庄王说:"要是杀了你,我就攻打宋国。"申舟把儿子申犀托付给楚庄王后就出发了。申舟一到宋国,就被扣留、杀害了。楚庄王听到申舟被杀的消息大怒,马上就要兴兵伐宋,一甩袖子就站起身往外跑,随从追到寝宫甬道上才把鞋给他穿上,追到寝宫门外才把剑给他佩上,追到蒲胥街市才让他坐上车子。这年秋天,楚庄王派兵包围了宋国。

出处

出自《左传·宣公十四年》:"楚子闻之,投袂而起。"

解释

甩袖而起。形容奋发起来,立即行动。

投鼠忌器 tóu shǔ jì qì

故事

贾谊是西汉初年著名政论家、文学家,世称贾生。贾谊的政论文,朴实峻拔,议论酣畅。在其代表作《陈政事疏》中,贾谊建议皇帝对待有罪的王侯大臣,不要像对待老百姓一样,动不动就割鼻、砍脚、刺字,要有等级差别,才能维护皇帝的尊严。贾谊认为,皇帝、大臣、百姓,就好比房子、阶梯和地面,房子为什么看上去这么高大雄伟呢?是因为有阶梯把房子和地面隔开了,如果没有了阶梯,房子看上去就不会那么雄伟了。贾谊主张"刑不上大夫",因为各级官员代表着皇家权威,如果让官员与老百姓受一样的惩罚,皇帝的权威也会跟着减弱了。这就好比打老鼠,如果老鼠离器皿太近,打了老鼠却要伤到器皿,是不是有点划不来呢?打老鼠还要顾忌器皿,何况是处罚臣子呢?

出处

出自《汉书·贾谊传》:"里谚曰:'欲投鼠而忌器。'此善喻也。鼠近于器,尚惮不投,恐伤其器,况于贵臣之近主乎?"

解释

打老鼠却担心打坏旁边的器皿。比喻欲除恶人又有所顾忌,不敢放手进行。

tóu xiá liú bīn
投 辖 留 宾

故事

陈遵,字孟公,西汉名臣。汉宣帝微贱的时候,和陈遵的祖父陈遂很要好,时常跟他一起赌棋,由此陈遂欠下了不少赌债。汉宣帝即位后,任用陈遂为太原太守。有一天,宣帝下诏书给陈遂说:"现在你官尊禄厚,可以偿还赌棋时输的钱了。你夫人君宁当时在场,知道实情。"陈遂辞谢宣帝说:"这些事都发生在元平元年(前74)赦令之前,不应再追究了。"由此可见皇帝对陈遂的恩宠。汉哀帝时,陈遵担任校尉,居住在长安。陈遵喜欢饮酒,每次举行大酒宴,等到宾客满堂时,常常关上了门,把客人车子上的车辖投入井中,这样,客人即使有急事,也不能离开。曾经有一位刺史因公来拜访陈遵,正赶上他宴客狂饮,刺史没法离去,十分窘迫。无奈之下,刺史趁陈遵酩酊大醉时求助陈遵的老母亲,这才得以从后门离开。

出处

出自《汉书·陈遵传》:"遵耆酒,每大饮,宾客满堂,辄关门,取客车辖投井中,虽有急,终不得去。"

解释

扔掉客人的车辖来挽留宾客。指殷勤好客。

tú qióng bǐ xiàn
图 穷 匕 见

故事

战国末期,为阻止秦国攻燕,燕太子丹派荆轲行刺秦王。为了能够接近秦王,荆轲准备了两样"见面礼":一是秦国叛将樊於期的头颅,二是燕国督亢地区的地图。太子丹为荆轲准备了一把锋利的匕首,令工匠用毒药淬炼后卷入地图的最里面。还为荆轲配了一名助手,叫秦舞阳。到了秦国都城,荆轲捧着装有樊於期头颅的匣子走在前面,秦舞阳捧着装有地图的匣子跟在后面。秦舞阳在上台阶时,紧张得双手颤抖,脸色变白。荆轲掩饰说:"北方蛮夷之地的野人,从来没见过天子,免不了有点害怕,请大王原谅。"荆轲接过秦舞阳手里的匣子,当场打开,取出地图,双手捧给秦王。秦王慢慢展开地图,快展到尽头时,突然露出一把匕首。荆轲随即左手抓住秦王衣袖,右手举起匕首便刺,但没有成功。荆轲被秦王砍断左腿,最后被秦王的侍卫们杀死。

出 处

出自《战国策·燕策三》:"轲既取图奉之,发图,图穷而匕首见。"

解 释

借指事情发展到最后,终于露出真相或本意。

tú cháng jué yǎn
屠 肠 决 眼

故事

聂政,韩国轵(zhǐ)人,战国四大刺客之一。聂政因除害杀人,偕母亲及姐姐避祸齐地,以屠为业。韩国大夫严仲子因为与相国侠累结仇,潜逃各地,物色能够替他报仇的人。严仲子听闻聂政有侠义勇武之名,便携厚礼重金到聂家来拜访,聂政辞谢不收。严仲子避开旁人,对聂政说道:"我听说足下义气干云,所以送上百镒(yì)黄金,以求跟足下交个朋友,不敢有别的请求。"聂政说:"我之所以混迹市井,做了个屠夫,只是希望借此奉养我的老母。老母在世,不敢许友以死。"聂政待母亡故守孝三年后,忆及严仲子的知遇之恩,独自一人仗剑入韩都阳翟,为严仲子报仇。韩相侠累正坐于府上,身边侍卫很多。聂政直冲而入,以白虹贯日之势,刺杀侠累于阶上,继而格杀侠累侍卫数十人。因为害怕被人认出,连累姐姐,遂以剑自毁其面,挖眼、剖腹,肠出而死。

出 处

出自《史记·刺客列传》:"聂政大呼,所击杀者数十人,因自皮面决眼,生屠出肠,遂以死。"

解 释

剖腹出肠,挖出眼睛。形容死得异常惨烈。

屠龙之技

故事

《庄子》中记载了一个故事：从前，有个叫朱泙漫的人，师从支离益学习屠龙的本领。朱泙漫花光了千金家产，学了三年才把屠龙的本领学到手。但是学成之后却没有用武之地，因为天下本来没有龙，他到哪儿去施展他那绝妙的本领呢？庄子以这个寓言故事教导人们要顺应自然天成，不要刻意追求人为，要像流水一样"无形"，而让精神归于"无始"。

出处

出自《庄子·列御寇》："朱泙漫学屠龙于支离益，单千金之家，三年技成，而无所用其巧。"

解释

比喻高明而无实用价值的技术。

土木形骸

故事

刘伶，字伯伦，沛国（今安徽淮北）人，魏晋时期文学家、诗人，"竹林七贤"之一。刘伶身材矮小，相貌丑陋，可是他悠闲自在，不修边幅，质朴自然。刘伶经常乘着鹿车，抱着一壶酒，命仆人提着锄头跟在车子的后面，嘱咐道："如果我醉死了，便就地把我埋了。"他嗜酒如命、放浪形骸由此可见一斑。刘伶任建威参军期间，在屋子里脱得一丝不挂地饮酒，正好有客人来访，见他如此不雅，就讥笑他。刘伶反驳道："天地就是我的房子，房子就是我的裤子，你们钻到我裤子里来干什么？"

出处

出自南朝宋·刘义庆《世说新语·容止》："刘伶身长六尺，貌甚丑悴，而悠悠忽忽，土木形骸。"

解释

形体像土木一样。形容人自然质朴，不加修饰。

吐哺握发
tǔ bǔ wò fà

故事

周成王把鲁国分封给周公之子伯禽。周公告诫伯禽说:"我是文王的儿子、武王的弟弟、成王的叔父,又在辅佐天子处理朝政,我的权力、地位在全天下可谓不轻了。然而我洗一次头就要多次握干头发,吃一顿饭就要多次吐出口中的食物,只为了不怠慢前来拜见的士人,唯恐因一时疏忽而失去他们。你去奋发努力吧!不要因为拥有鲁国就骄纵自己,轻视贤士。"

出处

出自《史记·鲁周公世家》:"周公戒伯禽曰:'我文王之子,武王之弟,成王之叔父,我于天下亦不贱矣。然我一沐三捉发,一饭三吐哺,起以待士,犹恐失天下之贤人。子之鲁,慎无以国骄人。'"

解释

吐出口中的食物,握干头发。形容礼贤下士,殷勤接待贤士。

兔死狗烹
tù sǐ gǒu pēng

故事

春秋时期,吴越争霸,越国被吴国打败,越王勾践被困于会稽山上,面临灭国的危险。于是勾践悬赏征求人才,称若能使吴国退兵,愿意与之共同执掌越国。大夫文种挺身而出,说服吴王夫差,两国讲和。此后,越王勾践卧薪尝胆,任用文种、范蠡整顿国政,经过二十年的忍辱负重和励精图治,使国家转弱为强,终于击败吴国,洗雪国耻。越王勾践灭了吴国,在吴宫欢宴群臣时,发觉范蠡不知去向。第二天在太湖边找到了范蠡的外衣,大家都以为范蠡投湖自杀了。然而过了不久,文种收到一封信,上面写着:"飞鸟打尽了,弹弓就被收藏起来;野兔捉光了,猎狗就被杀掉煮来吃。越王这样的人,只可和他共患难,不宜与他同安乐。大夫至今恋恋不去,之后难免会有杀身之祸。"文种此时方知范蠡并未死去,而是隐居了起来。文种从此经常告病不去上朝,日久引起勾践疑忌。一天勾践登门探望文种,临走留下自己的佩剑给文种。文种明白勾践的用意,只得举剑自刎。

出处

出自《史记·越王勾践世家》:"蜚鸟尽,良弓藏;狡兔死,走狗烹。"

解释

野兔死光了,猎狗就被煮来吃。比喻事情成功之后,把有功的人抛弃或杀掉。

推心置腹 tuī xīn zhì fù

故事

西汉末年,王莽篡汉,建立新朝。新(王莽)地皇三年(22),更始将军刘玄被绿林军拥立为帝,建元更始。起义军中,河北的王郎也自称汉帝,定都邯郸。更始二年,刘秀率兵攻克邯郸,杀死王郎。在缴获的文书中,刘秀发现部下和王郎勾结来往毁谤自己的书信有几千份。刘秀随即召集将领,当面把书信一把火烧掉,说:"让那些睡不着觉的人安下心来吧!"刘玄封刘秀为萧王后,刘秀率兵继续扫荡各地叛军,在馆陶、蒲阳打败铜马军、高湖军等部,余众投降,降兵将领被封为列侯。但是这些投降的将领仍不放心,担心遭到刘秀的报复。刘秀理解他们的心理,便让他们归营统率部队,刘秀自己轻骑简从到各部巡视。投降的将士相互议论说:"萧王这样推心置腹对待下属的人,我们能不以死相报吗!"于是都真心归附。

出处

出自《后汉书·光武帝纪上》:"萧王推赤心置人腹中,安得不投死乎!"

解释

把自己的心放在对方肚子里。形容诚心待人。

退避三舍 tuì bì sān shè

故事

春秋时期,晋国内乱,公子重耳被迫流亡。重耳在曹国、郑国都没有得到礼遇,来到楚国后,楚成王认为重耳日后必有大作为,待他如上宾。一天,楚成王设宴招待重耳,楚成王问重耳:"你若有一天回晋国当上国君,该怎么报答我呢?"重耳回答说:"美女、珍宝,大王您都不缺,若是托您的福,果真能回国当政的话,假如有一天,晋楚交战,我会命令军队先退避三舍(三十里为一舍),如果还不能得到您的原谅,我再与您交战。"四年后,重耳果真回到晋国当了国君,即晋文公。公元前632年,晋、楚两国在城濮(pú)展开了争夺中原霸权的首次大战。晋文公兑现当年"退避三舍"的诺言,令晋军后退,避楚军锋芒。楚将子玉不顾楚成王告诫,率军冒进,被晋军击破。

出处

出自《左传·僖公二十三年》:"若以君之灵,得反晋国,晋、楚治兵,遇于中原,其辟君三舍。"

解释

指为避免冲突,主动向对方做出回避或让步。

wǎ qì bàng pán
瓦器蚌盘

故事

陈霸先,字兴国,南朝陈国开国皇帝。陈霸先少年时即有大志向,习练武艺,熟读兵书,明达果断,名重一时。陈霸先身长七尺五寸,日角龙颜,垂手过膝。陈霸先曾经到义兴游玩,夜里梦到天裂开数丈的大口子,从里面下来四个朱衣人,手里捧着太阳,命令陈霸先张口把太阳吞下去,陈霸先醒来后还感觉肚子里热乎乎的,从此就更加自负。南梁敬帝太平二年(557),陈霸先废梁敬帝,自立为帝,建立大陈,是为陈武帝。陈霸先在位三年,于永定三年(559)驾崩,谥武皇帝,庙号高祖。陈霸先平时俭朴节约,日常用膳不过几样菜品。私人宴请所陈列的都是粗陋的瓦器,菜肴够吃就可以了,禁止奢华浪费。家中的女人也是衣着朴素,没有绫罗绸缎、金玉珠翠的装饰,也没有钟乐歌舞的娱乐。等到做了皇帝,陈霸先就更加恭俭了。

出处

《陈书·高祖纪下》:"以俭素自率,常膳不过数品,私飨(xiǎng)曲宴,皆瓦器蚌盘,肴核庶羞,裁令充足而已。"

解释

泛指粗陋的食器。形容生活俭朴。

wài kuān nèi jì
外宽内忌

故事

杨戏,字文然,三国时期蜀汉官员,早期担任督军从事、丞相府主簿,深受诸葛亮器重。杨戏为人疏阔简略,忠诚宽厚,从不无故赞美别人,也很少与人交往。蒋琬(wǎn)和杨戏交谈时,杨戏时常静默不答。有人对蒋琬说:"您向杨戏问话,杨戏却默不作答。他对您如此傲慢,这不是太过分了吗?"蒋琬答道:"不要当面顺从,背后又说否定他人的话语,这是古人所提出的告诫。杨戏本意是要反对我所说的话,但又考虑到不应揭露我的短处,因此沉默不语,这正是杨戏为人坦诚的表现。"延熙二十年(257),杨戏跟随大将军姜维行军到芒水。杨戏心里一直不服姜维,常在酒后谈笑时对姜维有嘲弄的言语。姜维外表上看似宽宏,内心却多忌恨,又难以忍受杨戏的所作所为。军队返回后,有关官员得到姜维的命令,向朝廷奏报杨戏的事,于是杨戏被罢免官职,成为庶人。

出处

出自《三国志·蜀书·杨戏传》:"维外宽内忌,意不能堪。军还,有司承旨奏戏,免为庶人。"

解释

表面上忠厚,内心却怀有猜忌。

wài qiáng zhōng gān
外 强 中 干

故事

春秋时期,晋国公子夷吾流亡在外,得到了秦穆公的支持,许诺如果能够继承晋国君位,则割让五城给秦国。后来夷吾在秦国的帮助下回到晋国,继承君位,是为晋惠公。晋惠公即位后,背信弃义。当晋国发生饥荒时,秦国向晋国输入粮食赈灾,而秦国发生饥荒时,晋国却禁止向秦国输粮。秦穆公因此发兵讨伐晋国,晋惠公亲自率兵迎敌。惠公用郑国赠送的马驾车,大臣庆郑劝告惠公说:"自古以来,打仗时都要用本国的好马驾车,因为它土生土长,熟悉道路,听从使唤。别国的马,不好驾驭,一旦遇到意外,就会乱踢乱叫。而且这种马外表看起来好像很强壮,实际上并没有什么能耐,进退周旋都不灵敏,您一定会后悔的。"惠公没有听从庆郑的意见。战役开始后,晋惠公的马陷入泥泞,进退不得,晋惠公被秦军俘虏。

出处

出自《左传·僖公十五年》:"外强中干,进退不可,周旋不能。"

解释

外表很强大,内里却很虚弱。

弯弓饮羽 wān gōng yǐn yǔ

故事

熊渠,西周时期楚国国君,曾自称蛮夷,因而不使用华夏国君的称号。熊渠为国君时,将楚国势力扩展到长江南岸和中下游,为以后楚国问鼎中原、称霸列侯打下了基础。熊渠勇力过人,胆略非凡。《韩诗外传》说,熊渠有一次赶夜路时,看到前面好像有一只老虎在蹲着,于是弯弓射去,正中目标,上前一看,原来是一块大石头,只见箭已经射到石头里,隐没了箭尾的羽毛。熊渠不仅善射,在战场上勇于作战,而且在政治上也很有头脑。他向周围地区的开拓,大致执行的是近交远攻、先礼后兵的方针。在周王朝的压迫下,楚人一方面臣服姬周,一方面巧与周围方国部落周旋,求得生存与发展。《史记·楚世家》称熊渠在江汉地区甚得人心,蛮夷皆率服。

出处

出自汉·韩婴《韩诗外传》卷六:"昔者楚熊渠子夜行,寝石以为伏虎,弯弓而射之,没金饮羽,下视知其为石,石为之开,而况人乎!"

解释

形容勇猛善射。

完璧归赵 wán bì guī zhào

故事

战国时期,楚国和氏璧为赵惠文王所得。秦昭王听说后,称要用十五座城换取和氏璧。赵王派蔺相如带和氏璧去秦国。蔺相如向赵王保证:如果赵国得到秦国的城邑,就将和氏璧留在秦国;反之,一定完璧归赵。蔺相如在秦廷上将和氏璧献给秦王,见秦王无意偿付赵国城池,就说玉上有一小疵点,要指给秦昭王看,拿回了宝玉。他在廷柱旁站定,说:"若大王一定要抢走宝玉,我宁可将脑袋与宝玉一起在柱子上撞碎!"秦昭王无奈,只得答应划出十五座城邑给赵国。蔺相如判定秦昭王不过是假意应付,便要求秦昭王斋戒五日,再举行隆重的仪式来交换。蔺相如随后派随从乔装改扮,怀藏和氏璧,偷偷从小道返回赵国。

出处

出自《史记·廉颇蔺相如列传》："城入赵而璧留秦；城不入，臣请完璧归赵。"

解释

借指把物品完好地归还原主。

wán huǒ zì fén
玩火自焚

故事

州吁是卫庄公之子，卫桓公异母弟。卫桓公十六年（前719），州吁弑杀卫桓公自立，成为春秋时期第一位弑君篡位成功的公子。州吁喜欢打仗，因此不受卫国人拥护。为了巩固自己在卫国的地位，州吁联合陈国、宋国和蔡国，一起攻打郑国，无功而返。这年秋天，州吁又联合宋、鲁、陈、蔡等国去打郑国。鲁隐公对此征询大臣们的意见，向众仲询问说："州吁能成功吗？"众仲答道："州吁这个人，恃武而残忍，必定众叛亲离。发动战争就好像是燃起大火一样，如果不尽快止息，必定会烧到自己。"州吁接连发动战争，致使民怨沸腾，卫国大臣石碏联合陈桓公杀死州吁，拥立卫桓公之弟公子晋继位，是为卫宣公。玩火自焚的预言在州吁身上应验了。

出处

出自《左传·隐公四年》："夫兵，犹火也，弗戢（jí），将自焚也。"

解释

玩火的人最后把自己烧死。比喻做冒险或不义的事，最后自食苦果。

wǎn nǔ zì shè
挽弩自射

故事

崔洪，字良伯，西晋名臣，出自名门世族博陵崔氏，先任治书侍御史，后任尚书左丞。崔洪为官严厉，廉洁刚毅。时人形容崔洪："丛生棘刺，来自博陵。在南为鹞，在北为鹰。"意思是他这个人浑身是刺，无论做什么官，都像猛禽一样令人生畏。雍州刺史郤（xì）诜（shēn），字广基，博学多才，瑰玮倜傥，不拘细行，崔洪推荐他代替自己为左丞。郤诜任职后，曾经因故弹劾崔洪,崔洪对人说:"我推举了郤诜,而他却反过来弹劾我,这真是拉开弓却射中了自己啊。"郤诜听说后答道:"崔侯为国家推举人才,我凭借才能任职左丞,各司其职,尽忠国家而已,为什么背后说这样的话呢?"崔洪听闻其言大感惭愧,而更加敬重郤诜了。

出处

出自《晋书·崔洪传》:"荐雍州刺史郤诜代己为左丞。诜后纠洪,洪谓人曰:'我举郤丞而还奏我,是挽弩自射也。'"

解释

拉开弓却射中自己。比喻自己做事害自己。

wáng jǐ dé máo
亡戟得矛

故事

《吕氏春秋》记载了一则寓言故事:齐晋两国交战,战斗中,有一个平阿邑的士卒丢了自己的戟,只好从战场上捡了一支矛。撤退的时候,一直闷闷不乐,对路上的人说:"我丢失了戟,得到了矛,可以回去吗?"路人说:"戟也是兵器,矛也是兵器,丢失了兵器又得到了兵器,为什么不可以回去?"这个士兵又往回走,心里还是不高兴,遇到高唐邑的守邑大夫叔无孙,就在他的马前说:"今天作战时,我丢失了戟,得到了矛,可以回去吗?"叔无孙说:"矛不是戟,戟不是矛。丢失了戟,得到了矛,怎么能交代得了呢?"士兵说了声:"嘿!"又返回到战场,最终战死。叔无孙说:"我听说过,君子让人遭受祸患,自己一定要跟他共患难。"急速去追士兵,也死在了战场上。

出处

出自《吕氏春秋·离俗》:"亡戟得矛,可以归乎?"

解释

比喻得到的和失去的相当,或有失有得。

wáng yáng bǔ láo
亡羊补牢

故事

从前,有一个人养了几只羊。一天早上,他去放羊,发现少了一只羊。原来是羊圈破了个窟窿,夜里狼从窟窿里钻进去,把羊叼走了。

街坊邻居们都劝他赶快把羊圈修好,把那个窟窿堵上。那个人却说:"羊都已经丢了,还修羊圈干什么呢?"第二天早上,他去放羊,发现羊又少了一只。原来狼又从窟窿钻进去,把羊叼走了。他很后悔,不该不接受街坊的劝告,心想,现在修还不晚。他赶快堵上那个窟窿,把羊圈修得结结实实的。从此,他的羊再也没有丢过。

出处

出自《战国策·楚策四》:"见兔而顾犬,未为晚也;亡羊而补牢,未为迟也。"

解释

羊丢后修羊圈。比喻及时补救差错,避免遭受更大的损失。

wáng měng mén shī
王 猛 扪 虱

故事

王猛是东晋十六国时期的名臣。桓温率军入关时,王猛穿着粗布衣服去拜见他,一边谈论天下大事,一边翻着衣服捉虱子,旁若无人。桓温觉得他是个奇才,问道:"我奉皇上的命令,率领精锐的军队十万人,主持正义,讨伐叛逆,为百姓铲除凶暴的奸人,可是三秦大地的英雄豪杰没有人前来归附,这是为什么呢?"王猛说:"您不怕千里路远,深入奸人横行的地方,离长安只有咫尺之遥,却不渡过灞(bà)水,老百姓不知道您的心思啊!"桓温黯然不语。桓温即将撤军的时候,请王猛和自己一起到南方去,王猛在老师的建议下没有去。前秦皇帝苻坚倾慕汉族的文化,与王猛一见如故,觉得就像刘备遇到诸葛亮似的,如鱼得水。于是,王猛留在苻坚身边,成为前秦最重要的谋士。

出处

出自《晋书·王猛传》:"桓温入关,猛被褐而诣之,一面谈当世之事,扪虱而言,旁若无人。"

解释

形容不拘小节,从容随意。

wǎng kāi yī miàn
网 开 一 面

故事

商汤是商朝的建立者,又称成汤、武汤。商汤看见捕捉鸟兽的人向四面张网,并祝告说:"从天上掉下来的,从地上钻出来的,从四面八方来的鸟兽,都落进我的网里吧。"商汤说:"唉,照此下去,鸟兽就会被捉完了。不是夏桀谁还会做这种事呢?"于是就收去三面的网,只留下一面网,让捕捉鸟兽的人重新祝告说:"蜘蛛小虫吐丝作网,人们效仿它结网捕鸟兽。想去左边的去左边,想去右边的去右边,想高飞的高飞,想下地的下地,我只想要那命中该死的。"

出处

出自《史记·殷本纪》:"汤出,见野张网四面,祝曰:'自天下四方,皆入吾网。'汤曰:'嘻,尽之矣!'乃去其三面。"

解释

把网打开一面。比喻政策宽大,给人以出路。

wàng zì zūn dà
妄自尊大

故事

马援,字文渊,茂陵人,东汉开国功臣之一。新莽末年,天下大乱,各路豪强割据一方,各自为政。其中公孙述实力最为强大,在成都称帝,建立了政权。马援为陇右军阀隗嚣的属下,甚得隗嚣的信任。隗嚣派马援联络公孙述,以期共同对抗汉朝的征讨。马援跟公孙述是同乡,早年又很熟悉,所以对这次出使信心百倍。然而事出意外,公孙述摆出皇帝的架势,高踞殿上,许多侍卫站在阶前,以君臣之礼接见马援,没说上几句话就退朝回宫,派人把马援送回宾馆去了。接着,公孙述又以皇帝的名义,给马援封官。马援回到隗嚣处,对隗嚣说:"公孙述就好比井底的青蛙,看不到天下的广大,狂妄地自以为了不起,我们不如到刘秀那里去寻找出路。"马援后来归顺光武帝刘秀,为刘秀统一天下立下了赫赫战功。

出处

出自《后汉书·马援传》:"子阳井底蛙耳,而妄自尊大,不如专意东方。"

解释

狂妄自大。

wàng xíng zhī jiāo
忘 形 之 交

故事

孟郊,字东野,湖州武康(今浙江德清)人,唐朝诗人。孟郊四十六岁中进士,曾任溧阳县尉,后因河南尹郑余庆之荐,任职洛阳,晚年多在洛阳生活。宪宗元和九年(814),郑余庆再度招孟郊往兴元府任参军。孟郊乃偕妻前往赴任,行至阌(wén)乡县(今河南灵宝),暴疾而卒,葬于洛阳。孟郊仕历简单,清寒终身,死后曾由郑余庆买棺殓葬。孟郊有"诗囚"之称,与贾岛齐名,人称"郊寒岛瘦"。其诗多写世态炎凉与民间苦难,代表作《游子吟》。孟郊为人耿介倔强,跟人很难合得来,但是韩愈特别赏识孟郊,两人一见如故,成为忘形之交。韩愈诗中称:"低头拜东野,愿得始终如驱蛰。东野不回头,有如寸进撞邻钟。吾愿身为云,东野变为龙。四方上下逐东野,虽有离别无由逢。"由此可见二人的情谊之深。

出 处

出自《新唐书·孟郊传》:"孟郊者,字东野,湖州武康人。少隐嵩山,性介,少谐合。愈一见,为忘形交。"

解 释

指不拘形迹的知心朋友。

望尘而拜
wàng chén ér bài

故 事

潘岳,字安仁,西晋著名文学家,又称潘安。潘安二十岁时,晋武帝躬耕籍田,潘安作赋以美其事,洒洒千言,辞藻优美,为众所疾,遂十年不得升迁。潘安在文学上往往与陆机并称"潘江陆海",古语云"陆才如海,潘才如江"。潘安虽然才华横溢,却喜欢趋炎附势,与富豪石崇一起巴结权臣贾谧(mì)。贾谧是晋惠帝皇后贾南风的侄子,权倾朝野,是无数小人争相阿谀的对象。潘岳与石崇想尽办法讨取贾谧的欢心,他们为表忠心,每次见到贾谧的车驾时,便对着车轮卷起的尘土叩拜行礼。潘安本来字安仁,但是后人认为潘安的品德实在称不起这个"仁"字,于是称其为潘安。也有一种说法称,潘安之名始于杜甫《花底》诗:"恐是潘安县,堪留卫玠车。"后世遂以潘安称焉。

出 处

出自《晋书·潘岳传》:"岳性轻躁,趋世利,每候其出,与崇辄望尘而拜。"

解 释

对着车轮卷起的尘土叩拜。形容卑躬屈膝、讨好献媚。

wàng méi zhǐ kě
望梅止渴

故事

　　东汉末年,曹操以汉天子的名义征讨四方,对内消灭二袁、吕布、刘表、马超、韩遂等割据势力,对外降服南匈奴、乌桓、鲜卑等,统一了中国北方,并实行一系列政策恢复经济生产和社会秩序,奠定了曹魏立国的基础。有一年,曹操率军讨伐张绣,时值酷暑,行军途中士兵口渴难耐,而且附近找不到水源,行军的速度明显慢下来。曹操心生一计,用马鞭指着前方说:"士兵们,前面有一大片梅林,树上结满了梅子,又酸又甜的梅子可以解渴。我们快点赶路,绕过这个山丘就到梅林了。"士兵们一听酸甜的梅子,仿佛已经吃到嘴里,流出了口水,就感觉不那么渴了。

出处

　　出自南朝宋・刘义庆《世说新语・假谲》:"魏武行役,失汲道,军皆渴。乃令曰:'前有大梅林,饶子,甘酸可以解渴。'士卒闻之,口皆出水,乘此得及前源。"

解释

　　比喻用空想安慰自己。

wàng mén tóu zhǐ
望门投止

故事

　　张俭,字元节,东汉名士,江夏八俊之一。东汉桓帝时,张俭任山阳东部督邮,宦官侯览家属仗势在当地作恶,张俭上书弹劾,触怒侯览。党锢之祸起,侯览诬张俭与同郡二十四人共为部党。朝廷下令通缉,张俭被迫流亡。张俭逃亡途中,困急窘迫,每当望见人家门户,便投奔请求收容。主人无不敬重他的声名和德行,宁愿冒着家破人亡的危险也要收容他。张俭自逃亡以来,所投奔的人家,因为窝藏和收容他而被官府诛杀的有十余人,被牵连遭到逮捕和审问的几乎遍及全国,这些人的亲属也都同时被灭绝,甚至有的郡县因此而残破不堪。

出处

　　出自《后汉书・张俭传》:"俭得亡命,困迫遁走,望门投止,莫不重其名行,破家相容。"

解释

望见人家就去投宿。形容漂泊在外而暂求栖身的窘迫情形。

危如朝露
wēi rú zhāo lù

故事

商鞅(yāng),战国时期政治家。商鞅任秦相十年,通过变法使秦国成为富裕强大的国家,史称"商鞅变法"。因改革措施触动了贵族的利益,商鞅遭到了秦国贵族的反对和怨恨。赵良向商鞅提出忠告说:"您的处境已经很危险了,就像早晨的露水,很快就会消亡,您还打算要延年益寿吗。您应该把封地交还秦国,到偏僻荒远的地方浇园自耕,这样才可以稍保平安。否则秦王一旦舍弃宾客而不能当朝,秦国想要拘捕您的人难道还少吗?"但商鞅没有听从赵良的劝告。公元前338年,秦孝公去世,秦惠王即位。公子虔等人告发商鞅"欲反",秦惠王下令逮捕商鞅。商鞅被迫潜回封邑,发动邑兵攻打郑县,失败战亡。其尸身被带回咸阳,处以车裂后示众。秦惠王同时下令诛灭商鞅全族。

出处

出自《史记·商君列传》:"君之危若朝露,尚将欲延年益寿乎。"

解释

危险得好像朝露,太阳一出来就要消失。形容面临灭亡,情况危急。

为虺弗摧,为蛇若何
wéi huī fú cuī wéi shé ruò hé

故事

公元前494年,吴王夫差(chāi)为报父仇举兵伐越,大败越军。越王勾践派诸稽郢(yǐng)前往吴国,以厚币卑辞求和。夫差准备接受。伍子胥劝谏说:"不可议和啊!越国并非心悦诚服与吴国讲和。越国大夫文种知道君王您争强好胜,所以故意用柔顺谦卑的言辞麻痹君王的心志,使您踌躇满志于中原诸国,而令吾士气不盛,兵力衰颓,百姓流离失散,日渐憔悴困顿,然后越国坐收其利,收拾残局。而越王宽政爱民,四方之士皆归附之,粮食逐年丰收,国势日渐强盛。现在我们尚且可以一战而灭之,不能坐失良机啊!小蛇不除掉,长成大蛇后,还怎么对付?"夫差说:"大夫您怎么长他国志气,灭本国威风呢?"于是答应了与越国议和。后来越国用了二十年的时间休养生息,恢复了实力,最终灭掉了吴国。

出处

出自《国语·吴语》:"为虺弗摧,为蛇将若何?"

解释

小蛇不除掉,长大就难对付了。比喻不乘敌人弱小时将其消灭,则必有后患。

wéi shàn zuì lè
为 善 最 乐

故事

刘苍是东汉光武帝刘秀的儿子,建武十五年(39)封东平公,十七年进爵为王。在光武帝刘秀的儿子中,东平宪王刘苍是最优秀杰出的一个。史称刘苍自幼便好读经书,博学多才。汉明帝刘庄做太子时,便对这位弟弟非常钦佩,继位称帝后,对刘苍更加器重。永平元年(58),刘苍被任命为骠骑将军,留在京师辅政,位在三公之上,成为东汉时期地位、权势最高的藩王。刘苍非常不安,多次请求辞去职务,回到封地东平国,汉明帝拖了很久才答应。刘苍就国后,汉明帝很关心他,有一次问他在家里做什么最开心,刘苍说:"为善最乐。"刘苍虽不在政位,但仍关心朝廷大事,曾上奏劝阻汉章帝为光武、明帝的陵墓起立郭邑,并建议朝廷提倡节俭,都被汉章帝听取。

出处

出自《后汉书·东平宪王苍传》:"日者问东平王处家何等最乐?王言为善最乐。"

解释

做善事是最快乐的事。

wéi wèi jiù zhào
围 魏 救 赵

故事

战国时期,魏国围攻赵国的都城邯郸,赵国向齐国求救。齐王命令田忌、孙膑带兵去救赵国。孙膑考虑到魏国的精锐部队出征在赵国,魏国内部空虚,就带兵攻打魏国国都,迫使魏国把军队撤回。趁魏军回师疲惫,齐军在中途进行拦截,把魏军打得大败,从而解了邯郸之围,救了赵国。

出处

出自《史记·孙子吴起列传》:"君不若引兵疾走大梁,据其街路,冲其方虚,彼必释赵而自救。是我一举解赵之围而收弊于魏也。"

解释

借指包抄进攻敌人的后方来使其撤兵的一种战术。

唯食忘忧
wéi shí wàng yōu

故事

魏戊是春秋时期晋国正卿魏舒(魏献子)之子。一次,有人暗中用乐伎贿赂魏舒。魏戊知道这件事后,就请家臣阎没和女宽向魏舒进谏。一次退朝后,魏舒招呼阎没和女宽一起吃饭。两人席间叹了三次气,魏舒问:"俗话说:'只有吃饭的时候才能忘记忧愁。'可您二位吃饭的时候为什么总是叹气呀?"阎没和女宽说:"昨晚有人赐酒给我们,所以没有吃晚饭,现在肚子很饿,见到刚上来的饭菜,恐怕不够吃,所以叹气。菜上了一半的时候,我们责备自己:'难道将军请我们吃饭会不够吃?'因此再次叹息。等到吃完饭,才知道饭菜刚刚好,正够吃饱,所以第三次叹气。希望君子之心也能同我们一样,适可而止就行了!"魏舒这才明白两人是借吃饭来劝谏他,马上下令把送来的女伎退掉了。司马迁评论此事称:"孔子说'父有争子,则身不陷于不义',正是说的魏戊啊!"

出处

出自《左传·昭公二十八年》:"谚曰:'唯食忘忧。'吾子置食之间三叹,何也?"

解释

只有吃饭的时候才能忘记忧愁。

尾大不掉
wěi dà bù diào

故事

楚平王,名弃疾,是楚共王幼子,楚灵王之弟,春秋时期楚国国君。楚灭陈、蔡二国后,楚灵王在陈、蔡、不羹三地筑城,打算派公子弃疾做蔡公。为此,楚灵王向申无宇征求意见:"你看让弃疾去蔡地怎么样?"申无宇说:"臣听说,亲人不能安置在边境,寄居之臣不能安置在朝廷。

现在弃疾在外,郑丹在内,君王恐怕要稍加戒备才好。"楚灵王说:"国都有高城深池,应该不会有问题吧?"申无宇回答说:"树枝大了一定折断,尾巴大了就难以掉转,这是君王所知道的。"后来,弃疾趁灵王率兵伐徐之际,杀掉灵王的儿子太子禄和公子罢敌,立公子比为王。楚灵王众叛亲离,自缢而死,而公子弃疾最终也登上王位,即楚平王。

出处

出自《左传·昭公十一年》:"末大必折,尾大不掉。"

解释

尾巴大了就难以掉转。比喻部下的势力很大,或机构庞大,无法指挥调度。

为渊驱鱼,为丛驱雀
（wèi yuān qū yú, wèi cóng qū què）

故事

战国时期,孟子周游列国,推行自己的仁政思想。孟子认为君主要想取得天下,必先取得民心。桀、纣之所以失去天下,正是由于失去了民心。因此,得到了民心就得到了天下。至于取得民心的方法,首先是为百姓着想,做百姓喜欢的事情,凡是百姓讨厌的事情就不可去做。孟子说:"如果国君施行仁政,爱护百姓,那么百姓就会像百川归海一样来归附。水獭是吃鱼的,水獭一出现,鱼儿必然潜往深水;鹰隼专吃小鸟,小鸟看到鹰隼,一定会飞向树林深处。所以说,是水獭为深渊赶来了鱼儿,鹰隼为丛林聚积了鸟儿。由此可见,是桀、纣把百姓驱赶到商汤王和周武王那儿去的。如果当今天下的诸侯中有施行仁政的,那么其他诸侯的所作所为就等于把人民向仁君这里驱赶啊。"

出处

出自《孟子·离娄上》:"故为渊驱鱼者,獭也;为丛驱爵者,鹯(zhān)也;为汤武驱民者,桀与纣也。今天下之君有好仁者,则诸侯皆为之驱矣。"

解释

为深渊赶来鱼,为丛林赶来鸟。比喻为政不善,人心涣散,使百姓投向敌方。

未能免俗
wèi néng miǎn sú

故事

阮籍是魏晋名士,"竹林七贤"之一,与侄子阮咸并称为"大小阮"。阮咸博览群书,才华出众,但性格狂放不羁,做事不拘礼法,仅仅做过散骑常侍等小官。阮氏家族住在同一条街上。阮籍、阮咸叔侄俩在街南,阮氏其他人住在街北。当时习俗,每年七月七日,家家都要翻箱倒筐,把衣物拿出来晒一晒,以防止发霉虫蛀。街北阮氏穿的是绫罗绸缎,因此晒出来的衣服光彩夺目,看得人们眼花缭乱。街南的叔侄俩家境清贫,阮咸找来找去找不到什么衣服可晒,就把一条粗布牛鼻裤子用竹竿串起来,高高地挂在庭院中。人们见了,问他怎么把这样寒酸的衣物挂出来,他回答:"不能免于世俗,暂且这样晒晒,表示个意思吧。"

出处

出自南朝宋·刘义庆《世说新语·任诞》:"未能免俗,聊复尔耳。"

解释

不能摆脱风俗习惯。

味如鸡肋
wèi rú jī lèi

故事

诸葛亮智取汉中的消息传到长安后,曹操立即率领大军前往汉中。但大军开到汉中城外时,发现那里所有有利地形都已被黄忠等抢占,曹操一时进退两难。晚上曹操用饭时,夏侯惇来请示当夜口令,曹操看着汤里的鸡肋,随口说了"鸡肋"二字。夏侯惇以为这就是口令,便照原话传达下去。大家都对这个奇特的口令感到一头雾水,而主簿杨修听到"鸡肋"的口令后,马上收拾行装,准备动身。大家很吃惊,问他怎么知道将要退军。杨修回答说:"鸡肋这东西丢了可惜,可吃起来又没有什么肉。汉中就如同鸡肋,不攻下来可惜,但攻起来又不那么容易。所以我知道魏王打算退军了。"众人听了将信将疑。第二天,曹操果然下令回师,大家这才信服。

出处

出自《三国志·魏书·武帝纪》裴松之注引《九州春秋》:"时王欲还,

出令曰:'鸡肋。'官属不知所谓。主簿杨修便自严装,人惊问修:'何以知之?'修曰:'夫鸡肋,弃之如可惜,食之无所得,以比汉中,知王欲还也。'"

解释

比喻事情的意义不大或没有价值。

畏首畏尾

故事

春秋时期,晋灵公召集诸侯在扈地会盟。郑穆公想参加这一盛会,晋灵公怀疑郑国背晋归楚,因此拒绝和郑穆公相见。郑国大臣子家派信使给晋国执政大夫赵盾捎去一封信,信中称郑穆公即位以来,即使面对楚国的压力,也从来不敢对晋国三心二意,接着用强硬的口气说:"古话说:'头也怕,尾也怕,全身上下还剩多少地方呢?'古话还说:'鹿到了快要死的时候,不选择有庇荫的地方,只求有地方安身。'小国事奉大国,如果大国以德相待,那它就会像人一样恭顺;如果大国待之非礼,小国就会像鹿一样铤而走险,哪儿还能顾得上有所选择?如果把我们逼得无路可走了,我们就只好去投靠楚国了!"晋灵公怕郑国真的投靠楚国,于是派人与郑国举行和谈。

出处

出自《左传·文公十七年》:"古人有言曰:'畏首畏尾,身其余几?'"

解释

前也怕,后也怕。形容顾虑重重,胆小怕事。

畏影恶迹

故事

《庄子》有一则寓言故事:从前有个人,看到自己的影子就怕得要命,看到自己的脚印就非常厌恶,于是就跑起来,想摆脱影子和脚印。然而他抬脚次数越多脚印就越多,跑得再快影子还是不会离开。这个人认为自己跑得还不够快,于是竭力快跑,直到用尽气力后死去。他不知道待在阴凉的地方就没有影子,静止不动就没有脚印,实在是蠢得可以啊!

出处

出自《庄子·渔父》："人有畏影恶迹而去之走者,举足愈数而迹愈多,走愈疾而影不离身,自以为尚迟,疾走不休,绝力而死。"

解释

害怕自己的影子,厌恶自己的脚印。形容庸人自扰。

渭阳之情 wèi yáng zhī qíng

故事

《诗经·秦风·渭阳》描写外甥为舅父送行并赠送礼物表达自己情意的场景。古人认为这首诗是秦康公送晋公子重耳回国的诗。春秋时期,晋国发生骊姬之乱,公子重耳被迫流亡国外,在秦穆公帮助下回国登上君位。重耳从秦国临行时,秦穆公派太子(秦康公)送行。康公之母秦姬是重耳之姐。康公于临别之时赠送舅父一辆大车、四匹黄马。这个礼物既有无限祝福寄寓其间,又有更深一层的政治意义,表明了秦晋两国政治上的亲密关系。"何以赠之,琼瑰玉佩。"纯洁温润的玉器,不仅是赞美舅父的道德人品,也希望舅父不要忘记母亲的深情厚谊,不要忘记秦国为他重返晋国所做的努力。

出处

出自《诗经·秦风·渭阳》:"我送舅氏,曰至渭阳。"

解释

指甥舅之情。

文君新寡 wén jūn xīn guǎ

故事

司马相如,字长卿,西汉辞赋家。临邛(qióng)富人卓王孙有个女儿名叫文君,刚守寡不久,喜欢音乐,相如就用琴声挑逗她。文君听出了司马相如的琴声,被他的风度和才情所吸引,产生了敬慕之情,后与相如私奔到了成都。卓王孙大怒,认为女儿违反礼教,连一个铜板都不给她。卓文君在成都住了一些时候,又跟司马相如回到了临邛。他们把车马卖掉做本钱,开了一家酒店。卓文君当垆卖酒,司马相如则穿着牛鼻裤,与伙计们一起洗碗刷盘。卓王孙无可奈何,只得分给文君奴仆百人，黄金百两，又把她出嫁时候的衣被财物一并送去。于是，卓文君和司马相如双双回到成都，购买田地住宅，过着富足的生活。

出处

出自《史记·司马相如列传》："是时卓王孙有女文君新寡，好音，故相如缪与令相重，而以琴心挑之……既罢，相如乃使人重赐文君侍者通殷勤。文君夜亡奔相如，相如乃与驰归成都。"

解释

指年轻女子丧夫寡居。

闻鸡起舞
wén jī qǐ wǔ

故事

祖逖(tì)，字士稚，东晋北伐名将。祖逖幼年丧父，生活由几个兄长照料。祖逖为人豁达，讲义气，好打抱不平，深得邻里好评。他常常以兄长的名义，把家里的谷米、布匹捐给受灾的贫苦农民。后来，祖逖与好友刘琨(kūn)一起担任司州主簿。他与刘琨感情深厚，常常同床而卧，有着复兴晋室的共同理想。半夜时分，祖逖在睡梦中听到公鸡的鸣叫声，他一脚把刘琨踢醒，对他说："别人都认为半夜听见鸡叫不吉利，其实这并非坏事，咱们干脆以后听见鸡叫就起床练剑如何？"于是他们每天鸡叫后就起床练剑。经过长期刻苦学习和训练，他们都成了能文能武的人才。后来，祖逖被封为镇西将军，刘琨做了都督，兼管并、冀、幽三州的军事。

出处

出自《晋书·祖逖传》："中夜闻荒鸡鸣，蹴琨觉，曰：'此非恶声也。'因起舞。"

解释

听见鸡叫就起床练习舞剑。指有志者及时奋起，刻苦自励。

闻雷失箸
wén léi shī zhù

故事

东汉末年，豪强并起，刘备起初领兵驻扎徐州、下邳(pī)一带，但不久就被吕布、袁术打败，只好投奔曹操。曹操给刘备以很高的礼遇，然而刘备暗中与车骑将军董承联系,准备组织力量诛灭曹操。正当董承等人密谋策划的时候,有一天曹操来到了刘备的住处。两人一边喝酒一边闲谈,曹操突然问刘备:"你说当今天下谁可以称得上英雄。"刘备故意说:"我看袁绍可以算得上英雄了。"曹操摇摇头,说:"当今天下,只有你我二人可以称得上英雄。袁绍这样的人,不值一提。"刘备以为曹操看穿了自己的心思,不觉大吃一惊,连手中的匕箸也吓得掉到了地上。恰巧,这时突然响了一个炸雷,刘备乘机说:"这雷真响,吓得我把匕箸都失落在地了。"就把这次失态掩饰过去了。

出处

出自《三国志·蜀书·先主传》:"是时曹公从容谓先主曰:'今天下英雄,唯使君与操耳。本初之徒,不足数也。'先主方食,失匕箸。"

解释

听见雷声,掉了匕箸。指借别的事情掩饰自己的真实情况。

闻一知十
wén yī zhī shí

故事

颜回,字子渊,鲁国人,是孔子最喜欢的弟子之一。颜回学习非常刻苦,尽管生活条件很艰苦,但他丝毫不在意,反而更加刻苦学习。孔子曾经多次赞扬颜回。子贡,复姓端木,名赐,也是孔子的得意门生,孔门十哲之一,孔子曾称其为"瑚琏(liǎn)之器"。子贡在孔门弟子中以言语闻名,利口巧辞,善于外交。此外,子贡还擅长经商之道,曾经经商于曹、鲁两国之间,富致千金,为孔子弟子中之首富。有一次,孔子问子贡:"你和颜回两人哪一个强?"子贡答道:"我怎么能和颜回比呢?颜回听见一分就能知十分,而我听见了一分,只能猜到两分。"孔子听后,也同意子贡的话,并感叹道:"你是不如他,而我也不如他呀!"

出处

出自《论语·公冶长》:"赐也何敢望回?回也闻一以知十,赐也闻一以知二。"

解释

听到一点就能理解很多。形容非常聪明,善于类推。

wěn jǐng zhī jiāo
刎 颈 之 交

故事

战国时期,赵国宦者令缪贤的门客蔺相如,受赵王派遣,带着稀世珍宝和氏璧出使秦国。蔺相如在秦国智斗秦王,最终完璧归赵,被赵王封为上大夫。之后,在渑池之会上,蔺相如以过人的智慧与胆识使赵王免受秦王羞辱,并安全回到邯郸。赵王因此封蔺相如为上卿,比将军廉颇的官位还高。这引起了廉颇的不满:"我身为大将,有攻城野战的大功。而蔺相如仅凭着口舌立了点功,位次却在我之上。况且蔺相如本是个微贱之人,位居他之下,我感到羞耻。"廉颇公开扬言说:"我见了蔺相如,定要羞辱他。"相如听说了这话,不肯和他见面。相如每逢上朝时,常常推托有病,不愿跟廉颇争位次。后来相如出门,望见廉颇,就调转车绕道回避。相如的门客都对此感到不理解:"您和廉颇职位相同,廉将军公然说一些无礼的话,您却害怕他、躲着他,这也太过分了吧!平常的人对此尚且会感到羞耻,何况身为将相的人呢!"蔺相如说:"诸位看廉将军的威风比秦王怎么样?"门客回答说:"自然不如秦王。"相如说:"凭着秦王那样的威风,我还公开在朝廷上呵斥他,羞辱他的大臣。我虽然无能,难道会怕廉将军吗?只是我想到,强秦之所以不敢侵犯赵国,只因为有我和廉颇将军两个人在。假如两虎相斗,势必不能同存。我之所以这样做,是因为把国家的急难放在前头,而把个人的仇怨放在后头啊!"廉颇听到这话,又感动又羞愧,于是光着膀子背上荆条,由门客引导着到蔺相如府上赔罪,说:"我这粗野鄙贱的人,不知道将军您竟如此宽容!"两人最终和好,成了同生共死的朋友。

出处

出自《史记·廉颇蔺相如列传》:"卒相与欢,为刎颈之交。"

解释

指可以同生死、共患难的朋友。

wèn dǐng zhōng yuán
问 鼎 中 原

故事

楚庄王时期的楚国国力强盛,楚庄王因此野心膨胀。一次楚庄王率军讨伐陆浑的部落,在洛水之畔摆开阵势,向周王室示威。周定王派王孙满去犒劳楚庄王,楚庄王别有用心地向王孙满问起九鼎的大小轻重。九鼎是大禹所铸,夏、商、周三代以九鼎为传国宝,楚庄王向王孙满问鼎,有觊觎周室之意。王孙满听到楚庄王的话后,以事实为依据,有理有据地驳斥了楚庄王的无礼要求,暗讽他没有资格问鼎。

出处

出自《左传·宣公三年》:"楚子伐陆浑之戎,遂至于雒(luò),观兵于周疆。定王使王孙满劳楚子,楚子问鼎之大小轻重焉。"

解释

指图谋夺取政权。

wèn niú zhī mǎ
问 牛 知 马

故事

赵广汉,字子都,西汉名臣。赵广汉尤其善于从事物关系中寻找线索,得知真相。假设想知道马的价格,就先问狗的价格,再问羊的价格,又问牛的价格,然后才问到马的价格,比较查对它的价格,按类衡量,就能知道马价的真实情况。这个本领只有赵广汉有,其他人没有比得上的。侍郎苏回在家中遭到两个劫匪的劫持,赵广汉带人赶来,让人给劫匪传话说:"京兆尹赵某劝告两位,不要伤害人质。如果释放人质,自动就擒,还可以好好对待你们。侥幸的话遇到大赦,或许还能免于处罚。"两个劫匪听到赵广汉的名字,当即开门出来叩头认罪。赵广汉将两个劫匪收监,命令差役细心照顾,给以酒肉。到了冬天将要行刑,则预先发给他们棺木,劫匪很受感动,说:"死了也没有什么遗憾的!"

出处

出自《汉书·赵广汉传》:"钩距者,设欲知马贾(价),则先问狗,已问羊,又问牛,然后及马。"

解释

先问牛的价格,推知马的价格。指从侧面推究,从而了解有关情况。

wèn zhū shuǐ bīn
问 诸 水 滨

故事

春秋时期,齐桓公率军攻打楚国。楚成王派使者对齐桓公说:"您住在北方,我住在南方,没想到您进入了我们的国土,这是什么缘故?"管仲回答说:"从前召康公命令我们先君太公说:'五等诸侯和九州长官,你都有权征讨他们,从而辅佐周王室。'你们应当进贡的包茅没有交纳,周王室的祭祀供不上,没有用来渗滤酒渣的东西,我特来征收贡物;周昭王南巡却死在了楚国,我特来查问这件事。"楚使回答说:"贡品没有交纳,是我们国君的过错,我们怎么敢不供给呢?周昭王南巡没有返回,还是请您到水边去问一问吧!"

出处

出自《左传·僖公四年》:"贡之不入,寡君之罪也,敢不共给?昭王之不复,君其问诸水滨!"

解释

比喻不承担责任或两者没有关系。

我见犹怜
wǒ jiàn yóu lián

故事

桓温,字元子,东晋权臣。桓温讨平蜀国后,纳了成汉皇帝李势的妹妹为妾。他的妻子即晋明帝之女南康长公主,凶悍妒忌,当时还不知这件事。待后来知道了,就带着几十个婢女,拿着刀到李女的住所,想杀了她。当时李女在窗前梳头,端庄美丽,文静地扎着头发,然后合拢两手,面向公主,神色从容,慢慢说道:"国破家亡,被迫至此,如果今日能死在这里,正是我的心愿。"公主于是丢下刀上前抱住她说:"我见了你尚且怜爱,更何况那个老家伙呢!"于是便很善待她。

出处

出自南朝宋·虞通之《妒记》:"温平蜀,以李势女为妾。郡主凶妒,不即知之。后知,乃拔刀往李所,因欲斫之。见李在窗梳头,姿貌端丽,徐徐结发,敛手向主,神色闲正,辞甚凄婉。主于是掷刀前抱之,曰:'阿子,我见汝亦怜,何况老奴!'遂善之。"

解释

我见了尚且觉得可爱。形容女子娴雅可爱,令人望而生怜。

卧冰求鲤
wò bīng qiú lǐ

故事

西晋有个人叫王祥,早年丧母。继母朱氏不喜欢王祥,数次在王祥父亲面前说他的坏话，因此父亲对王祥的态度也越来越冷淡。王祥不仅恶衣恶食，还要每天清扫牛房。但是王祥是个大孝子，父母有病时，王祥衣不解带地侍奉他们，亲自为他们尝汤药，毫无怨色。有一次，继母得了病，想吃鲤鱼。当时天寒冰冻，王祥不顾严寒，来到河边，解开衣服，躺在冰上。这时，冰面忽然自动裂开，一双鲤鱼跃出河面，王祥持鱼而归。乡人都认为这是王祥的一片孝心感动上天所致。

出处

出自《晋书·王祥传》："王祥，字休征，琅玡临沂人……父母有疾，衣不解带，汤药必亲尝。母尝欲生鱼，时天寒冰冻，祥解衣将剖冰求之，冰忽自解，双鲤跃出，持之而归。"

解释

指对父母尽孝。

wū shān yún yǔ
巫山云雨

故事

楚国宋玉在《高唐赋》中描述了楚王与神女相会的故事：楚怀王赴湖北云梦泽畋（tián）猎，小憩于高唐馆，朦胧中，见一女子袅袅娉娉，款款行来，自言："我是天帝的小女儿，名叫瑶姬，未曾出嫁而亡，葬于巫山之台，精魂变化成了灵芝草。"楚王见她禀天地阴阳造化之妙，具有天地间一切之美；她的相貌容颜，无人能比，其状貌之美，已到了无可言谈的地步。于是心生爱慕，两情缱（qiǎn）绻（quǎn）。待到楚怀王恍然梦醒，却已芳影无踪，遗香犹存。楚王不能忘情于瑶姬，寻至云梦阳台山，但见峰峦秀丽，云蒸霞蔚。乡间相传，此云乃神女所化。楚怀王于是在巫山修筑楼阁，号为"朝云"，以示怀念。

出处

出自战国楚·宋玉《高唐赋》："妾在巫山之阳，高丘之阻，旦为朝云，暮为行雨，朝朝暮暮，阳台之下。"

解释

巫山：今湖北云梦的巫山，又称阳台山。指男女欢好。

wú chū qí yòu
无出其右

故事

西汉初年，陈豨（xī）在代地起兵造反，高祖刘邦前去诛讨。途经赵国,赵王张敖亲自端着食盘献食,恭谨有礼,汉高祖却傲慢地岔腿坐着,大骂赵王。赵午等几十人都发怒了,对赵王张敖说:"您侍奉皇上礼节完备周全,现在他对待您竟是如此,我们不如反了吧!"赵王咬破自己的指头说:"我的父亲失去了国家,没有陛下的恩德,我们死后都会无人收尸!你们怎么能说这样的话呢?不要再说了!"贯高等就私下里谋划杀掉刘邦。事情败露后,刘邦下令逮捕赵王和谋反的群臣,赵午等人都自杀了。朝廷又下诏书说:"赵国有胆敢跟随赵王进京的罪及三族。"然而孟舒、田叔等十多人假称赵王的家奴跟随赵王张敖到了长安。贯高等人谋反的事搞清楚了,赵王张敖被废黜为宣平侯。刘邦召见了田叔等人,通过谈话,对他们的才学和品德有了真正的了解,他感慨地说:"现在汉朝的臣子没有一个能超过他们的。"于是任命他们都做了郡守或诸侯的国相。

出　处

出自《史记·田叔列传》:"上尽召见,与语,汉廷臣毋能出其右者。"

解　释

指没有能超过他的。

wú gōng shòu lù
无 功 受 禄

故　事

战国时期,各诸侯国之间经常互相攻伐,赵国不断侵犯楚国。此时楚国人杜赫来见楚怀王,声言他能说服赵国跟楚国和好。楚怀王很高兴,并准备把杜赫封为五大夫,然后派他前往赵国。大臣陈轸对楚怀王说:"杜赫如果争取不到赵国,他既无功,也无过,而爵位已定,五大夫的爵位就收不回来了,这样,他就是无功受赏。如果他争取到赵国,那么他已经是五大夫,就无法再提升,这样,就是忘掉了别人的功劳。大王不如给他十辆车派他去赵国,如果任务完成了,就给他五大夫的爵位。"楚怀王采纳了陈轸的计策。杜赫见楚怀王不提封爵之事,干脆拒绝出使赵国。

出　处

出自《战国策·楚策一》:"陈轸谓楚王曰:'赫不能得赵,五大夫不可收也,得赏无功也。得赵而王无加焉,是无善也。王不如以十乘行之,事成,予之五大夫。'"

解释

没有功劳或不做事情却得到报酬。

无可奈何 wú kě nài hé

故事

战国末期,燕太子丹为阻止秦国侵燕,派荆轲前往秦国刺杀秦王。荆轲说:"没有凭信之物,就无法接近秦王。如果能够得到樊将军的首级及燕国督亢一带的地图献给秦王,秦王一定会召见我。"太子说:"樊将军因为走投无路而来归附我,我不忍心这样做!"荆轲于是私下去见樊於(yū)期(jī),樊於期得知荆轲的计划便自杀了。太子听说了这件事,赶着马车跑去,伏在樊於期的尸体上大哭,非常悲伤。但事已至此,已经没有办法挽回了,于是就收拾安放樊於期的首级,用匣子装好它。其后,荆轲以此献礼秦王,果然得到召见,于是就有了著名的荆轲刺秦。

出处

出自《战国策·燕策三》:"太子闻之,驰往,伏尸而哭,极哀。既已,无可奈何,乃遂收盛樊於期之首,函封之。"

解释

没有办法。

无下箸处 wú xià zhù chù

故事

何曾,字颖考,晋武帝时期位列三公。何曾标榜礼法,就是同自己的妻子说话,也要衣冠整齐。他曾指责名士阮籍在守孝期间大吃大喝,大违孝道。然而何曾又喜好豪华奢侈,衣食陈设务求奢华,帷帐车服都奢华到极点,膳食滋味超过帝王之家。平时在宫中与皇帝聚会,何曾不吃宫中所设的饮食,皇帝常派人到他家取他喜欢吃的食物。不是十字开花的蒸饼就不吃。他的伙食一天要花一万钱,何曾还不满意,说:"没有值得下筷子的东西!"刘毅等人多次上奏弹劾何曾奢侈无度,武帝因为何曾是重臣,从不过问。

出处

出自《晋书·何曾传》:"食日万钱,犹曰无下箸处。"

解释

原指没有值得吃的东西。后形容饮食奢华铺张。

无兄盗嫂 wú xiōng dào sǎo

故事

直不疑是西汉名臣,官至御史大夫。他崇尚黄老学说,做官低调收敛,一切照前任制度办,唯恐人们知道他做官的政绩,也不喜欢别人以官名称呼自己,人们都称呼他"长者"。曾经有人诽谤他说:"直不疑相貌很美,但是他跟嫂子私通这件事真是没办法啊!"直不疑听说后,说:"我是没有兄长的。"此后再不辩解。

出处

出自《汉书·直不疑传》:"人或毁不疑曰:'不疑状貌甚美,然特毋奈其善盗嫂何也!'不疑闻,曰:'我乃无兄。'然终不自明。"

解释

指无中生有的毁谤。

吾膝如铁 wú xī rú tiě

故事

李齐,字公平,元朝元统年间左榜状元,历任河南淮西廉访司事、高邮知府职,颇有政治声望。至正十年(1350),突有强盗冲入府驿,劫取十二匹马离去,李齐亲自追杀,夺回马匹。至正十三年,泰州人张士诚起事,攻破泰州。河南行省派李齐前去招降,被张士诚扣押。后张士诚内部自相残杀,才把李齐放回。不久,张士诚又起事,攻破兴化及高邮。朝廷下诏,表示愿意赦免起事人等。诏至高邮,张士诚伪称"李知府来,我们才受命"。朝廷急于求成,强求李齐奉诏前往招安。然而张士诚本无降意,李齐一到便被下狱。官军攻城,贼以李齐为质,让他下跪。李齐叱道:"吾膝如铁,岂肯为贼屈!"张士诚大怒,强行按住李齐使其下跪,李齐挺立而被拉倒,继而被捶碎膝盖骨,之后被剐而死。

出 处

出自《元史·李齐传》:"吾膝如铁,岂肯为贼屈?"

解 释

指刚强不屈。

吴牛喘月
wú niú chuǎn yuè

故 事

满奋,字武秋,高平昌邑(今山东巨野)人,西晋大臣,曹魏太尉满宠之孙。他体态丰肥,身长八尺,清静平和,甚有才识,体量通雅,颇有祖父满宠的风采。满奋怕风,一天,晋武帝召见满奋,宫殿北窗下面放了一个琉璃屏风,看上去好像只是一个空架子,一点儿都不能挡风的样子。满奋局促地站在原地,不知如何是好。晋武帝看到满奋为难的样子,大笑说:"你就放心坐下吧,那是琉璃屏风,挡风效果更好。"满奋这才松了口气,自我解嘲道:"我就像吴地的水牛,疑心太重,以致看到月亮就吓得直喘气。"晋元康年间,满奋官至尚书令,持节奉玺绶于赵王司马伦,迁司隶校尉。因为上官巳在洛阳残暴横行,满奋与河南尹周馥谋划杀之,谋泄遇害。

出 处

出自南朝宋·刘义庆《世说新语·言语》:"满奋畏风,在晋武帝坐。北窗作琉璃屏,实密似疏,奋有难色。帝笑之,奋答曰:'臣犹吴牛,见月而喘。'"

解 释

吴地炎热,怕热的水牛见到月亮误以为是太阳,就喘起气来。比喻因遇到类似的事物而害怕。也形容天气酷热。

吴市吹箫
wú shì chuī xiāo

故 事

春秋时期,楚平王听信谗言,将太子建的师傅伍奢及其长子伍尚杀死,又派人去抓逃亡的伍奢的次子伍员,即伍子胥。伍子胥在东皋公的帮助下,蒙混出了昭关。出昭关后,一条大江拦住了去路。正着急时,江上有个老渔夫划着小船过来,把他渡了过去。伍子胥感激万分,摘下佩剑,交给老渔夫说:"这把宝剑是楚王赐给我祖父的,值一百两金子。送给你,聊表我的心意。"老渔夫回答说:"楚王为了追捕你,出了五万石的米作为赏金,还要封告发者大夫的爵位。我不贪图赏金、爵位,怎么还会贪图你的宝剑呢?"伍子胥到达吴国的都城时,已经几天没有吃东西,于是他披发赤膊,装成要饭的,在地上爬行,磕头乞食。在吴都的街市上,鼓着肚子吹箫唱曲,以引起人们的注意。后来,伍子胥在吴国做了将军,引吴军攻破楚都,对楚平王掘冢鞭尸,报了父兄之仇。

出处

出自《史记·范雎(jū)蔡泽列传》:"伍子胥橐(tuó)载而出昭关,夜行昼伏,至于陵水,无以糊其口,膝行蒲伏,稽首肉袒,鼓腹吹篪(chí),乞食于吴市。"

解释

指在街头行乞。

吴下阿蒙 (wú xià ā méng)

故事

吕蒙,字子明,东吴名将。吕蒙虽然身居要职,但小时候没有机会读书,学识浅薄,见识不广。当初,孙权对吕蒙说:"你现在掌管事务,不可以不学习啊。"吕蒙以军中事务繁多来推辞。孙权说:"我难道想要你研究儒家经典,成为学识渊博的人吗?我只是让你泛览书籍,了解历史罢了。你说军务繁多,还能多过我吗?"吕蒙于是开始学习。后来,鲁肃和吕蒙在一起谈论,鲁肃十分吃惊地说:"你现在的才干和谋略,不再是原来的那个吴县的阿蒙了。"吕蒙说:"读书人分别几天,就应该另眼看待了。长兄你认清这件事为什么这么晚呢?"

出处

出自《三国志·吴书·吕蒙传》裴松之注引《江表传》:"至于今者,学识英博,非复吴下阿蒙。"

解释

指学识浅薄的人。

五色无主
wǔ sè wú zhǔ

故事

传说尧做天子的时候,洪水泛滥,人民无处安身。大禹用疏导的方法治理洪水,经过十三年的努力,终于平息水患。有一次,禹到南方去巡视,在渡长江的时候,突然波涛涌起,船被颠得左右摇晃起来。就在这时,一条黄龙从江中冒了出来。眼看船一下就会翻掉,船上的人脸上都露出惊骇的神色,狂呼乱叫起来。禹神色自若,站在船头对黄龙说:"我受天帝之命为百姓做事,早已将生死置之度外。活着的时候生命寄放在人间,死了就像回家一样。你不需要这样吓唬我,快走吧!"黄龙听后,注视着禹的脸色,发现他果然没有任何恐惧的表现,马上沉入江中潜走了。

出处

出自《吕氏春秋·知分》:"禹南省,方济乎江,黄龙负舟,舟中之人,五色无主。"

解释

形容因恐惧而神色不定。

五十步笑百步
wǔ shí bù xiào bǎi bù

故事

战国时期,各诸侯国以武力争霸,战争连年不断。孟子来到梁国,见到了梁惠王。梁惠王对孟子说:"我费心尽力治国,又爱护百姓,却不见百姓增多,这是什么原因呢?"孟子回答说:"大王您喜欢打仗,就拿打仗作个比喻吧。双方军队在战场上相遇,免不了要进行一场厮杀。厮杀结果,打败的一方免不了会丢盔弃甲,飞奔逃命。假如一个士兵跑得慢,只跑了五十步,却去嘲笑跑了一百步的士兵贪生怕死,这样对不对?"梁惠王说:"当然不对,他同样也是逃跑啊。"孟子说:"您的厨房里有肥肉,马厩里有健马,可是老百姓却面带饥色,野外都是饿死的人。这等于是您率领着野兽吃人啊。野兽自相残杀,人尚且厌恶它;作为老百姓的父母官,又怎么可以使老百姓活活地饿死呢?您口口声声爱百姓,在这样的情况下,与五十步笑百步有什么区别呢?"

出处

出自《孟子·梁惠王上》:"填然鼓之,兵刃既接,弃甲曳兵而走。或百步而后止,或五十步而后止。以五十步笑百步则何如?"

解释

逃跑五十步的人讥笑逃跑一百步的人。比喻缺点或错误性质相同,却自以为优越而嘲笑别人。

五世其昌 wǔ shì qí chāng

故事

敬仲,即田完,也作陈完,春秋时期陈国陈厉公的儿子。陈国内乱,公子敬仲逃到齐国,齐桓公封他为"工正",并赐给他田地。大夫齐懿(yì)仲想把女儿嫁给陈完为妻,为此进行占卜,占卜称:有妫氏之后代陈氏,将在姜姓那里成长,五代之后就要昌盛发达并取得正卿的地位,八代之后,地位之高没人比得上。于是,齐懿仲把女儿嫁给陈完为妻。陈完的后代以"田"为姓(古时陈、田同音),这也是"陈田一家"的由来。公元前391年,田和放逐齐康公于海上。公元前386年,周安王册命田和为齐侯。公元前379年,齐康公死,姜姓齐国绝祀。田氏仍以"齐"作为国号,史称"田氏代齐"。

出处

出自《左传·庄公二十二年》:"有妫之后,将育于姜。五世其昌,并于正卿。八世之后,莫之与京。"

解释

五世之后,子孙昌盛。泛指子孙后代将繁荣昌盛。用于祝寿或祝颂新婚之辞。

勿忘在莒 wù wàng zài jǔ

故事

春秋时期,齐僖公死后,太子诸儿即位,是为齐襄公。当时,管仲保护公子纠逃到鲁国避难,鲍叔牙则保护公子小白逃到莒国。襄公十二年(前686),公孙无知杀死齐襄公,自立为君。次年,公孙无知也被杀。公子小白与公子纠得知消息后,都想尽早赶回齐国,争夺君位。

鲁国派管仲在莒国到齐国的道路上堵截公子小白。管仲射中公子小白的带钩,公子小白假装倒地而死。管仲派人回鲁国报捷,鲁国于是就慢慢地送公子纠回国,过了六天才到。这时小白已兼程赶回齐国,被立为国君,是为桓公。桓公不计前嫌,任用管仲为相,齐国大治。一次,齐桓公、管仲、鲍叔牙、甯(níng)戚在一起饮酒,酒酣之际,鲍叔牙捧杯进前祝酒说:"希望国君不要忘记当年流亡莒国的岁月,希望管仲不要忘记当年在鲁国做阶下囚的日子,希望甯戚不要忘记当年在车下喂牛的艰苦时光。"桓公闻听当即避席再拜道:"寡人与大夫如果都能牢记夫子您的话,那么齐国社稷就有幸免于危险了!"

出处

出自《吕氏春秋·直谏》:"使公毋忘出奔于莒也。"

解释

指不要忘记曾经的艰苦岁月。

惜墨如金

故事

李成,北宋画家,原是唐朝皇室,五代时避乱于山东营丘,故又称"李营丘"。李成为人磊落不凡,但仕途失意,只得寄情于山水之间。李成擅长画雪景寒林,他笔下的古木寒林,树干坚韧瘦削,小枝挺劲有力。中国画讲究用墨要恰如其分,不可任意挥霍,尽可能做到用墨不多而表现丰富。李成以渴笔画枯枝,树身只以淡墨拖抹,但在画面上,仍然获得"山林薮(sǒu)泽,平远险易"的效果,故有"李成惜墨如金"之誉。

出处

出自宋•费枢《钓矶立谈》:"李营丘惜墨如金。"

解释

指不轻易动笔。

犀照牛渚

故事

温峤,字泰真,晋朝名将。温峤辅佐刘琨治理并州,抵御前赵,尽心效力,安于奔命。南渡之后,历元、明、成三帝,平定王敦、苏峻叛乱,内涉中枢,外任方镇,为东晋王朝的创立和巩固做出了很大的贡献。苏峻之乱平定后,朝廷想把温峤留在朝中辅政,温峤辞绝,返回武昌。走到牛渚矶,见水深不可测,听说水下有很多怪物,温峤就叫人点燃犀角下水照看。不一会儿,只见水中怪物前来掩火,奇形怪状,有的乘着马车穿着红色衣服。这天夜里,温峤梦见一个人愤怒地指责他说:"我和你幽明有别,各不相扰,为什么要来照我们呢?"温峤以前有牙疾,这天刚刚拔了牙,结果因此中风,到达镇所不到十天就去世了,终年四十二岁。

出处

出自《晋书·温峤传》:"至牛渚矶,水深不可测,世云其下多怪物,峤遂燬(huǐ)犀角而照之。"

解释

比喻洞察幽微。

洗耳恭听
xǐ ěr gōng tīng

故事

上古时代,帝尧想把帝位让给隐居于沛泽的贤士许由,许由听闻后连夜逃进箕山,隐居不出。尧又请他做九州长,许由听了这个消息,更加厌恶,立刻跑到山下的颍(yǐng)水边去,掬水洗耳。许由的朋友巢父也隐居在这里,这时正牵着牛来饮水,许由就把消息告诉他,并且说:"我听了这样不干净的话,怎能不赶快洗洗我清白的耳朵呢!"巢父听后,唯恐许由洗耳的水玷污了自己的牛,赶紧牵起牛,向上游走去了。后来,"洗耳"的传说演化成洗耳恭听。

出处

出自晋·皇甫谧(mì)《高士传·许由》:"尧闻致天下而让焉。乃退而遁于中岳,颍水之阳,箕山之下。尧又召为九州长,由不欲闻之,洗耳于水滨。"

解释

专心而恭敬地听人讲话。为请人讲话时所说的客气话。

徙宅忘妻
xǐ zhái wàng qī

故事

春秋时期,鲁哀公有一次问孔子:"听说有个特别健忘的人,搬家的时候竟然忘了把妻子带上。真有这样的人吗?"孔子说:"这事儿不算稀奇。譬如夏桀、商纣等暴君,荒淫无度,穷奢极欲,不理国事,不顾民生。结果,国家亡了,暴君们的命也完了。他们不但忘记了国家,遗忘了人民,连自身都完全忘记了!"

出处

出自《孔子家语·贤君》:"寡人闻忘之甚者,徙而忘其妻。"

解释

搬家忘了带妻子。比喻轻重倒置。

匣里龙吟
xiá lǐ lóng yín

故事

颛(zhuān)顼(xū)是中华民族人文共祖之一,号高阳氏,黄帝之孙,昌意之子。在神话传说中,颛顼是主管北方的天帝。传说颛顼有宝剑叫作曳影,使用时便腾空而起,舒展开来。如果四方有战事,便朝着战场的方向飞去,冲入敌阵,杀敌斩将,每次都能杀得敌人大败。不用的时候便收入匣中,常常发出虎啸龙吟的声音。

出处

出自晋·王嘉《拾遗记·颛顼》:"[颛顼]有曳影之剑,腾空而舒,若四方有兵,此剑则飞起,指其方则克伐。未用之时,常于匣里如龙虎之吟。"

解释

指宝剑的神通广大。比喻贤德之士名声传扬于外。

狎雉驯童
xiá zhì xùn tóng

故事

鲁恭,字仲康,东汉大臣。鲁恭于东汉章帝建初年间任中牟县令,他着重以道德风尚感化人,不依靠刑罚命令惩治人,遇有讼争,尽量说服,使犯法者自感愧悔,深受人民爱戴,当时即有"鲁恭三异"的传说。建初七年(82),郡国螟虫为灾,伤害庄稼,县界犬牙交错,而螟虫独独不入中牟县境。河南尹袁安听说后,派仁恕掾(yuàn)肥亲前往察看。鲁恭跟随巡查,两人坐在桑树下。这时有野鸡飞过,停在旁边。刚好旁边有个小孩,肥亲问小孩:"你为什么不去捉野鸡?"小孩说:"这只野鸡要带小野鸡。"肥亲肃然起敬,起身对鲁恭道:"我到这里来,本是考察你的政绩,现在却发现了三件奇事:螟虫不犯中牟,这是一奇;德化及于鸟兽,这是二奇;连小孩都有仁心,这是三奇。"

出处

出自《后汉书·鲁恭传》:"有雉过,止其傍。傍有儿童,亲曰:'儿何不捕之?'儿言:'雉方将雏。'"

解释

母野鸡带小野鸡在路上大摇大摆地行走,连小孩都不去捕捉它们。用于赞誉人的政绩。

xià bǎn zǒu wán
下 坂 走 丸

故事

秦朝末年,群雄逐鹿,楚汉并起。原陈胜部将武臣攻打赵国,自号武信君。赵国各县邑大为惊恐。范阳人蒯(kuǎi)通去劝说武臣,告诉他范阳令徐公想投降,并建议道:"如今大王您应该用隆重的礼节厚待范阳令,让他坐着华丽的马车驰骋在燕赵之地,那么各地的将领就会纷纷仿效,向大王投降。这就如同从斜坡上往下滚动泥丸一样容易了。"

出处

出自汉·荀悦《汉纪·高祖纪一》:"君计莫若以黄屋朱轮以迎范阳令,使驰骛乎燕赵之郊,则边城皆喜,相率而降,此由(犹)以下坂而走丸也。"

解释

比喻非常快捷,无阻碍。又作"阪上走丸"。

xià chē qì zuì
下 车 泣 罪

故事

大禹是夏后氏首领,夏朝开国之君。传说其父鲧(gǔn)剖背而生大禹,大禹形象高大,虎鼻大口,两耳生来三个孔。舜因为禹治水有功,又深受百姓爱戴,便把部落联盟首领的位置让给了他。传说有一次禹乘车出外巡视,见到有人被押着走过,便停车询问这人犯了何罪,押送的人说是因为偷了别人家的稻谷,禹听后流下泪来。手下劝道:"这个罪人因为不守规矩才这样惩罚他,大王您为什么这么难过呢?"大禹说:"从前尧和舜做领袖的时候,百姓都和他们同心同德;如今我做了领袖,老百姓却不和我同心同德,做出这损人利己的事来,所以我内心感到非常痛苦。"禹当即命侍从取出一块龟板,在上面刻写了"百姓有罪,在于一人"八个字,然后下令把那罪人放了。

出处

出自汉·刘向《说苑·君道》:"禹出见罪人,下车问而泣之。左右曰:'夫罪人不顺道,故使然焉,君王何为痛之至于此也?'禹曰:'尧舜之人,皆以尧舜之心为心;今寡人为君也,百姓各自以其心为心,是以痛之也。'"

解释

下车向遇见的罪犯流泪。指君主关切人民,不滥用刑罚。

xià lǐ bā rén
下里巴人

故事

宋玉是战国时期楚国人,文学家,古代四大美男子之一。有一次,楚襄王问宋玉:"先生在德行上有什么隐瞒么?为什么人们对你很少称誉呢?"宋玉答道:"先让我给您讲个小故事吧。有一个歌唱家在郢都歌唱。开始唱的是楚国最流行的民间歌曲《下里》《巴人》,这时有好几千人跟着唱。后来他又唱起比较高深的《阳阿》《薤(xiè)露》,跟着唱的就只有几百人了。当他再唱起高雅的歌曲《阳春》《白雪》时,跟着唱的就仅有几十人了。最后他唱起五音六律特别和谐的最高级的歌曲,能跟着一块唱的就仅仅几个人了。可见歌曲越是高深,能跟着唱的人就越少啊。文人之间也是如此,杰出的人物志向远大,行为高尚,怎能被一般人理解呢?"

出处

出自战国楚·宋玉《对楚王问》:"客有歌于郢中者,其始曰《下里》《巴人》,国中属而和者数千人……其为《阳春》《白雪》,国中属而和者不过数十人。"

解释

指通俗浅近的文艺作品。

xià mǎ féng fù
下马冯妇

故事

冯妇是战国时期晋国人,擅长赤手空拳打老虎,后来他罢手不再打老虎,改变行为,力行善事。一天,冯妇去郊外玩,看见很多人在围猎一只老虎。老虎背靠山脚,虎视眈眈,众人不敢上前。正在相持不下的时候,人们看到了冯妇,都急急地迎上来,求他帮忙捉虎。冯妇看到老虎,技痒难耐,挽起袖子,下了车,众人簇拥着他,欢欣不已,都知道冯妇一出手,老虎肯定跑不了。然而士人都讥笑冯妇重操旧业,又干起了打虎的勾当,而把自己做善士的追求放弃了。孟子认为人应该明己、见机、守义,不应因环境而轻易放弃自己的追求与原则。

出处

出自《孟子·尽心下》:"晋人有冯妇者,善搏虎,卒为善士。则之野,有众逐虎。虎负隅,莫之敢撄。望见冯妇,趋而迎之。冯妇攘臂下车,众皆悦之。其为士者笑之。"

解释

指重操旧业的人。

xià yǔ yǔ rén
夏雨雨人

故事

春秋时期,孟简子做了梁国和卫国的丞相,后来因犯事而出走齐国。齐相管仲问孟简子当丞相时有多少门客,孟简子说:"有三千多人。"管仲说:"那么跟你到齐国来的有几个人呢?"孟简子说:"只有三个人。"管仲问:"为什么会这样呢?"孟简子回答说:"其中一个人的父亲死了没钱安葬,我给他葬了;一个人的母亲死了没钱安葬,我也给葬了;一个人的哥哥吃了官司,我把他救出来了。他们都对此感恩,所以就跟着来了。"管仲听后很有感慨,说:"唉,我必定会衰败的。我不能像春风一样给人带来温暖,也不能像夏雨一样给人带来凉爽,我必定会衰败的。"

出处

出自汉·刘向《说苑·贵德》:"吾不能以春风风人,吾不能以夏雨雨人,吾穷必矣。"

解释

夏天的雨水落在身上,使人凉爽。比喻及时给人帮助或教益。

xiān shēng duó rén
先 声 夺 人

故事

春秋时期,宋国华费遂有三个儿子:华貙(chū)、华多僚和华登。

华多僚深得国君宋元公的信任,经常在元公面前说华登的坏话,华登被迫逃亡吴国。华多僚又在元公面前诬陷华貀,华貀杀死了华多僚,并召集逃亡的人一起反叛宋国。宋元公请来齐国的乌枝鸣帮助守卫城池。华登带领了吴国的一支军队,前来支援华貀。眼看华登的队伍快要来到,大夫濮(pú)对乌枝鸣说:"兵书上说:'先于敌人发起进攻可以摧毁敌人的士气,后于敌人发起进攻要等待他们士气衰竭。'何不趁华登的军队立足未稳而发起进攻?"乌枝鸣听从了濮的建议。结果,宋国和齐国的联军击败了吴军,俘虏了两个将领。但是,华登率领余部又击败了宋军。濮一面巡行,一面向军士们喊道:"是国君的战士,就挥舞旗帜。"军士们按照他的话挥舞旗帜,气势大振。齐军和宋军一起攻打华登,华登节节败退。濮冲到阵前刺死华登,将他的头砍下。

出处

出自《左传·昭公二十一年》:"《军志》有之:'先人有夺人之心,后人有待其衰。'"

解释

先张扬自己的声势以压倒对方。比喻做事抢先一步。

xiān shēng hòu shí
先 声 后 实

故事

楚汉战争时期,韩信率军进攻赵国,赵王拒绝听从广武君李左车的策略,被汉军击溃。韩信传令全军,不要杀害广武君李左车,有能活捉他的赏给千金。于是就有人捆着广武君送到军营,韩信亲自给他解开绳索,请他面向东坐,自己面向西对坐着,像对待老师那样对待他。韩信问广武君说:"我要向北攻打燕国,向东讨伐齐国,怎么办才能成功呢?"广武君说:"如今为将军打算,不如按兵不动,安定赵国的社会秩序,抚恤阵亡将士的遗孤。摆出向北进攻燕国的姿态,而后派出说客,拿着书信,在燕国显示自己战略上的长处,燕国必不敢不听从。燕国顺从之后,再派说客往东劝降齐国,齐国就会闻风而降服。用兵本来就有先虚张声势而后采取实际行动的,我说的就是这种情况。"韩信听从了他的计策,派遣使者出使燕国,燕国听到消息果然立刻降服。

出处

出自《史记·淮阴侯列传》:"兵固有先声而后实者,此之谓也。"

解释

先用声势挫败敌方士气,然后以实力取胜。

xiān wú zhuó biān
先吾著鞭

故事

刘琨(kūn),字越石,是西汉中山靖王刘胜的后裔,西晋政治家、文学家,"金谷二十四友"之一。永嘉之乱后,刘琨据守晋阳近十年,抵御前赵。愍(mǐn)帝建兴三年(315),刘琨任司空,都督并、冀、幽三州诸军事。不久并州失陷,刘琨投奔幽州刺史段匹䃅(dī),并与之结为兄弟,后驻军征北小城。东晋元帝二年(318),刘琨及其子侄四人被段匹䃅杀害。刘琨年轻时志向高远,有驰骋天下、纵横江河的才能,喜欢与比自己优秀的人交往,然而言辞行为颇多浮夸之处。曾与祖逖(tì)为友,两人闻鸡起舞,互相勉励,都有恢复中原的雄心。后来刘琨听说祖逖得到了朝廷的重用,在给亲友的书信中写道:"我一直枕戈待旦,立志收复中原,诛灭逆虏,常常担心被祖逖先我一步。"

出处

出自《晋书·刘琨传》:"吾枕戈待旦,志枭逆虏,常恐祖生先吾著鞭。"

解释

比喻别人比自己抢先一步。

xiāng jiàn hèn wǎn
相见恨晚

故事

汉武帝时期,齐国人主父偃出身贫寒,早年学习纵横之术,后学《易》《春秋》及百家之言。因在齐国受到儒生的排挤,于是北游燕、赵、中山等国,但都未受到礼遇。元光元年(前134),主父偃抵长安,直接上书汉武帝,当天就被召见。汉武帝召集主父偃、徐乐、严安三人议事,大有相见恨晚之感,称:"你们三人以前都藏在哪里啊?怎么这么晚才得以相见呢!"三人同时拜为郎中,主父偃一年中升迁四次。汉武帝为了加强皇权,另在宫中设立内朝。主父偃在内朝备武帝顾问,几次上书,都能切中时弊。他认为,汉初分封的诸侯国实力强大,这种情况对中央集权不利,于是向武帝建议实行推恩令,允许诸王将自己的封地分给子弟,建立较小的侯国,以削弱封国的实力。

出处

出自《史记·平津侯主父列传》:"天子召见三人,谓曰:'公等皆安在?何相见之晚也!'"

解释

遗憾相见太晚。形容一见如故,情意相投。

xiāng jìng rú bīn
相 敬 如 宾

故事

郤(xì)缺,春秋时期晋国人,因其父郤芮(ruì)封于冀,故又称冀缺。郤芮因罪被杀,郤缺也被废为平民,在冀务农为生。郤缺一面勤恳耕作,一面刻苦修身,德行与日俱增,不仅妻子甚为仰慕,就连初次结识的人也无不赞叹。一次郤缺在田间除草,到了午饭时间,妻子将饭送到地头,恭敬地献给丈夫,郤缺连忙接住,夫妻俩相互尊重,其乐融融。此时,晋国大夫胥臣正好出使路过此地,见此情景大为感动,于是将郤缺举荐给晋文公,封为下军大夫。后来郤缺升为卿大夫,代赵盾为政。

出处

出自《左传·僖公三十三年》:"臼季使,过冀,见冀缺耨,其妻馌(yè)之,敬,相待如宾。"

解释

相互尊重,像对待宾客一样。形容夫妻之间互相敬重。

xiàng huǒ qǐ ér
向 火 乞 儿

故事

唐玄宗开元年间,玄宗宠爱杨贵妃,杨贵妃之兄杨国忠因此弄权当道,许多官员都争相攀附,以求富贵。宰相张九龄对此嗤之以鼻,从不与杨国忠来往。一些大臣都担心他遭到杨国忠的诬陷,张九龄却常常对有识之士说:"今天朝中这些趋炎附势的官员,都是些向火乞儿罢了,别看他们现在眉飞色舞,等到火灭灰冷,哪儿还有什么暖气?那时候这些烤火的乞儿就会尸体冻裂,抛尸沟壑了。他们现在看起来很得势,全然不知大祸将要临头。"后来节度使安禄山发动叛乱,唐玄宗带着杨贵妃仓皇出逃。在马嵬坡,将士们发动兵变,坚决要求除掉杨贵妃与杨国忠。当时那些巴结杨国忠的人果然都受到惩罚,有的甚至被诛灭九族。张九龄的先见之明,可以称得上神智博达了。

出处

出自五代·王仁裕《开元天宝遗事·向火乞儿》:"朝之文武僚属趋附杨国忠,争求富贵……九龄常与识者议曰:'今时之朝彦,皆是向火乞儿,一旦火尽灰冷,暖气何在?当冻尸裂体,弃骨于沟壑中,祸不远矣。'"

解释

烤火的乞丐。比喻趋炎附势的人。

xiàng píng zhī yuàn
向 平 之 愿

故事

东汉初年,有一位隐士叫向长,字子平,性情中和,富有才学,通晓《老子》《易经》,却一生清高,隐居避世,不愿做官。向长家贫,常常缺衣少食,好心人送给他一些食物,他留下一部分,把剩下的食物退了回去。王莽的大司空王邑想把他推荐给王莽,向长坚决辞绝。向长潜隐在家,读《易经》至《损》《益》两卦,长叹道:"我已经知道富不如贫、贵不如贱,只是还不知道死比生怎么样。"光武帝建武年间,向长把儿子和女儿的娶嫁之事办完,便与家人断绝联系,说:"以后家中的事都与我无关,就当我死了吧。"于是就随心所欲,与好友北海禽庆一道游五岳名山,最后不知所终。

出处

出自《后汉书·向长传》:"建武中,男女娶嫁既毕,敕断家事勿相关,当如我死也。于是遂肆意,与同好北海禽庆俱游五岳名山,竟不知所终。"

解释

指父母把子女抚养成人并为之完婚的愿望。

xiàng zhuāng wǔ jiàn yì zài pèi gōng
项 庄 舞 剑,意 在 沛 公

故事

秦朝末年,各地义军蜂起,反抗暴秦。楚怀王与众将约定,先入关

• 萧规曹随 •

中者为王。刘邦率先攻破了咸阳,控制了函谷关。项羽大为恼怒,准备与刘邦决战。刘邦得知消息后,第二天带着一百多人亲自去鸿门向项羽赔礼道歉。项羽的谋士范增劝项羽在酒宴上除掉刘邦,预先埋伏武士,约定项羽一举杯,就立即动手。然而在宴会上,项羽却迟迟不发信号,范增对项羽的堂弟项庄说:"项王太仁慈了。你去借舞剑为名,趁机杀了刘邦。"项庄于是舞剑助兴,越舞越靠近刘邦。项伯看出项庄的用意,便说:"一人独舞不能尽兴,我们对舞吧!"项伯也拔剑起舞,暗暗地用自己的身体挡着刘邦,使项庄找不到下手的机会。张良看到这种情况,赶忙出去对樊哙(kuài)说:"现在项庄舞剑,他的用意就是要杀沛公啊。"樊哙立即拿起武器,闯入大帐,保护刘邦。在张良、樊哙的保护下,刘邦借机离开宴会,安全地回到自己的军营。

出 处

出自《史记·项羽本纪》:"今者项庄拔剑舞,其意常在沛公也。"

解 释

比喻行动或言语并非如其所表露之意,实际别有意图。

xiāo guī cáo suí
萧 规 曹 随

故 事

曹参,字敬伯,西汉开国名将。西汉初年,人民饱受战乱之苦,迫切需要休养生息。萧何顺应民意,制定了一系列鼓励人民生产的积极措施。汉惠帝二年(前193),萧何去世,曹参接替萧何做了相国,所有的事务都不做改变,完全遵守萧何制定的规约。曹参极力主张清静无为,他选拔郡和封国的官吏时,凡是呆板而言语钝拙、忠厚的长者,就任命为丞相;那些说话雕琢、严酷苛刻、竭力追求名声的官吏,就斥退赶走。曹参任丞相三年,西汉政治稳定、经济发展、人民生活水平日渐提高。他死后,百姓们编了一首歌谣称颂他说:"萧何定法律,明白又整齐。曹参接任后,遵守不偏离。施政贵清静,百姓心欢喜。"史称"萧规曹随"。

出 处

出自《史记·曹相国世家》:"参代何为汉相国,举事无所变更,一遵萧何约束。"

解 释

指按照前任的成规办事。

小时了了
_{xiǎo shí liǎo liǎo}

故事

孔融,字文举,东汉末年文学家,"建安七子"之一,孔子二十世孙。孔融少有异才,聪颖好学。十岁时,孔融随父亲到洛阳拜访河南太守李元礼。孔融来到府门前,对守门人说:"我是李太守的亲戚,给我通报一下。"李元礼问他说:"你和我有什么亲戚关系呢?"孔融回答道:"我的祖先仲尼和你家的祖先伯阳有师资之尊,因此,我和你也是世交呀!"当时有很多宾客在座,大家对孔融的这一番话都很惊奇。太中大夫陈韪来得晚,在座的宾客将孔融的话告诉他后,他随口说道:"小时了了,大未必佳。"意思是小时候聪明,长大了未必能成材。孔融立即反驳道:"我想陈大夫小的时候,一定是很聪明的。"陈韪给孔融一句话噎住了,半天说不出话来。

出处

出自南朝宋·刘义庆《世说新语·言语》:"小时了了,大未必佳。"

解释

从小便生性聪明,懂得的事情很多。

小巫见大巫
_{xiǎo wū jiàn dà wū}

故事

陈琳是东汉末年文学家,"建安七子"之一。东吴孙权的谋士张纮(hóng)是陈琳的同乡,也以文学著称。陈琳与张纮虽然各事其主,但相互仰慕,经常有书信来往,探讨作品。有一次张纮读到陈琳的《武库赋》和《应机论》,马上写信给陈琳,对其大加赞赏。陈琳在回信时谦虚地说:"我生活在北方,消息闭塞,与天下的文人学士交往很少,没见过大世面。只是这里能写文章的人不多,因此我在这儿容易冒尖,得到了大家过分的称赞,并不是我的才学真有那么好,是你太夸奖我了。我和你及张昭两人相比,差距实在太大了,就好像小巫遇见大巫,神气尽失。"

出处

出自汉·陈琳《答张纮书》:"所谓小巫见大巫,神气尽矣。"

【解释】

小巫见到大巫,发现自己法力不如对方高明。比喻相形之下,一个远远比不上另一个。

xiào bǐ hé qīng
笑 比 河 清

【故事】

包拯,字希仁,庐州合肥人,北宋名臣。王逵曾数任转运使,巧立名目,盘剥百姓。激起民变后,又滥捕滥杀,导致民怨沸腾。但王逵与宰相陈执中、贾昌朝关系密切,又得宋仁宗青睐,所以有恃无恐。包拯连续七次上章弹劾,最后一次更直接指责仁宗说:"今乃不恤人言,固用酷吏,于一王逵则幸矣,如一路不幸何!"朝廷终于罢免了王逵。此外,包拯还弹劾过宰相宋庠、舒王赵元祐的女婿郭承祐和仁宗张贵妃的伯父张尧佐等人。任御史中丞时,包拯又先后弹劾三司使张方平及宋祁,使二人被罢免。由于包拯敢于弹劾权幸,权贵们都收敛了许多,一听到包拯的名字就怕。人们都说要看到包公的笑脸比看到黄河水变清还难。

【出处】

出自《宋史·包拯传》:"立朝刚毅,贵戚宦官为之敛手,闻者皆惮之。人以包拯笑比黄河清。"

【解释】

笑脸比黄河水变清还难见。指为官清正,执法严厉。

xiào mà cóng rǔ
笑 骂 从 汝

【故事】

北宋时期,王安石实行变法,权倾朝野。宁州通判邓绾(wǎn)写信给王安石,对其大加颂扬,极尽佞(nìng)谀(yú)。王安石将他推荐给宋神宗,神宗传旨召见邓绾,问他是否与王安石、吕惠卿相熟,邓绾答与二人素昧平生。然而邓绾退出后去拜见王安石,欢欣亲热的样子就像是多年的老朋友。宰相陈升之、冯京认为邓绾熟悉边疆事务,应该回宁州任职。邓绾听说后闷闷不乐。有人问他:"那你觉得应该做什么官?"邓绾说:"进馆阁任职是不成问题的。"人再问:"会不会让你做谏官呢?"邓绾答:"这正是最适合我的职位。"第二天,果然任命他为集贤校理、检正中书孔目房。邓绾在京城中的同乡听说后,都一边笑一边骂,邓绾泰然自若,说:"笑骂由你们,好官我可是做定了。"后来宋神宗罢黜(chù)王安石相位,由吕惠卿取而代之,邓绾又投靠吕惠卿。王安石复位后,邓绾又弹劾吕惠卿以取媚于王安石。宋神宗最终看破此人的卑劣本质,将其罢斥到虢(guó)州。

出处

出自《宋史·邓绾传》:"笑骂从汝,好官须我为之。"

解释

表示对他人的讥讽置之不理。

笑面虎 xiào miàn hǔ

故事

王公衮(gǔn)是宋朝户部尚书王佐的弟弟,他们家的祖坟在会稽西山,被守墓人奚泗(sì)盗挖。公衮到郡中告状,然而盗墓贼仅仅被判处杖责而已,公衮对这个判决大为愤怒。奚泗挨了板子,又到公衮家中谢罪,公衮看到奚泗,不仅没有发怒,反而呼他上前,给他酒喝。奚泗没想到会受到如此礼遇,诚惶诚恐走上前,公衮突然拔出剑来,挥剑将奚泗的人头斩落,然后拿着人头前去郡衙自首。王公衮瘦小清癯(qú),性子也甚为平和,平日里总是笑嘻嘻的,没想到临事却如此果决凶狠,人们因此称之为"笑面虎"。王龟龄曾经赠诗于公衮,诗中说:"貌若尪(wāng)羸中甚武。"说的正是此事。

出处

出自宋·庞元英《谈薮(sǒu)·王公衮》:"公衮性甚和平,居常若嬉笑,人谓之笑面虎。"

解释

比喻外表和善而内心凶狠之人。

新亭对泣 xīn tíng duì qì

故事

晋愍(mǐn)帝建兴四年(316),刘曜攻陷长安,晋愍帝被俘。第二年,元帝继位建康,建立东晋政权。东晋初年,很多北方名士为躲避战乱来到建康,他们想家时经常在新亭喝酒聚会。新亭在南京西南,依山临江,风景秀丽。一次宴会上,周𫖮(yǐ)看到满眼风景,想起江山改易,故土难回,怆然说道:"这里的风景跟京都洛阳何其相似,然而江山已非昔日。"同坐诸人醉眼相视,皆潸然泪下。这时王导正色说道:"此时我们应当团结同心,共同辅佐王室克复神州,怎么能像亡国的楚囚那样只是相对而泣而无计可施呢?"

出处

出自南朝宋·刘义庆《世说新语·言语》:"过江诸人,每至美日,辄相邀新亭,藉卉饮宴。周侯中坐而叹曰:'风景不殊,正自有山河之异。'皆相视流泪。"

解释

指痛心国难。

新鞋踩泥

故事

明朝人张瀚初任御史时,前去参见上司都台长官王廷相,王廷相给张瀚讲了自己乘轿时的一个见闻。前一天王廷相乘轿进城,途中遇雨,抬轿的一个轿夫穿了双新鞋,从灰厂到长安街时,轿夫怕弄脏新鞋,一路都小心翼翼地绕开泥污,择地而行。进城后泥泞渐多,轿夫一不小心踩进泥水之中,把鞋弄脏了,由此便高一脚低一脚地随意踩去,不复顾惜了。王廷相由此而告诫张瀚说:"为官处世之道,也是如此啊。倘若一失足,就会无所顾忌,随性而为了。"张瀚对王廷相此言大为感佩,终身不敢忘。此后多年,他严谨从政,廉洁为官,后来升任吏部尚书,建树颇多,成为明朝的一代良臣。

出处

出自明·张瀚《松窗梦语·宦游记》:"昨雨后出街衢,一舆人蹑新履,自灰厂历长安街,皆择地而蹈,兢兢恐污其履。转入京城,渐多泥泞,偶一沾濡,更不复顾惜。居身之道,亦犹是耳。傥一失足,将无所不至矣。"

解释

穿着新鞋一旦踩了泥便不再顾惜。比喻为官一旦失足便无所顾忌。

信口雌黄

故事

王衍,字夷甫,琅琊临沂人,出身名门望族,父亲曾任平北将军,

"竹林七贤"中的王戎为其堂兄。王衍身姿俊秀,双目如神,言谈举止安详文雅,名士山涛看到后禁不住感慨道:"不知是哪位妇人,竟生出如此俊美的儿子!"王衍精通玄理,崇尚清谈。当时,人们清谈时必定要手执麈尾。王衍的麈尾很特别,柄为白玉做成。每当清谈的时候,人们一边听着他的高谈阔论,一边看着他那和麈尾玉柄一样白皙的手,无不目瞪口呆。王衍与友人谈玄论道时,往往前后矛盾,漏洞百出,别人指出他的错误,他也满不在乎,甚至不假思索,随口更改。当时,人们用黄纸写字,如果写错了,就用雌黄涂抹,然后更正。于是人们就说他是"信口雌黄"。

出处

出自南朝梁·刘峻《广绝交论》李善注引《晋阳秋》:"王衍,字夷甫,能言,于意有不安者,辄更易之,时号口中雌黄。"

解释

指不顾事实,随口乱说。

xīng chéng xiàng tàn
兴 丞 相 叹

故事

李斯是战国末期楚国上蔡人,秦朝著名的政治家、文学家和书法家。李斯年轻时在家乡做过小吏。有一次,他上厕所的时候,看到厕所里的老鼠吃粪坑里的粪便,后来在米仓中看到那里的老鼠一只只吃得又大又肥。李斯受到了极大的触动,感慨道:"一个人有没有出息就如同老鼠一样,是由自己所处的环境决定的。"他认为富贵与贫贱,全看自己是否能抓住机会和选择环境。于是李斯辞去小吏之职,到齐国师从荀卿,学习"帝王之术"。学成入秦,李斯得到秦王的重用,在秦统一天下后,被任为丞相。为加强中央集权的统治,李斯主张郡县制,禁止私学,统一车轨、文字、度量衡,奠定了中国两千多年政治制度的基本格局。

出处

出自《史记·李斯列传》:"观仓中鼠,食积粟,居大庑之下,不见人犬之忧。于是李斯乃叹曰:'人之贤不肖譬如鼠矣,在所自处耳!'"

解释

指感叹人生成败的关键在于所处的环境。

行将就木
xíng jiāng jiù mù

故事

春秋时期,晋献公宠幸骊姬。在骊姬的挑拨谗毁下,晋献公将太子申生逼死。公子重耳和公子夷吾被迫逃亡。重耳辗转逃到狄国,狄人把战争中俘获的叔隗、季隗姐妹俩送给了重耳,重耳娶了季隗。后来,晋献公去世,公子夷吾在秦国帮助下回国继位,即晋惠公。惠公怕重耳回国争位,派人谋刺重耳,重耳只得再次逃亡。临走前的晚上,重耳对妻子季隗说:"夷吾派人来谋害我,我打算再逃到齐国去。你留在这里抚养孩子,等我二十五年,如果到时候我没有回来,你就嫁人吧。"季隗说:"我已经二十五岁了,再过二十五年,就要进棺材了,还嫁什么人。我一直等着你就是了。"八年后,晋惠公去世,重耳借助秦国之力回到晋国继位,是为晋文公。之后,狄人将季隗送到了晋国,夫妻终于得以团聚。

出处

出自《左传·僖公二十三年》:"我二十五年矣,又如是而嫁,则就木焉。"

解释

指人寿命已经不长,快要进棺材了。

行尸走肉
xíng shī zǒu ròu

故事

任末,字叔本,东汉时人。任末年轻时学习《齐诗》,学识渊博,后来在京师中任教达十年之久。他常常说:"人如果不学习,凭什么可以成功呢?"任末学习非常勤奋,从来不怕困难。他有时靠在树下,编白茅为茅草小屋,削荆条制成笔,刻划树汁作为墨水。晚上就在星月的辉映下读书,遇上没有月亮的黑夜,他便点燃麻蒿取光。看书每有所悟,随即写在衣服上。徒弟们钦佩他的勤学精神,常用洗净的衣服换取他写满字的衣服。任末临终时告诫众人说:"人喜欢学习,即使死了也好像活着;不学习的人即便是活着,也不过是行尸走肉罢了。"

出处

出自晋·王嘉《拾遗记·任末》:"夫人好学,虽死若存;不学者虽存,谓之行尸走肉耳。"

解释

比喻徒具形骸而没有精神追求、无所作为的人。

xiōng yǒu chéng zhú
胸 有 成 竹

故事

文同,字与可,北宋画家,擅长画竹。苏东坡曾经详细描述了文与可画竹的特点,指出要想画好竹子,一定要胸有成竹,然后一气呵成。他说:"如今画竹的人一骨节一骨节地来画它,一片叶一片叶地来堆砌它,哪里还会有完整的、活生生的竹子啊!所以画竹一定要心里先有完整的竹子形象,提起笔来仔细地观察,就会看到他所想画的竹子,急起挥笔,依照心里竹子的形象,一气呵成,以再现心中所见到的竹子。这个过程好像兔子跳跃飞奔、鹰隼俯冲下搏一样,稍一迟疑,机会就失去了。"

出处

出自宋•苏轼《文与可画筼筜谷偃竹记》:"故画竹,必先得成竹于胸中。"

解释

画竹前心里有完整的竹子形象。比喻做事之前已做好充分准备,对事情的成功已有了十足的把握。

xiū qī xiāng guān
休 戚 相 关

故事

春秋时期,晋悼公姬周年轻时因受到晋厉公的排挤,只得客居洛阳,在周朝世卿单襄公手下做事。单襄公很器重他,把他请到自己家里,就像对待贵宾一样地招待他。姬周虽然身在周地,可是听说晋国有什么灾难时就忧心忡忡,听说晋国有什么喜庆的事情时就非常高兴。单襄公认为他将自己的忧愁喜乐与晋国的命运连在一起,是不忘本的表现,将来一定能回到晋国成为一个好国君。不久,晋国发生了内乱,晋厉公被大夫栾书、中行偃所杀,姬周随即回到晋国继位,是为晋悼公。晋悼公即位后,以德治国,稳定了国内的混乱局面,使国内矛盾趋于缓和;以仁义交往中原诸侯,巩固了同盟。晋悼公八年内九合诸侯,通过频繁的会盟,将齐、鲁、宋、郑等国紧密团结在晋国周围,将晋国的霸业推至巅峰。

出处

出自《国语·周语下》："晋国有忧，未尝不戚；有庆，未尝不怡……为晋休戚，不背本也。"

解释

彼此的忧喜、祸福相关联。形容关系密切，利害相关。

修饰边幅
xiū shì biān fú

故事

马援，字文渊，东汉开国功臣。西汉末年，公孙述在蜀地称帝，隗嚣割据陇右。隗嚣派马援使蜀探听虚实。马援跟公孙述本是老乡，而且交情很好，马援本以为这次见面定会握手言欢，没想到公孙述却大摆皇帝的架子，以君臣之礼接见马援。公孙述嫌马援不修边幅，派人送去官服，然后才在宗庙中聚集百官，设宴招待他。席间，公孙述表示要封马援为侯爵，并授予他大将军的官位。马援认为公孙述只注重表面文章，不足以成大事，他说："如今天下大局未定，公孙述不能礼贤下士，招纳人才，共同谋划大事，反而一味注重修饰边幅，讲究排场，这样的人又如何能长久据有天下呢？"于是毅然返回陇右。后来，马援投靠了刘秀，屡立战功，被封为伏波将军，成为东汉开国功臣。

出处

出自《后汉书·马援传》："天下雄雌未定，公孙不吐哺走迎国士，与图成败，反修饰边幅，如偶人形。此子何足久稽天下士乎？"

解释

指注重衣着，修整仪表。

羞与为伍
xiū yǔ wéi wǔ

故事

韩信是西汉开国功臣，中国历史上著名的军事家，萧何称之为"国士无双"。韩信功高势大，引起了不少人的妒忌，也引起了刘邦的不安。韩信任楚王时，有人告发韩信图谋造反，刘邦便用陈平之计逮捕了韩信，后因查无实据，才放了他，贬他为淮阴侯。韩信深知刘邦忌畏自己的才能,常常称病不上朝,终日闷闷不乐。有一次,韩信拜访樊哙,樊哙叩拜迎送,自称臣,说:"大王肯光临敝舍,臣感到十分荣幸。"韩信出门后,大为感慨:"没想到我这辈子竟然会跟樊哙在一起共事!"意为感慨自己由楚王而贬为列侯,而与樊哙同列。韩信不甘心处于如此地位,于是与陈豨(xī)共谋造反,不料事情泄露,被吕后设计捉拿,当场被杀。

出处

出自《史记·淮阴侯列传》:"生乃与哙等为伍!"

解释

表示耻于同自己所轻视的人在一起。

朽木不可雕 xiǔ mù bù kě diāo

故事

宰予,字子我,亦称宰我,春秋末期鲁国人,"孔门十哲"之一,被孔子许为其"言语"科的高才生。宰予能言善辩,曾跟从孔子周游列国,其间受孔子派遣,出使齐、楚等国。有一次,宰予大白天睡觉,孔子深感痛心,说:"腐烂的木头不堪雕刻,用粪土筑成的墙无法粉刷。对宰予这样的人,还有什么好责备的呢?"孔子又说:"起初我对于人,听了他说的话,我就相信他的行为;现在我对于人,听了他说的话,我却还要观察他的行为。这是由于宰予的事而改变了我原来的看法。"

出处

出自《论语·公冶长》:"子曰:'朽木不可雕也,粪土之墙不可圬也。'"

解释

腐烂的木头不能雕刻。比喻人不可造就或局势无法挽救。

续凫断鹤 xù fú duàn hè

故事

《庄子》中有一个寓言故事:传说古代有个人,善良而愚笨。一天,他来到郊外,看到一群野鸭和白鹤在水里啄食,他发现鹤的腿长,而野鸭的腿很短。他觉得白鹤腿长走得快,野鸭腿短走得慢,于是就把它们捉来,砍下鹤的一截腿接到野鸭的脚上,结果野鸭和白鹤都不能走路了。作者感叹道:"鹤腿长,鸭腿短,这是它们的本性,鹤腿虽长然而并不多余,鸭腿虽短然而并非不足。因此人为给它们截长补短,对鹤跟鸭来说都是悲剧啊!"

出处

出自《庄子·骈拇》:"长者不为有余,短者不为不足。是故凫胫虽短,续之则忧;鹤胫虽长,断之则悲。"

解释

砍下鹤的一截腿接到野鸭的脚上。比喻做事违反客观规律或事物本性。

xuán pǔ jī yù
玄圃积玉

故事

陆机,字士衡,西晋著名文学家,出身吴郡陆氏,为孙吴丞相陆逊之孙,与其弟陆云合称"二陆"。太康十年(289),陆机兄弟来到洛阳,受太常张华赏识,此后名气大振,时有"二陆入洛,三张减价"之说("三张"指张载、张协和张亢)。陆机作文音律谐美,讲求对偶,典故很多,开创了骈文的先河。张华曾对陆机说:"别人作文,常常遗憾才气少,而你更担心才气太多。"陆云在给他的信中说:"君苗见到兄长的文章,便要烧掉笔砚。"后来葛洪著书,称赞陆机的文章"犹如玄圃的积玉,没有一个不能在夜晚发光的。五条河喷吐流波,源泉却一样。其辞弘达美丽,典雅周全,英锐飘逸而出,也是一代的绝笔啊!"

出处

出自《晋书·陆机传》:"葛洪著书,称机文犹玄圃之积玉,无非夜光焉。"

解释

玄圃中积存的美玉。比喻文章、书法精华荟萃。

xuán hé xiè shuǐ
悬河泻水

故事

郭象,字子玄,西晋玄学家。好老庄,善清谈,注《庄子》三十三篇,删其余十九篇。当时太尉王衍喜欢谈论老庄,他所谈论的义理随时更改,经常前后矛盾,被人称为口中雌黄。王衍与郭象探讨玄学时,郭象口若悬河,对老庄思想做了系统深入的分析,使得王衍无法插嘴。王衍因此十分佩服,称听郭象谈话如同悬河泻水一样,绵绵不断,永不枯竭。然而郭象注《庄子》是文学史上的一桩公案,从有关文献来看,《庄子注》实际是"竹林七贤"之一向秀的著作,被郭象篡名而已。

出处

出自《晋书·郭象传》:"听象语,如悬河泻水,注而不竭。"

解释

倾泻而下的河水。比喻谈话滔滔不绝或写文章流畅奔放。

学富五车

故事

惠施是战国时期著名的辩客,名家主要代表人物。惠施学问广博,擅长诡辩。《庄子·天下》保存有他的十个命题,贯穿着"合同异"的思想,含有辩证的因素。惠施与庄子友善,交游甚密,经常相互驳难,切磋学问,曾发生过著名的"濠梁之辩"。庄子评价惠施说:"惠施这人会很多方术,虽然他写的著作有五车之多,但是他说的道理很驳杂,他的言辞也有不当之处。"

出处

出自《庄子·天下》:"惠施多方,其书五车。"

解释

形容读的书多,学识渊博。

压倒元白

故事

唐朝宝历年间,杨嗣复在新昌里宅邸宴客。入夜后,挑灯夜宴,饮酒至半酣,杨嗣复提议大家联句赋诗。当时元稹、白居易均在座,白居易赋完诗后,洋洋自得。刑部侍郎杨汝士的诗最后写成,句云:"昔日兰亭无艳质,此时金谷有高人。"元、白看后为之失色。当日杨汝士大醉,回家对子弟说:"我今日作诗力压元、白二位大诗人。"

出处

出自五代·王定保《唐摭言·慈恩寺题名游赏赋咏杂记》:"时元、白俱在,皆赋诗于席上。唯刑部杨汝士侍郎后成。元、白览之失色……汝士其日大醉,归谓子弟曰:'我今日压倒元、白。'"

解释

指作品超越同时代名家。

睚眦必报

故事

战国时期,范雎(jū)在魏国中大夫须贾处做门客,随须贾出使齐国时与齐王私下接触,被怀疑通齐卖魏,触怒了魏相魏齐,差点被鞭笞致死。后在郑安平的帮助下,易名张禄,随秦国使者王稽入秦。范雎见秦昭王之后,提出了远交近攻的策略,抨击穰侯魏冉越过韩国和魏国而进攻齐国的做法,因此得到了秦昭王的信任,被拜为客卿。之后,范雎又帮助昭王加强王权,废太后,逐穰侯,秦昭王遂拜范雎为相。范雎为人"一饭之德必偿,睚眦之怨必报",掌权后先羞辱魏使须贾,后又迫使魏齐自尽。又举荐郑安平出任秦国大将,王稽出任河东守,以报其恩。

出处

出自《史记·范雎蔡泽列传》:"一饭之德必偿,睚眦之怨必报。"

解释

连瞪眼睛这样的小怨恨都要报复。形容人气量狭小。

yá guān qū sòng
衙官屈宋

故事

杜审言,字必简,唐高宗咸亨进士,"诗圣"杜甫的祖父。曾任隰城尉、洛阳丞,累官修文馆直学士,与李峤、崔融、苏味道并称为"文章四友",是唐朝"近体诗"的奠基人之一,作品多朴素自然。杜审言自恃才高,傲世蔑物,人们多有批评。乾封中,苏味道任天官侍郎时,有一次杜审言参加官员的预选试判,出来后对人说:"苏味道必死!"听到此话的人非常惊讶,急忙询问原因,杜审言回答说:"他见到我的判词,应当羞愧而死。"杜审言还曾对人说:"我的文章跟屈原、宋玉比起来,他们也要成为我的属下;我的书法跟王羲之比起来,他也得面北拜我为师。"他的自负矜诞大都如此。

出处

出自《旧唐书·杜审言传》:"又尝谓人曰:'吾之文章,合得屈、宋作衙官;吾之书迹,合得王羲之北面。'其矜诞如此。"

解释

以屈原、宋玉为属官。意为夸耀自己的文章出众。后常用以赞美别人的文才高超。

yà miáo zhù zhǎng
揠苗助长

故事

从前,宋国有一个农夫,嫌自己田里的秧苗长得太慢,便自作聪明地想出来一个办法。他跑到田里,把每棵秧苗都拔高了一点,这样秧苗看起来就长高了。傍晚,农夫好不容易才把所有的秧苗拔完,心满意足地回到家里,对家人说:"今天可累死了,不过秧苗都在我的努力下长高了。"他的儿子赶紧跑到田里,发现秧苗都已经枯萎了。

出处

出自《孟子·公孙丑上》:"宋人有闵其苗之不长而揠之者,芒芒然归,谓其家人曰:'今日病矣,予助苗长矣。'其子趋而往视之,苗则槁矣。"

解释

拔高秧苗,助其成长。比喻违背事物的发展规律,急于求成而误事。

yān bō diào tú 烟 波 钓 徒

故事

张志和,本名龟龄,字子同,自号"烟波钓徒",又号"玄真子",唐朝著名文人、隐士。张志和的母亲生产时梦到枫树生于腹上,然后就生下了他。张志和十六岁参加科举,以明经擢第,授左金吾卫录事参军,唐肃宗特别赏识他,赐名"志和"。后因事获罪贬南浦尉,不久赦还,以亲既丧,不复仕,居江湖,自称烟波钓徒。其兄张鹤龄担心他遁世不归,便在越州城东筑茅屋让他居住。史载唐肃宗曾赐他奴婢各一人,张志和让他们结婚,取名渔童和樵青。

出处

出自《新唐书·张志和传》:"后坐事贬南浦尉,会赦还,以亲既丧,不复仕,居江湖,自称烟波钓徒。"

解释

指隐居江湖者。

yān yún gōng yǎng 烟 云 供 养

故事

黄公望是元朝画家,字子久,号一峰、大痴道人。擅画山水,得赵孟𫖯指授。所作水墨画笔力老到,简淡深厚。存世作品有《富春山居图》《九峰雪霁图》《丹崖玉树图》《天池石壁图》等。米友仁是北宋书画家米芾的长子,深得宋高宗的赏识。他承继并发展米芾的山水技法,奠定"米氏云山"的特殊表现方式,以表现雨后山水的烟雨蒙蒙、变幻空灵而见称。米友仁擅长模仿古人的画作,他曾向人借来一幅《松牛图》,描摹后把真本留下,将摹本还给别人,这人过了好些日才来讨还原本。米友仁问他怎么看出来的,那人回答说:"真本中牛的眼睛里面有牧童的影子,而这幅却没有。"明朝陈继儒《妮古录》中称:"黄公望年已九十岁而貌若童颜,米友仁八十余岁而精神不衰,无疾而逝,大概是因为画中有烟云供养而致长寿吧。"

出处

出自明·陈继儒《妮古录》卷三:"黄大痴九十而貌如童颜,米友仁八十余神明不衰,无疾而逝,盖画中烟云供养也。"

解释

指处身山水景物之间以养生。

言归于好 yán guī yú hǎo

故事

春秋时期,齐桓公为了重修诸侯之好,于公元前651年在葵丘召开结盟会议,史称"葵丘会盟"。参加会盟的有齐、鲁、宋、卫、郑、许、曹等国的国君,周襄王也派代表参加。在葵丘之会上,齐桓公宣读了各诸侯国共同遵守的盟约。其主要内容是:不准把水患引向别国;不准因别国灾荒而不卖给粮食;不准更换太子;不准以妾代妻;不准让妇女参与国家大事。条约规定:"凡我同盟之人,既盟之后,言归于好。"这次会盟标志着齐桓公的霸业达到顶峰,齐桓公成为中原的首位霸主。

出处

出自《左传·僖公九年》:"凡我同盟之人,既盟之后,言归于好。"

解释

彼此重新和好。

言过其实 yán guò qí shí

故事

马谡是三国时期蜀汉将领,侍中马良之弟。马谡才器过人,好论军计。诸葛亮向来对他深为器重,任用他为参军。刘备却对马谡不以为然,临死前,对诸葛亮说:"马谡此人言语浮夸,超过他的实际能力,不可重用。丞相要留意！"建兴六年（228），诸葛亮率军伐魏，派马谡驻守战略要地街亭。马谡违背诸葛亮的作战指令，导致街亭失守，撤军后被诸葛亮斩首。事后，诸葛亮向后主刘禅上表，要求免去自己丞相的职务，降级三等，以处罚自己用人不当、造成败绩的重大过失。

出处

出自《三国志·蜀书·马谡传》："马谡言过其实，不可大用。"

解释

言辞浮夸，与实际情况不符。

言人人殊 yán rén rén shū

故事

西汉初年，曹参在齐国当相国。曹参为找出最佳的治国方略，召集齐国德高望重的老人及士人开会。会上曹参请大家介绍齐国的风俗人情，想根据具体情况制定治理齐国的方针大计。与会的儒生有百余人，都开诚布公地说出各自的想法，但各人说法不一，曹参不知究竟哪种意见切实可行。后来听说有一位盖公，对黄老思想很有研究，曹参立即礼聘盖公来商议治国大法。盖公很坦诚地说："老子说'治大国就像煎小鱼一样'，不能乱翻动，那样会将鱼煎碎的。因此，治国不要乱生事，扰乱人们固有的安静。百姓安定了，国家自然就安定了。"曹参十分认同这个意见，之后就采用黄老之道治理齐国。

出处

出自《史记·曹相国世家》："参尽召长老诸生，问所以安集百姓，如齐故诸儒以百数，言人人殊，参未知所定。"

解释

每个人说法不一。指各人有各人的意见。

言无不尽 yán wú bù jìn

故事

高德政，字士贞，南北朝时期北齐重臣，封蓝田公、任尚书右仆射兼侍中。高德政一生历经北齐开国三帝：高祖高欢、世宗高澄、显祖高洋。高洋还是丞相的时候就很看重高德政，让他担任相府参军之职。

两人相处十分融洽,高德政对高洋言无不尽,高洋则对其言听计从。高祖去世后,世宗继位。高洋守在邺(yè)城,令高德政参与管理军政大事,两人关系越来越密切。后来世宗在晋阳被杀,高德政以"国不可一日无君"为由力劝高洋称帝。高洋于公元 550 年登基,史称文宣皇帝。受禅之日,文宣皇帝拜高德政为侍中。随着四邻安定,大权统摄,高洋由勤勉走向荒淫暴虐。他常常涂脂抹粉,穿着妇女的衣服在大街上招摇过市;或者招纳一大批妇女进宫,供自己和亲信日夜放纵。高德政多次进忠言劝谏,高洋忌恨在心,最终将高德政虐杀。

出处

出自《北齐书·高德政传》:"德政与帝旧相昵爱,言无不尽。"

解释

毫无保留地把话说完。

妍皮不裹痴骨

故事

慕容超是十六国时期南燕最后一位皇帝,出身慕容氏破落贵族。慕容超十岁时,祖母公孙氏临终前将一把金刀传给他,并说:"如果天下太平,你能够东归故土,就将这把刀还给你叔叔慕容德。"慕容超母子投奔后凉国主吕光,后来后凉向后秦皇帝姚兴投降,慕容超母子又被迁往长安。慕容超因为自己的叔父都在东边,担心被姚兴抓起来,就装疯行乞。后秦人鄙视他,只有姚绍认为他非同寻常,劝姚兴用爵位来牵制他。姚兴于是召见慕容超,慕容超不露声色,依旧装痴卖傻,姚兴很鄙视他。姚兴对姚绍说:"俗话说'妍皮不裹痴骨',不过是胡说罢了。"于是对慕容超放松了警惕,使其能够来去自由。后来慕容德派人来接慕容超,慕容超东归南燕。

出处

出自《晋书·慕容超载记》:"超自以诸父在东,恐为姚氏所录,乃阳狂行乞。秦人贱之,惟姚绍见而异焉,劝兴拘以爵位。召见与语,超深自晦匿,兴大鄙之,谓绍曰:'谚云"妍皮不裹痴骨",妄语耳。'"

解释

美丽的皮囊不包裹愚笨的骨头。指外表美丽必然内中聪慧。

研桑心计 yán sāng xīn jì

故事

计然，又作计研，姓辛，字文子，春秋时期葵丘濮上人。他博学多才，尤其擅长计算。越王勾践被吴所败，困于会稽山，计然献计道："我听说商人大旱的时候就囤积舟船，发大水的时候就囤积马车。按照这个道理来积累资财，两年时间国家必然富强。"于是越国遂破强吴，一雪会稽之耻。范蠡叹道："计然之策，十条中用到五条，就可以成事啊！"桑弘羊是西汉时期法家代表人物。桑家是洛阳首富，桑弘羊在少年时代就以心算而享有盛名，十三岁就担任了侍中，在汉武帝身边工作。元鼎二年（前115），桑弘羊任大农丞，掌管会计事务。元封元年（前110），桑弘羊成为搜粟都尉，同时兼任大农令，掌管全国的租税财政。汉武帝末年，桑弘羊任御史大夫，仍兼管财政，一直到汉昭帝元凤元年（前80）被杀为止。

出处

出自汉·班固《答宾戏》："研桑心计于无垠。"

解释

像计研、桑弘羊一样的心计。形容善于经商致富。

掩耳盗铃 yǎn ěr dào líng

故事

春秋时期，晋国智伯灭掉了范氏。有人跑到范氏家里想趁机偷点东西，瞄上了一个青铜大钟，想把这口钟背回家。可是钟又大又重，实在搬不动，于是他找来一把大锤，想把钟砸碎。这人抡起大锤砸了下去，大钟发出"哐"的一声巨响。小偷着慌了，害怕被人听到来跟他抢钟，情急之下用手使劲捂住自己的耳朵，结果自己听到的声音小了。小偷觉得这是个好办法，便找来两个布团，把耳朵塞住，放手砸起钟来。人们听到钟声赶来，把这个"聪明"的小偷捉住了。

出处

出自《吕氏春秋·自知》："百姓有得钟者，欲负而走，则钟大不可负。以椎毁之，钟况然有音。恐人闻之而夺己也，遽掩其耳。"

解释

比喻自欺欺人。

yǎn zhōng dīng
眼 中 钉

故事

赵在礼是五代时期将领,一生历仕三朝,为十余镇节度使。赵在礼极其贪财,以至积财巨万。他每到一处,横征暴敛,强行搜刮,人民不堪忍受,称他为"眼中钉"。赵在礼任宋州节度使时,宋州百姓受尽欺压,十分痛恨他。后来赵在礼被罢免,宋州人奔走相告,相互祝贺说:"眼中拔了颗钉子,真高兴啊!"不料不久赵在礼又官复原职,他对宋州百姓怀恨在心,向每人征收一千钱,称为"拔钉钱"。

出处

出自《新五代史·赵在礼传》:"在礼在宋州,人尤苦之。已而罢去,宋人喜而相谓曰:'眼中拔钉,岂不乐哉!'"

解释

比喻心中最痛恨的人。

yàn ān zhèn dú
宴 安 鸩 毒

故事

春秋时期,邢国遭到北方狄人的侵略,只得向齐国求救。齐桓公对是否出兵救邢犹豫不决。管仲对齐桓公说:"戎狄好像豺狼,是不会满足的;中原各国互相亲近,是不能抛弃的;安逸等于毒药,是不能怀恋的。"于是齐国人出兵救援邢国。

出处

出自《左传·闵公元年》:"诸夏亲昵,不可弃也;宴安鸩毒,不可怀也。"

解释

贪图安逸享乐如同饮毒酒自杀一样有害。比喻耽于逸乐而招致杀身之祸。

燕颔虎颈

故事

班超，字仲升，东汉时期著名军事家、外交家。班超胸有大志，不甘于为官府抄写文书，毅然投笔从戎，随窦固出击北匈奴，又奉命出使西域，在三十一年的时间里，平定了西域五十多个国家，为西域回归以及促进民族融合做出了巨大贡献，官至西域都护，封定远侯，世称"班定远"。起初，班超未显达之时，他请人看相，相面先生对他说："你虽是一个平常的读书人，但日后定当封侯于万里之外。"班超想问个究竟，先生指着他说："你有燕子一般的下巴，老虎一样的头颈，燕子会飞，虎要食肉，这是个万里封侯的相貌啊。"永元十二年（100），班超因年迈请求回国。永元十四年，班超抵达洛阳，被拜为射声校尉，不久后便病逝，享年七十一岁。

出处

出自《后汉书·班超传》："超问其状，相者指曰：'生燕颔虎颈，飞而食肉，此万里侯相也。'"

解释

燕子一样的下巴，老虎一样的头颈。形容相貌威武。也借指武将。

燕雀安知鸿鹄之志

故事

陈胜，字涉，秦末农民起义领袖。陈涉年轻的时候，曾经同别人一起做雇工耕地。有一天，陈涉停下手里的活儿，对身边的同伴说："如果有朝一日我们谁富贵了，可不要忘记老朋友啊！"雇工们笑着回答说："你不过是个给人耕地的劳力，哪来的富贵呢？"陈涉长叹道："唉！燕雀怎么知道鸿鹄的志向呢！"后来陈涉在大泽乡率众起义，称王之后却把过去的承诺忘到了脑后。一个过去一起做工的同伴来投奔陈涉后，经常跟人说起陈涉过去的事情。有人向陈涉建议说："客人愚昧无知，专门乱说大王您过去的事，恐怕有损大王的威严。"于是陈涉杀掉了这个故人。其他的老朋友见状都离开了他，自此以后再没有人敢亲近陈涉。

出处

出自《史记·陈涉世家》:"陈涉太息曰:'嗟乎!燕雀安知鸿鹄之志哉!'"

解释

燕雀不知道天鹅的志向。比喻平庸之人不理解杰出人物的远大志向。

yáng yáng dé yì
扬 扬 得 意

故事

春秋时期,晏子做齐国宰相时,一次坐车外出,车夫的妻子从门缝里偷偷地看车夫。只见他头上遮着大伞,挥动着鞭子赶着四匹马,神气十足,扬扬得意。车夫回到家里后,妻子就要求离去,车夫问她离去的原因,妻子说:"晏子身高不过六尺,却做了齐国的宰相,名声显扬于各国。我看他外出,志向思想都非常深沉,谦虚低调,常有甘居人下的态度。你身高八尺,不过给人做车夫而已,然而看你的神态,却自我感觉良好,心满意足,因此我要离开你。"从此以后,车夫就变得谦虚恭谨起来。晏子发现了他的变化,感到很奇怪,就问他原因,车夫如实相告。晏婴赞赏车夫知错就改的态度,认为他是一个值得任用的人,于是推荐他当了齐国的大夫。

出处

出自《史记·管晏列传》:"意气扬扬,甚自得也。"

解释

形容十分得意的样子。

yáng xù xuán yú
羊 续 悬 鱼

故事

羊续,字兴祖,东汉大臣,历任扬州庐江郡太守、荆州南阳郡太守。在南阳郡任职时,当地的权贵富豪都崇尚奢靡,羊续对此非常反感,便以身作则,穿着破旧的衣服,吃着粗劣的食物,使用破旧的马车和瘦弱的马匹。府丞焦俭曾向羊续进献一条活鱼,羊续接受后将鱼挂在厅堂之上。等府丞再次送鱼时,羊续就拿出之前所悬挂的鱼给他看,以示拒绝。因此,世人称羊续为"悬鱼太守"。羊续的妻子带着儿子羊秘从老家来看望羊续,羊续闭门不让妻子进入,仅让儿子羊秘进屋,向儿子展示自己所有的资产:只有布被、短衣、盐和麦数斛而已。羊续回头对羊秘说:"我自己就这些东西,我拿什么给你母亲呢?"然后让羊秘和其母亲返回泰山郡。

出处

出自《后汉书·羊续传》:"续为南阳太守……时权豪之家多尚奢丽,续深疾之,常敝衣薄食,车马羸败。府丞尝献其生鱼,续受而悬于庭;丞后又进之,续乃出前所悬者以杜其意。"

解释

指为官清廉,拒受贿赂。

yǎng wàng zhōng shēn
仰 望 终 身

故事

战国时期,一个齐国人有一妻一妾。这个人每次出门,必定在外面吃饱喝足后才回家。妻子问同他一起吃喝的是什么人,他就说都是有钱有势的人。妻子告诉妾说:"丈夫每次出去,总是酒足饭饱后回来。问他同谁一起吃喝,他就说都是有钱有势的人,可是从来没有显贵的人来过我们家,我打算暗地察看他是到什么地方去。"第二天一早,丈夫又像往常一样出了门,妻子暗中跟着,走遍全城都没有一个人站住了跟他说话。最后,妻子跟着丈夫到了东门外的一块墓地中间,只见丈夫跑到上坟祭祀的人那里,讨残剩的酒菜吃。妻子回家后,把看到的情况告诉了妾,说道:"丈夫,是我们指望终身依靠的人。现在他竟像这样没骨气!"两人在庭中相对而泣。

出处

出自《孟子·离娄下》:"良人者,所仰望而终身也。今若此!"

解释

指旧时妇女一生依靠丈夫生活。

yǎng hǔ yí huàn
养 虎 遗 患

故事

楚汉战争时期,刘邦和项羽以鸿沟为界,各占领一边,约定互不侵犯。双方签下合约后,项羽带兵东去,刘邦打算西还。张良等人劝道:"您已占领天下大部分的土地,诸侯又都投靠了您,项羽的军队已经不堪一击,如果不趁现在消灭他,将会留下后患,这就是俗话所说的养虎遗患啊。"刘邦听从了张良等人的建议,举兵追击项羽,将其围困于垓下,一举击溃楚军,项羽被迫自刎。

出处

出自《史记·项羽本纪》:"今释弗击,此所谓养虎自遗患也。"

解释

比喻纵容坏人,给自己留下后患。

腰鼓兄弟
yāo gǔ xiōng dì

故事

沈冲,字景绰,南朝官员。沈冲与沈淡、沈渊兄弟三人都做过御史中丞,这是晋、南朝宋以来从未有过的。御史负责监察百官,因此被弹劾者多与沈家兄弟结怨。沈渊曾经弹劾吴兴太守袁彖,后来袁彖的从弟袁昂做了御史中丞,上任没几天就以父亲尚在世却租赁丧事用的白幰(xiǎn)车为罪状,弹劾沈渊之子沈缋,沈缋因此被免官禁锢。沈冲的母亲孔氏在家时,邻家失火,怀疑是人为纵火,沈母气极大呼道:"我的三个儿子都做御史中丞这种得罪人的差事,打过交道的人都是仇人,难道还有对我们友善的吗?"沈冲、沈淡、沈渊兄弟三人名誉有优劣之别,世人称他们为"腰鼓兄弟"。

出处

出自《南齐书·沈冲传》:"冲与兄淡、渊名誉有优劣,世号为'腰鼓兄弟'。"

解释

腰鼓:古乐器,两头粗,中间细。比喻兄弟中成就有高有低。

药笼中物
yào lóng zhōng wù

故事

唐朝时期,通事舍人元行冲博学多识,尤其擅长音律及训诂之学,狄仁杰很器重他。元行冲品性耿介,多次进言劝诫,他曾对狄仁杰说:"下级侍奉上级,对上级来说就像积蓄物资以备自己使用。好比富贵人家储备积蓄,用各种肉类以供佳肴,用各种药物来治疗疾病。您门下的宾客可以充当美味的已经很多了,希望您能把我备作一剂药物,怎么样呢?"狄仁杰笑着说:"你就是我药笼中的药物,怎可一日没有呢。"

出处

出自《新唐书·元行冲传》:"君正吾药笼中物,不可一日无也。"

解释

药笼中存放的药材。比喻储备的人才。

yào yán bù fán
要言不烦

故事

管辂是三国时期著名的术士,精通《周易》。正始九年(248),吏部尚书何晏请管辂谈《周易》义理,可管辂却避而不谈。邓飏当时在座,问管辂:"您以善《易》见称,然而谈论至此却仍未说到《易》中辞义,为什么呢?"管辂回答说:"擅长《易》的人恰恰不谈论《易》!"对这个回答,何晏甚为赞赏,笑着说道:"可谓要言不烦也。"

出处

出自《三国志·魏书·管辂传》:"晏含笑而赞之:'可谓要言不烦也。'"

解释

说话或写文章简明扼要,不烦琐。

yě rén xiàn pù
野人献曝

故事

战国时期,宋国有个农民,生活在乡下,由于家贫,终日穿一件粗麻衣,勉强过冬。他从来不知道天下有高大、舒适、温暖的住房,也不知道有丝绵、狐皮之类的衣服。冬去春来,这个农夫在地里干活,太阳照在身上,暖洋洋的很舒服。他回头对妻子说:"在太阳底下晒着很暖和,别人都不知道;如果把这个发现献给我们的国君,一定会得到重赏的。"

出处

出自《列子·杨朱》:"昔者宋国有田夫,常衣缊黂,仅以过冬。暨春东作,自曝于日,不知天下之有广厦隩室,绵纩狐貉。顾谓其妻曰:'负日之暄,人莫知者;以献吾君,将有重赏。'"

解释

比喻贡献不珍贵的东西。

叶公好龙

故事

春秋时期,楚国有个大夫叫沈诸梁,字子高,因为封邑在叶,人称叶公。叶公喜欢龙,他的衣带钩上画着龙,酒具上刻着龙,居室雕镂刻画的全都是龙。天上的真龙知道后,便降落到叶公的家里,头在窗口往里探望,尾巴伸到了厅堂里。叶公见到真龙,吓得转身就逃,脸都变了颜色,像丢了魂似的。由此看来,叶公并非真的喜欢龙,他喜欢的只不过是形式上的龙罢了。

出处

出自汉·刘向《新序·杂事》:"叶公子高好龙……于是天龙闻而下之,窥头于牖,施尾于堂。叶公见之,弃而还走。"

解释

比喻表面上喜爱某种事物,实际上并非真正喜爱。

曳尾涂中

故事

庄子,名周,战国时期思想家,道家学派代表人物。庄子一生穷困潦倒,却始终拥有冷峻深刻、洞察人生的敏锐目光和超然的处世态度。庄子曾在濮河钓鱼,楚王派两位大臣前去请他到楚国做官,使者对庄子说:"我们大王想请您到楚国任职,您看怎么样呢?"庄子拿着鱼竿,头也没回,说道:"我听说楚国有一只神龟,死时已经三千岁了,国王用锦缎把它包好放在竹匣中,珍藏在宗庙的堂上。这只神龟,它是宁愿死去留下骨头让人们珍藏呢?还是情愿活着,在烂泥里拖着尾巴呢?"使者说:"肯定是情愿活着在烂泥里拖着尾巴。"庄子说:"请回吧!我宁愿在烂泥里拖着尾巴。"

出处

出自《庄子·秋水》:"庄子持竿不顾,曰:'吾闻楚有神龟,死已三千岁矣,王巾笥而藏之庙堂之上。此龟者,宁其死为留骨而贵乎?宁其生而曳尾于涂中乎?'二大夫曰:'宁生而曳尾涂中。'庄子曰:'往矣!吾将曳尾于涂中。'"

解释

乌龟在泥里拖着尾巴爬行。比喻与其当官享受名位利禄,宁愿隐居乡野,过自由自在的生活。

yè láng zì dà
夜 郎 自 大

故事

汉武帝元狩元年(前122),张骞出使西域归来后,向汉武帝详细讲述他在西域的见闻。张骞称在大夏国时,曾经看到过蜀郡出产的布帛以及邛都出产的竹杖,询问这些东西的来历,回答说是从东南边的身(yuān)毒国(今印度)弄来的,据说邛地以西大约两千里处就是身毒国。张骞建议假若能开通蜀地通往身毒国的道路,那么经由身毒前往西域既安全又近便,对汉朝有利无害。于是汉武帝命令从西南夷开通通往身毒国的道路,并派使者前往沿途各国。使者到达滇国,滇王问汉朝使者:"汉朝和我国相比,哪个大?"汉朝使者到达夜郎,夜郎侯也提出了同样的问题。这是因为道路不通的缘故,滇王和夜郎侯两人各自以为自己是一州之主,不知道汉朝的广大。

出处

出自《史记·西南夷列传》:"滇王与汉使者言曰:'汉孰与我大?'及夜郎侯亦然。以道不通故,各自以为一州主,不知汉广大。"

解释

指孤陋寡闻,妄自尊大。

yī bài tú dì
一 败 涂 地

故事

刘邦,沛县丰邑人,三十岁当了沛县的泗水亭长。刘邦为人豁达,做事有气魄,萧何、曹参、夏侯婴、周勃、王陵、樊哙等人都是他的好朋友。秦始皇死后，秦二世胡亥统治更加暴虐，于是人心思乱，海内沸腾。陈胜、吴广首先在大泽乡揭竿而起，沛县令也想响应起义。县吏萧何、曹参建议将本县流亡在外的人召集回来，县令便让樊哙去邀请刘邦。刘邦当时已经拥有数百之众，沛令见此，害怕刘邦不好控制，便命令关闭城门，并要捉拿萧何和曹参。刘邦闻此，将一封信射进城中，鼓动城中百姓起来杀掉县令，一起保卫家乡。百姓本来就对县令不满，杀了县令后打开城门迎进刘邦。萧何、曹参竭力推举刘邦为沛令，刘邦推辞说："天下形势正在紧张之时，假若县令的人选安排不当，一旦失败就会肝脑涂地，还是另择别人吧！"最终大家推举他为沛公，领导大家起事。

出处

出自《史记·高祖本纪》："刘季曰：'天下方扰，诸侯并起，今置将不善，一败涂地。'"

解释

一旦失败就肝脑涂地。形容彻底失败，不可收拾。

yī bù yī guǐ
一 步 一 鬼

故事

王充是东汉唯物主义哲学家、无神论者。《论衡》是王充无神论思想的代表作，书中尖锐地批驳了人死灵魂不死的谬论。有神论者宣称"死人为鬼，有知，能害人"，王充则针锋相对地提出了"死人不为鬼，无知，不能害人"的无神论主张并加以详细论述。他否定了灵魂不死的观点，说："天地开辟之后，自从人皇以来，人通常能活到百岁寿限而死，如果加上中年早死的，有亿万人之多。计算一下现在活着的人数，不如自古以来死去的人多。如果人死了就变成鬼，那么在道路上，就会一步一个鬼了。人将死的时候会见到鬼，就应当见到千百万个鬼，满厅堂满院子全是鬼，巷中路上也塞满了鬼，不应当只是见到一两个鬼啊！"

出处

出自《论衡·论死》："如人死辄为鬼，则道路之上，一步一鬼也。"

解释

走一步路就碰到一个鬼。后形容遇事多疑。

一场春梦

故事

苏轼,字子瞻,号东坡居士,世称苏东坡,北宋著名文学家、书法家、画家,曾任翰林学士、侍读学士、礼部尚书等职,六十二岁时因新党执政被贬海南。苏东坡在海南昌化时,经常背着一个大瓢在田野间散步,歌咏其中,自得其乐。乡间有位老妇人,已经七十岁了,她了解苏东坡的坎坷经历,目睹他的现状,感慨地对苏东坡说:"内翰您昔日的荣华富贵只不过是一场春梦而已。"东坡深以此言为然。自此,乡里都称呼这位老妇为"春梦婆"。

出处

出自宋·赵令畤《侯鲭录·东坡在昌化》卷七:"东坡老人在昌化,尝负大瓢行歌于田间。有老妇年七十,谓坡云:'内翰昔日富贵,一场春梦。'坡然之。里中呼此媪为春梦婆。"

解释

比喻过去的一切转眼成空。也比喻不切实际的想法落了空。

一筹莫展

故事

蔡幼学,字行之,南宋温州瑞安人,师从名士陈傅良,才学和文章都超过了他的老师。宋光宗时,曾任校书郎。后来宋宁宗即位,下诏征求群臣的意见。蔡幼学上了一道奏章说:"陛下您要做好以下三件事,才能称得上是一个好皇帝。一要恭亲,对父母长辈孝顺;二要重贤,任用有真才实学的人为官;三要爱民,对天下百姓要宽厚仁爱。而要做到这三件事,首先得从搞好教育入手。但是,近年来,有人到处造谣诬陷好人,致使一些大臣因为害怕招惹是非而不能施展自己的才能,也使您接触不到大多数有抱负的臣子。朝廷里有才学的大臣虽多,但真正有实际作用的办法却一个也拿不出来。"

出处

出自《宋史·蔡幼学传》:"其极至于九重深拱而群臣尽废,多士盈庭而一筹不吐。"

解释

束手无策,无计可施。

一箪一瓢 yī dān yī piáo

故事

颜回,字子渊,春秋末期鲁国人,孔子门生。颜回素以德行著称,严格遵循孔子关于"仁""礼"的要求,"敏于事而慎于言"。因此孔子称赞颜回具有君子四德:强于行义,弱于受谏,怵于待禄,慎于治身。颜回家境贫寒,《论语·雍也》说他"一箪食,一瓢饮,在陋巷,人不堪其忧,回也不改其乐"。颜回为人谦逊好学,"不迁怒,不贰过"。孔子称赞他说:"贤哉,回也!"颜回知过必改,从不犯同样的错误。颜回先孔子而去世,孔子对他的早逝感到万分悲痛,与门人一起出资安排了颜回的丧事。在丧礼上,孔子哭得非常悲痛,哀叹说:"噫!天丧予!天丧予!"

出处

出自《论语·雍也》:"一箪食,一瓢饮,在陋巷,人不堪其忧,回也不改其乐。"

解释

形容读书人安于清贫的生活。

一饭千金 yī fàn qiān jīn

故事

汉朝开国功臣韩信早年穷困潦倒,天天到朋友家中蹭饭吃白食,曾经在南昌亭长家中蹭饭达几个月之久。后来亭长的妻子忍无可忍,一天早上,故意提前吃了早饭。当韩信按时来吃饭的时候,发现饭已经没了,明白主人意在逐客,一怒之下离开了亭长家。韩信没有了饭吃,只好到城下钓鱼,时常饿肚子。当时有一群妇女在河边漂絮,其中有一个漂母很同情韩信,经常从自己带的饭中匀一些给他吃,一直到结束漂絮的工作。这几十天中,韩信天天跟漂母蹭饭吃,很是感激,表示将来必定要重重报答她。漂母听后发火道:"你一个大男人不能养活自己,我是可怜你才给你饭吃,可不是要图你的报答!"后来,韩信做了楚王,衣锦还乡,找到了当年的漂母,送给她一千金以报当年赠饭之德。

出处

出自《史记·淮阴侯列传》:"信钓于城下,诸母漂,有一母见信饥,饭信……召所从食漂母,赐千金。"

解释

指受人滴水之恩,涌泉相报。

一鼓作气 yī gǔ zuò qì

故事

春秋时期,齐国军队攻打鲁国,鲁庄公将要迎战。曹刿(guì)请求参见庄公。他的同乡说:"打仗这种事,自然有当官的操心,你又何必参与呢?"曹刿说:"大官们眼光短浅,不能深谋远虑。"于是他进宫去见庄公。曹刿问庄公:"您凭什么跟齐国打仗?"庄公说:"衣食这样的生活必需品,我不敢独自占有,一定拿来分给别人。"曹刿说:"这种小恩小惠不能遍及百姓,老百姓是不会听从您的。"庄公又说:"祭祀用的牛羊、玉帛之类,我从来不敢虚报数目,一定要做到诚实可信。"曹刿说:"这点诚意难以使人信服,神明是不会保佑您的。"庄公说:"大大小小的案件,虽然不能件件都了解清楚,但一定会处理得合情合理。"曹刿说:"这才是尽本职的事,可以凭这一点去打仗。作战时请允许我跟您一起去。"齐、鲁两军在长勺交战,鲁庄公和曹刿同乘一辆战车。庄公刚上战场就要击鼓进军,曹刿说:"现在还不行。"等齐军擂鼓三次之后,曹刿说:"可以击鼓了。"齐军大败。战争结束后,鲁庄公询问取胜的原因。曹刿答道:"打仗,靠的是勇气。第一次擂鼓能振奋士兵们的勇气;第二次擂鼓时,勇气就会减弱;等到第三次擂鼓时,士兵们的勇气已经枯竭了。敌方的勇气已经枯竭而我方的勇气正盛,这就是我们取胜的原因。"

出处

出自《左传·庄公十年》:"夫战,勇气也。一鼓作气,再而衰,三而竭。"

解释

第一次擂鼓能振奋士气。指趁一开始情绪高涨、干劲旺盛时全力以赴,一下子把事情干完。

yī guó sān gōng
一国三公

故事

春秋时期,晋献公的宠妃骊姬图谋废太子申生,改立自己的儿子奚齐为太子。骊姬顾忌太子申生与他两个异母兄长重耳、夷吾关系亲密,便暗中和献公的宠臣梁王、东关王等密谋,离间三位公子。晋献公听信谗言,将三个儿子分派在边疆,命士芳(wěi)负责营造蒲、屈两城。士芳看破骊姬的计谋,所以故意草草完工。献公质问他为什么修得马马虎虎,士芳答道:"我听说没有悲哀的原因而悲哀,悲哀必定会到来;没有战争而筑城,城必定会被敌人利用。现在我奉命为两位公子修城,若是不修筑得坚固,要承担对公子不敬的罪名;而若是修筑得坚固,则为敌人提供了阵地,要承担对君主不忠的罪名。如果我失去了忠和敬,还怎么能为大王做事呢?"士芳预言道:"三年之后,那里将会发生战争!"又赋诗抒发自己的忧虑:"穿狐皮衣服的贵人多得像龙的茸毛一样,一个国家有三个君主,我应该听从谁的呢?"后来,骊姬逼死了太子申生,重耳和夷吾被迫逃亡,奚齐做了晋国的太子。献公死后,继位的奚齐被大臣里克杀掉,骊姬被逼投河自杀。

出处

出自《左传·僖公五年》:"一国三公,吾谁适从?"

解释

一个诸侯国有三个国君。泛指权力不集中,政出多门。

yī jiàn shuāng diāo
一箭双雕

故事

长孙晟(shèng),字季晟,小字鹅王,北周及隋朝名将。他通达聪慧,略涉书史,善于骑射,矫捷过人。当时北周崇尚武艺,贵族子弟都以身负武艺而自傲,然而每次与他比试骑马射箭,那些人都甘拜下风。北周当时与突厥和亲,派长孙晟率兵护送公主前往突厥。突厥王摄图听闻长孙晟擅长骑射,便邀其一同出猎。摄图看见天上有两只大雕在争夺一块肉,于是递给长孙晟两支箭,要他射下这两只大雕。长孙晟接过箭,策马驰去,看准大雕厮打纠缠在一起的时机,开弓搭箭,只听"嗖"的一声,两只大雕便串在一起掉落下来。长孙晟在同突厥交往的二十余年中,凭其出众的谋略,为分化瓦解突厥,保持隋朝北境安宁,促进民族融合做出了重大贡献。大业五年(609),长孙晟去世,时年五十八岁。隋炀帝深表悼惜,赐赠甚厚。其子为唐朝名相长孙无忌,其女是唐太宗的皇后长孙氏。

出处

出自《北史·长孙晟传》:"尝有二雕飞而争肉,因以箭两只与晟,请射取之。晟驰往,遇雕相攫,遂一发双贯焉。"

解释

形容射箭的技术高超。也比喻一举而达到两个目的。

一浆十饼 yī jiāng shí bǐng

故事

李师道是唐朝平卢淄青节度使,又冠以检校司空、同中书门下平章事的头衔,拥有十二州之地,其势炙手可热。唐宪宗元和十年(815),朝廷讨伐蔡州吴元济。李师道挑选两千精兵到达寿春,表面上说是协助官军,实际上却是援救吴元济。蔡州之乱平定之后,朝廷派人劝李师道割地赎罪,并送儿子入朝为质。李师道于是送上三个州,派儿子李弘方入侍。转而李师道又后悔了,召集众将商讨。大家都说:"蔡州那么几个州,朝廷打了三四年才打下来,您现在有十二个州,有什么可担心的?"大将崔承度进言:"您当初不将心腹事告诉各位将领,而今把兵交给他们,这都是一些唯利是图的人,朝廷拿一杯酒十个饼就能把他们诱走的。"

出处

出自《新唐书·李师道传》:"公初不示诸将腹心,而今委以兵,此皆嗜利者,朝廷以一浆十饼诱之去矣。"

解释

比喻小恩小惠。

一毛不拔 yī máo bù bá

故事

杨朱是战国时期思想家,道家主要代表人物,主张"贵己""重生""人人不损一毫"的思想。据说,墨子的弟子禽滑(gǔ)厘问杨朱:"如果拔你身上一根汗毛,能使天下人得到好处,你干不干?"杨朱说:"天下人的问题,绝不是拔一根汗毛所能解决得了的。"禽滑厘又说:"假使能的话,你愿意吗?"杨朱默不作答。杨朱的弟子孟孙阳反问道:"如果给你万金来换取割你的肌肤,你做吗?"禽子说:"可以接受。"孟孙阳又问:"如果给你一个国家来换取你的一条腿,你做吗?"禽子默然不答。孟孙阳又问:"如果砍掉你的头而给你天下,你答应吗?"禽子哑口无言。孟孙阳接着说:"一根汗毛要比肌肤轻微,肌肤要比肢体轻微。但是,许多根汗毛组成了肌肤,肌肤组成了肢体。一根汗毛本来就是整个肢体的一部分,为何要轻视它呢?"他的意思是,天下的整体利益是由无数个体利益组成的,只有保证所有的个人利益,最后才能保证天下的整体利益。杨朱对此有过精辟的表达:"损一毫而让天下得益,这样的事情不能做;而集合天下所有利益于一个人,更不行;只要每个人的利益不受损失,那天下自然安定,所有人都能安居乐业。"

出 处

出自《列子·杨朱》:"损一毫利天下,不与也;悉天下奉一身,不取也;人人不损一毫,人人不利天下,天下治矣!"

解 释

本是道家杨朱学派重要的思想主张。后形容为人十分吝啬。

yī míng jīng rén
一 鸣 惊 人

故 事

春秋时期,楚庄王刚当上国君的前三年里,整天只知道吃喝玩乐,不理朝政,不听劝谏。一次,大夫伍举冒死进谏,对楚庄王说:"有一只大鸟,停在楚国的大山上已经三年了,不飞也不叫,这是什么鸟呢?"楚庄王心里明白这是暗指自己呢,便说:"这可不是普通的鸟,它三年不飞,一飞必定冲上天;它三年不叫,一叫必定惊人。"从此,楚庄王积极治理国家,楚国日益强盛,而楚庄王也成为春秋时期有名的五霸之一。

出 处

出自《史记·滑稽列传》:"此鸟不飞则已,一飞冲天;不鸣则已,一鸣惊人。"

解 释

鸟叫一声就使人震惊。比喻平时默默无闻,一干就有惊人的成就。

一木难支
<small>yī mù nán zhī</small>

故事

任恺,字元裒(póu),晋武帝时为侍中,与权臣贾充不和。贾充勾结朋党诬告任恺,尚书杜友和廷尉刘良为任恺申诉,最后二人和任恺都被免官。任恺丢官后,十分不快,便不再自我检束,纵情于酒乐,一顿饭就花费万钱。和峤是任恺的好友,时任中书令,深得武帝的器重。有人问和峤说:"你为什么眼看着元裒被搞垮而袖手不管呢?"和峤说:"元裒的处境已经像北夏门一样,眼看就要断裂崩塌,不是一根木头可以支撑得了的。"

出处

出自南朝宋·刘义庆《世说新语·任诞》:"和曰:'元裒如北夏门,拉攞(luǒ)自欲坏,非一木所能支。'"

解释

一根木头难以支撑。比喻一个人的力量单薄,维持不住全局。

一诺千金
<small>yī nuò qiān jīn</small>

故事

季布是秦末汉初楚地人,为人好逞意气,爱打抱不平,在楚地很有名气。楚地有个叫曹丘的先生,擅长辞令,能言善辩,喜欢攀附权贵,季布很瞧不起他,拒绝与他交往。曹丘请窦皇后的弟弟窦长君为他写了介绍信,然后去见季布。曹丘见到季布,作了个揖,说道:"楚人有句谚语说:'得到黄金百斤,比不上得到你季布的一句诺言。'您怎么能在梁、楚一带获得这样的声誉呢?再说我是楚地人,您也是楚地人。由于我到处宣扬,您的名字天下人都知道,难道我对您的作用还不重要吗?您为什么这样坚决地拒绝我呢?"季布闻言转怒为喜,待之如上宾。

出处

出自《史记·季布栾布列传》:"得黄金百斤,不如得季布一诺。"

解释

形容说话算数,极有信用。

yī pù shí hán
一 曝 十 寒

故事

战国时期,礼崩乐坏,诸侯以武力征伐为务。孟子周游列国推行自己的政治主张,然而处处碰壁。孟子来到齐国后,跟齐宣王有过多次交谈。齐宣王有争霸天下的野心,然而做事却没有毅力,而且轻信奸佞谗言,孟子对此直言不讳,说:"大王您也太不明智了,天下虽有生命力很强的生物,可如果把它在阳光下晒一天,又放在阴寒的地方冻十天,没有能活得成的。"孟子打了一个生动的比喻:"下棋看起来是件小事,但假使你不专心致志,也同样学不好。弈秋是全国最善下棋的国手,他有两个徒弟。其中一个专心致志,处处听老师的指导;另一个却老想着去射天鹅。两个徒弟是师从同一个老师,然而两人的成绩却差得很远。这不是他们的智力有什么区别,而是专心的程度不一样啊!"

出处

出自《孟子·告子上》:"虽有天下易生之物也,一日暴之,十日寒之,未有能生者也。"

解释

晒一天,冻十天。比喻做事没有恒心。

yī qián bù zhí
一 钱 不 值

故事

灌夫是西汉大臣。武帝元光四年(前131),田蚡迎娶燕王的女儿,太后下诏叫列侯和皇族都去祝贺。酒喝到差不多时,田蚡起身敬酒,在座的宾客都离开席位,伏在地上,表示不敢当。过了一会儿,窦婴起身为大家敬酒,只有那些窦婴的老朋友离开了席位,其余半数的人只是稍微欠了欠上身。灌夫不高兴,起身依次敬酒,敬到田蚡时,田蚡只稍欠了一下身。敬到临汝侯灌贤,灌贤正在跟程不识附耳说话,又不离开席位。灌夫便骂灌贤说:"平时诋毁程不识不值一钱,今天长辈给你敬酒,你却学女孩子一样同程不识咬耳朵。"田蚡对灌夫说:"程将军和李将军都是东西两宫的卫尉,现在当众侮辱程将军,仲孺难道不给你所尊敬的李将军留有余地吗?"灌夫说:"今天就算杀我的头,穿我的胸，我都不在乎，还顾什么程将军、李将军！"田蚡便命令骑士扣留灌夫。籍福起身替灌夫道了歉，并按着灌夫的脖子让他道歉。灌夫越发火了，不肯道歉。田蚡弹劾灌夫，说他在宴席上辱骂宾客，侮辱诏令，犯了不敬之罪。这年冬天，灌夫被满门抄斩。

出处

出自《史记·魏其武安侯列传》："生平毁程不识不直一钱，今日长者为寿，乃效女儿呫嗫耳语。"

解释

形容一无是处，毫无价值。

yī qiào bù tōng
一 窍 不 通

故事

商纣王，晚年荒淫无道，宠爱妲己，整日跟妲己饮酒作乐，既不理会朝政，也不管百姓死活。纣王听信妲己谗言，滥杀无辜，致使民怨沸腾，众叛亲离。纣王的叔父比干对此心焦如焚，他见箕子因劝谏而被贬为奴，深为悲愤，便怀着必死之心到摘星楼规劝纣王。比干苦谏三天，纣王大怒，道："我听说圣人天资聪慧，心脏上有七个窍，我倒要看看是否真是如此？"随即挖出了比干的心脏。孔子曾经对纣王杀比干一事感叹说："纣王心窍不通，如果通一窍，比干就不会死了。"

出处

出自《吕氏春秋·过理》："杀比干而视其心，不适也。孔子闻之曰：'其窍通，则比干不死矣。'"

解释

比喻什么都不懂。

yī qiū zhī hé
一 丘 之 貉

故事

杨恽，字子幼，西汉政治家。其父杨敞曾任丞相，其母司马英是史学家司马迁的女儿。杨恽曾任左曹，后因告发霍光谋反有功，封平通侯，迁中郎将。神爵元年（前61）升为诸吏光禄勋，位列九卿。杨恽为官廉洁公正，力行整顿吏治，杜绝行贿。有一次，杨恽听说匈奴的单于被属下杀了,便评论道:"遇到这样一个昏君,大臣拟好的治国策略不用,使自己白白送了命。就像秦朝的君王一样,专门信任小人,杀害忠臣,终致国亡身灭。如果当年秦朝不如此,可能到现在还存在。从古到今的君王都是信任小人的,真像同一山丘出产的貉一样,毫无差别呀。"

出处

出自《汉书·杨恽传》:"古与今,如一丘之貉。"

解释

同一山丘的貉。多比喻都是同样性质的坏人。

一日千里

故事

田光是战国末期燕国处士,学识渊博,智勇双全,素称燕国勇士,与燕国太傅鞠武交好。此时,秦国凭借强大的实力,不断蚕食各诸侯国。在攻破赵国后,秦国大军已经迫近燕国边境,随时都可能入侵燕国。燕国力量弱小,无法对抗强秦,燕太子丹对此忧心忡忡,向鞠武求教,鞠武便向他推荐了田光。太子丹对田光待若上宾,请求田光指教如何阻挡秦国的入侵,田光辞谢说:"我听说,骐骥良驹在壮年时,一天可以跑千里以上;可等到它衰老时,劣马都可以跑在它的前面。鞠太傅只知道我壮年的事,而如今我已年老,精力不行了。虽然有关国家的大事我已无能为力,但我愿向您推荐我的好友荆轲,他能够承担这个重任。"后来,太子丹结交了荆轲,派他去行刺秦王。

出处

出自《史记·刺客列传》:"臣闻骐骥盛壮之时,一日而驰千里;至其衰老,驽马先之。"

解释

形容马跑得快。也形容发展极快。

一身是胆

故事

三国时期,刘备与曹操争夺汉中。一天,曹军往北山运米,黄忠领兵前去截粮,过时未还。赵云带领数骑前往接应,中途突然遭遇大队曹军。赵云临危不乱,毫无惧色,突入敌阵,将敌军打散。赵云且战且退,曹军追至赵云营寨。赵云进入营寨之后,大开营门,偃旗息鼓。曹军怀疑有埋伏,不敢进攻,急忙退走。赵云下令擂动战鼓,用劲弩在后面射击曹军。曹军顿时大乱,惊骇万分,自相践踏,大败而走。第二天,刘备来到赵云营寨,察看前一天作战的地方,不禁称赞说:"子龙一身都是胆啊!"军中将士都呼赵云为虎威将军。

出处

出自《三国志·蜀书·赵云传》裴松之注引《赵云别传》:"先主明旦自来,至云营围视昨战处,曰:'子龙一身都是胆也!'"

解释

全身都是胆。形容胆量大,无所畏惧。

yī shí zhī guàn
一 时 之 冠

故事

王献之,字子敬,小名官奴,为王羲之第七子。他少负盛名,高超不凡,放达不羁,虽终日在家闲居,但形貌举止并不显得懒散,才华气度超过时人。他曾与兄长王徽之、王操之一起拜访谢安,两位兄长多谈世俗之事,王献之则随便说了几句问候寒温的话。离开谢家后,客人问谢安王氏兄弟的优劣,谢安说:"小的优。"客人问原因,谢安说:"大凡杰出者皆少言寡语,因为他不多言,所以知道他不凡。"王献之娶郗昙之女郗道茂为妻,后来离婚,与新安公主结婚。王献之病重时,请道士上表文祷告。道士问王献之平生有什么过错,王献之说:"想不起有别的事,只记得和郗家离过婚。"陶宗仪评价王献之称:"清峻有美誉,而高迈不羁,风流蕴藉,为一时之冠。"

出处

出自《晋书·王献之传》:"少有盛名,而高迈不羁,虽闲居终日,容止不怠,风流为一时之冠。"

解释

指一个时代的杰出人物。

yī suì sān qiān
一 岁 三 迁

故事

到㧑(huī)是南朝宋、齐时期文学家、书法家,出身官宦世家,袭爵为建昌公,宋明帝时任太子洗马。到㧑家资豪富,生活极尽华奢,其府邸中房屋建筑以及假山水池,号称京师第一。其所豢养的妓妾,无论姿色还是技艺,都是最上品。到㧑喜欢结交朋友,府中宾客盈门,天天酒池肉林,宴宾飨客。萧赜(zé)多次在到㧑家中宴乐,又曾经一起随从宋明帝到郊外射猎,又累又渴的时候,到㧑找到一个半熟的青瓜,一剖两半,跟萧赜分着吃了。萧赜即位之后,念及旧德,一年之内使到㧑多次升迁。

出 处

出自《南史·到㧑传》:"上又数游㧑家,怀其旧德,至是一岁三迁。"

解 释

一年内多次升迁。

一 网 打 尽
yī wǎng dǎ jìn

故 事

苏舜钦是北宋著名诗人,得到当时政治革新派首领范仲淹的赏识和提拔。苏舜钦屡次上书宋仁宗,批评宰相吕夷简,引起吕夷简的强烈不满。一年秋天,恰逢赛神会。以往,各官署衙门都要在此时将多余的东西变卖成钱,以供同僚吃喝玩乐。苏舜钦照例把进奏院里拆下的旧公文封套卖了,自己又拿出十千钱来资助,作为玩乐的花费,衙门其他人也都凑了份子。太子中舍官李定未被邀请参加聚会,便怀恨在心,在京城里到处宣扬苏舜钦等官员铺张浪费、寻欢作乐的事。御史刘元瑜素与苏舜钦不和,马上借题发挥,上书弹劾苏舜钦。宰相吕夷简一见有机可乘,也跟着推波助澜。宋仁宗大怒,把苏舜钦定为监守自盗,免官治罪。那天参加宴会的其他人,有的免职,有的降职,有的被调离京师,当时京中俊彦为之清除一空,革新派受到沉重打击。刘元瑜一击成功,颇为自得,对宰相吕夷简表功道:"已经为相公一网打尽了!"

出 处

出自宋·魏泰《东轩笔录》卷四:"刘侍制元瑜既弹苏舜钦,而连坐者甚众,同时俊彦,为之一空。刘见宰相曰:'聊为相公一网打尽。'"

解 释

比喻一个不漏,全部抓住、网罗,或彻底肃清。

一往情深 yī wǎng qíng shēn

故事

桓伊，字叔夏，小字子野（一作野王），东晋将领，著名音乐家。桓伊为人谦素，善吹笛，号称"江左第一"，有"笛圣"之称。王徽之进京时，泊舟于清溪，正值桓伊从岸上经过，二人素不相识。船中有人认出他就是野王，王徽之即请人对桓伊说："闻君善吹笛，试为我一奏。"此时桓伊已是身份显赫，但却十分豁达，即刻下车，蹲在胡床上"为作三调，弄毕，便上车去"，而两人始终未交一言。桓伊在谢安功名太盛遭晋孝武帝猜忌之时演唱曹植的《怨歌行》以进谏，谢安亦为之倾倒。桓伊也非常爱听别人唱歌，每当听到优美的歌声，就会情不自禁地赞叹："奈何。奈何。"谢安见桓伊对音乐如此痴心，说道："子野可谓一往有深情。"

出处

出自南朝宋·刘义庆《世说新语·任诞》："桓子野每闻清歌，辄唤'奈何'。谢公闻之曰：'子野可谓一往有深情。'"

解释

指对人或事物一直有深厚的感情。

一无所取 yī wú suǒ qǔ

故事

唐瑾是南北朝时期北魏、北周官员。于谨南伐江陵时，以唐瑾为元帅府长史，军中谋略多出自唐瑾。江陵平定后，梁朝人无论士庶贵贱，都被罚没为仆隶。唐瑾考察这些人的才行，但凡有一点才能的人，都决议赦免，就这样救了很多人。等到大军还朝，将领们带回的都是掳掠而来的财货，而唐瑾却一无所取，只带回来两车书。有人向宇文泰告密说："这次回师，唐瑾辎重很多，都是从梁朝搜刮的奇珍异宝。"宇文泰开始并不相信，但是也想探明虚实，就派人秘密前去查验，只见到大堆的书籍而已。宇文泰叹道："我认识此人已经二十多年了，知道他决不会以利害义。但如果置之不管，则恐怕别人起疑心，所以才派人查验以证其清白。"因平定江陵有功，唐瑾晋爵为公。

出处

出自《周书·唐瑾传》："及军还，诸将多因房掠，大获财物。瑾一无所取,唯得书两车,载之以归。"

解释

什么东西也不拿。

一蟹不如一蟹 yī xiè bù rú yī xiè

故事

陶穀(gǔ),本姓唐,字秀实,五代及北宋大臣。陶穀早年历仕后晋、后汉、后周,北宋建立后,陶穀历任礼部、刑部、户部尚书。有一次,陶穀奉朝廷派遣出使吴越,吴越国的忠懿王设宴招待他。忠懿王知道陶穀喜欢吃螃蟹,就命人在宴席上摆出了各种各样的螃蟹,从大到小,自蝤蛑至蟛蜞,一共摆了十几种。陶穀见状,笑着说:"这可真是一蟹不如一蟹啊!"

出处

出自宋·无名氏《圣宋掇遗》:"以其嗜蟹,自蝤蛑至蟛蜞,凡罗列十余种。穀笑曰:'真所谓一蟹不如一蟹也!'"

解释

比喻一个不如一个,越来越差。

一薰一莸 yī xūn yī yóu

故事

春秋时期,晋献公想立骊姬做夫人,用龟来占卜,不吉;用草占卜,吉。献公说:"那就依筮吧。"卜人说:"蓍草之数短而龟象长,不如按照龟卜。而且爻辞说:'专宠会使人心生不良,将要偷走您的公羊。香草和臭草放在一起,十年以后还会有臭气。'一定不可以采纳筮卦。"晋献公不听,立了骊姬。骊姬生了奚齐,想废掉太子而立奚齐做太子,于是串通中大夫定计陷害太子。太子被迫逃亡到新城,在新城自缢。骊姬又诬陷两位公子说:"他们都参与了太子的阴谋。"于是重耳和夷吾都被迫逃亡。

出处

出自《左传·僖公四年》:"一薰一莸(yóu),十年尚犹有臭。"

解释

薰：香草。莸：臭草。香草和臭草放在一起。比喻一善一恶之中，善易消而恶难除。

一言九鼎 yī yán jiǔ dǐng

故事

战国时期，秦将白起包围了赵国都城邯郸，平原君赵胜奉命使楚求救。临行前，平原君准备挑选二十个门客随行。经过挑选，最后还缺一个人。这时毛遂自我推荐，于是平原君带上毛遂一道前往楚国。到了楚国，楚王只接见平原君一个人。两人坐在殿上，从早晨谈到中午，还没有结果。毛遂大步跨上台阶，远远地大声叫起来："出兵的事，非利即害，非害即利，简单而又明白，为何议而不决？"楚王非常恼火，问平原君："此人是谁？"平原君答道："此人名叫毛遂，乃是我的门客。"楚王喝道："赶紧退下！我和你主人说话，你没有资格插嘴！"毛遂不但不退，反而又走上几个台阶。他手按宝剑，说："如今十步之内，大王性命在我手中！"毛遂接着就把出兵援赵有利楚国的道理，做了精辟的分析。毛遂的一番话，说得楚王心悦诚服，答应马上出兵。没过几天，楚、魏等国联合出兵援赵，秦军撤退。平原君回赵后，待毛遂为上宾，他很感叹地说："毛先生一至楚国，楚王就不敢小看赵国。"

出处

出自《史记·平原君虞卿列传》："毛先生一至楚，而使赵重于九鼎大吕。"

解释

形容言论或意见分量重，作用大。

一衣带水 yī yī dài shuǐ

故事

隋文帝向仆射（yè）高颎（jiǒng）询问灭陈的计策，高颎答道："江南的庄稼比江北成熟得早，我们在他们的收获季节扬言出兵，他们一定就会放弃农时，屯兵防守；他们做好了准备，我们便不再出兵。这样来几次，他们便不会相信。等他们不做准备，我们突然真的出兵渡江，便可打得他们措手不及。另外，江南的粮食不像我们北方囤积在地窖中,而是囤积在茅竹修建的仓库中。我们可暗地差人前去放火烧毁它,这样连烧几年,陈朝的财力就大大削弱,灭掉它也就容易得多了。"隋文帝采取了高颎的计策,经过七年的准备,在开皇八年(588)冬下令伐陈。出发前,隋文帝对高颎说:"我是天下老百姓的父母,难道能够因为一条像衣服带子一样狭窄的长江的阻隔,而不去拯救那里的老百姓吗?"隋文帝派晋王杨广为元帅,率领五十万大军渡江南下,很快就攻下建康,俘获了陈后主,灭掉了陈朝。

出处

出自《南史·陈后主纪》:"隋文帝谓仆射高颎曰:'我为百姓父母,岂可限一衣带水不拯之乎?'"

解释

一条衣带一样宽的水面。形容水面狭窄。也形容只隔了一条狭窄水域,来往方便。

一意孤行 yī yì gū xíng

故事

赵禹是西汉司法官。赵禹与张汤参与制定各项法令,其中"见知法"鼓励官吏相互监视、相互告讦。赵禹做官以来,家中没有门客。三公九卿前往拜访,赵禹始终不答谢,目的在于断绝知心朋友以及宾客的来往,以便独立实行自己的主张。公卿们带了重礼来到赵禹家,谁知赵禹见了公卿,只是天南海北地闲聊,丝毫不理会公卿们请他修改律法的暗示。过了一会儿,公卿们见实在说不下去了,便起身告辞。谁知临走前,赵禹硬是把他们带来的重礼退还。这样一来,人们才真正感到赵禹是个极为廉洁正直的人。有人问赵禹:"难道不担心周围的人因此对您有什么看法吗?"他说:"我这样断绝好友和宾客的请托,就是为了自己能独立地决定、处理事情,按自己的意志办事,而不受别人的干扰。"

出处

出自《史记·酷吏列传》:"禹为人廉倨,为吏以来,舍毋食客。公卿相造请禹,禹终不报谢,务在绝知友宾客之请,孤立行一意而已。"

解释

不接受他人的劝告或不顾客观条件,顽固地按照自己的主观意愿去做。

一朝一夕
yī zhāo yī xī

故事

季梁,又称季氏梁、季仕梁,春秋初期随国大夫,著名政治家、军事家、思想家。季梁病重,儿子们环围着他哭泣,要给父亲请医生诊治。他们请来了三位医生,矫氏、俞氏和卢氏。矫氏对季梁说:"你体内的寒气与热气不调和,虚与实越过了限度,病是由于时饥时饱和色欲过度而致。精神思虑繁杂散漫,不是天的原因,也不是鬼的原因。虽然危重,仍然可以治疗。"季梁说:"这是庸医,快叫他出去!"俞氏说:"你在娘胎里就胎气不足,生下来后奶水就吃不了,这病不是一朝一夕的原因,它是逐渐加剧的,已经治不好了。"季梁说:"这是一位好医生,暂且请他吃顿饭吧!"卢氏说:"你的病不是由于天,也不是由于人,也不是由于鬼。从你禀受生命之气而成形的那一天起,就既有控制你命运的,又有知道你命运的。药物针砭能对你怎样呢?"季梁说:"这是一位神医,重重地赏赐他!"不久季梁的病自己就好了。

出处

出自《列子·力命》:"病非一朝一夕之故,其所由来渐矣,弗可已也。"

解释

指很短的时间。

一字千金
yī zì qiān jīn

故事

吕不韦是战国末年大商人、政治家、思想家,官至秦国丞相。公元前249年,秦庄襄王以吕不韦为相国,封文信侯,食邑河南洛阳十万户。吕不韦门下有食客三千人,家僮万人。吕不韦召集门客,主持编纂了《吕氏春秋》,包括八览、六论、十二纪共二十余万言,汇合了先秦各派学说,"兼儒墨,合名法",故史称"杂家"。书成之日,悬于国门,声称能改动一字者赏千金。

出处

出自《史记·吕不韦列传》:"布咸阳市门,悬千金其上,延诸侯游士宾客有能增损一字者予千金。"

解释

用于称赞文辞精妙,价值极高。

一字之师 yī zì zhī shī

故事

郑谷,字守愚,唐末著名诗人。郑谷七岁即能诗,著名诗人、诗论家司空图"见而奇之",拍着他的背说:"此儿定当成为一代文宗。"郑谷以《鹧鸪诗》得名,人称郑鹧鸪。其诗多写景咏物,表现士大夫的闲情逸致,风格清新脱俗。郑谷官至都官郎中,天复三年(903)左右,归隐宜春仰山书屋。当时,湖南一位自号衡岳沙门的诗僧齐己携诗稿来到江西宜春,向郑谷求教。有一首《早梅》诗云:"前村深雪里,昨夜数枝开。"郑谷看后说:"'数枝'非'早'也,未若'一枝'佳。"说罢就将"数枝开"改为"一枝开"。齐己见这么一改,意味全出,不由深为佩服,惊叹改用"一"字之妙,即称郑谷为"一字师"。

出处

出自宋·计有功《唐诗纪事》:"郑谷改僧齐己《早梅》诗'数枝开'作'一枝开'。齐己下拜,人以谷为一字师。"

解释

指能给别人改正一个字而被尊称为老师的人。

衣不蔽体 yī bù bì tǐ

故事

宋高宗绍兴年间,镇江有一个酒官,生活极尽奢华:嫌新桌子漆色不合意,便拿起斧子把十张桌子砸烂;吃羊肉只嚼肉里的汁水,肉渣则吐掉。有个统领驻军于镇江,每次都会苦苦劝他不能如此奢靡,酒官非但不听,反而嗤笑羞辱这位统领。八年后,统领在临安的一个茶肆中饮茶,忽然一个乞丐进来向他作揖,正是酒官。酒官说自己镇江任满后来到临安求职,然而数年不得安置,家口众多,又不懂理财,积蓄很快就花光了,连自己的官符告身都抵押了出去。老婆孩子都衣不蔽体,每天出来乞讨能得个百钱左右,勉强能吃顿菜粥。讨的钱只够买米,没钱买菜,只得去菜市场捡拾人家丢弃的烂菜叶。统领心生恻然,问他:"还记得当年我劝你的话吗?"酒官道:"老天要折磨我,后悔有什么用呢?"

出处

出自宋·洪迈《夷坚志·奢侈报》:"妻子衣不蔽体,每日求丐得百钱,仅能菜粥度日。"

解释

衣服遮不住身体。形容生活极端贫困。

衣冠优孟 yī guān yōu mèng

故事

春秋时期,楚国有个乐人叫优孟。楚相孙叔敖知道优孟是位贤人,待他很好。孙叔敖临终前,叮嘱儿子说:"我死后,你一定会很贫困。那时,你就去拜见优孟,说'我是孙叔敖的儿子'。"过了几年,孙叔敖的儿子果然穷病交集,一次路遇优孟,便对他说:"我是孙叔敖的儿子。父亲临终前,嘱咐我贫困时就去拜见您,希望能得到您的帮助。"优孟说:"你不要离开楚国,我会帮你的。"于是,优孟穿戴起孙叔敖的衣服帽子,模仿孙叔敖的言谈举止。楚庄王大设酒宴,优孟进前为庄王敬酒祝福。庄王大吃一惊,以为孙叔敖又复活了,想要让他做楚相。优孟说:"请允许我回去和妻子商量此事,三日后再来就任楚相。"三日后,优孟又来见庄王。庄王问:"你妻子怎么说的?"优孟说:"妻子说千万别做楚相,楚相不值得做。孙叔敖做楚相,忠正廉洁地治理楚国,楚王才得以称霸。而死后儿子竟无立锥之地,贫困到靠打柴谋生。如果要像孙叔敖那样做楚相,还不如自杀呢!"庄王深受触动,把寝丘之邑封给了孙叔敖的儿子。

出处

出自《史记·滑稽列传》:"优孟,故楚之乐人也。长八尺,多辩,常以谈笑讽谏……即为孙叔敖衣冠,抵掌谈语。岁余,像孙叔敖,楚王及左右不能别也。庄王置酒,优孟前为寿。庄王大惊,以为孙叔敖复生也,欲以为相。"

解释

比喻化装演戏。

衣锦还乡 yī jǐn huán xiāng

故事

钱镠(liú),小字婆留,杭州临安人,五代十国时期吴越国创建者。

钱镠被封为吴越王后,决定效仿汉高祖故事荣归故里,好好在家乡人面前炫耀一下。于是下令将家乡改名为"衣锦城",并在故宅旧园大修宫殿楼阁,甚至给山林都披上锦绣彩缎,封自己幼时玩耍嬉戏的一棵大树为"衣锦将军"。又召聚亲朋故旧、邻里乡人整日笙歌燕舞,欢宴不休。席间,钱镠拿起酒杯,效仿刘邦《大风歌》,作《还乡歌》,唱道:"三节还乡兮挂锦衣,吴越一王驷马归。临安道上列旌旗,碧天明明兮爱日辉。父老远近来相随,家人乡眷会时稀。斗牛光起兮天无欺!"然而乡亲们却压根儿听不懂他唱的什么。钱镠见状,干脆用家乡土语再唱一遍:"你辈见侬底欢喜?别是一般滋味子。永在我侬心子里!"歌罢,满座叫好。

出 处

出自《新五代史·钱镠传》:"镠游衣锦城,宴故老,山林皆覆以锦,号其幼所尝戏大木曰'衣锦将军'。"

解 释

穿着华丽的衣服回到故乡。泛指荣归故里。

依样画葫芦
yī yàng huà hú lu

故 事

北宋大臣陶穀(gǔ)早年历仕后晋、后汉、后周,北宋建立后,陶穀出任礼部尚书,充任翰林承旨。陶穀自认为久在翰林院,功劳不小,便让人向皇帝推荐自己,以求得到重用。宋太祖笑道:"我听说翰林学士起草诏书,都是参照前人旧本,再换几个字句,不过是俗话说的'依样画葫芦'而已,这算得上什么贡献呢?"陶穀听闻后,题诗自嘲道:"官职须由生处有,才能不管用时无。堪笑翰林陶学士,年年依样画葫芦。"太祖得知,更加不喜欢陶穀了。

出 处

出自宋·魏泰《东轩笔录》:"太祖笑曰:'颇闻翰林草制,皆检前人旧本,改换词语,此乃俗所谓"依样画葫芦"耳,何宣力之有?'"

解 释

比喻只会模仿别人,没有新意。

贻笑大方
yí xiào dà fāng

故 事

《庄子》记载了一则寓言故事:秋天到来,山洪汹涌而至,众多大川的水流汇入黄河,河面宽阔,波涛汹涌。于是河神欣然自喜,认为天下一切美好的东西全都聚集在自己这里。河神顺着水流向东而去,来到北海边,面朝东边一望,看不见大海的尽头。河神这才改变先前洋洋自得的面孔,面对着海神仰首慨叹道:"俗语有这样的说法,'听到了上百条道理,便认为天下再没有谁能比得上自己',说的就是我这样的人了。而且我还曾听说过认为孔丘懂得的东西太少、伯夷的高义不值得看重的话语,开始我不敢相信,如今我亲眼看到了你是这样的浩渺博大、无边无际,我要不是因为来到你的门前,可真就危险了,我必定会被大方之家耻笑。"

出处

出自《庄子·秋水》:"吾长见笑于大方之家。"

解释

大方:原指懂得大道理的人,后泛指见识广博或有专长的人。让内行人笑话。

以 古 非 今
yǐ gǔ fēi jīn

故事

秦始皇统一天下后,丞相李斯建议焚百家书,控制言论,他说:"如今天下已定,法令出自陛下一人,百姓应当致力于农工生产,读书人应当学习法令。然而现在读书人不学今反而效古,用古法来诽谤当朝,这就是扰乱民心。为此,我请求陛下让吏官把不是秦国的书籍全部焚毁。除博士官署所掌握的之外,天下有收藏《诗》、《书》、诸子百家著作的,全部送到地方官那里去一起烧掉。有敢在一块儿谈论《诗》、《书》的,处以死刑示众。用古代的人来否定攻击今天的现实的,就满门抄斩。官吏如果知道而不举报的以同罪论处。下令后三十天仍不烧书的,要判以重刑。所不取缔的是医药、占卜、种植之类的书。如果有人想要学习法令,可以拜官吏为师。"秦始皇赞成李斯的建议,于是下令焚书。

出处

出自《史记·秦始皇本纪》:"有敢偶语《诗》《书》者弃市,以古非今者族。吏见知不举者与同罪。"

解释

用古代的事例来抨击或否定当今的现实。

以规为瑱
yǐ guī wéi tiàn

故事

春秋时期,楚灵王暴虐无道,白公子张多次劝谏:"以前殷高宗武丁能够敬慎德行,封傅说为上公,让他早晚规谏。像武丁那样圣明智慧,还自认为不能治理好国家,不敢专断独行。现在您的德行也许还赶不上武丁,却讨厌规谏您的人,要治理好国家不是太难了吗!齐桓公和晋文公都不敢骄奢淫逸,身旁大臣劝谏,远方臣僚批评,众人诵诫议论,他们都能用来告诫自己。因此才能够会合诸侯做了霸主,直到今天还被称为贤君。齐桓公、晋文公都是如此,您不担忧赶不上两位贤君,却想贪图安逸,恐怕不行吧?"楚灵王对白公这些话深感厌烦,便应付他说:"我虽然不能照着做,但我愿意把你的话放在耳朵里。"白公说:"希望您接受我的规谏,所以我才说。否则,巴浦地方犀牛、牦牛、兕(sì)、象的角和牙齿做塞耳的耳瑱,难道用得完吗。还用得着用规谏之词来做耳瑱吗。"白公回到家中,闭门不出。七个月后,楚灵王死于乾溪之乱。

出处

出自《国语·楚语上》:"赖君用之也,故言。不然,巴浦之犀、牦、兕、象,其可尽乎!其又以规为瑱也。"

解释

把规劝的话当作塞耳的瑱。指不听别人的规劝。

以宽服民
yǐ kuān fú mín

故事

子产,姬姓,公孙氏,名侨,字子产,春秋时期郑国人,相郑简公、郑定公二十余年,是当时最负盛名的政治家。子产病重期间,对子太叔游吉说:"我死以后,您必定会执政。只有有德行的人能够用宽大来使百姓服从,如果用宽大不能服民,就要用严法酷刑使其服从。火势猛烈,人们看着就害怕,所以很少有人死于火。水性懦弱,人们轻视并玩弄它,很多人就死在水中。所以宽大不容易啊!"几个月后子产就去世了,子太叔接替子产执政,不忍心用严法酷刑治理国家,而奉行宽大的政策。郑国盗贼很多,平时就躲藏在芦苇塘里,经常啸聚结伙,打家劫舍,百姓深受其害。子太叔看到这样的局面感到很后悔,说:"我早点听从子产的话，就不至于到这一步。"于是发兵攻打藏在湖泽里的盗贼，一举全歼。

出处

出自《左传·昭公二十年》："唯有德者能以宽服民，其次莫如猛。"

解释

以宽厚和缓的态度对待人民，使其心悦诚服。

以邻为壑

故事

白圭，名丹，字圭，战国时期洛阳人。白圭擅长水利，有治水才能，曾在魏惠王时期做过魏相，期间解除了魏国都城大梁的黄河水患。后弃政从商，有"商祖"之誉。白圭做魏相的时候，孟子来到魏国，白圭对孟子说："我的治水本领已经超过大禹了！"孟子当场驳斥说："你说错了。大禹治水是把四海当作水沟，顺着水性疏导，洪水都流进大海，与己有利，与人无害。如今你治水，只是修堤堵河，把邻国当作水沟，洪水都流到别国去，与己有利，与人却有害。这种治水的方法，怎么能与大禹相比呢？"

出处

出自《孟子·告子下》："孟子曰：'子过矣。禹之治水，水之道也，是故禹以四海为壑。今吾子以邻国为壑。水逆行谓之洚水，洚水者，洪水也。仁人之所恶也，吾子过矣！'"

解释

把邻国当作泄洪的水沟。比喻只图自己一方的利益，把祸害转嫁给别人。

以卵投石

故事

墨子是春秋末期墨家学派的创始人，其思想以兼爱为核心，以节用、尚贤为支点。有一次，墨子前往齐国，途中遇见一个算命先生。算命先生对墨子说："您不能往北走啊，今天天帝在北边杀黑龙，您的皮肤很黑，去北方是不吉利的！"墨子不听，继续朝北走去。但因为淄水泛滥，无法渡河，墨子又返了回来。算命先生很得意，对墨子说："怎么样?我就说不能往北走嘛!"墨子说:"淄水泛滥,南北两方的行人全都受阻隔。行人中有皮肤黑的,也有皮肤白的,怎么都过不去呢?假如天帝在东方杀了青龙,在南方杀了赤龙,在西方杀了白龙,又在中央杀了黄龙,岂不是让全天下的人都动弹不得了吗?所以,你的谬论是抵挡不过我的道理的,就好比拿鸡蛋去碰石头,把普天下的鸡蛋全碰光了,石头还是毁坏不了。"

出处

出自《墨子·贵义》:"以其言非吾言者,是犹以卵投石也,尽天下之卵,其石犹是也,不可毁也。"

解释

用鸡蛋碰石头。比喻不自量力,自取灭亡。也作"以卵击石"。

以貌取人

故事

孔子有个弟子叫澹台灭明,字子羽,比孔子小三十九岁,相貌丑陋。起初澹台灭明想拜孔子为师,孔子认为他资质低下,不会成才。但澹台灭明从师学习后,致力于修身实践,处事光明正大,从来不趋炎附势。后来,追随他的学生有三百人,声誉传遍四方。宰予也是孔门弟子之一,能说会道,利口善辩。他开始给孔子的印象很好,但后来孔子渐渐发现,宰予既不孝敬父母,也没有仁德,而且十分懒惰,白天睡大觉。孔子批评他"朽木不可雕"。后来宰予参与作乱而遇害,孔子听说后感慨地说:"我凭言语来判断人,宰予就是个失败的例子;我凭相貌来判断人,对子羽的判断又错了。"

出处

出自《史记·仲尼弟子列传》:"澹台灭明,武城人,字子羽,少孔子三十九岁,状貌甚恶。欲事孔子,孔子以为材薄……吾以言取人,失之宰予;以貌取人,失之子羽。"

解释

只根据人的外貌衣着来判断其品质能力或决定对待他的态度。

以身试法

故事

王尊,字子赣,西汉末年著名大臣。王尊幼年丧父,依叔伯为生,叔伯家也很贫寒,王尊只能一边牧羊一边读书,得以通晓文字,后来到郡中做了一名小吏。几年后,有次郡守询问诏书行事,王尊对答如流,因此得到郡守重视,得以逐步升迁。后来王尊升为安定太守。安定郡吏治混乱,大小官吏徇私枉法,百姓怨声载道。王尊一上任就发出告示:官员要忠于职守,贪赃枉法要立即改正,要为民表率,认真谨慎地履行职责,不要以身试法。随后,王尊查处了一批贪官污吏、地方豪强,极大震慑了地方上的不法之徒,安定郡出现了安定的局面。

出处

出自《汉书·王尊传》:"太守以今日至府,愿诸君卿勉力正身以率下……明慎所职,毋以身试法。"

解释

拿自己的行为去尝试法律。指故意犯法。

以小人之心,度君子之腹
yǐ xiǎo rén zhī xīn duó jūn zǐ zhī fù

故事

春秋时期,晋国有个梗阳人到官府告状,梗阳大夫魏戊无法判决,便把案子上报给了自己的父亲相国魏献子。这时,诉讼的一方用歌女向魏献子行贿,魏献子打算收下来。魏戊得知后,嘱托阎没和女宽向魏献子劝谏此事。这天退朝后,阎没和女宽在庭中等候,魏献子便请他们一起吃饭。等到摆上饭菜,这俩人却连连叹气。饭罢,魏献子问他们叹气的原因。两人说:"昨天有人送酒给我们两人,喝醉了就没有吃晚饭,刚见到饭菜时,恐怕不够吃,所以叹气。菜上了一半,我们就责备自己说:'难道将军请我们吃饭,饭菜会不够吗?'因此再次叹气。等到吃完了饭,发现饭菜不多不少,正好够吃饱。由此想到,希望君子之心也能像我们两个小人的肚子一样,能够适可而止,不要贪心,够吃就行了。所以第三次叹气。"魏献子听了,明白两人是用这些话来劝自己不要受贿,于是拒绝了贿赂。

出处

出自《左传·昭公二十八年》:"愿以小人之腹为君子之心。"

解释

本指推己及人的感受。后指用卑劣的心意去猜测品行高尚的人。

以逸待劳

故事

冯异,字公孙,东汉开国名将,云台二十八将第七位。东汉初年,刘秀命冯异进军栒(xún)邑,讨伐割据陇右的隗(wěi)嚣。此时,隗嚣也派部将行巡向栒邑进发,准备夺取栒邑。冯异的部下都说:"隗嚣兵盛而且是乘胜而来,不可与他相争。我们应该先寻找有利地势扎下营寨,再慢慢思考对策。"冯异说:"兵法说'攻者不足,守者有余'。现在我们抢先占据城邑,以逸待劳,就能安定大局,并不是与他相争。"冯异命令部队急行军,抢在行巡之前,占领了栒邑。进城后,关闭城门,偃旗息鼓。行巡的部队刚赶到城下,城楼上突然鼓声大作,亮出了冯异的帅旗。行巡的军队毫无防备,吓得四下逃窜。冯异领兵冲出城来,追击数十里,大破行巡。于是北地诸豪长耿定等,都叛隗嚣而降汉。

出处

出自《后汉书·冯异传》:"夫'攻者不足,守者有余'。今先据城,以逸待劳,非所以争也。"

解释

指作战时自己养精蓄锐,待机痛击疲劳之敌。

倚门倚闾

故事

战国齐湣(mǐn)王时期,燕、秦等国联合攻齐。燕将乐毅率军攻破齐都临淄。齐湣王先后逃亡卫国、邹国、鲁国,后来逃至莒邑。楚国借救齐之名,派大将淖齿率军进入齐国,趁机杀死齐湣王,和燕国分占齐国领土和宝器。后来直到齐将田单大破燕军,才收复了齐国的失地。起初,齐人不知道齐湣王已经遇害,只知道国君下落不明。大夫王孙贾的母亲对王孙贾说:"平时你早上出去,回来晚了,我总是倚在门口等你;如果你傍晚出去,好半天不见回来,我就到巷口去等。你十五岁起就跟着国君做事,现在国君下落不明,你难道能安心吗?"王孙贾听了很受触动,就去寻找湣王,多方打听湣王下落。当王孙贾得知齐湣王已经被害时,立即号召百姓,宣誓报仇,喊道:"愿意跟我去杀淖齿的,袒露右臂!"当场就有四百人响应。王孙贾率众冲进淖齿的住所,杀了淖齿。

出处

出自《战国策·齐策六》:"女朝出而晚来,则吾倚门而望;女暮出而不还,则吾倚闾而望。"

解释

倚着家门,倚着里巷的门。形容父母盼望子女归来的殷切心情。

义无反顾 (yì wú fǎn gù)

故事

司马相如,字长卿,西汉辞赋家。汉武帝时,司马相如因辞赋得到武帝赏识,被封为郎。建元六年(前135),汉将唐蒙受命开通夜郎及其西面的僰(bó)中,征发巴、蜀二郡的官吏士卒上千人,又在西郡征调陆路及水上的运输人员一万多人,巴、蜀百姓大为震恐,民心扰动,骚乱纷起。武帝听到这种情况,就派司马相如去责备唐蒙,趁机告知巴、蜀百姓,唐蒙所为并非皇上的本意。司马相如到蜀后,发布《谕巴蜀檄》安抚民众:"调集民夫、士兵修筑道路是应该的,但是惊扰了大家并不是陛下的本意。士兵作战的时候,应该迎着刀刃和箭镝而上,绝不容许回头看,宁肯战死也不能转过脚跟逃跑。你们应该从长计议,急国家之难,尽人臣之道。"公告发布后,骚乱很快平息,修路工程又得以顺利进行。

出处

出自汉·司马相如《谕巴蜀檄》:"触白刃,冒流矢,义不反顾,计不旋踵,人怀怒心,如报私仇。"

解释

为了正义奋勇向前,不回头,不后退。又作"义不反顾"。

异军突起 (yì jūn tū qǐ)

故事

陈婴是秦朝东阳县人,担任东阳县令史。秦朝末年,天下大乱,东阳县的年轻人杀死县令,聚集数千人,大家强行推立陈婴为首领,县里跟从陈婴的有两万人。年轻人想拥立陈婴马上称王,用青巾裹头,命名为苍头军,以区别于其他军队。陈婴的母亲是一位很有见识的女人,她对陈婴说:"自从我成为你们陈家媳妇,就从未听说过你家祖先有过贵人。现在你突然得到这么大声望,这不是好事。不如找一个领头的,你做他的属下,事情成功还能封侯,即使失败了也容易逃亡。"于是陈婴不敢称王,对他的下属说:"项氏世代为将,在楚国有名望。现在要举大事,将帅非这等人不可。我们依靠有大名的世族,一定可以消灭暴秦。"于是陈婴率众归附项梁。后来陈婴降汉,被封为堂邑侯。

出处

出自《史记·项羽本纪》:"少年欲立婴便为王,异军苍头特起。"

解释

另一种引人注目的力量突然兴起。指新生力量突然兴起。

yì zǐ xī hái
易子析骸

故事

春秋时期,宋国杀了楚国过境使臣申舟,楚庄王大怒,因而出兵攻打宋国。楚国围困宋国国都半年之久,并准备长久围困下去。宋国向晋国求救,晋景公听从伯宗的建议,拒绝发兵救宋。宋国人害怕了,派元帅华元只身潜入楚帅子反的卧室,挟持了子反,说:"我们宋国现在已经走投无路,城中粮食早已断绝,人们只得交换儿子杀了吃掉,把尸骨拆开来烧火做饭。尽管这样,要想让我们无条件投降,也是做不到的。我们宁可让国家灭亡,也不能这样做。如果你们退兵三十里,宋国将唯命是听。"子反在被胁持之下,只好跟华元私订盟誓,然后报告楚庄王。于是楚军退兵三十里,宋楚讲和。华元作为人质,盟誓说:"我不骗你,你不欺我。"

出处

出自《左传·宣公十五年》:"敝邑易子而食,析骸以爨(cuàn)。虽然,城下之盟,有以国毙,不能从也。去我三十里,唯命是听。"

解释

交换儿女吃,分解骸骨烧。形容天灾人祸所造成的惨状。

yì qì zì rú
意气自如

故事

西汉名将李广大半生都在与匈奴作战,匈奴畏服,称之为飞将军。有一年,李广率领四千骑兵从右北平出塞,博望侯张骞率领一万骑兵与李广一同出征,分行两路。结果,李广遭遇了匈奴主力,被匈奴四万骑兵包围。李广的士兵都很害怕,李广就派他的儿子李敢骑马往匈奴军中奔驰。李敢独自和几十名骑兵飞奔,直穿匈奴骑兵阵,又从其左右两翼突出,回来向李广报告说匈奴兵很容易对付,士兵们这才安心。李广布成圆形兵阵,面向外。匈奴猛攻,箭如雨下,汉兵死了一半多,箭也用光了。李广就命令士兵拉满弓,不要放箭,而李广亲自用大黄弩弓射匈奴的副将,杀死了好几个,匈奴军才渐渐散开。这时天色已晚,军吏士兵都面无人色,可是李广却神态自然,更加注意整顿军队。军中从此都很佩服他的勇敢。

出处

出自《史记·李将军列传》:"会日暮,吏士皆无人色,而广意气自如,益治军。"

解释

形容神态如常,镇定自若。

yì yǐ míng zhū
薏苡明珠

故事

东汉初年,伏波将军马援驻扎交趾的时候,经常吃薏米,以除瘴气。南方薏苡果实大,马援想作为种子带回中原,军队回朝时,便载了一车。当时人们以为这是南方土产的奇珍,权贵大臣们都忌恨不已。马援当时受光武帝宠信,所以没人敢报告朝廷。等到马援一死,马上有人上书,称马援从南方载回来的都是明珠彩犀一类的珍宝。光武帝非常恼怒。马援的妻儿大为惶恐,也不敢把马援的灵柩运回祖坟安葬,只得在城西买了几亩地,草草埋葬了事。马援的家人并不知道马援究竟犯了什么罪,马援妻子和侄子马严用草绳把自己绑了,上朝请罪。光武帝把梁松的诉状给他们看,两人这才明白了事情的来龙去脉。于是,他们上书诉冤,陈述事情的真相,共上书六次,光武帝这才允许他们为马援举行葬礼。

出处

出自《后汉书·马援传》:"南方薏苡实大,援欲以为种,军还,载之一车……及卒后,有上书谮(zèn)之者,以为前所载还,皆明珠文犀。"

解释

指被人诬蔑而蒙受冤屈。也指歪曲事实,构陷他人。

yīn huò dé fú
因 祸 得 福

故事

　　管仲,名夷吾,春秋时期政治家,擅长变坏事为好事,辅佐桓公成就霸业。齐桓公跟夫人蔡姬闹了矛盾,一气之下,把蔡姬遣回蔡国。蔡国也很生气,让蔡姬改嫁了。齐桓公闻听蔡姬被嫁掉了,大发雷霆,立刻就要率兵扫平蔡国,但没有光明正大的理由。管仲献计:"可以先进军楚国,质问他们为什么不按时向周天子纳贡。蔡国一直亲近楚国,这样侵蔡也就名正言顺了。"于是齐桓公纠集诸侯联军南下伐楚,趁机攻打了蔡国。齐桓公与鲁庄公会盟时,鲁国的曹沫趁机胁持齐桓公,逼他退还占领的鲁国土地。齐桓公无奈,只得归还。过后,齐桓公要杀了曹沫。管仲劝阻说:"不能杀。几座鲁城,只不过是一点小利;在诸侯中树立威望,才是大利。如果诸侯知道您连在被劫持的情况下订立的盟约都不肯背弃,那您就一定会立大信于天下!"果然,经过这件事情,齐桓公在诸侯中树立了信守承诺的形象,最终成为霸主。

出处

　　出自《史记·管晏列传》:"其为政也,善因祸而为福,转败而为功。"

解释

　　因为遭到祸患,反而得到好处。指坏事变成好事。

yīn rén chéng shì
因 人 成 事

故事

　　战国时期,秦昭王发兵攻赵,包围了赵都邯郸。赵孝成王派平原君赵胜到楚国求救,联合楚国与赵国合纵抗秦。平原君精心挑选了二十个才能出众的门客作为随从,前往楚国。来到楚国后,平原君与楚考烈王进行商谈,但谈了整整一个上午,毫无结果。毛遂在另外十九个人的怂恿下,按剑上堂,施展辩才,说服楚考烈王同意和平原君结盟。在结盟仪式上,毛遂手持铜盘,对楚考烈王说:"大王先歃(shà)血,以定盟约。然后是我的主人,最后是我。"于是,楚考烈王与平原君歃血结盟。毛遂手持血盘,向另外十九人招呼说:"你们就在台下歃血吧!你们是一批碌碌之辈,依仗着别人办事的人罢了。"平原君回到赵国后,拜毛遂为上客。

不久,楚国春申君、魏国信陵君相继率军救赵,邯郸之围最终得解。

出处

出自《史记·平原君虞卿列传》:"公等录录,所谓因人成事者也。"

解释

依赖他人而办成事情。

因势利导 yīn shì lì dǎo

故事

战国时期,齐将田忌率兵攻魏救韩。田忌依照孙膑的计策,对魏都大梁发动进攻,逼庞涓从韩国退兵。孙膑又对田忌说:"魏军以勇猛凶悍著称,他们一向轻视齐军,称齐军胆怯,不堪一击。会用兵的人,要顺应形势加以引导,引诱对手中计。我们要利用魏军轻敌这一点,诱使他们中计。"于是,孙膑下令每天把做饭的灶减少一批,制造出齐军大量逃亡的假象。庞涓果然中计,留下步兵,只带精锐部队追击。孙膑在马陵埋伏下弓弩手,又在一棵树上写下"庞涓死于此树之下"八个大字,约定夜晚见到火光亮起就放箭。庞涓到了马陵,点起火把看树上的字。顿时,齐军万箭齐发,魏军惊惧溃败。庞涓见大势已去,叹道:"今日这小子算是成名了!"随即拔剑自刎。

出处

出自《史记·孙子吴起列传》:"善战者,因其势而利导之。"

解释

顺着事物的发展趋势向有利于自己的方向加以引导推动。

引咎自责 yǐn jiù zì zé

故事

北周武帝宇文邕(yōng)是北周文帝宇文泰第四子,南北朝时期北周第三位皇帝。宇文邕在位期间,诛杀权臣宇文护,改革鲜卑旧俗,整顿吏治,使得北周政治清明,百姓生活安定,国势强盛。宇文邕生活俭朴,将宇文护及北齐所修的过于华丽的宫殿一律焚毁,后宫嫔御不过十余人。行军打仗时,宇文邕与士兵一样跋山涉水。讨伐北齐时,见到士兵有打赤脚的,宇文邕就脱下自己的靴子给他穿,因此能得到将士的拼死拥戴。宇文邕也很关心民间疾苦,有一年,天下大旱,宇文邕召集百官于朝廷,下诏说:"当前正值农时,而大旱无雨,莫不是朕德行浅薄,赏罚不当?还是众位公卿大臣德行有亏呢?你们都如实坦白,不得隐瞒。"公卿于是各自坦白自己的过失,深痛自责。这天夜里,天降甘霖。宣政元年(578),宇文邕率军分五道伐突厥,未出发即病死,时年三十六岁。

出处

出自《北史·周武帝纪》:"公卿各引咎自责,其夜澍(shù)雨。"

解释

把过错归在自己身上,责备自己。

yǐn chún zì zuì
饮醇自醉

故事

周瑜,字公瑾,三国时吴国名将,自小与孙策交好,二十四岁时即被孙策封为建威中郎将。周瑜才华出众,仪表堂堂,百姓都称他为"周郎"。孙策死后,周瑜又辅佐孙权,在朝中地位如日中天。东吴名将程普是跟随孙坚打天下的元老。他见周瑜年纪轻轻,地位却处于自己之上,内心不服,所以多次倚老卖老,借故羞辱周瑜。而周瑜处处克制,事事谦让,始终不与程普计较。周瑜一再忍让,终于使程普有所触动,抛弃偏见,对周瑜非常敬服,并与他融洽相处。程普后来对别人感叹说:"跟周公瑾相交,好比饮甘醇的美酒,不知不觉就醉了。"

出处

出自《三国志·吴书·周瑜传》裴松之注引《江表传》:"普颇以年长,数陵侮瑜。瑜折节容下,终不与校。普后自敬服而亲重之,乃告人曰:'与周公瑾交,若饮醇醪,不觉自醉。'"

解释

饮甘醇的美酒,不自觉得就醉了。比喻受到宽厚的对待而深深敬服。

yǐn hèn ér zhōng
饮恨而终

故事

《霍小玉传》是唐朝传奇小说,叙述了陇西书生李益和长安名妓霍小玉的爱情悲剧。霍小玉本系霍王府庶出,后来沦为艺妓,与名门出身的新进士李益相爱。之后李益授郑县主簿,离别之时,答应八月来娶小玉。然而李益归家觐亲时,其母已为他订下甲族卢氏之女。李益惮于母亲严威,与小玉断绝一切联系,掩藏行踪,不使小玉抱有一丝想望。小玉多方打探李益消息,资财用尽,变卖妆奁。"怀忧抱恨,终岁有余,羸弱空闺,遂成沉疾。"在小玉奄奄一息之际,有一黄衫豪客找到李益,告知小玉境况,并携其与小玉相见。小玉见到了李益,控诉道:"我为女子,薄命如斯。君是丈夫,负心如此。韶颜稚齿,饮恨而终。"长恸数声而绝。李益因小玉冤魂作祟,三次娶妻都不能和谐美满,终生不得安宁。

出处

出自唐·蒋防《霍小玉传》:"我为女子,薄命如斯。君是丈夫,负心如此。韶颜稚齿,饮恨而终。"

解释

含恨而死。

yǐn huī xǐ wèi
饮 灰 洗 胃

故事

荀伯玉,字弄璋,南朝大臣。伯玉年轻时即为官,善于卜卦。荀伯玉曾随侍齐高帝萧道成,忠勤尽心,深得萧道成的信任。萧道成有个老部下叫竺景秀,曾因为过失而被拘系。萧道成问伯玉:"你近来去看望景秀了吗?"伯玉答道:"我去探望他好几次了,每次都对他大加责备。景秀悔恨异常,称:'如果能给我一个改过自新的机会,我一定会吞刀刮肠,饮灰洗胃。'"萧道成很满意竺景秀这番话,便饶恕了他。竺景秀最终成了一个忠信之人。

出处

出自《南史·荀伯玉传》:"若许某自新,必吞刀刮肠,饮灰洗胃。"

解释

饮用灰水洗涤肠胃。比喻彻底改过自新。

yǐn zhèn zhǐ kě
饮 鸩 止 渴

故事

霍谞(xū),字叔智,东汉大臣。霍谞十五岁时,有人向大将军梁商诬告霍谞的舅舅宋光私自删改朝廷诏书,宋光为此而入狱。霍谞上书梁商,为宋光辩白,说道:"且以人情平论其理,宋光是衣冠子孙,仕途之路极为平易,位置做到州郡,每天希望征召,也没有缺点污秽小事之牵累,无故刊定诏书,这样做的目的是什么呢? 即使有所疑问,也应当求其安稳,岂有触冒死祸,以解细微? 犹如用附子充饥,饮鸩毒止渴,没有进入肠胃,已绝咽喉,难道可以做吗! 将军德盛位高,人臣之中独一无二,言行感动天地,举措可移阴阳,如果能够留神,仔细考察,必有东海于公之福。和气立应,实乃天下之大幸!"梁商阅后,认为霍谞才识水平很高,立即上奏赦免宋光之罪。从此霍谞名声得以显耀。

出处

出自《后汉书·霍谞传》:"譬犹疗饥于附子,止渴于鸩毒,未入肠胃,已绝咽喉,岂可为哉!"

解释

用毒酒解渴。比喻用错误的办法解决眼前的困难,而不顾严重的后果。

yìn mǎ tóu qián
饮马投钱

故事

相传汉朝安陵人项仲仙是个清廉高洁之士,他经常到渭水边饮马,每次都要往水中投三个铜钱,以此表示山川薮(sǒu)泽所生之一草一木、一水一石,都不可妄取。这个故事经常被用来作为清廉的典范。其实这个行为之中也隐含了人对大自然的敬畏与尊重。

出处

出自唐·徐坚《初学记》卷六引《三辅决录》:"安陵清者有项仲仙,饮马渭水,每投三钱。"

解释

指为人廉洁自律。

yǐng shū yān shuō
郢书燕说

故事

《韩非子》记载了一个寓言故事:楚国郢都有个人写信给燕国的相国,晚上写信的时候,烛光不太亮,此人就让仆人把烛火举高点,说:

"举烛。"可是,因为他在专心致志地写信,嘴里说着举烛,就随手把"举烛"两个字写到信里去了。燕相收到信,看到信中"举烛"二字,非常高兴,说:"这'举烛'两字太好了! 举烛,就是倡行光明清正的政策;要倡行光明,就要举荐人才担负重任。"燕相把这封信和自己的理解告诉了燕王,燕王也很高兴,并按燕相对"举烛"的理解,选拔贤能之才,治理国家。国家是治理好了,但根本不是郢人写信的意思。

出处

出自《韩非子·外储说左上》:"郢人有遗燕相国书者,夜书,火不明,因谓持烛者曰'举烛'云,而过书'举烛'。举烛,非书意也。燕相受书而说之,曰:'举烛者,尚明也;尚明也者,举贤而任之。'燕相白王,王大说,国以治。治则治矣,非书意也。"

解释

指穿凿附会,曲解原意。

yìng yuè dú shū
映 月 读 书

故事

江泌,字士清,南北朝时期名臣。江泌幼年家贫,白天,他就斫削木鞋底,赚钱养家,晚上还要读书学习。家里无钱买油点灯,江泌就借着月光读书,光影逐渐移动,江泌就干脆拿着书登上屋顶,继续苦读。有一次在屋顶上读书,困倦之极,瞌睡中从屋顶摔了下来,江泌爬起来重新登屋,仍旧借着月光读书。江泌性情仁厚,担心换下来的旧衣服上的虱子饿死,就捡拾旧衣上的虱子,重新放回到自己身上。江泌后来做了国子助教,一次乘车外出,见到有个老翁蹒跚步行,便下车请老翁上车,自己步行跟随。

出处

出自《南史·江泌传》:"泌少贫,昼日斫屧(xiè)为业,夜读书随月光,光斜则握卷升屋,睡极堕地则更登。"

解释

借着月光读书。形容勤学苦读。

yōng rén zì rǎo
庸 人 自 扰

故事

陆象先是唐朝睿宗、玄宗时的宰相,年轻时就很有气量,为人清心寡欲，言论玄妙高远，深得舆论赞誉。公元713年，唐玄宗诛杀太平公主一党。太上皇睿宗支持太平公主，要求大臣签名表忠心。玄宗得到了名单，命陆象先按照名单抓捕，而陆象先却烧毁了这份名单。玄宗大怒，陆象先谢罪道："这些人都是忠心于太上皇的忠义之臣，陛下以德行教化天下，怎么能杀忠臣义士呢？我之所以违背命令，是为了稳定大局，安抚人心啊！"玄宗这才醒悟。陆象先出任蒲州刺史期间，凡是吏民有罪，大多开导教育一番，并不加以刑罚。属下对陆象先说："您不鞭打他们，哪里有威风呢？"陆象先说："人情都差不多，难道他们不明白我的话？如果要用刑，我看应该先从你开始。"陆象先常说："天下本来无事，都是庸鄙浅薄之人自己给自己找麻烦，才将事情越弄越糟。如果在开始就能明白这一点，事情就简单多了。"

出处

出自《新唐书·陆象先传》："天下本无事，庸人扰之为烦耳。"

解释

指无事生非，自找麻烦。

由窦尚书

故事

许及之，字深甫，南宋大臣，官至吏部尚书兼给事中、参知政事。当时宰相韩侂（tuō）胄当权，许及之谄媚事之。一次韩侂胄生日，朝中官员都去祝寿，许及之赶到时，门已经关了。许及之不想失去这次献媚的机会，便从墙洞钻了进去。巴结宰相果然有了收获，后来许及之被封为参知政事，进知枢密院兼参政。当时人笑他为"由窦尚书"，即爬狗洞的尚书。韩侂胄被杀后，许及之也被降职。

出处

出自《宋史·许及之传》："居亡何，同知枢密院事。当时有'由窦尚书，屈膝执政'之语，传以为笑。"

解释

指没有真才实学、专靠奉承往上爬的人。

游刃有余

故事

战国时期，梁惠王有一个叫庖丁的厨师，擅长宰牛。梁惠王问庖丁:"你的手艺为什么这么高超啊?"庖丁放下刀子回答说:"臣下宰牛的时候,顺着牛体的肌理结构,劈开筋骨间大的空隙,沿着骨节间的空穴使刀,都是依顺着牛体的结构。刀连经络相连的地方、紧附在骨头上的肌肉和肌肉聚结的地方都碰不到,更何况股部的大骨呢?技术高明的厨工每年换一把刀,是因为他们用刀子去割肉。技术一般的厨工每月换一把刀,是因为他们用刀子去砍骨头。现在臣下的这把刀已用了十九年,宰牛数千头,而刀口却像刚从磨刀石上磨出来的一样。牛身上的骨节是有空隙的,而刀刃却并不厚;用这样薄的刀刃刺入有空隙的骨节,那么在运转刀刃时一定宽绰而有余地了。因此用了十九年而刀刃仍像刚从磨刀石上磨出来一样。"

出处

出自《庄子·养生主》:"彼节者有间,而刀刃者无厚;以无厚入有间,恢恢乎其于游刃必有余地矣。"

解释

刀刃在骨节间运转时有余地。形容经验丰富,做事熟练,解决问题毫不费力。

yǒu jiǎo yáng chūn
有 脚 阳 春

故事

宋璟是唐朝名相,历仕五朝,与姚崇同心协力,辅佐唐玄宗开创开元盛世,与房玄龄、杜如晦、姚崇并称唐朝四大贤相。唐中宗时,宋璟因直言触怒了中宗,被贬为刺史。到地方后,他廉洁奉公,尽力为百姓做好事,使当地民风复归淳朴,家家安居乐业。在广州任上,宋璟看到当地百姓用茅草和竹子搭建房子,极易引发火灾,便教大家用砖石造房,减少了火灾,造福百姓。唐玄宗时,玄宗宠幸王毛仲,朝廷上下巴结他的人很多。王毛仲的干女儿要出嫁,唐玄宗问他还缺什么。王毛仲说有一位客人请不来。唐玄宗说:"那一定是宋璟了。"因为宋璟爱护百姓,得到朝野一致称誉。当时人们都称宋璟为"有脚阳春",意思是像长了脚的艳阳春天,走到哪里,就把光明和温暖带到哪里。

出处

出自五代·王仁裕《开元天宝遗事·有脚阳春》:"宋璟爱民恤物,朝野归美,时人咸谓璟为有脚阳春,言所至之处,如阳春煦物也。"

解释

用以赞美施行德政的好官。

有恃无恐 yǒu shì wú kǒng

故事

春秋时期,鲁国发生了严重的灾荒,齐孝公趁机讨伐鲁国。鲁僖(xī)公派大夫展喜作为使者与齐人谈判,展喜对齐孝公说:"我们大王派我前来慰劳贵军。"齐孝公问:"鲁国人感到害怕了吗?"展喜说:"那些没有见识的人可能有些害怕,但我们大王却一点也不害怕。"齐孝公说:"你们鲁国国库空虚,地里连青草也不长,你们凭什么不害怕呢?"展喜说:"我们依仗的是周成王的遗命。当初,成王让鲁国的始封君周公和齐国的始封君姜太公立下盟誓,子孙世代互不侵犯。这个盟约藏在盟府之中,由太史掌管。相信您决不会违背祖先的盟誓。我们就是依仗着这一点而不害怕。"齐孝公无言以对,只好退兵回国。

出处

出自《左传•僖公二十六年》:"齐侯曰:'室如悬磬,野无青草,何恃而不恐?'对曰:'恃先王之命。'"

解释

因为有所依仗而无所畏惧,毫无顾忌。

有志者事竟成 yǒu zhì zhě shì jìng chéng

故事

耿弇(yǎn),字伯昭,东汉开国名将,云台二十八将之一。刘秀称帝后,封耿弇为建威大将军。刘秀曾派耿弇攻打占据青州十二郡的豪强张步,耿弇亲自率精兵从侧面突击张步兵阵,大破张步。战斗中,飞矢射中耿弇股部。次日早晨,耿弇又勒兵出战,部下陈俊对耿弇说:"贼兵强盛,可暂时闭营休养士卒,以待皇帝到来。"耿弇说:"天子将到,臣子应杀牛置酒以迎,难道还要以贼虏来麻烦君上吗?"于是出兵大战,自清晨至黄昏,再次大破张步军,杀伤无数。几日后,刘秀亲自到临淄劳军,盛赞耿弇:"过去韩信攻破历下开创基业,现在将军攻克祝阿,连战连捷,两功相仿。从前你在南阳曾建议请求平定张步,我当时以为你口气太大,恐怕难以成功,如今才知道,有志者事竟成啊!"

出处

出自《后汉书·耿弇传》:"将军前在南阳,建此大策,常以为落落难合,有志者事竟成也!"

解释

有志向的人,最后一定能成功。

yǒu zhōng kuī rì

牖中窥日

故事

褚裒(póu),字季野,东晋时期名士、外戚。当时风气盛行清谈,品评人物。一天,褚季野对孙安国说:"北方人做学问,渊深广阔而博杂。"孙安国回答道:"南方人做学问,清明通达而简洁扼要。"高僧支道林听后评论道:"圣贤姑且不论。以普通人来说,北方人看书恰如在明处看月亮,南方人做学问好似在窗口看太阳。"

出处

出自南朝宋·刘义庆《世说新语·文学》:"北人看书如显处视月,南人学问如牖中窥日。"

解释

隔着窗子看太阳,能看得很清楚。比喻学问清明通达,让人一看就明白。

yú qǔ yú qiú

予取予求

故事

春秋时期,申国被楚国攻灭后,国君申侯被楚文王留在楚国当大夫。申侯善于谄媚,楚文王对他很宠信。后来,楚文王生了重病,怕自己死后别人不能容忍申侯,便把他叫来,将一块价值连城的白璧给他,并且说道:"只有我最了解你,你贪得无厌,永远也不会知足,从我这里拿,从我这里要,我从不怪罪你。但我死后,别人就未必会这样了。所以你赶快离开楚国,越快越好。你不要到小国去,小国不会容纳你的。"楚文王死后,申侯遂前往郑国,由于他能说会道,受到了郑厉公的信赖。郑文公时,郑国投靠了楚国,得罪了另一个大国齐国,齐桓公多次率兵伐郑。鲁僖(xī)公七年(前653),齐国再次伐郑,郑文公接纳了大夫孔叔的建议,杀死了申侯,以他做替罪羊,齐国随即撤兵。

出处

出自《左传·僖公七年》:"唯我知女,女专利而不厌,予取予求,不女疵瑕也。"

解释

指任意求取,贪得无厌。

余音绕梁

故事

相传古时候有一位善歌者叫韩娥。一次,韩娥东行到了齐国的都城临淄。当时,临淄城经济繁荣,文化生活很活跃,临淄城中懂音乐的人很多。韩娥带的干粮吃完了,就在都城的雍门卖唱求食。她的歌声美妙动人,圆润婉转,深深地打动了听众的心。人们把她围得水泄不通,听得非常出神。韩娥离开三天后,人们觉得韩娥那优美的歌声还在梁间萦绕不断,就好像她没有离去一样。韩娥住在客店中,店主人对她冷嘲热讽,满心悲痛的韩娥到大街上尽情歌唱,表达自己的怨情。她的歌声无限悲凉,人们听完后,整日沉浸在悲哀的情绪中不能自拔。最后,只好把她请出来唱了一首欢乐的歌,人们才随着她欢快的歌声从忧伤中解脱出来。

出处

出自《列子·汤问》:"昔韩娥东之齐,匮粮,过雍门,鬻歌假食,既去,而余音绕梁欐,三日不绝。"

解释

形容歌声或音乐美妙、韵味深长。

余勇可贾

故事

公元前589年,齐国发兵攻打鲁国和卫国。鲁、卫两国告急于晋,晋景公命郤克率战车八百乘,会同鲁、卫、曹及狄人的军队进攻齐军。齐军中有一员猛将,名叫高固。高固单车冲入晋军营垒,如入无人之境。迎面来了一个驾着战车的晋军将官,高固举起一块大石头把他砸倒,跳上对方的战车,押着他飞驰回营。高固在战车后面系上一棵桑树根,在齐营里跑了一圈。他一边驾着战车疾驰,一边洋洋得意地高喊:"需要勇气的快来买我剩下的勇气!"

出处

出自《左传·成公二年》:"齐高固入晋师,桀石以投人,禽之而乘其车,系桑本焉,以徇齐垒,曰:'欲勇者贾余余勇!'"

解释

还有力量可以使用。

yú fǔ chén zèng鱼釜尘甑

故事

范冉,字史云,东汉大臣。范冉处世特立独行,所作所为,往往违时绝俗。桓帝时,范冉被任为莱芜长,恰遭母丧,最终没有就职。后来征召至太尉府,因过于激进,不能随波逐流,便经常佩戴熟牛皮,以自勉励。后来党锢之祸起,范冉遭党人禁锢,终身不得为官,于是推着鹿车,载着妻子儿女,拾麦穗自活。有时在客店里寓息,有时就依宿树下。这样过了十多年,才盖了一间草房子住下来。住的地方偏僻荒远,有时候家里断炊,范冉也安之若素,言语容貌不改常态。闾里乡党编了歌谣形容他:"甑中生尘范史云,釜中生鱼范莱芜。"

出处

出自《后汉书·范冉传》:"甑中生尘范史云,釜中生鱼范莱芜。"

解释

釜中生出鱼虫,甑中都是尘土。形容极其贫穷,无粮可炊。

yú gōng yí shān愚公移山

故事

《列子》记载了一则寓言故事:太行和王屋两座大山,方圆七百里,高达几万尺。山北有位老人,叫愚公,年纪快九十了。他家的住处正对着这两座大山。他苦于大山阻隔,出入不便,就召集全家人商议,要把大山移走,全家人都表示赞同。邻居家有位寡妇,她的遗腹子才刚七八岁,也蹦蹦跳跳跑去帮忙。黄河边上住着一个老者,人称智叟,他劝阻愚公说:"你怎么傻到这种地步呀!就凭你这把年纪,这点儿力气,要拔掉山上的一根草都不容易办到,又怎么能搬走这么多的山石土块呢?"愚公长叹了一口气,说:"我看你太顽固了,简直不明事理,连那寡妇的小孩都不如。虽然我会死,可是我还有儿子呢。儿子又生孙子,孙子又生儿子,这样子子孙孙都不会断绝的呀。而这两座山再也不会增高了,还怕挖不平吗?"智叟听了,无言以对。山神听到了愚公的这些话,禀告了天帝。天帝为愚公移山的诚意所感动,就派了夸娥氏的两个儿子背走了那两座大山,一座山放在朔东,一座山放到雍南。从此以后,从冀州的南部直到汉水的南面,再也没有大山挡路了。

出 处

出自《列子·汤问》:"北山愚公长息曰:'汝心之固,固不可彻,曾不若孀妻弱子。虽我之死,有子存焉。子又生孙,孙又生子;子又有子,子又有孙;子子孙孙无穷匮也,而山不加增,何苦而不平?'"

解 释

指坚持不懈,克服困难,一定能取得成功。

yǔ hú móu pí
与 狐 谋 皮

故事

古时候,有个人非常羡慕豪门贵族的富贵生活,也想像他们那样穿着狐白之裘,吃着羊羔嫩肉。然而狐皮袍子价格昂贵,他自己没钱去买。忽然,他突发奇想,直奔山林,找到了狐狸,求狐狸送他一张狐皮。狐狸听后拔腿就逃,带着全家藏进深山。此人不死心,又找到正在山脚吃草的羊群,与羊商量能不能给他羊肉吃。话没说完,羊群立刻大呼小叫,躲到山坳去了。

出 处

出自《太平御览》引《符子》:"欲为千金之裘而与狐谋其皮,欲具少牢之珍而与羊谋其羞。言未卒,狐相率逃于重丘之下,羊相呼藏于深林之中。"

解 释

跟狐狸商量取它的皮。比喻所商量的事情有害于对方的切身利益,根本办不到。

yǔ máo wèi fēng
羽 毛 未 丰

故事

苏秦是战国时期著名的纵横家。他年轻时师从鬼谷子学习辩术谋略,学成后便周游列国,寻求可以施展抱负的舞台。最初,苏秦选择了秦国,当时秦国国力逐渐强盛,但尚不能与其他大国抗衡。苏秦这次远游秦国,是要以连横之术说动秦王,与函谷关以东的一些国家联合,以对抗其他大国。然而秦惠王并没有听取他的建议,对他说:"我们秦国现在就像一只羽毛还没长全的小鸟,要想展翅高飞那是不行的。先生你不远千里来到这里开导我,我很感激。至于称霸争帝的事,我希望在以后的适当时机,再聆听你的高见。"苏秦无奈,只得离开秦国回家。

出处

出自《战国策·秦策一》:"秦王曰:'寡人闻之,毛羽不丰满者,不可以高飞。'"

解释

比喻年纪轻,不成熟或力量还不够强大。

玉关人老
yù guān rén lǎo

故事

西汉时期,大将军班超奉命驻守西域边关,抵御匈奴。班超驻守边关三十一年,匈奴闻之胆寒,不敢贸然出兵。后来班超年迈,自觉久居异域,思念故国,便上书朝廷说:"我班超犬马之齿日减,常恐年老体衰,倏忽死亡,孤魂漂泊于异域。我不敢奢望到酒泉郡,只愿能活着进入玉门关。"班超的妹妹班昭也上书朝廷,请求汉和帝把班超召回国。汉和帝于是下诏召班超回乡养老。

出处

出自《后汉书·班超传》:"臣不敢望到酒泉郡,但愿生入玉门关。"

解释

指久戍边关,年老思归。

玉汝于成
yù rǔ yú chéng

故事

张载,字子厚,凤翔眉县横渠镇人,北宋思想家、教育家、理学创始人之一。曾任著作佐郎、崇文院校书等职,后辞归,讲学关中,故其学派称为"关学"。其"为天地立心,为生民立命,为往圣继绝学,为万世开太平"的名言历代传诵不衰。张载年轻时喜欢研究兵法,范仲淹很欣赏他的才学,劝他说:"读书人有自己的事业可做,何必非要谈兵呢?"张载便专心致志做学问。张载当过几任地方官,后来辞官回家,在家读书治学。他整日苦读,时常因思考问题而废寝忘食。远近许多青年前来从师求学,有些学生家境贫寒,张载不仅不收他们学费,反而补贴他们茶饭,资助其求学。张载在《西铭》中写道:"贫穷卑贱和愁闷悲伤这些客观条件,其实可以磨炼人的意志,用来帮助你达到成功。"

出处

出自宋·张载《西铭》:"富贵福泽,将厚吾之生也;贫贱忧戚,庸玉女于成也。"

解释

使经过磨砺而有所成就。

欲盖弥彰 yù gài mí zhāng

故事

春秋时期,邾(zhū)国大夫黑肱背离邾国而投靠鲁国,他的封地滥随之而并入鲁国。鲁国《春秋》记道:"冬,黑肱以滥来奔。"《左传》对此评论道:"对于名声不能不慎重啊,有时有了名声反而不如没有名声。黑肱并非高贵的人物,按《春秋》的编写原则,本可不必记载,更不必写出名字。但是因为国土有变动,那就是重大的事件,不能不记上一笔了。这样看来,一个以封地叛国的人,即使不是大人物,也会因此而出名,而且会因此而使他的叛国罪名永远无法掩盖。有的人想要得个美名而无法得到,有的人越想掩盖恶名反而使其更加彰显,以此来惩戒不义的人。"

出处

出自《左传·昭公三十一年》:"或求名而不得,或欲盖而名章,惩不义也。"

解释

要掩盖真相,结果反而暴露得更加明显。

鹬蚌相争 yù bàng xiāng zhēng

故事

战国时期,赵国将要攻打燕国,苏代为燕国去劝说赵惠文王。他说:"今天我来的时候,路过易水,看见一只河蚌正从水里出来晒太阳,一只鹬飞来啄它的肉,河蚌马上闭拢,夹住了鹬的嘴。鹬说:'今天不下雨,明天不下雨,就会干死你。'河蚌也对鹬说:'今天你的嘴取不出来,明天你的嘴取不出来,就会饿死你。'两个都不肯放弃,结果来了一个渔夫,把它们俩一起捉走了。现在赵国将要攻打燕国,燕赵如果长期相持不下,老百姓就会疲惫不堪,我担心强大的秦国就要成为那不劳而获的渔翁了。所以我希望大王认真考虑出兵之事。"赵惠文王被说服,于是停止出兵攻打燕国。

出处

出自《战国策·燕策二》:"今者臣来,过易水,蚌方出曝,而鹬啄其肉,蚌合而钳其喙。鹬曰:'今日不雨,明日不雨,即有死蚌。'蚌亦谓鹬曰:'今日不出,明日不出,即有死鹬。'两者不肯相舍,渔翁得而并禽之。"

解释

比喻双方相争,两败俱伤,徒使第三者得利。

yuán mù qiú yú
缘 木 求 鱼

故事

战国时期,孟子来到齐国推行自己的政治主张。齐宣王想用武力征服天下,孟子劝他放弃武力而施行仁政。孟子问齐宣王:"大王最大的愿望是什么呢?可以讲给我听听吗?"齐宣王笑了笑,却不说话。孟子说:"是为了肥美的食物不够吃吗?是为了轻暖的衣服不够穿吗?还是为了艳丽的色彩不够看呢?是为了美妙的音乐不够听吗?还是为了身边伺候的人不够使唤呢?这些,您手下的大臣都能够尽量给您提供,难道您还真是为了这些吗?"宣王说:"不,我不是为了这些。"孟子说:"那么,您最大的愿望便可以知道了。您是想要扩张国土,使秦、楚这些大国都来朝贡您,自己君临中原,安抚四方之民。不过,以您现在的做法来实现您的愿望,就好像爬到树上去捉鱼一样。"宣王说:"竟然有这样严重吗?"孟子说:"恐怕比这还要严重啊!爬上树去捉鱼,虽然捉不到鱼,却也没有什么后患。以您现在的做法来实现您的愿望,费尽心力去干,一定会有灾祸在后头。"

出处

出自《孟子·梁惠王上》:"以若所为求若所欲,犹缘木而求鱼也。"

解释

爬到树上捉鱼。比喻方法不对,徒劳无功。

远走高飞 yuǎn zǒu gāo fēi

故事

卓茂是东汉初年名臣,任密县县令期间,用善行礼法教育百姓,避免严刑酷法。一次,有人向卓茂告发某亭长接受他赠送的米肉,卓茂问他:"是亭长向你要的呢?是你有事求他而送的呢?还是你因为敬重他而送给他的呢?"那人说:"是我去送给他的。"卓茂说:"既然如此,你为什么还要告发他呢?"那人说:"我听说好官不拿群众一针一线,如今他收了我的礼品,就不是好官,所以我才来汇报。"卓茂说:"人之所以不同于禽兽,是因为人懂得仁爱,知道相互尊敬。给邻居长者送些东西,这是人与人之间相亲相爱的表示,何况官和民呢?做官的只是不应当凭借权势强行向人索取礼物罢了。人们在一起生活,需要用礼义纲常来和人相处。你不学习这些,难道能远走高飞,不在人间吗?亭长一向是个好官,有时送他礼物,是符合礼的。"

出处

出自《后汉书·卓茂传》:"汝独不欲修之,宁能高飞远走,不在人间邪?"

解释

远远地离开,寻找新出路或过上新生活。

约法三章 yuē fǎ sān zhāng

故事

秦末战争时期,刘邦的军队进入咸阳后,刘邦在樊哙、张良的建议下,下令把秦宫中的贵重宝器财物和库府都封好,然后驻扎在霸上。沛公招来各县的父老和有名望的人,对他们宣言:"父老们苦于秦朝的苛虐法令已经很久了。我和诸侯们约定,谁首先进入关中就在这里做王,所以我应当做关中王。现在我和父老们约定,法律只有三条:杀人者处死刑,伤人者和抢劫者依法治罪。其余凡是秦朝的法律全部废除。所有官吏和百姓都像往常一样,安居乐业。总之,我到这里来,就是要为父老们除害,不会对你们有任何侵害,请不要害怕!再说,我之所以把军队撤回霸上,是想等着各路诸侯到来,共同制定一个规约。"随即派人和秦朝的官吏一起到各县镇乡村去巡视。秦地的百姓都非常喜悦,唯恐沛公不在关中做王。

出处

出自《史记·高祖本纪》:"与父老约法三章耳:杀人者死,伤人及盗抵罪。"

解释

原指制定法律,相约遵守。后泛指共同议定简单的条款,大家监督遵守。

yuè zǔ dài páo
越俎代庖

故事

尧是古史传说中的圣王,他想把天下让给贤士许由,说:"日月已经出来了,火把却仍不熄灭。火把跟日月之光比起来,太渺小了!有先生您的存在,天下可以得到更好的治理,然而我仍然掌控着它,请允许我让出天下。"许由答道:"您把天下治理得已经很好了,这种情况下还要让我代替你,我拥有天下是图什么呢?图名还是图利呢?鹪鹩在森林筑巢,不过占用一根树枝;鼹鼠到黄河喝水,不过喝饱自己的肚皮。天下对我有什么用呢?你回去吧,厨师即使不做饭菜,管祭祀的人也不能越位来代替他下厨做菜。"

出处

出自《庄子·逍遥游》:"庖人虽不治庖,尸祝不越樽俎而代之矣。"

解释

管祭祀的人越过自己的职权,放下祭器去替厨师做饭。比喻超出自己业务范围去处理别人所管的事。

yùn chóu wéi wò
运筹帷幄

故事

西汉初年,天下已定,汉高祖刘邦在洛阳南宫举行宴会,犒赏群臣。席间,刘邦向群臣提出一个问题:"为什么我会取得胜利而项羽会失败?"高起、王陵认为高祖派有才能的人攻占城池与战略要地,给立大功的人加官晋爵,所以能成大事。而项羽则相反,刚愎自用,用人不利,立功不奖,贤人遭疑,所以他才失败。刘邦认为最重要的取胜原因在于自己善于用人。他称赞张良说:"坐在军帐中运用计谋,就能决定千里之外战斗的胜利,这一点我不如子房。"

出处

出自《史记·高祖本纪》:"夫运筹策帷帐之中,决胜于千里之外,吾不如子房。"

解释

在营帐中制订作战方略。泛指主持大计,谋划决策。

运斤成风

故事

战国时期,楚国郢(yǐng)都有个人在刷墙的时候,鼻尖上沾了一点像苍蝇翅膀一样薄的白灰,便让好友匠石用斤(古代伐木的工具)把这层白粉削去。匠石挥动斤,呼的一声,白粉被削得干干净净,鼻尖丝毫没有受到损伤,而郢人面不改色,若无其事地站在那里。这件事被宋国国君知道了,对匠石的绝技和郢人的胆量十分钦佩,很想亲眼看一看这个表演。于是,国君就恭恭敬敬地把匠石请来,让他再表演一次。匠石说:"我的好友已经去世,我失去了唯一的搭档,再也没法表演了。"

出处

出自《庄子·徐无鬼》:"郢人垩漫其鼻端,若蝇翼,使匠石斫之。匠石运斤成风,听而斫之,尽垩而鼻不伤,郢人立不失容。"

解释

挥动斧头,呼呼成风。形容手法熟练,技艺高超。

Z

zāo kāng zhī qī
糟 糠 之 妻

故事

宋弘是东汉初年大臣,为人正直,做官清廉,对皇帝直言敢谏,以品行清雅获得称誉。光武帝刘秀的姐姐湖阳公主在丈夫去世后,整日闷闷不乐。刘秀多次派人给她提亲,湖阳公主都不满意。一天,光武帝和她一起议论朝廷大臣,暗中观察湖阳公主的意思。公主说:"宋公的相貌品德,众位大臣没人比得上。"光武帝说:"我来想想办法。"于是在召见宋弘的时候,让公主藏在屏风后面。刘秀对宋弘说:"俗话说,地位尊贵了就换朋友,家中有钱了就换老婆。这是人的本性么?"宋弘说:"我听说卑贱时的朋友不能忘,共患难的妻子不可抛弃。"光武帝听后,回头对屏风后面的公主说:"这事办不成了。"

出处

出自《后汉书·宋弘传》:"贫贱之知不可忘,糟糠之妻不下堂。"

解释

指贫贱时共患难的妻子。也用来谦称自己的妻子。

záo bì tōu guāng
凿 壁 偷 光

故事

匡衡,字稚圭,西汉经学家,汉元帝时任丞相。匡衡善解《诗经》,民间称:"即说诗,匡衡来;匡说诗,解人颐。"意思是听匡衡解说《诗经》,能使人眉头舒展,心情舒畅。匡衡幼时十分好学,勤奋努力,由于家境贫寒,不得不靠替人帮工以获取读书资用。匡衡白天做工,只有晚上才有工夫看书,可是家里穷得连点灯的油都买不起。一天晚上,匡衡突然看到东边的墙壁上透过来一线亮光,原来是邻居家的灯光。于是,他把墙缝挖大了一些,凑着透进来的灯光读起书来。匡衡就是这样刻苦地学习,后来成了有名的经学家。

出处

出自晋·葛洪《西京杂记》卷二:"匡衡,字稚圭,勤学而无烛,邻舍有烛而不逮,衡乃穿壁引其光,以书映光而读之。"

解释

在墙上凿洞,借邻居家的灯光读书。指在艰苦的条件下勤奋学习。

造化小儿 zào huà xiǎo ér

故事

杜审言是唐朝著名诗人,唐朝"近体诗"的奠基人之一,"诗圣"杜甫的祖父。杜审言恃才傲物,招致众人忌恨,被周季重、郭若讷两人合谋诬陷,定了死罪,就要被处死。杜审言十三岁的儿子杜并在周季重喝酒时趁机刺杀了周季重,杜并也被侍卫当场杀死。此事震惊朝野,众人皆称杜并为孝子。武则天闻知此事,召杜审言入京师,授著作佐郎,官至膳部员外郎。杜审言病重时,宋之问、武平一曾去看望他,问他身体如何,他对二人说:"我受尽了造化小儿的苦,还有什么可说的?不过我活着,老是让你们出不了头,如今我快死了,只是遗憾找不到接替我的人呀!"

出处

出自《新唐书·杜审言传》:"审言病甚,宋之问、武平一等省候何如,答曰:'甚为造化小儿相苦,尚何言?'"

解释

是对命运的一种风趣说法。

曾子杀彘 zēng zǐ shā zhì

故事

曾参(shēn),字子舆,是孔子的弟子,被称为曾子。他性情沉静,为人谨慎,待人谦恭,以孝著称,提出"慎终追远,民德归厚"的主张和

"吾日三省吾身"的修养方法。相传,有一天,曾子的妻子要到集市上去,孩子哭闹着也要跟着去。曾妻对孩子说:"你先回去,等我回来后杀猪给你吃。"妻子从集市上回来,曾子就准备要杀猪。妻子阻止他说:"我不过是跟儿子开玩笑罢了。"曾子说:"跟小孩子不能开玩笑。儿子什么都不懂,他只会学习父母的行为,听从父母的教导。现在你欺骗了他,这就是在教他骗人。母亲欺骗儿子,儿子就不再相信他的母亲,这不是正确教育孩子的方法啊!"于是曾子就杀了一头猪给孩子吃。

出处

出自《韩非子·外储说左上》:"曾子之妻之市,其子随之而泣。其母曰:'女还,顾反为女杀彘。'妻适市来,曾子欲捕彘杀之。"

解释

指父母以身作则教育孩子。

zhǎn cǎo chú gēn
斩草除根

故事

春秋时期,卫国与陈国联合讨伐郑国。郑庄公向陈桓公求和,陈桓公不同意。陈桓公的弟弟五父劝他:"跟善人处好关系,跟邻国友好相处,这是立国的原则,你还是答应郑君的求和吧!"陈桓公说:"如果是宋、卫这样的国家,我们陈国不是他们的对手,跟他们作战确实困难。可郑国这样的国家,为什么不攻打它呢?"陈桓公最终也没有答应讲和,继续攻打郑国。两年后,郑国发兵攻打陈国,陈国大败。人们评论这件事说:"善不可丢失,恶不可滋长,说的就是陈桓公吧!滋长了恶而不悔改,马上就会自取祸害。纵然想挽救,哪能办得到呢!《商书》说:'恶的蔓延,如同遍地大火,不可以靠拢,难道还能扑灭?'周任说过:'治理国家的人见到恶就要像农夫急于除去杂草一样,锄掉它并聚积起来肥田,挖掉它的老根,不要使它再生长,那么善的事物就能发展了。'"

出处

出自《左传·隐公六年》:"为国家者,见恶如农夫之务去草焉,芟夷蕴崇之,绝其本根,勿使能殖,则善者信矣。"

解释

比喻除去祸根,不留后患。

张敞画眉
zhāng chǎng huà méi

故事

张敞,字子高,西汉宣帝时为京兆尹。张敞做官处事快捷,赏罚分明,碰到恶人决不姑息,但也经常对犯小过者放纵不治。张敞做京兆尹时,每逢朝廷商议大事,他往往能引经据典,处理适宜,公卿大臣都非常佩服他。但是张敞没有做官的威仪,有时下朝经过章台街时,让车夫赶马快跑,自己也拿扇子打马。张敞经常在家给妻子画眉毛,长安城中传说张京兆画的眉毛很妩媚。有司用此事来参奏张敞。皇帝就问张敞有没有此事,张敞回答说:"我听说闺房之内,夫妇之间亲昵的事,有比描画眉毛还过分的。"皇帝爱惜他的才能,没有责备他。

出处

出自《汉书·张敞传》:"又为妇画眉,长安中传张京兆眉怃。有司以奏敞。上问之,对曰:'臣闻闺房之内,夫妇之私,有过于画眉者。'上爱其能,弗备责也。"

解释

形容夫妻感情和洽。

朝不谋夕
zhāo bù móu xī

故事

赵孟,原名赵鞅,又称赵简子,《赵氏孤儿》中孤儿赵武之孙。鲁昭公元年(前541),周景王派刘定公在颍地慰劳赵孟,让他住在洛水边上。刘定公说:"禹的功绩真是伟大啊!如果没有禹,我们大概都要变成鱼了吧!我和您戴着礼帽穿着礼服,来治理百姓、面对诸侯,这都是禹的功劳啊!您何不继承禹的功绩,而施惠于民呢?"赵孟回答说:"老夫我唯恐犯下罪过,哪里能考虑长远的事情?我们这些人苟且度日,早晨不能为晚上预做打算,哪里能够长远考虑呢!"刘子回去,把情况告诉周景王,说:"俗话所说:老了会聪明些,可是糊涂也跟着来了。这说的就是赵孟吧!作为晋国的正卿以主持诸侯事务,却把自己等同于那些卑贱的人。早晨不考虑晚上的事,这是丢弃了神灵和百姓了。神灵发怒,百姓背叛,何以能长久?赵孟不再能过年了。神灵发怒,不享用他的祭祀。百姓背叛,不替他做事情。祭祀和国事不能办理,又怎么能过得了年？"

出处

出自《左传·昭公元年》："老夫罪戾是惧，焉能恤远？吾侪偷食，朝不谋夕，何其长也！"

解释

形容处境窘迫，无暇考虑将来的事。

zhāo sān mù sì
朝 三 暮 四

故事

古时候，宋国有一个养猴的老人，特别喜欢猴子，家里养了成群的猴子。他可以理解猴子的意思，猴子也可以理解老人的心意。老人为了养猴子，宁愿缩减家人的口粮。然而不久，家里的粮食也快吃完了，他不得不限定猴子的口粮，但又怕猴子不顺从自己，于是先欺骗猴子说："给你们的橡实，早上三颗，晚上四颗，够吗？"猴子们跳来跳去，吱吱大叫，十分恼怒。老人接着说："那就早上四个，晚上三个，这下够了吧？"猴子们听后都高兴地在地上打起滚儿来。

出处

出自《列子·黄帝篇》："先诳之曰：'与若芧，朝三而暮四，足乎？'众狙皆起而怒。俄而曰：'与若芧，朝四而暮三，足乎？'众狙皆伏而喜。"

解释

原指用实质不改变的手法进行欺骗。后形容经常变卦，反复无常。

zhèng rén mǎi lǚ
郑 人 买 履

故事

从前，郑国有个人想去市场买鞋，先在家里把脚的大小量好了尺寸，随手把尺码放在了席子上。等来到了集市，选好了鞋，正准备买的时候，忽然发现自己量好的尺码忘在了家里，就赶紧回家拿尺码。等到拿到尺码回到市场，集市已经关门了。旁边的人问他："你给自己买鞋，为什么不直接试试大小呢？"那人回答说："我宁可相信我量的尺寸，也不相信自己的脚。"

出处

出自《韩非子·外储说左上》:"郑人有欲买履者,先自度其足,而置之其坐。至之市而忘操之,已得履,乃曰:'吾忘持度。'反归取之。及反,市罢,遂不得履。人曰:'何不试之以足?'曰:'宁信度,无自信也。'"

解释

指不顾实际,只按教条办事。

zhī hū zhě yě
之乎者也

故事

宋太祖赵匡胤登基称帝之后,准备拓展外城。一天,他来到朱雀门前,抬头看见门额上写着"朱雀之门"四个字,就问身旁的大臣赵普:"为什么不写'朱雀门'三个字?多用一个'之'字有什么用呢?"赵普回答说:"'之'字是语助词。"赵匡胤听后笑道:"之乎者也这些虚字,能助得什么事情啊?"后来,在民间便流传一句谚语:"之乎者也矣焉哉,用得成章好秀才。"

出处

出自宋·文莹《湘山野录》:"之乎者也,助得甚事?"

解释

指话或文章半文不白。讽刺人说话或写文章咬文嚼字。

zhī qíng bù jǔ
知 情 不 举

故事

向朗,字巨达,三国时期蜀汉官员、藏书家、学者。向朗幼年丧父,由兄长抚养。少年时师事司马徽,与徐庶、韩嵩、庞统交情深厚。后被荆州牧刘表任命为临沮县长。刘表死后,向朗转投刘备,随刘备入蜀,历任巴西、牂(zāng)牁(kē)、房陵太守,并拜步兵校尉,领丞相长史。建兴五年(227),向朗跟随诸葛亮驻军汉中,参与第一次北伐。次年,因马谡街亭之败,北伐失利。马谡逃亡,向朗与马谡素来友善,于是知情不报。诸葛亮对此十分恼火,罢免了向朗的官职,让他回到成都。数年后,向朗复职,被任命为光禄勋。向朗晚年专心研究典籍,劝导青年学习,家中藏书丰富,受到举国尊重。

出处

出自《三国志·蜀书·向朗传》:"谡逃亡,朗知情不举,亮恨之,免官还成都。"

解释

了解情况而不检举告发。

止戈为武 zhǐ gē wéi wǔ

故事

公元前597年,楚庄王攻郑,晋国主帅荀林父率兵救郑。晋军渡过黄河,与楚军展开大战,结果晋军大败。潘党向楚庄王建议说:"君王何不建筑起军营显示武功,用晋国人的尸首搭成京观?下臣听说战胜了敌人一定要有纪念物给子孙看,表示不忘记武功。"楚庄王说:"这你就不懂了。说到文字,止戈二字合起来是个武字。武功,是用来禁止强暴、消灭战争、保持强大、巩固功业、安定百姓、调和大众、丰富财物的。武功这七种美德,对晋国用兵没有占有一项,用什么来昭示子孙后代?用武不是我追求的功业。"楚庄王说完,就在黄河边上祭祀了河神,向先君告捷,然后就撤兵回国了。从文字学的角度看,"武"的本义是持武器征伐,宣扬武威,"止"为"足",而非停止之意。楚庄王以"止戈为武"为平息战争、制止暴力的说法属于望文生义,强解文字为我所用而已,类似于同时期人们在各种场合对《诗经》断章取义的使用。

出处

出自《左传·宣公十二年》:"非尔所知也。夫文,止戈为武。"

解释

指能止战才是真正的武功。也指不用武力而使对方屈服才是真正的武功。

止谈风月 zhǐ tán fēng yuè

故事

徐勉,字修仁,南北朝时期南梁文学家、中书令。南朝梁武帝时,迁尚书仆射(yè)、中卫将军。徐勉虽然官位显要,但家中没有什么积蓄,所得的薪俸都分送亲族中穷困的人家。他的弟子和朋友都劝他要为家人考虑,徐勉回答说:"别人给子孙留下的是财物,我给子孙留下的是清白。如果子孙有才干,那么他们自己会创造出财富。如果他们没有出息,即使留给他们一大笔财产,最后还是归于别人。"徐勉经常跟门人宾客聚集一堂,挑灯夜谈。其中有个叫虞暠的人,想倚仗和徐勉的关系,向其求官。徐勉严肃地说:"今天夜里,我们只谈风月,不谈公事。"虞暠讨了个没趣,只得讪讪地告辞了。时人都佩服徐勉的无私。

出处

出自《梁书·徐勉传》:"勉正色答云:'今夕止可谈风月,不宜及公事。'"

解释

只谈风月一类无关紧要的事。表示莫谈国事,或不谈不合时宜的话题。

只许州官放火,不许百姓点灯

zhǐ xǔ zhōu guān fàng huǒ bù xǔ bǎi xìng diǎn dēng

故事

北宋时,常州太守田登规定全州百姓都要避讳他的名字,谁误用了他的名字就发怒,吏卒大多因此挨过板子,于是人们不得不把"灯"叫作"火"。正月十五摆设花灯,允许民众进城观看,吏卒书写告示公布在集市上:"本州依照惯例,放火三天。"后来有句话说"只许州官放火,不许百姓点灯",就是来源于此。

出处

出自宋·陆游《老学庵笔记》卷五:"田登作郡,自讳其名,触者必怒,吏卒多被榜笞。于是举州皆谓'灯'为'火'。上元放灯,许人入州治游观,吏人遂书榜揭于市曰:'本州依例放火三日。'"

解释

泛指胡作非为的人不许别人有正当的权利。

纸醉金迷

zhǐ zuì jīn mí

故事

唐昭宗时有个医生叫孟斧,医术高超,经常到宫中诊病,所以对皇宫内的建筑格局和室内装饰很熟悉。后来黄巢军攻打长安,孟斧躲到四川避乱。在四川时,孟昶根据记忆,把家中布置得跟皇宫一样华丽雅致。其中有一个小房间,光线充足,房间里的器物都用金箔装饰,在阳光的照射下,满屋子金光闪闪,让人觉得像是住在金子做成的屋子里。所有到过这屋子的人都说:"在这个屋子里休息一会儿,就会沉迷陶醉在满屋的金纸里。"

出处

出自宋·陶毂《清异录·居室》:"有一小室,窗牖焕明,器皆金饰,纸光莹白,金彩夺目,所亲见之,归语人曰:'此室暂憩,令人金迷纸醉。'"

解释

形容使人沉醉的富丽的景象。也形容生活奢侈豪华。

zhǐ lù wéi mǎ
指 鹿 为 马

故事

秦始皇死后,丞相李斯与宦官赵高合谋,伪造诏书,逼死太子扶苏,扶持胡亥登基,即秦二世。二世即位后,赵高设计害死李斯,继之为秦朝丞相,独揽大权,结党营私,渐渐不把胡亥放在眼中。一天,赵高在上朝时,命人牵来一头鹿献给胡亥,说:"臣进献一匹马供陛下赏玩。"胡亥失声笑道:"丞相错了,这明明是头鹿,怎么说是马呢?"赵高板起脸问左右大臣:"你们说这是鹿还是马?"大臣们有的慑于赵高的淫威,缄默不语;有的惯于奉承,忙说是马;有的弄不清赵高的意图,说了真话。事后,赵高将那些说真话的大臣都治了罪。赵高的倒行逆施把秦朝的暴政推向了顶峰,从而加速了秦的灭亡。

出处

出自《史记·秦始皇本纪》:"二世笑曰:'丞相误邪?谓鹿为马。'"

解释

比喻故意颠倒黑白,混淆是非。

zhǐ jiǎo cān jū
觗 角 骖 驹

故事

齐国有个叫闾丘卬(áng)的人,刚刚十八岁。一天,他拦住齐宣王的车驾并自荐说:"在下家中贫寒,父母老迈,希望能在大王手下做一个小吏。"宣王说："你年龄太小,不能做官。"闾丘卬说："大王您说得不对。古有颛顼,十二岁而治天下;秦国项橐(tuó),年仅七岁,即为圣人之师。由此可见,您只能因为我无能而不用,不能因为我年纪小而不用。"宣王说："从来没见过小马驹载重远行,同样,人也必须长大以后方能为国所用。"闾丘卬说："您说得不对。寸有所长,尺有所短。骅骝骐骥,是天下骏马,如果让它们与狸鼬在炉灶间赛跑,骏马未必能超过狸鼬;黄鹄白鹤,一飞千里,如果让它们与燕子、蝙蝠在堂屋间比飞,鹄、鹤的灵活便未必能超过燕子、蝙蝠。由此看来,年纪小难道就没有用吗?"宣王说："说得好!你为什么这么晚才来见我呢?"于是让闾丘卬与自己同车回朝,委以官职。

出 处

出自汉·刘向《新序·杂事五》："齐有闾丘卬,年十八,道遮宣王,曰:'家贫亲老,愿得小仕。'……宣王曰:'未有咫角骍驹,而能服重致远者也。'"

解 释

小马驹。比喻年少的人。

zhì guǒ yíng chē
掷 果 盈 车

故 事

潘安,即潘岳,字安仁,西晋著名文学家。潘岳容貌美丽,姿态优雅,每次驾车走在洛阳的大街上,妇人们遇到他,都手拉手围成一圈,把潘岳围起来。连老妇人都为之着迷,把水果往潘安的车里丢,都将车丢满了。左思相貌丑陋,也学潘岳到处游逛,妇女们一看到他就向他乱吐唾沫,弄得他垂头丧气地回来。潘安小名檀奴,因为长得美,在后世文学中,"檀奴""檀郎""潘郎"都成了俊美情郎的代名词。

出 处

出自南朝宋·刘义庆《世说新语·容止》："潘岳妙有姿容,好神情。少时,挟弹出洛阳道,妇人遇者,莫不连手共萦之。"刘孝标注引《语林》："安仁至美,每行,老妪以果掷之,满车。"

解 释

指女子爱慕与追捧美男子。

中饱私囊 zhōng bǎo sī náng

故事

春秋后期,晋国公族式微而大夫势力强大。晋昭公时,赵简子为执政大臣。一次,赵简子派税官去收赋税,临行前,税官问赵简子:"这次收税的税率轻重如何?"赵简子说:"不轻不重最好。税收重了,国家富了,但老百姓就穷了;税收轻了,老百姓富了,但国家就穷了。你们如果没有私心,这件事就可以做得很好。"薄疑故意逗弄赵简子说:"依我看,您的国家实际上是中饱。"赵简子听了很高兴,说:"说来听听吧。"薄疑直截了当地说:"您的国家,上面国库是空的,下面百姓是穷的,而中间那些贪官污吏都富了。"

出处

出自《韩非子·外储说右下》:"薄疑谓赵简主曰:'君之国中饱。'简主欣然而喜曰:'何如焉?'对曰:'府库空虚于上,百姓贫饿于下,然而奸吏富矣。'"

解释

指侵吞经手的钱财使自己得利。

中流击楫 zhōng liú jī jí

故事

祖逖(tì),字士稚,东晋军事家。祖逖于建武元年(317)率部北伐,朝廷只给他奋威将军的虚名。祖逖带着自己从北方带来的百余族人渡江北上,船到长江江心时,他用船桨击打着船舷慷慨激昂地说:"如果我祖逖这次不能收复中原,那么就让我像这滔滔的江水一样有去无回!"祖逖渡江后一边招兵买马,一边打造兵器,队伍迅速扩大,得到各地人民的响应,数年间收复黄河以南大片领土,使得石勒不敢南侵。

出处

出自《晋书·祖逖传》:"中流击楫而誓曰:'祖逖不能清中原而复济者,有如大江!'"

解释

在水流的正中击桨。用以表示收复失地的决心。也作"击楫中流"。

终 南 捷 径
zhōng nán jié jìng

故事

古代朝廷往往会征召任用民间贤达的隐士,以表示对人才的重视。唐朝书生卢藏用因为没有考取进士,便和哥哥卢征明隐居终南山,想凭借隐士之名博得声望,以此来谋求官职。卢藏用后来果然得以入朝做官。卢藏用和道士司马承祯交好多年,有一次,司马承祯向其表明了自己想退隐天台山的意愿。卢藏用建议他隐居终南山,并说:"这座山里有很多好地方,你何必远走他乡呢?"司马承祯慢慢说道:"在我看来,终南山只不过是通向官场的捷径罢了。"卢藏用闻言,面露愧色。自此以后,许多人都效仿卢藏用,隐居在终南山上,以唐朝为最。这些人大部分是题诗几首,请人拿去京城献给皇帝,以求做官。杜甫、李白等人也有过这样的经历。

出处

出自《新唐书·卢藏用传》:"司马承祯尝召至阙下,将还山,藏用指终南曰:'此中大有嘉处。'承祯徐曰:'以仆视之,仕宦之捷径耳。'藏用惭。"

解释

指追求名利的最近门路。也泛指达到目的的便捷途径。

种 玉 之 缘
zhòng yù zhī yuán

故事

汉朝洛阳有个人叫杨伯雍,他天性忠诚孝顺,因父母葬在无终山,就把家安在那里。无终山高八十里,山上没有水,杨伯雍就烧好茶水放在山坡上,免费供给过路的人喝。一天,有个人来喝水,送了一斗石子给杨伯雍,叫他找块高爽平坦的好田,挑有石头的地方把石子种下,并对他说:"这是宝玉的种子,种下可以收玉,而且还可以娶个好媳妇。"那人说完就不见了。杨伯雍依言种下了那些石子,后来果然长出了玉石。右北平郡徐公的女儿很有德行,求婚者盈门,徐公都没有应允。杨伯雍试着去向徐家求婚,徐家笑他狂妄,便戏弄他说:"如果你送一双白璧来,我就同意你娶我的女儿。"杨伯雍来到他种玉的田中,收了五双白璧,将它们作为聘礼送到了徐家。徐公大惊,就把女儿嫁给了他。皇帝听说了这件事,觉得杨伯雍有奇才,就任命他为大夫。皇帝还下令在种玉的地方的四角立起了大石柱,每根石柱各有一丈高,这中央的一顷地被命名为"玉田"。

出处

出自晋·干宝《搜神记》卷十一:"公至所种玉田中,得白璧五双,以聘。徐氏大惊,遂以女妻公。"

解释

指姻缘。

舟中敌国

故事

吴起是战国初期军事家、政治家、改革家,法家、兵家代表人物。一次,吴起随武侯在河中泛舟,船到半途,武侯回头对吴起说:"山川是如此的险要、壮美,这是魏国的瑰宝啊!"吴起回答说:"国家政权的稳固,在于施德于民,而不在于地理形势的险要。从前三苗氏左临洞庭湖,右濒彭蠡泽,因为不修德行、不讲信义,所以被夏禹灭掉。夏桀的领土,左临黄河、济水,右靠泰山、华山,伊阙山在它的南边,羊肠坂在它的北面,因为他不施仁政,所以商汤放逐了他。殷纣的领土,左边有孟门山,右边有太行山,常山在它的北边,黄河流经它的南面,因为他不施仁德,武王把他杀了。由此看来,政权的稳固在于对百姓施以恩德,而不在于地理形势的险要。如果您不施恩德,即便同乘一条船的人也会变成您的仇敌啊!"武侯听后说:"讲的好!"

出处

出自《史记·孙子吴起列传》:"若君不修德,舟中之人尽为敌国也。"

解释

同船的人都成了仇敌。比喻众叛亲离。

珠还合浦

故事

孟尝,字伯周,东汉官吏,历任徐县令、合浦太守。合浦郡地邻海岸,不产粮食,当地百姓靠海吃海,世代在海中捕贝取珠,以此为生。

后来,合浦郡太守起了贪心,专门派人在海滨不分日夜地大量捕捞珠贝。合浦郡百姓也纷纷效仿。结果,海里的珠贝几乎被采尽捕绝,百姓断绝了生活的来源,陷入了困苦的境地。孟尝到任后,着手恢复珠贝的生活环境。他制定法令,严禁不法捕捞行为,规定了捕捞的时间以及捕捞珠贝的大小。不到一年时间,合浦郡的珍珠产量又恢复如初,百姓的生活又重新安定下来。

出处

出自《后汉书·孟尝传》:"郡不产谷实,而海出珠宝,与交阯比境……尝到官,革易前敝,求民病利。曾未逾岁,去珠复还,百姓皆反其业。"

解释

比喻东西失而复得或人去而复回。

铢积寸累 zhū jī cùn lěi

故事

西汉的时候,河南郡乐羊子的妻子品德高洁,才识过人。一次,羊子在路上捡到一块别人丢失的金子,拿回家把金子给了妻子。妻子说:"我听说有志气的人不喝'盗泉'的水,廉洁方正的人不接受'嗟来之食',何况是捡拾别人的失物、谋求私利来玷污自己的品德呢!"羊子听后十分惭愧,就把金子扔弃到野外,然后远行拜师求学去了。一年后羊子回到家中,妻子问他回来的缘故。羊子说:"出行在外久了,思念家人,没有别的事情。"妻子听后,就拿起刀快步走到织机前,说道:"这些丝帛都是从蚕茧中生出,又在织机上织成,一根丝一根丝地积累起来,才达到一寸长,一寸一寸地积累,才能成丈成匹。现在如果割断这些丝帛,那就无法成功织出布匹,只能白白荒废时光。你积累学问,就应当每天都学到自己不懂的东西,以此成就自己的美德。如果中途就回来了,那同切断这丝帛又有什么不同呢?"羊子被妻子的话感动了,重新回去修完了自己的学业,七年没有回过家。

出处

出自《后汉书·乐羊子妻传》:"此织生自蚕茧,成于机杼,一丝而累,以至于寸,累寸不已,遂成丈匹。"

解释

铢:一两的二十四分之一。一点一滴地积累。形容事物完成得艰难。

逐臭之夫

故事

传说,古时候有个人,身上散发着奇臭的气味,他的亲戚、兄弟、妻妾以及相识的人,都不愿和他在一起。他自己也非常苦恼,只得远离亲友,迁到荒僻的海滨居住。海边有一个人却非常喜欢他身上的臭味,白天黑夜都跟随着他,赶都赶不走。

出处

《吕氏春秋·遇合》:"人有大臭者,其亲戚兄弟妻妾知识无能与居者,自苦而居海上。海上人有说其臭者,昼夜随之而弗能去。"

解释

比喻嗜好怪僻、与众不同的人。

逐鹿中原

故事

蒯(kuǎi)通是西汉初年著名的谋士,辩才无双,善于陈说利害,曾为韩信谋士,先后献灭齐之策和三分天下之计。刘邦平定天下之后,韩信越来越受到刘邦的猜疑,先是被贬为淮阴侯,又因谋反被吕后设计捕杀。韩信临死的时候叹道:"真后悔不听蒯通的话,以至于死在女人的手中!"刘邦闻听马上下诏把蒯通召来。蒯通来到朝廷,刘邦要将他处以烹刑,责问他:"你为什么教唆韩信反叛?"蒯通说:"狗总是要对自己主人以外的人狂吠。那时候,我只知道有齐王韩信,并不知道有您。况且秦朝丧失帝位,天下之人共同去抢,有才能的人首先得到。天下纷乱,人们都争先恐后地要去做您所做的事,只是能力不够,您能把他们都杀尽吗?"刘邦觉得蒯通很有胆识,于是赦免了他。

出处

出自《史记·淮阴侯列传》:"秦失其鹿,天下共逐之。"

解释

比喻争夺天下。

煮粥焚须
zhǔ zhōu fén xū

故事

李勣(jī)，原名徐世勣，字懋功，唐代凌烟阁二十四功臣之一。李勣为人重情重义，性情友爱。平定王世充后，李勣的结拜兄弟单雄信被俘虏，依例应处死，李勣上表请求用自己的官爵赎雄信的死罪，李渊不准。临刑前，李勣号啕痛哭，割下自己大腿上的肉给单雄信吃，说："生死永别，这肉和你一起入土吧。"李勣的姐姐生病的时候，李勣亲自为姐姐煮粥，胡须都被火燎了。姐姐心疼他，让他不要再亲自煮粥了，李勣说："姐姐多病，而我也年纪大了，即使想给您煮粥，还能有多少机会呢？"李勣临终前嘱咐后事，要求只用麻布覆盖的车载棺木，装殓用平常穿的衣服，只加朝服一套。随葬的器物只做马五六匹，地宫里的帷帐用黑布做顶，四周围白纱，帐里放十个木偶，此外一物不用。姬妾以下，有子女且愿意留下养育的听任自便，其余全都放她们离开。

出处

出自《新唐书·李勣传》："性友爱，其姊病，尝自为粥而燎其须。"

解释

形容手足情深。

筑室反耕
zhù shì fǎn gēng

故事

春秋时期，楚庄王派申舟出使齐国，并要求他不要向宋国借路。申舟在孟诸之役中得罪了宋国，预知此去前途未卜，便将儿子申犀托付给楚庄王。申舟途经宋国时果然被宋人扣留，并遭到杀害。楚庄王听到申舟被杀的消息，马上发兵攻打宋国。楚军攻宋，从九月直到第二年五月，宋国在晋国的支持下拒不投降。楚庄王准备撤军，申犀在楚庄王马前叩头力阻。楚庄王的御者申叔时献计说："如果我们就地造起房子，分配士兵去种田，宋国就会以为我们要在此长久驻军，必然会听命于我们。"楚庄王接受了这个建议。宋国人果然害怕了，派华元夜闯楚营，劫持了楚帅子反，与之订立和约。楚军退兵三十里，宋国和楚国讲和。

出处

出自《左传·宣公十五年》:"筑室反耕者,宋必听命。"

解释

指采用长久屯兵之计。

专横跋扈 zhuān hèng bá hù

故事

梁冀,字伯卓,东汉时期外戚、权臣,为大将军梁商之子,其妹为汉顺帝皇后。梁商病逝后,梁冀接任大将军。顺帝崩,立冲帝。汉冲帝即位时只有两岁,朝政由其母代为主持,梁冀倚仗妹妹,越来越跋扈。一年后,汉冲帝驾崩,立质帝。汉质帝虽然年幼,却聪慧过人,知道梁冀骄横,一次上朝时,看着梁冀说:"这位是个跋扈将军啊。"梁冀后毒杀质帝,另立桓帝刘志。此后他一直专擅朝政,结党营私,任人唯亲。汉桓帝成年后决心除去梁冀,梁冀被迫自杀。

出处

出自《后汉书·梁冀传》:"帝少而聪慧,知冀骄横,尝朝群臣,目冀曰:'此跋扈将军也。'"

解释

专断蛮横,任意妄为。

庄周梦蝶 zhuāng zhōu mèng dié

故事

《庄子》记载:有一天,庄周在树下睡着了,梦见自己变成了蝴蝶,在树丛中翩翩起舞,感到非常快乐,悠然自得!不知道自己是庄周,突然间醒过来,惊惶不定之间方知原来自己是庄周。不知是庄周梦中变成蝴蝶呢,还是蝴蝶梦中变成庄周?庄周与蝴蝶必定是有区别的。这则寓言是庄子提出的一个著名的哲学命题。庄子运用浪漫的想象力,通过对梦中变化为蝴蝶和梦醒后蝴蝶复化为己的事件的描述,提出了人不可能确切地区分真实与虚幻和生死物化的观点。庄子认为人们如果能打破生死、物我的界限,则无往而不快乐。

出处

出自《庄子·齐物论》:"昔者庄周梦为胡蝶,栩栩然胡蝶也,自喻适志与! 不知周也。"

解释

庄周梦见自己变为蝴蝶。比喻人生变幻无常。

捉襟见肘
zhuō jīn jiàn zhǒu

故事

相传曾子在卫国的时候,生活清苦,常常三天也做不了一次饭,十年也没做过一件新衣服,整一整冠,冠缨就会断,理一理衣襟,胳膊肘就会露出来。可曾子安贫乐道,处之泰然,吟唱《商颂》的声音充塞天地之间,像敲响的钟磬一样。卫君赠送他采邑,要他买件新衣服,曾子辞谢不接受。使者又去劝他,曾子还是不接受。使者说:"这不是先生您向国君要求的,而是国君要奉送您的,为什么不接受呢?"曾子说:"接受馈赠的人往往害怕赠送礼物的人,赠送的人往往对接受的人表现出骄纵的态度。我很担心这一点啊!"

出处

出自《庄子·让王》:"曾子居卫……三日不举火,十年不制衣,正冠而缨绝,捉衿而肘见。"

解释

整理衣襟就露出胳膊肘。形容衣裳破旧,生活贫困。也比喻困难很多,穷于应付,顾此失彼。

斫轮老手
zhuó lún lǎo shǒu

故事

《庄子》的一则寓言故事讲道:一天,齐桓公在堂上读书,匠人轮扁在堂下斫车轮(砍木头做车轮)。突然,轮扁放下手中的椎凿上堂,向桓公问道:"请问,您所读的书是讲什么的呢?"桓公说:"圣人之语。"轮扁问:"圣人还在世吗?"桓公说:"早已死了。"轮扁说:"那么您所读的东西已经是古人的糟粕了!"桓公说:"寡人读书,做轮的匠人竟敢妄加评议! 你若能讲出道理就饶恕你,不然就治你的罪。"轮扁说:"我是从斫轮这一行中悟到这个道理的。斫车轮的时候,运斧太慢就会松垮而不牢固,挥斧太快就会凝滞而难以进入。一定要不疾不缓,才能得心应手。其中的技巧奥秘,难以言喻,我无法口授给我的儿子,我的儿子也无法从我这里学到,因此我已经七十岁了还在斫车轮。古人的那些不可言传的奥秘已经消逝不传了,那么您所读的不正是古人的糟粕么?"

出处

出自《庄子·天道》:"是以行年七十而老斫轮。"

解释

指在某方面经验丰富的人。

濯缨濯足 zhuó yīng zhuó zú

故事

春秋时期,孔子周游列国,来到楚国汉水之滨,听到有儿童唱道:"江水是多么清澈啊,可以洗濯我的帽带;江水是多么浑浊啊,可以洗濯我的双足。"孔子听后对弟子们说:"你们都好好听听这首歌!水清则濯冠缨,水浊则濯双足,一个人的命运是好是坏完全取决于自身啊。所以说,人一定是自己先自轻自贱,然后别人才会来侮辱你;家一定是自己先窝里斗,别人才来拆你的台;国家一定是先自掘坟墓,别人才会来讨伐你。《尚书·太甲》说:'天作孽,犹可违;自作孽,不可活。'就是这个意思啊。"

出处

出自《孟子·离娄上》:"有孺子歌曰:'沧浪之水清兮,可以濯我缨;沧浪之水浊兮,可以濯我足。'孔子曰:'小子听之!清斯濯缨,浊斯濯足矣,自取之也。'"

解释

水清就洗帽带,水浊就洗脚。原意是人的好坏都由自己决定。后比喻去除世俗之气,保持高洁的操守。

滋蔓难图 zī màn nán tú

故事

春秋时期,郑武公的妻子武姜生有两个儿子:寤生和共叔段。武姜不喜欢寤生而喜欢共叔段,屡次请求郑武公立共叔段为太子,郑武公不肯答应。郑武公去世后,寤生继位,是为郑庄公。在武姜的请求下,郑庄公将京城封给共叔段。共叔段到京城后,积极扩充自己的势力范围。大夫祭仲对郑庄公说:"都邑城垣的周长超过三百丈就是国家的祸害。现在京城不合法度,您怎么能容忍呢?"郑庄公说:"姜氏想要这样,我哪里能避开这个灾祸呢?"祭仲说:"姜氏哪有满足的时候?不如及早给共叔段安置个地方,不要让他再发展蔓延。一经蔓延开来就难以对付了。蔓延的野草尚且难除,何况是您受宠的兄弟呢?"郑庄公说:"多行不义必自毙,先等等看吧。"郑庄公二十二年(前722),共叔段准备袭击郑国都城,其母武姜则打算作为内应打开城门。郑庄公得知共叔段的起兵日期,于是命令子封率领二百辆战车进攻京城。共叔段逃到鄢,郑庄公的军队在鄢击败共叔段,把共叔段赶到了卫国的共。

出处

出自《左传·隐公元年》:"无使滋蔓,蔓,难图也。蔓草犹不可除,况君之宠弟乎?"

解释

野草一旦蔓延生长就很难根除。比喻祸患一旦形成并蔓延就很难对付。

子罕辞宝
zǐ hǎn cí bǎo

故事

乐喜,字子罕,春秋时期宋国贤臣。当时,宋国有个人得到了一块美玉,想把它献给子罕,子罕不肯接受。献玉的人说:"我已经拿给玉工看过了,玉工认为这是宝物,所以我才敢献给您。"子罕说:"我把不贪当作宝物,你把美玉当作宝物。如果把玉给了我,我们两个人都丧失了宝物,不如各人保有自己的宝物吧。"献玉的人叩头说:"小人怀中藏着宝玉,到哪里都不安全。您还是收下吧,我也免得被人谋财害命了。"于是子罕就把玉拿回去,请玉工雕琢后卖了个好价钱,把钱给了献玉的人,送他回家去了。

出处

出自《左传·襄公十五年》:"宋人或得玉,献诸子罕,子罕弗受。献玉者曰:'以示玉人,玉人以为宝也,故敢献之。'子罕曰:'我以不贪为宝,尔以玉为宝。若以与我,皆丧宝也,不若人有其宝。'"

解释

指官员廉洁自律。

紫气东来 (zǐ qì dōng lái)

故事

老子,姓李,名耳,字聃(dān),中国古代思想家,道家学派创始人和主要代表人物,曾做过周朝藏书吏。他生活的时代,天子势微,诸侯为了争夺霸主地位,战争不断。严酷的动乱与变迁,让老子目睹到民间疾苦。老子对周室失望透顶,于是决定辞官西行。函谷关关令尹喜善观天文,修养深厚,他看见一团紫气从东方飘来,认为必有圣人来到,赶忙迎接。第二天果然看到一位老人骑着青牛过关,这就是老子。尹喜请老子写点东西传授于他,老子推辞不掉,于是留下了五千言,世人称之为《道德经》。老子留书之后,就骑着青牛,继续西行,没有人知道他去了哪里。

出处

出自《史记·老子韩非列传》:"于是老子乃著书上下篇,言道德之意五千余言而去,莫知其所终。"司马贞索隐引刘向《列仙传》:"老子西游,关令尹喜望见有紫气浮关,而老子果乘青牛而过也。"

解释

指祥瑞降临。

自惭形秽 (zì cán xíng huì)

故事

卫玠(jiè),字叔宝,西晋玄学家,中国古代四大美男之一。卫玠是魏晋之际著名的清谈名士和玄学家,官至太子洗马。卫玠五岁时即异于常人,祖父卫瓘感慨道:"此儿与众不同,只是我年纪大了,怕是看不到他长大成人的那一天了!"卫玠年少时,一次乘坐羊车到街上,看到他的人都以为是玉人,一时观者如堵。骠骑将军王济是卫玠的舅舅,英俊豪爽有风度姿容,每次见到卫玠,就叹息说:"有珠玉在身旁,顿时觉得自己形貌丑陋。"卫玠多病体弱,他的母亲不让他多说话。遇到好日子,亲友有时请他说几句,没有不赞叹的,认为他说到了精微之处。琅琊人王澄有名望,很少推崇别人,每当听到卫玠的言论,就叹息倾倒。当时的人说:"卫玠谈道,王澄倾倒。"王澄与王玄、王济都有盛名,然而都在卫玠之下,世人说:"王家三子,不如卫家一儿。"永嘉六年(312),卫玠去世,时年二十七岁。

出处

出自南朝宋·刘义庆《世说新语·容止》:"珠玉在侧,觉我形秽。"

解释

因自己样貌丑而惭愧。泛指自愧不如别人。

zì huǐ cháng chéng
自 毁 长 城

故事

檀道济是南朝宋名将,战绩卓著,屡建大功。元嘉十三年(436),宋文帝刘义隆病重,彭城王刘义康执政。刘义康担心檀道济会在刘义隆死后谋反,便矫诏召檀道济入朝。檀道济一到建康,就被刘义康逮捕。檀道济被抓时,心中愤怒,目光如炬,将一斛酒一饮而尽,狠狠地把头巾扯下摔在地上,说:"你们这是在毁坏自己的万里长城啊!"结果,檀道济与其子十一人及亲信将领都被处死。消息传到北魏,魏军将领都说:"檀道济一死,南方就再没有可畏惧的人了!"檀道济死后,南朝在军事上转入守势,北朝则占据主动。后来北魏南征至长江北岸的瓜步,宋文帝刘义隆登石头城北望,叹道:"如果檀道济还在,怎么会到这个地步!"

出处

出自《南史·檀道济传》:"道济见收,愤怒气盛,目光如炬,俄尔间引饮一斛,乃脱帻投地,曰:'乃复坏汝万里长城!'"

解释

比喻自己削弱自己的力量或自己破坏自己的事业。

zì kuài yǐ xià
自 郐 以 下

故事

季札是春秋时期吴王寿梦第四子,封于延陵,又称公子札、延陵季子,相传为避王位"弃其室而耕"。季札不仅品德高尚,而且是具有远见卓识的政治家和具有高超鉴赏力的艺术家。有一次,吴国派季札出使鲁国。在鲁国,季札欣赏了周朝的经典音乐、诗歌、舞蹈,季札以深刻的感受力和卓绝的见识,当场结合当时社会的政治背景,一一做了精辟的分析和评价。听到《唐》,他听出了思接千载的陶唐氏遗风;听到《大雅》,他在乐曲深广的气魄里,听到了文王之德。季札对各诸侯国的乐曲都有评论,但从郐国以下他就没再发表意见。

出处

出自《左传·襄公二十九年》:"吴公子札来聘……自郐以下无讥焉。"

解释

指从某一事物以下就不值得评论。

zì xiāng máo dùn
自 相 矛 盾

故事

从前,楚国有一个人在市场上卖矛和盾。他叫卖说:"我的盾最坚固,什么东西也不能刺穿它!"接着,他又拿起一支矛,叫卖道:"我的矛是最尖利的矛,没有什么东西是它穿不透的!"这时,有人问他:"如果用你的矛去刺你的盾,会怎样呢?"这个人张口结舌,不知道该怎么回答。

出处

出自《韩非子·难一》:"楚人有鬻楯与矛者,誉之曰:'吾楯之坚,物莫能陷也。'又誉其矛曰:'吾矛之利,于物无不陷也。'或曰:'以子之矛陷子之楯,何如?'其人弗能应也。"

解释

指言行前后互相抵触。

zǒu mǎ guān huā
走 马 观 花

故事

孟郊,字东野,是唐朝中期著名诗人,因其诗作多写世态炎凉、民间苦难,故有"诗囚"之称,与贾岛并称为"郊寒岛瘦"。孟郊出身贫苦,勤奋好学,很有才华,但仕途却一直不顺利,两次考进士都落榜了。唐德宗贞元十三年(797),孟郊终于考中进士,这时孟郊已经四十六岁了。孟郊穿上礼服,扎上红花,骑着高头大马,在长安城里尽情地游览。京城美丽的景色使他赞叹,高中进士的喜悦又使他万分得意,便作诗抒发自己的喜悦,一吐郁积多年的闷气。其诗为:"昔日龌龊不足夸,今朝放荡思无涯。春风得意马蹄疾,一日看尽长安花。"其中"春风得意马蹄疾,一日看尽长安花"成为千古名句。

出处

出自唐·孟郊《登科后》诗:"春风得意马蹄疾,一日看尽长安花。"

解释

指骑马欣赏美好的春光。比喻观察事物或了解情况不深入细致。

作 法 自 毙
zuò fǎ zì bì

故事

商鞅是战国时期政治家、改革家、思想家,法家代表人物。一次,太子触犯了法律,商鞅为了新法得以实施,便处罚了太子的老师,以示惩戒,太子因此对商鞅忌恨在心。孝公死后,太子嗣位,即秦惠王。公子虔等人告发商鞅图谋造反,秦惠王下令逮捕商鞅。商鞅逃亡至边关,来到一家旅店,要求住宿。老板不知道他就是商鞅,说:"客人没有凭证,不能留宿,不然我会被连坐杀头的。这是商君的法令,违背不得。"商鞅走出旅店,仰天长叹:"我这是作法自毙呀!"商鞅想到魏国去,但魏国因他曾生擒公子卬,拒绝他入境。商鞅被迫潜回封邑,发动邑兵攻打郑县,兵败身亡。其尸身被带回咸阳,处以车裂之刑后示众。

出处

出自《史记·商君列传》:"商君亡至关下,欲舍客舍。客人不知其是商君也,曰:'商君之法,舍人无验者坐之。'商君喟然叹曰:'嗟乎,为法之敝一至此哉!'"

解释

指自己立法,反而使自己受害。

作 舍 道 边
zuò shè dào biān

故事

曹褒,字叔通,东汉大臣。他博闻多识,尤其精通礼制。当时汉章帝在位,认为朝廷的礼仪制度很不完备,应重新制定,使之完善,便令百官详加研讨。曹褒上书章帝,陈述意见,表示愿意负责这项工作。章帝对曹褒的见解很是赞赏,提升他为侍中,在自己身边充当顾问。

有一次,章帝向班固询问改制礼仪的事宜,班固说:"京城读书人很多,他们对礼仪都有些研究,不妨多找些人议一议。"章帝说:"民谚说:'在大道边盖房子,三年也盖不起来。'人多嘴杂,意见不一,什么事都办不成。"章帝即下诏,命曹褒主持这项工作。曹褒接受任务后,撰写了从皇帝到百姓关于婚丧嫁娶的一系列文章,计一百五十篇。

出处

出自《后汉书·曹褒传》:"谚言:'作舍道边,三年不成。'"

解释

在路边建房子,与过往路人商量。比喻做事没有主见,事情就难以成功。

坐山观虎斗
zuò shān guān hǔ dòu

故事

战国时期,齐国出兵讨伐楚国。陈轸(zhěn)对楚怀王说:"大王不如用土地换和平,在东面与齐国和解,在西面与秦国讲和。"楚怀王派陈轸前往秦国。秦惠王对陈轸说:"你是秦国人,我和你是老交情。现在齐国和楚国互相讨伐,有人说应该去制止,有人说不应该去制止,你就不能给我出个主意吗?"陈轸说:"大王您没听过管与的言论吗?有两只老虎因抢着吃一个人而搏斗,卞庄子要去刺杀这两只老虎,管与制止他说:'老虎是一种贪婪残暴的动物,人是它最可口的食物。现在两只虎因争一人而搏斗,小老虎一定会死掉,大老虎必定要负伤。你只需等待时机去刺杀负伤的老虎,那可是一举而能获得两只老虎了。没有付出刺杀一只老虎的劳力,却有刺死两只老虎的美名。'现在齐、楚两国交战,交战双方必定有一方失败。一方失败,大王就可以出兵去救助,这样就能占有救助齐国的好处,而不会有讨伐楚国的坏处。"

出处

出自《战国策·秦策二》:"有两虎诤人而斗者,(管)〔卞〕庄子将刺之。管与止之曰:'虎者,戾虫;人者,甘饵也。今两虎诤人而斗,小者必死,大者必伤。子待伤虎而刺之,则是一举而兼两虎也。无刺一虎之劳,而有刺两虎之名。'"

解释

比喻对双方的斗争采取旁观的态度,等到双方都受到损伤,再从中捞取好处。

坐无车公
zuò wú chē gōng

故事

车胤(yìn)，字武子，东晋大臣。车胤勤奋不倦，博学多通。车胤幼时家中贫寒，常常缺少灯油，夏天夜里常用丝袋盛装数十只萤火虫照明读书，夜以继日。及至年长，车胤风姿美妙，聪明机灵，敏捷有智慧，在乡里之间很有声望。桓温做荆州刺史时，召车胤为从事，因其善于辨析义理而特别器重他，车胤于是显名于朝廷。当时只有车胤和吴隐之是以寒素博学知名于世的。车胤能说会道，善于交际，当时每有盛会，桓温必邀车胤出席。若车胤不在，众人都说："没有车公就玩得不快乐。"仆射(yè)谢安每逢游集之日，就摆设筵席恭候车胤。

出处

出自《晋书·车胤传》："又善于赏会，当时每有盛坐而胤不在，皆云：'无车公不乐。'"

解释

指宴会时没有嘉宾。

坐以待毙
zuò yǐ dài bì

故事

东晋时期，苏峻起兵反叛，攻入建康后，闻得陶侃等已起兵讨伐，便退守石头城。苏峻率叛军到了石头城后，朝廷百官逃散，只有侍中钟雅独自留在晋成帝身边。有人对钟雅说："情况允许就前进，知道困难就后退，这是自古的常理。您本性忠诚正直，一定不会被仇敌宽容。为什么不采取权宜之计，却要坐在这里等死呢？"钟雅说："国家有战乱而不能拯救，君主有危难而不能救助，却各自逃避以求免祸，我怕董狐就要拿着竹简上朝来啦！"

出处

出自南朝宋·刘义庆《世说新语·方正》："君性亮直，必不容于寇仇。何不用随时之宜，而坐待其弊邪？"

解释

坐着等死。指危难关头不积极想办法。

坐拥百城
zuò yōng bǎi chéng

故事

李谧(mì),字永和,北魏藏书家。赵州平棘人。李谧十三岁即通音律、五经、历数、方技诸学,十八岁即与博士孔璠讨论经学。数年后,李谧学问精进,孔璠却反过来要向他请教疑难。有同门师兄编了歌谣与他开玩笑:"青成蓝,蓝谢青,师何常?在明经。"李谧发奋苦读,仍感觉书籍不足,乃纠集诸经,广校异同。他常说"丈夫拥书万卷,何假南面百城?"以此励志。李谧读书,不避严寒酷暑,往往通宵达旦,又谢绝交游,放弃经营家产,一心一意读书做学问,亲自削删校雠。所藏书四千多卷,没有重复。

出处

出自《魏书·李谧传》:"丈夫拥书万卷,何假南面百城?"

解释

比喻藏书丰富。